三门峡统计年鉴

SANMENXIA STATISTICAL YEARBOOK

2009

（总第19期）

三门峡市统计局 编

（京）新登字041号

图书在版编目（CIP）数据

三门峡统计年鉴. 2009/三门峡市统计局编.—北京：中国统计出版社，2009.10
ISBN 978-7-5037-5819-5

Ⅰ.三… Ⅱ.三… Ⅲ.统计资料-三门峡市-2009-年鉴 Ⅳ.C832.613-54

中国版本图书馆CIP数据核字(2009)第174754号

三门峡统计年鉴——2009

作　　者/	三门峡市统计局
责任编辑/	郑淼淼　张　洁
E-mail/	yearbook@stats.gov.cn
封面设计/	王宏燕
出版发行/	中国统计出版社
通信地址/	北京市西城区三里河月坛南街57号　中国统计出版社
邮　　编/	100826
电　　话/	(010)63376907
印　　刷/	河南豫统印刷有限公司
经　　销/	新华书店
开　　本/	890×1240毫米 1/16
字　　数/	109万字
印　　张/	35.625
印　　数/	1-900册
版　　别/	2009年10月第1版
版　　次/	2009年10月第1次印刷
书　　号/	ISBN 978-7-5037-5819-5/C•2287
定　　价/	100.00元

《三门峡统计年鉴—2009》编委会成员和编辑部工作人员名单

编 辑 说 明

一、《三门峡统计年鉴—2009》是一部全面、系统、科学、翔实记载和反映 2008 年三门峡市社会、经济、科技发展情况的资料性年刊。

二、本《年鉴》由以下两大部分组成

（一）要文特载：内容包括三门峡市五届人大四次会议通过的《政府工作报告》（摘要）、《关于三门峡市 2008 年国民经济和社会发展计划执行情况与 2009 年计划的报告》（摘要）、《关于三门峡市 2008 年财政预算执行情况和 2009 年财政预算的报告》（摘要）及《三门峡市统计局关于 2008 年国民经济和社会发展的统计公报》。为便于读者使用本《年鉴》，特载之后附有常用统计术语。

（二）统计资料：内容具体包括：1. 综合；2. 人口、劳动力与工资；3. 农村经济；4. 工业；5. 交通运输邮电通讯业；6. 固定资产投资和建筑业；7. 能源；8. 批零贸易、住宿餐饮、外经、旅游业；9. 部分服务业；10. 财政、税务、金融、保险；11. 社会事业；12. 城乡人民生活和物价；13. 各乡(镇)主要经济指标；14. 全省及各省辖市主要经济指标。同时辑录了 1952 年以来重要年份的主要统计指标。

本《年鉴》还附录了 2008 年三门峡市统计工作大事记。

为便于读者使用本《年鉴》，每篇前后分别附有简要说明、统计图及主要统计指标解释。

三、使用本《年鉴》时应注意以下几点：

（一）部分数据合计数或相对数由于单位取舍不同产生的计算误差未作机械调整。

（二）由于我国统计制度方法正在进行重大改革，使用本《年鉴》统计数据时，请注意每篇的“主要统计指标解释”及表下的“注解”。

（三）本《年鉴》中规模以上工业是指年主营业务收入在 500 万元以上的工业企业；限额以上批发零售贸易业是指商品销售总额在 2000 万元以上的批发企业和商品销售总额在 500 万元以上的零售企业。

（四）编辑本《年鉴》时对以往年份的个别统计数据作了订正或按照现行统计制度进行了调整。以前发表过的统计数据，凡与本《年鉴》有出入者，均以本《年鉴》为准，并注意可比性。

（五）统计资料表中的符号：“空格”表示该项统计数据不详或无该项数据；“#”表示其中的主要项。

（六）按照国家统计局规定，从 2003 年年报起，国内生产总值改为地区生产总值。

本《年鉴》的编辑出版，得到了中国统计出版社、三门峡市市直有关单位和个人的大力支持和帮助，值此出版之际，谨向他们表示诚挚的谢意！

目　　录

第一部分 要文特载

第二部分 统计资料

一、综合

二、人口、劳动力与工资

三、农村经济

四、工业

五、交通运输邮电通讯业

六、固定资产投资和建筑业

七、能源

八、批零贸易、住宿餐饮、外经、旅游业

九、部分服务业

十、财政、税务、金融、保险

十一、社会事业

十二、城乡人民生活和物价

第一部分 要文特载

政府工作报告（摘要）

（2009年1月8日三门峡市第五届人民代表大会第四次会议通过）

三门峡市人民政府市长 杨树平

一、2008年工作回顾

刚刚过去的2008年，是极不平凡的一年，大事多，难事多，挑战多。市政府在省委、省政府和市委的正确领导下，在市人大、市政协的监督支持下，坚持以党的十七大精神为指导，深入贯彻落实科学发展观，团结带领全市人民，善于借大势发力，勇于在逆境中奋进，努力克服国际国内诸多困难和挑战，沉着应对全球金融危机带来的不利影响，齐心协力，务实苦干，圆满完成了市五届人大三次会议确定的各项任务，经济社会继续保持了平稳较快发展的良好势头。

（一）经济平稳较快增长。预计全年生产总值完成640亿元，比上年增14.5%。地方财政一般预算收入完成36.7亿元，增长25%；一般预算支出完成65.3亿元，增长28.1%，“十件实事”等民生支出得到有效保障。规模以上工业完成增加值346亿元，增长19.5%；实现利润125亿元，增长2%。城镇居民人均可支配收入12370元，增长15%；农民人均纯收入4700元，增长16%。节能减排工作强力推进，关停小火电机组60.4万千瓦，万元GDP能耗下降5.6%；化学需氧量、二氧化硫排放量分别下降13.7%和10%。

（二）项目建设扎实推进。市委、市政府确定的141个重大项目，总投资486.5亿元，截至11月底完成投资154亿元，超额完成年度投资计划。预计全市城镇固定资产投资完成345亿元，增长35%。兰（州）郑（州）长（沙）成品油管道三门峡段完工，郑西铁路客运专线三门峡段基本建成，新三门峡站、市文体中心建设稳步推进，全省首座500千伏输变电工程投入使用；开祥化工100万吨甲醇项目一期等59个项目建成投产，三门峡火电三期1×100万千瓦机组等67个项目前期工作进展顺利。中原黄金冶炼厂、灵宝黄金股份有限公司等4家企业跻身全省百强企业。积极应对金融危机，中央、省项目资金争取工作成绩显著，争取资金3.93亿元，占全省普惠制可争取资金的1/11。

（三）经济结构进一步优化。全年规模以上工业重点项目中，制造、精深加工、高新技术项目比重近1/3。现代服务业规模和效益稳步提升，预计第三产业增加值增长12%。全市文化企业达到1500家，年产值近20亿元；全年接待游客646万人次，实现旅游总收入42.28亿元。非公有制经济增加值占生产总值的46%，成为拉动全市经济的重要力量。消费市场持续活跃，物价涨幅趋于回落，全市消费品零售总额144亿元，增长22.8%。

（四）“三农”工作不断加强。特色农业发展成效明显，预计全年粮食总产61万吨，增长15.5%；苹果总产125万吨，增长14.7%；肉、蛋、奶产量分别达7.1万、4.4万、2.9万吨，增长7%、8%、15%；烟叶收购3.3万吨，创历史新高。新增造林面积 66.8 万亩，全市森林覆盖率 46.7%，荣获“河南省绿化模范城市”称号。亚行高效农业项目全面启动，市级重点农业龙头企业达到 28 家。我市与河南出入境检验检疫局签署协议，建设全国第一家市级出口果品质量安全示范区。制定农产品国家标准 6 项，填补了我市无国家标准的空白；康瑞肉牛等 16 个产品通过国家无公害产品认证，“瑞达牌”鸡蛋等 5 个农产品被评为河南名牌农产品，仰韶酒被确定为国家地理标志保护产品；陕县张湾乡入选“中国果菜无公害百强乡镇”。新增农村劳动力转移就业 3.2 万人，实现劳务收入 21 亿元；完成搬迁扶贫 820 户 3410 人；解决了 12 万农村居民的饮水安全问题。新农村建设分类推进，464 个重点村基本实现年度建设目标。

（五）城镇化水平逐步提高。城市引水工程克服重重困难胜利竣工，市区居民吃上了甘甜的山泉水。“城中村”改造一期工程完成招投标，旧城改造指导意见制定出台。黄河西路、虢国东路改造基本完成，大岭路涧河大桥进展顺利。城区电网设施不断完善，逐步实现入地运行。天鹅湖城市湿地公园被批准为国家湿地公园。园林城市创建通过省级复检，卫生城市、环保模范城市、文明城市创建工作完成年度目标。义（马）渑（池）城区快速通道建设进展顺利，全市城镇化率达 43.9%，提升 1.5 个百分点。县域经济快速发展，5 个县（市）中 3 个进入全省综合实力 20 强，4 个进入财政收入 30 强。

（六）改革开放不断深入。强力推进重点领域和关键环节的改革，中原黄金冶炼厂成功实现战略重组，义煤集团股份有限公司揭牌成立，城市信用社组建商业银行获得国家银监会批复，建设、林业、水利、交通、文化等领域的改革扎实推进。旅游节和中博会共签约 5000 万元以上项目 103 个，签约金额 418.5 亿元，项目落地率 80.3%。为抵御全球金融危机的不利影响，我们坚持“危”中求“机”，主动承接国际国内产业转移，成功举办无锡和北京项目推介会，共签订投资合同和意向 38 个，投资金额 138.6 亿元。预计全年实际利用外资 2.34 亿美元，增长 25.1%。金融生态环境不断优化，荣获“中国十佳新锐金融生态城市”和“中国金融生态城市”称号，银企合作大会签约合同和意向 118 个，金额 131.64 亿元。对外友好交流工作取得突破性进展，与美国、法国、匈牙利、韩国和澳大利亚等国的友好联系不断加强。“黄河金三角”区域协调发展综合试验区建设开始启动。中国海关、中国商检驻三门峡办事处和国家铝及铝制品检测中心建设前期工作扎实推进。

（七）和谐社会建设取得成效。省、市“十件实事”完成或达到进度计划。新增城镇就业 5.6 万人，下岗失业人员实现再就业 2.3 万人，城镇登记失业率 3.4%；企业退休人员养老金人均增长 104 元。城镇居民医疗保险制度全面实施；新建农村敬老院 9 所；完成棚户区改造 100 万平方米；开工廉租房 2.5 万平方米。科技贡献率逐步提高，高新技术产业实现产值 61.2 亿元，增长 11.3%。高等教育实现跨越式发展，三门峡职业技术学院分别与匈牙利索尔诺克大学和美国得州大学达成合作办学协议；农村中小学校舍改造完成 3.7 万平方米，市区阳光小学教学楼主体封顶。市中心医院病房楼开工建设，建成农村甲级卫生室 30 个。新建“农民体育健身工程”80 个，被国家体育总局授予“全民健身与奥运同行活动优秀组织奖”。人口和计划生育工作取得新进展，人口自然增长率控制在 4.5‰以内。卢氏灾后重建扎实推进，受灾群众生产生活条件逐步改善；全力支援四川抗震救灾，圆满完成抢险救援和过渡房建设任务，对口援建工作走在全省前列。创新信访和群众工作机制，义马经验、渑池模式在全国推广，深入开展“大接访、大下访、大包案、大解决”活动，一大批信访积案得到有效化解。大力开展“平安三门峡”建设，严厉打击刑事犯罪，城区技防监控系统建成，社会治安综合治理不断强化，群众安全感持续提升。严格落实安全生产责任制，加强全民安全教育，强化煤矿等重点领域的安全管理，安全生产形势稳定。加强食品安全监管，妥善处置“三鹿奶粉”和“山西毒羊肉”事件，食品放心工程建设扎实推进。

（八）精神文明和民主法制建设扎实推进。精神文明创建工作成效显著，中国楹联文化城市创建取得新进展。扩大基层民主，第六届村委会换届选举平稳完成。坚持依法行政，自觉接受市人大及其常委会的监督，支持政协参政议政，办理人大代表建议 90 件、政协委员提案 282 件，满意和基本满意率均达到 100%。深入开展“廉政建设年”活动，廉政建设和反腐败斗争取得新成效。国防教育和双拥工作进一步加强，民兵预备役工作有了新提高，驻市解放军和武警部队在抗震救灾、维护社会稳定、支持地方建设等方面作出了突出贡献。市工商联荣获全国工商联系统先进单位。统计、审计、物价、粮食、侨务、对台、老龄、档案、史志、人防、气象、无线电、民族宗教、妇女儿童、河务移民、残疾人等工作都取得了新成绩。

过去一年的成绩，是在国内外环境复杂多变、约束因素不断增加、区域竞争日益加剧的情况下取得的，的确来之不易，经验十分珍贵。认真回顾总结，主要有以下五点体会：一是坚持解放思想。紧紧抓住解放思想这个总开关，认真开展“新解放、新跨越、新崛起”和“解放思想，科学发展，奋力实现新跨越”大讨论活动，努力提高贯彻落实科学发展观的自觉性和坚定性，扭住经济建设这个中心不放松，坚定不移地推进改革开放，统筹兼顾做好各项工作，努力实现经济社会平稳较快发展。二是积极应对挑战。面对困难局面，既清醒认识到全球金融危机造成的冲击，增强忧患意识，又辩证地看到“危”中有“机”，“危”后有“机”，抓住机遇，借机发力，扎实推进项目建设，不断加快结构调整，加快发展方式转变。三是密切关注民生。在努力保持经济平稳较快发展的同时，更加注重以省、市“十件实事”为重点的民生工程建设，着力解决上学就医、劳动就业、社会保障、生活改善等涉及群众利益的热点、难点问题，切实维护社会和谐稳定。四是优化发展环境。围绕信用、金融、服务环境建设，深入开展行风和机关作风效能评议，强化服务意识，提升服务水平，为经济发展营造了良好的环境。五是狠抓工作落实。以“两转两提”为重点，不断加强政府自身建设，大力倡导“严、细、深、实”的工作作风，抓深入、抓具体、抓落实，为促进经济社会平稳较快发展提供了有力保障。

过去一年的成绩和经验，是在省委、省政府和市委的正确领导下，全市人民团结奋进、克难攻坚的结果，凝聚着社会各界人士的心血和智慧。值此，我代表市人民政府，向全市广大工人、农民、知识分子、干部、人民解放军指战员、武警官兵、公安民警以及社会各界人士致以崇高的敬意和衷心的感谢！

同时，我们也清醒地看到，政府工作与人民的期待还有一定差距，前进道路上还存在许多不容忽视的困难和问题。一是受国际金融危机的影响，保持经济平稳较快增长的难度加大；二是产业结构不够合理，工业层次较低，产品链条短，特色农业效益不高，第三产业发展滞后；三是发展方式粗放，依法依规利用土地意识不强，节能减排和环境保护压力较大；四是城乡公益事业和基础设施欠账较多，建设任务非常艰巨；五是政府职能和作风转变还不到位，个别部门和单位的大局意识、服务意识不强，作风疲沓，形式主义、官僚主义问题依然存在。对此，我们一定以更加开放的思维，更加开阔的眼界，更加务实的作风，更加奋力的苦干，有针对性地采取措施，认真加以解决。

二、2009年政府工作总体要求和奋斗目标

今年是新世纪以来我国经济发展极为困难的一年，也是蕴含重大机遇的一年。积极应对国际金融危机严重冲击，扎实做好今年的工作，对于维护我市改革发展大局，加快全面建设小康社会进程、跻身中原崛起第一梯队具有十分重要的意义。虽然我们面临着来自国际国内的严峻挑战，但全国和省、市经济发展趋势没有改变，重要战略机遇期依然存在。经过这些年的积累和发展，我市支柱产业不断壮大，经济实力显著增强，抗御风险的能力逐步提高，市场运作的经验日渐丰富，全市上下干事创业的热情空前高涨，特别是去年项目资金争取工作首战告捷，实施“走出去”战略、加大招商引资力度、主动承接国内外产业转移成效显著，必将对拉动内需、促进增长起到有力的推动作用。当前我们遇到的问题是发展中的问题，面临的困难是前进中的困难，只要全市上下同心同德，团结一致，奋发有为，扎实工作，我们一定能够战胜困难，渡过难关，夺取今年经济社会发展的新胜利！

政府工作的总体要求是：全面贯彻党的十七大和十七届三中全会精神，深入贯彻落实科学发展观，紧紧围绕跻身中原崛起第一梯队的奋斗目标，扩内需、保增长、调结构、促转型，立足保持经济平稳较快增长，切实加快经济结构调整和发展方式转变，积极推进改革开放和体制机制创新，下更大力气改善民生、促进社会和谐，审时度势抓机遇，振奋精神促发展，奋力开创三门峡经济社会跨越式发展新局面。

经济社会发展的主要预期目标是：全市生产总值增长11%左右。地方财政一般预算收入增长11%左右。全社会固定资产投资增长21%。社会消费品零售总额增长15%。外贸进出口增长10%；实际利用外资增长13%。居民消费价格涨幅控制在4%左右。城镇居民人均可支配收入增长9%；农民人均纯收入增长7%。人口自然增长率控制在6.5‰以内。城镇登记失业率控制在4.6%以内。节能减排完成省定目标。

三、全力以赴应对金融危机，努力保持经济平稳较快发展

（一）在危机中抢抓机遇，全力争取项目资金。强力实施“8155”投资促进计划。扎实开展“项目建设年”活动，以农林水、交通、能源、城镇建设、自主创新、产业升级、节能减排、社会事业8个方面为投资重点，实施100个投资上亿元的项目，新开工项目的总投资超过500亿元，力争当年全社会固定资产投资达到500亿元。切实加强项目衔接。围绕实施“8155”计划，加强领导，明确责任，抽调精干力量，积极做好项目沟通衔接，力争多纳入国家、省重点项目盘子，争取上级在资金、建设用地及项目审核方面给予更大的支持。全面抓好项目落实。积极落实配套资金，加大财政投入力度，拓宽融资渠道，拉动社会投资。认真落实好项目用地，全面做好项目建设服务，确保项目如期开工。加快在建项目建设进度，确保尽快发挥效益。

（二）强力推进重大基础设施建设，努力扩大投资需求。加快交通运输体系建设。加快郑西客运专线新三门峡站站房楼、站前广场建设，尽快开工新车站到金昌路立交桥的迎宾大道建设，确保实现同步投运。加大工作力度，力争连霍高速三门峡段拓宽工程、运三黄河公铁特大桥等重大项目年内开工，争取三（门峡）淅（川）高速公路、运（城）三（门峡）铁路早日开工，构建“三纵四横”大交通网络，建设黄河“金三角”地区交通枢纽中心。抓好民生项目建设。加快廉租住房建设步伐，新开工廉租住房2万平方米，竣工1万平方米；全面完成棚户区改造任务。推进农业、水利等基础设施工程，完成灵宝窄口等20个水库除险加固工程年度

任务，加快渑池青莲河等5个水土流失综合治理项目建设。新建和改造县乡公路260公里、通村公路150公里，解决8万人饮水安全问题，新发展沼气用户2万户，建成大、中型沼气项目3座，新建100个农村连锁超市。推进电气设施建设。加快电网建设，确保灵宝换流站扩建工程主体完工，开工建设三门峡东部500千伏输变电工程。做好国家"西气东输"二线建设前期工作，争取早日开工，抓好我市分供站的规划衔接工作。

（三）强化经济运行调节，优化经济发展环境。建立健全经济运行协调机制。完善经济运行监测预警系统，加强对重点行业、企业的监测。加强煤、电、油、运等要素的综合协调，建立煤炭和电力企业的合作机制，保障电煤供应。积极推进大户用电直供试点，实现电力企业与用电大户合作共赢。在工业系统开展"质量效益管理年"活动，全面提升企业管理水平。继续落实市领导分包重点企业制度，帮助企业解决发展难题。抓好财政金融工作。完善税收征管机制，规范非税收入管理，促进财政经济协调增长。从严控制一般性支出，优先保证重点支出和法定支出，确保改善民生、落实配套资金、办好实事等资金需要。以财政资金为引导，鼓励社会资本投资成立各类担保机构，建立市、县担保体系。支持大型骨干企业和政府投融资主体发行债券，支持符合条件的企业发行短期融资券。加强企业和个人征信体系建设，进一步优化金融生态环境。抓住国家实行适度宽松货币政策的机遇，鼓励和引导金融机构全面落实金融促进经济发展的政策措施，争取国家拉动内需项目的银行配套贷款投入。开展多种形式的银企洽谈会，组织关联度高的企业开展产业链融资，缓解企业资金困难。提升国土资源保障能力。认真落实好耕地保护和节约集约用地制度。继续推进新一轮土地利用总体规划修编，全面加强土地利用的规划控制；科学合理配置用地指标，优先保障省、市重点项目用地需求；进一步扩大多层标准厂房使用范围，建立完善砖瓦窑场整治长效机制和节约集约用地考核评价管理约束机制。深入推进矿产资源整合，提高资源利用效率，加大未探明矿产资源的勘探力度，优先配置给优势龙头企业。进一步优化经济发展环境。高度关注企业生产运行面临的困难，帮助和支持企业渡过难关。依法清理各种涉企收费和基金项目，严厉查处"四乱"以及危害项目建设和企业经营的违法犯罪行为，营造严明的法制环境。继续推进"信用三门峡"建设，以良好的环境吸引客商、留住客商。

四、调整优化产业结构，转变经济发展方式

（一）加快产业结构调整，不断优化经济结构。继续壮大支柱产业。围绕五大支柱产业，拉长产品链条，打造产业集群，提升核心竞争力。能源方面，鼓励煤电企业联营，建设大唐公司1×100万千瓦机组和风电二期、渑池热电联产等项目；铝工业方面，继续开发汽车零部件、工业铝材等高科技项目，建设戴卡公司200万只轿车轮毂、中迈铝业30万吨高精度铝板带箔等项目，通过铝的精深加工实现增值；煤化工方面，依托义马气化厂、开祥化工现有产能，建设开祥化工100万吨甲醇二期，义煤集团与美国SES公司合作1000万标方煤制气、30万吨醋酸等项目，加大下游产品的开发；黄金及有色工业方面，加大地质找矿力度，加强黄金伴生金属开发，建设灵宝华鑫公司1万吨铜箔、灵宝华宝公司20万吨铅冶炼等项目；林果业方面，围绕终端消费品生产，建设灵宝景源果业2万吨浓缩葡萄汁、阿姆斯公司3万吨石榴汁等项目。推动高新技术产业化和制造业发展。以新材料、电子信息等领域为重点，集中支持煤化工、铝精深加工等关键技术研发及产业化，加快企业研发中心建设，提升企业技术创新能力。以精密量仪、成套设备为重点，加快装备制造业发展，开工建设宏达公司数控煤矿机

床、新华水工机械公司大型成套设备等项目。发展节能照明产业，建成鹏飞公司100万只无极灯项目。加快工业企业战略重组。进一步强化政府引导，因企制宜，分类指导，突出重点行业和领域，加快煤及煤化工、铝工业、黄金、果品加工等关联企业的战略重组和合作步伐。鼓励龙头企业和重点企业通过互相参股控股，扩大产业规模，提高产业集中度，提升优势产业抗风险能力。加快产业聚集区建设。抓住省重点支持的第一批7个产业聚集区，加快区内供排水、污水垃圾处理、道路等基础设施建设。力争三门峡工业园天瑞30万吨铝铸件等6个项目建成投产，促使华联创业园等4个项目开工建设。借鉴重庆、大连等地的经验，制定优惠政策，鼓励市区工业企业向工业聚集区搬迁，促进产业集聚发展。大力发展服务业。认真落实加快服务业发展的指导意见和服务业发展规划，依托资源优势和现有产业基础，改造提升传统生活性服务业，加快发展生产性服务业，重点推进物流、商贸、旅游产业发展，全面提高服务业水平。加快大鹏酒店招商引资步伐，引进家乐福超市等国内外知名连锁企业入驻，支持七海物流公司发展，力争建成九州通仓储加工配送中心，开工建设三门峡市物流配送中心。发展壮大文化产业，开工建设虢国博物馆二期工程、渑池仰韶博物馆，力争虢国文化产业园、函谷关老子文化园、仰韶文化产业园成功申报省级文化产业园区。启动灵宝函谷关等旅游项目改造，抓好精品景区建设，新增4A级景区1个。开工建设上阳苑仿唐文化一条街和卢氏游客服务中心。加强旅游宣传推介，强力开拓旅游市场，扩大旅游品牌的影响力。加快金融业发展，做好城市商业银行挂牌运行和各类金融保险机构的引进工作。

（二）扎实推进节能减排，建设资源节约和环境友好型社会。强力推进节能降耗。突出抓好工业、交通、建筑等关键领域的节能工作，加快淘汰落后产能。严格项目节能评审，严把新建项目能耗准入关。加强电力、煤炭、有色、建材、化工等重点行业节能降耗，推进东方希望节能改造、锦荣水泥余热发电等一批节能工程建设。加强环境保护和生态建设。严格实施环境影响评价制度、“三同时”制度、排污许可证制度、问责制和“一票否决”制。加强市、县两级环境监控系统平台建设，完成城市污水处理厂COD和氨氮自动监控设备更新改造。确保污水处理厂全面稳定达标运营，燃煤电厂脱硫设施投运率达到95%以上。继续抓好林业生态三级联创，加快城区大环境绿化和沿黄生态林建设，完成植树造林56.9万亩，其中退耕还林4万亩。加强农村环保工作，全面实施农村小康环保行动计划，建成3个环境优美小城镇和14个省级生态文明村。建立健全节约资源、保护环境的长效机制。积极培育低碳经济和循环经济，大力发展节能环保产业，重点建设一批循环经济试点园区和试点企业。推广水环境生态补偿制度，完善排污收费机制，对排污大户适当提高排污费、污水和垃圾处理费征收标准。积极争取并用好上级节能奖励资金，对城市污水处理、垃圾处理、农村环境整治实行先建后补。深入开展全民节能减排行动，积极倡导节约型生产方式、消费模式和生活习惯。

五、加快推进城乡建设，统筹城乡协调发展

（一）切实抓好“三农”工作，加快农村改革发展。认真落实好各项支农惠农政策。大幅度增加对“三农”的投入，保证各级财政对农业投入增长幅度高于经常性收入增长幅度；增加对农村基础设施建设和社会事业发展的投入，提高政府土地出让收益、耕地占用税新增收入用于农业的比例，增加农村公益性建设项目的投入。大幅度增加农资综合直补、粮食直补、良种补贴和农机具购置补贴等规模；扩大“家电下乡”补贴品种范围；落实支持振兴奶业和稳定生猪生产财税扶持政策。大力发展特

色农业。围绕调优一产，壮大特色支柱产业，突出抓好豫西优势林果、310国道沿线畜牧、三门峡优质烟叶、沿黄蔬菜、豫西食用菌和西南部山区中药材六大特色农业产业区，建设特色农业强市。围绕出口果品质量安全示范区建设，新建苹果出口基地10万亩，努力建成全国重要的果品生产、加工、出口基地；新建和改建标准化规模养殖场30个，标准化养殖小区20个，万吨以上畜产品加工企业3—5个；烟叶面积稳定在25万亩左右，着力提高产量、质量，提高经济效益，争创全省烟叶生产第一大市。继续推进菌、药等产业发展，依托渑池万亩玫瑰园建设，推动花卉园艺及深加工产业发展。分类推进新农村建设。按照“一乡一业”、“一村一品”的发展思路，繁荣农村经济，增加农民收入。扎实推进村容村貌整治，完成454个村庄建设整治任务，力争2010年全部达到一类村庄上水平、二类村庄上台阶、三类村庄变面貌的总体目标。继续抓好试点村领导包扶工作，动员和鼓励回乡农民参与新农村建设。继续开展“红旗渠精神杯”竞赛活动，加大“四荒”开发力度。继续抓好搬迁扶贫，确保完成750户3100人的安置任务。完善农村服务体系。加快农业产业化、标准化、信息化步伐，大力扶持农业龙头企业，力争年产值超亿元的龙头企业达到10家以上，完善农产品质量检测体系，确保农业信息化继续走在全国前列。大力发展农民专业合作组织，确保农民专业合作社达到200家，带动农户60%以上。加强新型农业科技推广体系建设，构建农业科技推广新机制。加大农机新技术、新机具引进推广力度，提高农业装备水平。加大培训转移力度，确保全年转移农村劳动力28万人次，实现劳务收入15亿元。

（二）抓好中心城市建设，进一步加快城镇化进程。完善中心城市功能。加强城市基础设施建设，确保大岭路涧河大桥投入使用，崤山路改建全面完工。健全城市公共服务设施，建成市儿童福利院，开工建设市文体中心，加快市广电中心前期工作。加快推进台上区集中供热，稳步建设城市燃气网络和城市电网。强力推进“城中村”改造，确保一期工程开工，全面启动旧城改造。年内通过国家园林城市验收，争取早日实现“四城联创”目标。努力改善城市人居环境。加快天鹅湖国家城市湿地公园建设步伐，抓好涧南公园、涧河北岸绿地和虢国公园二期改造，加快重点路段和公园景区的亮化、美化，提升城市形象。改进和加强城市管理，营造便民、利民、惠民的人居环境。加快副中心城市和小城镇建设。继续推进义马—渑池城区对接，确保义渑快速通道义马段竣工通车；开工建设三门峡至灵宝快速通道，带动沿路城镇产业带发展。大力发展县域经济，突出复位晋位，不断增强县域综合实力。总结义马城乡一体化试点经验，以城乡统筹、协调发展为主要内容，推进全市城乡一体化。支持故县、大王、观音堂、英豪、五里川、杜关等重点镇加快发展，引导经济要素向城镇集聚，切实发挥小城镇在经济、文化等方面的辐射带动功能。

六、高度关注民生，促进社会和谐

（一）努力扩大社会就业。实施更加积极的就业政策，确保全年城镇新增就业4万人，实现下岗失业人员再就业1.3万人。发挥政府投资、公益性岗位对稳定就业的导向作用，保护和提高劳动密集型产业、中小企业和服务业吸纳就业的能力。综合运用财政、金融、税费减免等优惠政策，通过全民创业带动就业。发挥好政府投资和重大项目带动就业作用，努力提供就业机会。用好就业专项资金和失业保险基金，进一步开辟面向就业困难群体的公共管理服务岗位，动态消除城镇“零就业家庭”。安排农民工创业专项扶持资金，继续实施“阳光工程”和“雨露计划”，认真做好返乡农民工就业工作，积极引导农民向二、三产业转移，拓展农民就业空间。加大对高校毕业生就业援助工作力度，鼓励他们到基层和中小企业工作。支持困难企业采取在岗培训、轮班工作、协商定薪等办法，尽量不裁员或少裁员。

（二）进一步完善社会保障体系。继续做实企业职工基本养老保险个人账户，积极推进城镇企业职工养老保险省级统筹。继续增加企业退休人员基本养老金，人均增长10%左右；提高企业退休人员取暖补贴标准，由年人均30元提高到480元。完善失业保险制度，确保失业保险金按时足额支付。逐步将失地农民纳入就业和社会保障体系。加快完善基本医疗保障制度，鼓励城乡就业人员按规定参加城镇职工医保。继续加强城镇居民医疗保障，适当扩大报销范围、提高报销比例，将在校大学生全部纳入城镇居民医保范围，引导灵活就业人员自愿参加城镇职工或居民医保。进一步做好新型农村合作医疗工作，提高农村医疗保障水平。落实城市居民最低生活保障制度，实现动态管理下的应保尽保；进一步完善农村低保，逐步提高补差标准。加快乡镇敬老院建设，确保集中供养率达到45%。

（三）大力发展各项社会事业。整合城区教育资源，规划建设市职业教育园区；建成阳光小学，开工建设三门峡外国语高中；实施农村初中校舍改造，改善农村办学条件；认真解决农民工子女在流入地免费接受义务教育问题；推进教育人事制度改革；促进高等教育、职业教育、成人教育协调发展。完善科技服务体系，加快科技成果转化。加强卫生基础设施建设，确保三门峡市中心医院病房大楼主体完工，改建12所乡（镇）卫生院、4家社区卫生服务站，建设300所标准化村级卫生室。免费实施白内障康复手术3000例，建成“白内障无障碍市”。深化文化体制改革，加强农村公共文化服务体系建设，开工20个乡（镇）综合文化站，完成豫西文化长廊重点区域建设任务。加强文物保护和利用，扎实做好丝绸之路“申遗”和大遗址保护工作。深入开展群众性体育活动，建成87个农民体育健身工程。继续做好人口和计划生育工作，农村计划生育家庭奖励扶助标准由600元提高到840元；继续在全市农村实行住院分娩补助政策，为农村孕妇免费补充叶酸，提高出生人口质量。扎实推进对口支援四川江油灾后重建工作。

（四）深入开展精神文明创建活动。加强社会主义核心价值观体系建设，大力弘扬民族优秀文化传统。着力提高市民文明素质和城市文明程度，开展以优美环境、优良秩序、优质服务，创建文明城市、文明社区、文明景区为内容的“三优三创”竞赛活动。推进社会文化环境净化工程，加强大学生思想政治工作和未成年人思想道德建设。加强农村精神文明建设，建设一批文明村镇。

（五）全力维护社会和谐稳定。深入开展整顿和规范市场秩序专项行动以及“质量和安全年”活动，切实加强食品药品安全监管。进一步强化煤矿、非煤矿山、化工、道路交通、消防等重点行业的安全治理，落实各项整改措施，坚决遏制重特大安全事故发生。加强群众工作，着力解决信访突出问题，高度重视和有效防范股市房市、企业破产、征地拆迁、农村土地纠纷、涉法涉诉等可能引发的群体性事件。深入开展平安创建活动，加强社会治安综合治理，依法打击各类犯罪行为，增强人民群众的安全感。充分发挥工会、共青团、妇联等人民团体密切联系群众的桥梁纽带作用，积极参与社会事务管理。继续做好国防动员和人民防空工作，加强全民国防教育和民兵预备役建设，积极开展双拥共建活动，巩固和发展军政、军民关系。重视发展民族宗教、外侨、对台、史志等各项事业，加强气象服务、防震减灾工作。

七、继续坚持解放思想，强力推进改革开放

（一）扎实推进各项改革。继续深化财税管理制度和预算制度改革，支持银行、保险、证券机构的改革发展。推进投资体制改革，健全政府投资管理体制。加快水管体制改革，3 月底前完成验收。不断深化农村改革，在家庭承包经营的基础上，加快农村土地流转，发展多种形式的适度规模经营；改善和创新农村金融服务，解决农民贷款难问题；全面推进集体林权制度改革。努力解决国企改革的遗留问题。

（二）进一步扩大对外开放。充分发挥招商引资的带动作用。创新招商引资方式，积极开展针对性招商，瞄准国内外重点企业，引进战略投资者。围绕招商引资和拉动内需，创新办节模式，办好第十五届三门峡国际黄河旅游节暨投资贸易洽谈会。优化进出口产品结构，扩大对外贸易规模，用好国家出口退税政策，支持纺织等劳动密集型产品出口；积极争取出口信贷支持，扩大机电产品和高新技术产品出口；扩大紧缺资源、先进技术、关键零部件进口。加快推动中国海关、中国商检驻三门峡办事处和国家铝及铝制品检测中心筹建，建立“大通关”机制。继续深化区域经济合作。以建设“黄河金三角”区域协调发展综合试验区为契机，加强与运城市、渭南市、临汾市的合作交流，深化资源开发与产业发展合作，实现资源共享、信息互通、合作多赢。鼓励与沿海发达地区建立产业转移联盟，设立产业转移承接园区，承接电子、家电、服装、家具等产业的转移。

（三）全面激发非公有制经济活力。认真贯彻落实进一步促进全民创业、加快非公有制经济发展的有关措施，继续坚持“放心、放胆、放手、放宽、放活”的方针，鼓励、支持和引导非公有制经济发展。设立中小企业发展专项资金，完善促进中小企业发展的体制机制。按照市场化运作方式，选择一批有规模、有市场、有发展前景的中小企业予以重点扶持，促进企业发展壮大。

八、深入开展“两转两提”，加强政府自身建设

（一）更加注重职能转变和管理创新，努力建设服务政府。继续转变政府职能，加强制度建设，健全行政决策、执行、咨询、反馈、监督等方面的程序和制度。深化行政管理体制改革，加快推进政企分开、政资分开、政事分开、政府与市场中介组织分开，加强宏观经济调控，减少对微观经济的直接干预。积极稳妥地推进新一轮机构改革，上半年完成市政府机构改革，年底前完成县级政府机构改革。继续做好事业单位分类改革。深化行政审批制度改革，继续精简市级行政审批项目，规范政府审批和行政许可行为。改革行政服务工作机制，健全岗位责任制、服务承诺制、限时办结制、首问负责制、效能考评制和失职追究制。加强市、县、乡三级行政便民服务网络建设，增强服务意识，精简办事程序，提高工作效率。继续做好应急工作，不断完善应急体系。

（二）更加注重依法行政和民主法制建设，努力建设法治政府。坚持依法行政，理顺执法体制，强化执法责任，推进文明执法。严格执行人大及其常委会的决议、决定，自觉接受人大及其常委会的法律监督和工作监督。自觉接受人民政协的民主监督。广泛听取各民主党派、工商联和无党派人士的意见和建议。支持监察、审计等部门依法独立履行职责。依照有关法律的规定，接受司法机关的监督。重视发挥新闻舆论和社会公众的监督作用。认真实施《政府信息公开条例》，大力推广电子政务和网上办公。不断优化政府办事规程和行为准则，健全以行政首长为重点的行政问责制度，加大责任追究力度。

（三）更加注重廉政建设和反腐败工作，努力建设廉洁政府。落实党风廉政建设责任制，着力完善惩治和预防腐败体系，认真执行领导干部廉洁自律规定，强化权力运行制约和监督。各级领导干部

和政府工作人员都要做到廉洁自律、自警自励，做遵纪守法的模范、廉洁奉公的表率。牢固树立过紧日子的思想，对公务购车用车、会议经费、公务接待以及出国出境考察等支出实行“零增长”，严格控制新建楼堂馆所，坚决制止铺张浪费、奢靡之风，做到令行禁止、违者必究。

（四）更加注重作风转变和能力提升，努力建设效能政府。各级政府要深入开展科学发展观学习实践活动，扎实推进“两转两提”，切实提高政府公信力、执行力。在应对金融危机的关键时期，广大政府工作人员要励精图治，振奋精神，增强信心，迎难而上，形成加快发展、共克时艰的强大合力。发扬求真务实和艰苦奋斗精神，多干打基础、利长远的事，多抓加强基层基础工作的事，特别要继续办好省、市“十件实事”，努力作出经得起实践、人民和历史检验的实绩。坚持深入实际、深入基层、深入群众，开展调查研究，做到问政于民、问需于民、问计于民。深化机关作风效能评议活动，切实改进会风、文风，大力精简会议、文件，坚决反对虚报浮夸、弄虚作假，坚决反对官僚主义、形式主义。树立正确的政绩观，更加紧迫地学习新知识、增长新本领，着力把握发展规律，创新发展理念，切实提高为基层、为群众服务的能力和水平。

三门峡市统计局
关于2008年国民经济和社会发展的统计公报

（2009年3月12日）

2008年，全市人民在市委、市政府的领导下，努力克服国际国内诸多困难，沉着应对全球金融危机带来的不利影响和挑战，全市经济平稳较快发展，各项社会事业取得新的进步。

一、综合

初步核算，2008年，全市生产总值达到654.21亿元，比上年增长15.1%，增幅比上年回落3.6个百分点。其中：第一产业增加值完成54.77亿元，比上年增长6.7%；第二产业增加值完成437.94亿元，增长16.7%；第三产业增加值完成161.50亿元，增长13.7%。全市人均生产总值达到29515元，比上年增加6314元。三次产业结构由上年的8.2：66.0：25.8变化为8.4：66.9：24.7。

全年居民消费价格总水平上涨6.5%。其中：食品类比上年上涨14.4%。食品类中，肉禽及制品比上年上涨23.7%，粮食和鲜菜分别比上年上涨5.7%、10.1%。

全年城镇新增就业人员5.96万人，2.53万名下岗失业人员实现再就业，其中就业困难对象再就业1.20万人。年末城镇登记失业率为3.11%，低于省定4.5%的控制目标。

二、农业

全年农林牧渔业增加值54.77亿元，比上年增长6.7%。其中：农业增长6.3%，林业增长10.0%，牧业增长7.0%，渔业增长18.1%，农林牧渔服务业增长15.7%。第一产业对生产总值的贡献率为3.6%，拉动全市生产总值增长0.5个百分点。

全年粮食种植面积159.09千公顷，比上年增长1.2%；蔬菜种植面积27.80千公顷，增长2.0%；棉花种植面积3.44千公顷，下降9.0%；油料种植面积17.57千公顷，下降1.0%。

全年粮食总产量达到61.49万吨，比上年增产8.3万吨，增长15.6%，总产量创1999年以来最高水平。其中，夏粮总产量30.77万吨，比上年增长28.8%；秋粮总产量30.72万吨，增长4.8%。水果、蔬菜、烟叶、油料总产量增长，棉花总产量下降。全年全市水果总产量达147.91万吨，比上年增长10.0%；蔬菜总产量达93.36万吨，增长3.0%；烟叶总产量35052吨，比上年增长9.2%；油料产量34313吨，增长14.3%；棉花产量2621吨，下降4.6%；水产品产量6556吨，比上年增长28.0%。

全年全市肉类总产量7.18万吨，禽蛋产量4.46万吨，牛奶产量2.86万吨，与上年相比，分别增长7.8%、8.5%和15.5%。

年末全市农业机械总动力达154.39万千瓦，比上年增长3.7%。农用拖拉机3.56万台，比上年增长1.7%，农用运输车5.75万辆，比上年增长3.4%。全年农村用电量28084万千瓦小时，比上年增长5.3%。全年新增有效灌溉面积1.84千公顷，年末农田有效灌溉面积达52.44千公顷。全年新增节水灌溉面积2.03千公顷，新增旱涝保收田面积1.53千公顷，年末旱涝保收田面积达46.65千公顷。

三、工业和建筑业

全年全部工业增加值完成416.31亿元，比上年增长17.1%，增速比上年回落7.1个百分点，工业增加值增长对全市生产总值增长的贡献率为69.6%，拉动全市生产总值增长10.5个百分点。

全年规模以上工业完成增加值352.00亿元，比上年增长19.7%，增幅比上年低8.4个百分点；实现销售产值1353.60亿元，增长15.9%，产销率达98.6%。分经济类型看，国有企业实现增加值23.75亿元，比上年增长8.3%，实现销售产值96.84亿元，比上年增长8.8%；集体企业实现增加值78.74亿元，增长21.5%，实现销售产值311.52亿元，增长21.6%；股份制企业实现增加值172.46亿元，增长18.8%，实现销售产值700.44亿元，增长12.9%；外商和港澳台商投资企业实现增加值48.35亿元，增长22.3%，实现销售产值150.38亿元，增长17.7%。分轻重工业看，重工业完成增加值329.75亿元，增长19.9%；轻工业实现增加值22.25亿元，增长17.5%。分行业看，全部35个行业中，31个行业保持增长。我市优势产业中的有色金属矿采选业、有色金属冶炼及压延加工业、煤炭开采和洗选业、非金属矿物制品业增长速度分别为27.7%、24.6%、22.7%、17.1%，电力热力的生产和供应业则下降14.8%。全年实现增加值最多的10个行业分别为：有色金属矿采选业（1084259万元）、有色金属冶炼及压延加工业（609563万元）、煤炭开采和洗选业（409180万元）、非金属矿物制品业（297551万元）、电力热力的生产和供应业（249819万元）、化学原料及化学制品制造业（152855万元）、非金属矿采选业（106890万元）、专用设备制造业（89840万元）、饮料制造业（53827万元）和金属制品业（52609万元）。

全年全市规模以上非公有制工业企业完成工业增加值160.62亿元，比上年增长25.8%，增幅高于全市平均增速6.1个百分点；占全部规模以上工业增加值的比重由上年的40.1%上升到45.6%，提高5.5个百分点。

主要工业产品产量中，原煤1876.51万吨，增长15.3%；氧化铝346.61万吨，增长48.2%；供电量109.84亿千瓦时，增长9.5%；煤气17.92亿立方米，增长60.5%；黄金增长8.3%；原铝20.77万吨，下降4.0%；发电量137.59亿千瓦时，下降21.1%。

全年全市规模以上工业实现主营业务收入1356.02亿元，比上年增长30.7%，增速比上年回落24.4个百分点；实现利税170.40亿元，增长11.3%，增速比上年回落54.2个百分点；实现利润126.03亿元，比上年增长9.6%，增速比上年回落61.7个百分点。

全年全市建筑业增加值达到21.63亿元，比上年增长9.3%。

四、固定资产投资

全年全社会固定资产投资完成402.77亿元，比上年增长38.2%，增速比上年提高11个百分点，其中：城镇固定资产投资完成344.21亿元，增长34.7%，增速比上年提高9.8个百分点；农村非农户固定资产投资49.55亿元，增长77.5%，农户投资完成9.02亿元，增长13.0%。

城镇固定资产投资中，国有及国有控股单位投资138.10亿元，比上年同期增长60.1%；民间投资192.45亿元，比上年增长41.8%；港澳台商投资和外商投资分别完成17.67亿元和2.98亿元，同比分别下降30.3%和63.2%。分三次产业看，第一产业完成投资9.17亿元，比上年增长36.2%；第二产业完成投资243.05亿元，增长38.8%；第三产业完成投资91.99亿元，同比增长24.9%。全年工业投资完成242.80亿元，同比增长39.3%。工业投资中，煤炭工业投资17.96亿元，增长81.0%；电力工业投资 15.05 亿元，增长 29.9%；冶金工业投资 127.74 亿元，增长 84.9%；纺织工业投资 5.94 亿元，增长 246.7%，机械、电子行业分别完成 17.51 亿元和 1.37 亿元，增长 52.2%和 447.6%。

在城镇固定资产投资中，用于基础设施的投资不断加强。2008 年，用于农林牧渔业的投资达到 91687 万元，比上年增长 36.2%；用于电力的投资 150479 万元，比上年增长 29.9%；用于电信的投资 33540 万元，比上年增长 35.2%；用于教育的投资 34283 万元，比上年增长 157.1%；用于水利、环境和公共设施管理业的投资 132250 万元，增长 3.3%；用于卫生、社会保障和社会福利业的投资 16955 万元，增长 91.0%；用于文化、体育和娱乐业的投资 30106 万元，增长 18.5%；用于城市基础设施的投资 117338 万元，增长 11.6%。

全年城镇固定资产投资新增固定资产 237.78 亿元；建成投产项目 500 个，项目建成投产率达到 69.8%；房屋施工面积 1047 万平方米，增长 44.5%；房屋竣工面积 377.48 万平方米，增长 55.0%，竣工率达 36.1%。

五、国内贸易

全年批发和零售业增加值 25.88 亿元，比上年增长 9.1%；住宿和餐饮业增加值 9.32 亿元，增长 8.9%。

全年社会消费品零售总额完成 144.09 亿元，比上年增长 22.9%。分城乡看，城市市场消费品零售额完成 79.04 亿元，增长 23.3%，农村市场消费品零售额完成 65.05 亿元，增长 22.4%，城乡增幅差距由上年的 9.9 个百分点缩小至 0.9 个百分点。分行业看，批发和零售业零售额完成 122.52 亿元，增长 22.4%，餐饮业零售额完成 19.08 亿元，增长 25.6%。

六、对外经济

全年进出口总额 15172 万美元，比上年下降 19.0%，其中：进口总额 2105 万美元，比上年增长 106.6%；出口总额 13067 万美元，比上年下降 26.3%。

全年新批外商和港澳台商投资企业 8 家，增资企业 5 家。合同利用外资额 37048 万美元，比上年增长 25.0%；实际直接利用外资 23411 万美元，增长 25.1%。

七、交通、邮电和旅游

全年交通运输、仓储和邮政业增加值 51.39 亿元，比上年增长 12.6%。

全年全社会公路货运量完成 4702 万吨，比上年下降 9.3%；公路旅客运输量达到 6926 万人，比上年下降 9.2%；公路货运周转量完成 34.15 亿吨公里，比上年增长 25.5%。公路旅客周转量达到 27.11 亿人公里，比上年增长 12.4%。

全年邮电业务总量 15.07 亿元，比上年增长 7.2%。其中：邮政业务 1.25 亿元，增长 8.6%；电信业务 13.82 亿元，增长 7.1%。年末固定电话用户 41.25 万户，固定电话普及率为 18.5 部/百人；移动电话用户 111.31 万户，普及率为 49.8 部/百人，比上年增加 4.5 部/百人。

年末全市共有国际旅行社和国内旅行社 39 家，比上年增加 7 家；旅游景区（点）21 家，其中：A 级旅游景区（点）7 家；旅游星级饭店 23 家，星级餐馆 2 家。全年接待海外游客 30731 人次，比上年增长 12.2%，旅游外汇收入 377.79 万美元，增长 12.4%；接待国内旅游者 704.37 万人次，增长 31.8%，实现国内旅游收入 11.81 亿元，增长 31.7%。

八、财政、金融

全年地方财政一般预算收入 36.70 亿元，比上年增长 25.0%。其中：税收收入 29.61 亿元，增长 29.1%，税收占地方财政一般预算收入的比重为 80.7%，比上年提高 2.6 个百分点。地方财政一般预算支出 65.35 亿元，增长 29.1%，其中：教育支出增长 27.4%，社会保障与就业支出下降 10.9%，医疗卫生支出增长 52.1%，一般公共服务支出增长 26.0%。

年末全市金融机构各项存款余额为 421.86 亿元，比年初增加 67.29 亿元，增长 19.0%；各项贷款余额为 214.42 亿元，比年初增加 21.61 亿元，增长 11.2%；城乡居民储蓄存款余额为 294.49 亿元，比年初增加 47.89 亿元，增长 19.4%。全年全市金融机构现金收入 1221.27 亿元，现金支出 1251.40 亿元，收支相抵后现金净投放 30.13 亿元。

九、教育和科学技术

年末高等职业教育在校学生 11350 人，中等职业学校在校学生 32394 人，普通中学在校学生 15.95 万人。普通初中在校学生 10.41 万人，初中阶段学龄人口入学率 100%；小学在校学生 18.60 万人，小学学龄儿童入学率达 100%。基本扫除了青壮年文盲。

全年专利申请数 622 件，比上年增长 46%。共组织实施科技攻关项目 26 项，组织申报省级高新技术企业 2 家、高新技术产品 6 种。开展了 2007 年度科技成果评审工作，有 20 项成果获市科技进步奖，其中一等奖 2 项，二等奖 7 项，三等奖 11 项。

年末全市技术监督系统共有产品质量检验机构 9 个。全年监督检验工业产品 30 种、451 批次，整治重点食品企业 20 家，完成计量合格确认 12 家，完成食品标签认可 10 家，完成锅炉定检 220 台，电梯定检 202 台，压力容器定检 375 台，培育和扶持河南省名牌产品 2 个，强制检定计量器具总体受检率达 90%。

年末全市共有天气观测站 4 个，雷达站 2 个，卫星云图接收站 4 个，气象公益服务站 4 个，气象信息电话自动答讯服务系统 4 套，电视气象服务系统 4 个，适时进行人工增雨 49 次，增雪作业 3 次，防雹作业 22 次。

十、文化、卫生和体育

年末共有艺术表演团体 7 个，文化馆 7 个，博物馆 5 个，图书馆 6 个，大型文化广场 15 个。全年创作剧本 6 部，其中《煤嫂情》获河南省“五个一工程奖”。年末，全市广播人口综合覆盖率 95.65%，电视人口综合覆盖率 96.55%，有线电视用户 20.73 万户。

年末全市共有卫生机构 445 个，病床床位 7590 张，卫生从业人员 10499 人，其中，卫生技术人员 8417 人。县及县以上综合医院治愈好转率 98.0%。新创甲级卫生所 39 所。市区医疗单位开展下乡义诊活动 23 次。年末全市参合农民 148.62 万人，参合率 95.7%。

全年共举办各级各类群众性体育活动 1994 次，组队参加省及省级以上比赛 12 次，获金牌 14 枚。举办市级比赛 23 次，体育馆举办一定规模的体育比赛和大型活动 28 次，选拔市级苗子运动员 330 名。69 个行政村“农民体育健身工程”建成交付使用。

十一、环境保护和安全生产

年末全市共有各级环保机构 29 个，环保系统从业人员 661 人。其中：环境监测站 6 个，环境监测人员 138 人。全年环评审批项目 137 项，环评审批率达 100 %；辖区内当年已投产的审批权限内的建设项目共 52 项，经过环保“三同时”验收检测，污染物排放均达到国家有关标准要求，达标排放率为 100%。全年工业废水排放达标率 99.5%，工业废气排放达标率 99.8%，烟尘控制区覆盖率为 100%，区域环境噪声平均值为 51.8 分贝。全市 6 个污水处理厂年城市污水处理率达 80%以上，城市生活垃圾无害处理率 100%。工业固体废弃物综合处置利用率达 52.77%，经过检测治理的机动车污染物排放达标率为 91.7%。

全年完成绿化造林 66.83 万亩，完成森林抚育和改造27.66万亩，义务植树1206.8万株。

全年全市发生各类事故371起，死亡155人，事故起数和死亡人数分别比上年下降39.4%和10.4%。全市亿元GDP生产安全事故死亡人数为0.24人，煤矿百万吨死亡人数为0.66人，均控制在省政府考核指标0.38和1.05的范围之内。

十二、人口、城乡人民生活和社会保障

年末总人口223.41万人，常住人口221.96万人。出生率9.05‰，死亡率4.82‰，人口自然增长率4.23‰。年末城镇化率为43.90%，比上年提高1.52个百分点。

全年城镇居民人均可支配收入为12391.76元，比上年增长15.7%（扣除物价上涨因素，实际增长8.6%）；城镇居民人均消费支出8933.2元，增长11.6%。农村居民人均纯收入为4680.5元，比上年增长16.1%（扣除物价上涨因素，实际增长7.5%）；农村居民人均生活消费支出3319.4元，增长17.4%。

全年城镇竣工住宅面积251.42万平方米。城镇居民人均现住房屋总建筑面积达到32.02平方米。全年农村竣工住宅面积172.9万平方米。农村居民人均住房面积达到32.32平方米，比上年增长2.9%。

全年共为4.34万名企业离退休人员发放了基本养老保险金，发放率达100%。全年社会养老、失业、医疗三项保险金统筹额54990万元，其中市本级统筹额18736.47万元。

全年新开工建设儿童福利院1所，发放爱滋病致孤和导致单亲人员救助费3.5万元。新改扩建农村敬老院16所，总投资1792万元，集中供养3108人，五保集中供养率达到42.0%。汶川地震发生后，通过开展多种形式的义演、义卖、义捐等活动，筹集现金6024万元、棉衣被23200条（套），全部用于救助灾区。为全市农村低保对象发放最低生活保障金3392.1万元，保障人数由55091人增加到75410人。为41335名城市低保对象发放最低生活保障金5752.4万元，兑现率达100%。全年全市共销售福利彩票5000万元。

注：1.本公报部分统计数据为初步统计数；

2.公报中生产总值、各产业增加值绝对数按现行价格计算，增长速度按可比价格计算。

三门峡市2008年国民经济和社会发展计划执行情况与2009年计划的报告（摘要）

（2009年1月8日市五届人大四次会议通过）

三门峡市发展和改革委员会主任　高从民

一、2008年国民经济和社会发展计划执行情况

2008年是我市经济发展历史上极为不平凡的一年，面对约束加剧，世界金融危机爆发，需求减弱，经济运行中深层次矛盾相互交织，经济运行难度不断加大的情况下，全市人民在市委的正确领导下，在市人大、市政协的监督、支持下，紧紧围绕再造一个三门峡、跻身中原崛起第一梯队的奋斗目标，深入贯彻落实坚持科学发展观，抢抓机遇，迎难而上，较好地完成了五届人大三次会议批准的计划任务。

（一）国民经济快速增长，质量和效益进一步提高。初步预计全年实现生产总值达到640亿元，增长14.5%，高出计划（目标）1.5个百分点；实现地方财政一般预算收入预计达到36.7亿元，增长25%，高出计划（目标）10个百分点。城乡市场持续繁荣，全年社会消费品零售总额预计达144亿元，增长22.8%；服务业快速发展，增速达到12%。规模以上工业企业实现利润达到125亿元，增长2%；全市城镇居民人均可支配收入预计12370元，增长15%，高出计划（目标）6个百分点；农民人均纯收入预计4700元，增长16%，高出计划（目标）9个百分点。

（二）投资规模继续扩大，项目建设进展顺利。2008年全市全社会固定资产投资预计完成400亿元，增长37%。市政府确定的42项重点建设项目进展顺利，其中兰—郑—长输油管线、河南锦荣水泥180万吨干法水泥等17个项目建成投产。三门峡火电厂三期单机100万千瓦扩建工程等一批重大项目前期工作有序推进。全年新增的主要生产能力：干法水泥180万吨、精洗煤90万吨、节能灯3亿支、氧化铅10万吨、风电装机2.55万千瓦、波纹管1.6万吨、输油管线194公里、煤炭45万吨、石油支撑剂4万吨、公路685公里等。

（三）工业经济平稳运行，节能减排取得成效。面对复杂多变的宏观经济形势，强化即期调节。完善了32家骨干企业监测网络，提高了分析的深度和广度。强化了煤电油运等生产要素的调度，确保电煤供应、电力生产和成品油的供应。全市工业生产月度增幅稳定在18%—22%之间，总体上保持了平稳运行。循环经济发展稳步推进。全年万元生产总值能耗预计下降5.6%，化学需氧量和二氧化硫排放量分别控制在1.87万吨和15.33万吨以内，均完成省定目标。

（四）结构调整快速推进，产业升级步伐加快。积极争取国家、省工业结构调整资金、循环经济发展资金逾1亿元，拉动工业贷款10亿元，建成了龙王庄煤矿、大唐风电一期、开祥100万吨甲醇等一批结构调整项目，开工建设了恒康24万吨铝铸

件、天元铝业6万吨铅焊铝箔等一批项目，五大支柱产业进一步壮大；建设了豫赣公司废渣多金属综合回收、大唐电厂粉煤灰制砖等项目，资源综合利用水平进一步提高；建成了方圆陶粒砂厂年产4万吨石油支撑剂、三门峡鹏飞电子有限公司节能灯工程等一批项目，全市高新技术产业得到了新的发展。

（五）特色农业稳步发展，社会主义新农村建设有序推进。全市粮食总产量达到61万吨，增长15.5%，肉、蛋、奶总产量分别增长7%、8%、15%；市级重点农业龙头企业达到28家，国家重点龙头企业1家；全市森林覆盖率达到46.7%；渑池县“竹峪”牌西瓜等16个产品通过国家无公害产品认证。社会主义新农村建设稳步推进，一大批农村饮水安全工程、沼气工程、病险水库除险加固等项目建成投入使用，464个村村容、村貌有了明显改观。

（六）城乡一体化步伐加快，县域经济迅猛发展。市区黄河路改造完工，城市饮水工程建成通水，大岭路涧河大桥开工建设；义渑快速通道一期工程进展顺利；“城中村”改造、郑西铁路客运专线新三门峡站等项目建设顺利启动，全省首座500千伏输变电工程—陕县变电站建成投运。县域经济发展步伐不断加快，全市城镇化水平达到43.9%。

（七）改革开放步伐加快，发展活力持续增强。各项改革全面推进，城市信用社组建商业银行获国家批准、河南中原黄金冶炼厂重组挂牌。全市非公有制经济快速发展，占全市生产总值的比重同比提高1.5个百分点。大力发展开发型经济，全市实际利用外资2.34亿美元，增长25.1%；全年共引进省外、市外资金超过63亿元。

（八）社会事业全面进步，民生工程得到加强。

“十大实事”全面完成，近7万农村人口安全饮水问题得到解决；新建和改造农村公路685公里，新增农村户用沼气2.03万户；完成了一批农村初中改造和广播电视“村村通”工程；2万平方米廉租房建设已开工，义煤棚户区改造进展顺利；新增城镇就业人员5.6万人以上，城镇登记失业率保持在3.4%以内；城镇居民基本医疗保险全面启动，人民生活得到了极大改善。

二、2009年经济社会发展的总体要求和奋斗目标

总体要求是：全面贯彻党的十七大、十七届三中全会、中央经济工作会议和省委八届九次全会精神，深入贯彻落实科学发展观，围绕建设开放魅力富裕和谐三门峡、跻身中原崛起第一梯队的奋斗目标，紧紧抓住“扩内需、保增长，调结构、促转型”这条主线，立足扩大内需保持经济平稳较快增长，切实加快发展方式转变和结构调整，积极推进改革开放和体制机制创新，着力促进民生改善和社会和谐，进一步加强和改进党的建设，审时度势抓机遇，振奋精神促发展，奋力开创经济社会跨越发展新局面。

主要预期目标是：生产总值增长11%左右，其中第一产业增长4.5%，第二产业增长13.5%（其中工业增长14%），第三产业增长12%。全社会固定资产投资增长21%，地方财政一般预算收入增长11%左右，社会消费品零售总额增长15%，进出口总额增长10%，外商直接投资增长13%，新增城镇就业3.9万人，城镇登记失业率控制在4.6%以内，城镇居民人均可支配收入增长9%，农民人均纯收入增长7%，人口自然增长率控制在6.5‰以内，居民消费价格指数104%左右，全面完成万元生产总值能耗、化学需氧量排放量、二氧化硫排放量省定目标。

三、2009年经济社会发展的主要任务和措施

（一）扎实开展项目建设年活动，千方百计扩

大投资。一是大力实施“8155”投资促进计划。市委、市政府决定在农林水利、交通、能源、城镇建设、自主创新、产业升级、节能减排、社会事业等八大领域，实施100个投资亿元以上的重大项目，新开工项目总投资规模超过500亿元，力争全社会固定资产投资达到500亿元。二是继续加大中央、省投资争取力度。今年中央政府投资可供争取的规模为2600亿元，我们将按照国家投资方向，抓紧筛选项目，做好汇报衔接，争取有更多的项目挤进国家投资盘子，确保达到全省总规模的1／18，力争达到1／15。三是加强项目建设管理和服务协调。全面落实重点项目联动机制，加强组织管理，强力推动一批重点项目加快建设，确保义煤水泥公司余热发电等63个续建项目顺利建设，郑西客运专线、郑西客运专线三门峡南站及广场、大唐风力发电二期等78个重大项目建成投产或投入使用。加强对中央投资项目监管，确保资金安全、质量安全和进度。四是加快推进项目前期工作。对于列入8155”投资促进计划的建设项目，按照重点项目管理规则，优先办理各项手续，确保前期项目尽快具备开工条件，力争运三高速公路三门峡黄河公铁特大桥、运三铁路三门峡段、西气东输二期工程等一批重大项目开工建设。

（二）强化即期调控调节，确保经济平稳运行。一是进一步加强运行监测分析。重点抓好重点行业、骨干企业、重要生产要素的运行监控，及时提出预警。二是千方百计帮助重点企业渡难关。鼓励引导骨干企业加快技术改造，调整产品结构。坚决执行省政府制定的支持企业金融政策，支持企业采取应对当前困难形势的灵活销售措施。三是着力保障生产要素供给。组织好煤炭产运需衔接，做好电煤供应。积极推进用电大户电力直供试点工作。进一步加强运输协调，增加重点企业、优势产品铁路运输量。强化成品油、天然气资源组织和调运，稳定市场供应。四是强力推动银企合作。紧抓适度宽松货币政策机遇，进一步加强银企对接，提高贷款承诺履约率和资金到位率。运用好大额收贷提前告知等组合金融政策，力保重点企业生产经营资金链条不断裂。

（三）全力推进经济结构战略性调整，全面提升产业层次。一是继续壮大优势产业。能源工业，开工建设大唐三期扩建100万千瓦机组等一批项目，力争年底新增风能4.2万千瓦；铝工业，争取开工建设戴卡200万只汽车轮毂、工业园10万吨铝板带箔等一批项目；黄金及有色金属综合利用，重点抓好深部探矿，加快灵宝华鑫铜箔1万吨铜箔、灵宝志成金铅10万吨电解铅等一批在建项目建设；煤化工，重点开发下游产品，抓好义马1000万方煤制气等一批项目建设；林果加工，围绕市场需求，开发终端产品。二是加快发展高新技术和先进装备制造业。重点建设龙飞公司生物肥扩建、新华水工机械公司8.4万吨铸件等一批项目，力争中科联机械公司3万件机械封头等一批项目建成投产。三是加快关联企业战略重组。支持煤、电、铝、果等关联企业相互参股进行战略重组，强强联合，共同开发市场，实现多赢发展。四是加快产业聚集区建设。重点搞好产业集聚区的产业布局规划，提高聚集效能。出台优惠政策，引导支持工业企业向产业集聚区集中发展。

（四）大力发展服务业，努力扩大消费需求。一是加快发展服务业。实施“一核两线四区”战略，强化函谷关古文化旅游区、豫西大峡谷等十大景区基础设施建设。支持崤函古道、函谷关申报世界文化遗产，促进文化和旅游产业融合。加快城市高档商业设施建设，引进家乐福进驻三门峡；继续实施“万村千乡”市场工程，建成100个农村便民超市和一批配送中心。完善七海物流服务网络，支持大中型工业企业开展服务业物流外包。支持义煤集团、金源矿业公司进入省定主板上市后备企业，灵宝华宝公司、渑池方圆陶粒砂进入省定创业板重点上市后备企业。加快建立保障性与开发性相结合的城市住房供应体系，支持鼓励大型房地产开发企业进行以中小套、中低价位为主的集中连片规模开发。二是着力扩大消费。落实房贷优惠和契税、营业税减免等政策，支持发展二手房市场和住房租赁市场。全面落实全民创业意见，降低创业门槛，以创业促就业。进一步完善社会保障制度，扩大城乡居民养老保险试点范围。

（五）加快城镇化进程，构建现代化城镇新体系。一是加快中心城市建设。依照《三门峡市城市总体规划》，加快推进中心城市建设，确保大岭路涧河大桥、迎宾大道等一批项目建成使用。实施城市供热台上区管网改造，扎实推进城市电网入地改造，确保“城中村”改造一期工程开工建设。二是加快副中心城市建设。以产业集聚区建设带动 310 国道经济隆起带发展，继续推进义渑城区对接，确保义渑快速通义马段竣工通车；开工建设三门峡西—灵宝快速通道，加快三灵一体化发展步伐。三是加快中心镇建设。

（六）发展农村经济，大力推进社会主义新农村建设。一是加快发展特色农业。重点抓好 24 万亩果品生产基地建设，新建和改建标准化规模养殖场 30 个，标准化养殖小区 20 个，完成造林绿化 56.9 万亩。支持渑池县万亩鲜花生产基地扩大规模。二是加大农业和农村基础设施建设。确保完成灵宝窄口、陕县涧里水库等病险水库除险加固。加快农村水、电、路、气等设施建设和农村社会事业建设，确保 918 个村达到“六有、六通、六化、四好、四确保”目标，争取解决 8 万人农村安全用水，新增农村户用沼气 2 万户。新建县乡公路 260 公里、通村公路 150 公里。三是完善农村服务体系。支持龙头企业建设专业化、规模化农产品生产加工基地。积极培育申报国家、省级优质名牌农产品。

（七）强力推进节能减排，加强生态文明建设。一是强力推进节能降耗。继续实施“3515 节能行动计划”，加快重点企业节能改造，抓好义煤集团 30 万吨氧化铝节能改造、东方希望铝业公司赤泥综合利用等一批节能工程。二是加强环境保护和生态建设。抓好重点流域、区域和行业的环境综合整治。做好村镇绿化、城郊森林、生态廊道网络体系建设。三是积极发展循环经济。围绕支柱产业和优势产业，拉长产业链条，实现循环发展。四是提高土地和矿产资源集约利用水平。强化建设用地宏观调控，继续开展土地“三项整治”，大力推广多层标准厂房建设。

（八）深化改革开放，进一步增强发展动力和活力。一继续深化改革。二是进一步扩大对外开放。创新招商方式，积极主动承接产业转移。利用好国家出口退税新政策，支持纺织等劳动密集型产品、机电产品和高新技术产品出口，扩大原材料、关键设备和技术进口。加快商检、海关驻三门峡办事处和国家铝产品检验中心建设。做好豫晋陕金三角区域协调发展综合试验区推进工作。

（九）积极改善民生，促进和谐社会建设。一是优先发展教育。着力实施好卢氏横涧第一初级中学等一批农村初中校舍改造；加快城镇薄弱中小学改造，建成三门峡市阳光小学，开工建设三门峡外国语高中；大力发展职业教育，开工建设渑池县职业高中实训大楼。二是大力发展医疗卫生事业。支持三门峡市中心医院病房楼等一批重大项目加快建设。改建 12 所乡镇卫生院，完成 41 个乡镇卫生院设备配置，建成 4 家社区卫生服务站，14 所乡镇计生站，300 所村级卫生室。三是积极发展文化、体育事业。做好 120 个自然村的广播电视村村通工程和 20 个乡镇综合文化站的实施；加快市文化体育中心建设，完成 87 个农民体育健身工程；做好抢救性文物保护工作，力争虢国文化产业园、函谷关老子文化园进入省级文化产业园。四是进一步健全社会保障体系。开工建设市儿童福利院和市流浪少年儿童救助保护中心，全面完成国有煤矿棚户区改造任务。继续做好以工代赈和扶贫开发工作。

关于三门峡市2008年财政预算执行情况和2009年财政预算的报告（摘要）

（2009年1月8日市五届人大四次会议通过）

三门峡市财政局局长　吕万松

一、2008年财政预算执行情况

2008年，我市财政工作在市委的正确领导下，在人大、政协的监督指导和大力支持下，深入贯彻落实科学发展观，面对国际金融危机造成的经济增速减缓、企业亏损增加、主体税种下滑等不利局面，全市财税系统广大干部职工沉着应对，强化收入征管，狠抓增收节支，在极其困难的情况下，较好地完成了财政收支预算。

（一）全市财政一般预算收支完成情况

1.财政收入完成情况

2008年，全市一般预算收入完成366956万元（12月底电月报数，下同），为年预算的108.4%，比上年增长25%，增收73375万元，总量在全省继续保持第9位，增长速度居全省第3位。税收占一般预算收入的比重达到80.7%，比上年提高2.6个百分点，名列全省第1位。（收入详细情况见全市一般预算收入完成情况表）。

分级完成情况：市级一般预算收入完成80158万元，为年预算的100.2%，比上年增长14.5%。占全市一般预算收入的21.8%（收入详细情况见市级一般预算收入完成情况表）。县(市)区级完成286798万元，为年预算的111%，比上年增长28.3%，占全市一般预算收入的78.2%。

分项完成情况：全市地方税收完成296127万元，比上年增长29.1%，增收66812万元。其中：增值税完成86542万元，比上年增长23.8%。营业税完成57135万元，比上年增长24.3%。企业所得税完成32160万元，比上年增长15.8%。个人所得税完成12012万元，比上年下降7.4%。全市非税收入完成70829万元，比上年增长10.2%，增收6563万元。

在组织收入工作中，各级财税部门坚持把优化收入结构放在突出位置，依法组织收入，强化税收征管，规范非税收入收缴管理，财政收入质量进一步提高。

2.财政支出完成情况

2008年，全市一般预算支出预计完成653494万元（下同）。全市一般预算收入366956万元，加上中央及省各项补助313718万元，调入资金4845万元，上年结转使用数2504万元，动用上年结余1312万元，减去上解省支出29963万元，调出资金60万元，全市收入总计659312万元。全市实际下达支出预算658842万元，实际完成支出653494万元，为调整预算的99.2%，比上年增长28.1%，增支143154万元（支出详细情况见一般预算支出完成情况表）。

分级完成情况：市级一般预算支出完成151205万元，为调整预算的99.3%，比上年增长22.8%，占全市一般预算支出的23.1%（支出详细情况见市级一般预算支出完成情况表）。县(市)区级完成

502289 万元，为调整预算的 99.5%，比上年增长 29.7%，占全市一般预算支出的 76.9%。

（二）法定支出完成情况

2008 年，全市财政经常性收入比上年增长 24.8%，教育、科技、农业支出均高于经常性收入增长速度，法定支出保障较好。

教育支出完成 125011 万元，比上年增长 26.1%；

科技支出完成 10738 万元，比上年增长 71.7%；

农林水事务支出完成 76163 万元，比上年增长 52.9%。

预算执行中，各级财政部门严格按预算控制支出，坚持均衡支出，确保重点支出。全市财政筹措落实省、市“十件实事”资金 12 亿元，群众更多地享受到了改革开放和经济发展的成果。

（三）政府性基金收支完成情况

2008 年，全市基金预算收入 123352 万元，比上年增长 57.1%；基金预算支出 139613 万元，比上年增长 57.2%。市级基金预算收入 31306 万元，比上年下降 32.4%；基金预算支出 36449 万元，比上年增长 18%。

预计 2008 年我市财政可以实现收支平衡，目前正在汇编收支决算，待与省结算后，再向市人大常委会报告。

二、2008 年重点财政工作开展情况

（一）强化收入征管，确保了财政收入持续稳定增长。2008 年是我市财政工作非常困难的一年。上半年受雪灾、煤电油运紧张等不利因素共同冲击，下半年由美国次贷危机引发的全球金融危机导致我市经济增速减缓，骨干企业主导产品价格大幅度下降，亏损企业、亏损大户和亏损额剧增，部分企业出现停产、减产并准备裁员，对财政工作造成的不利影响前所未有。面对严峻形势，市政府及时召开多层次、多形式的财税工作座谈会，加强调查研究，分析收入形势，明确工作目标。建立收入分析快速反应机制，逐项目、逐企业、逐单位分析研究，依法强化税收征管，加大市场稽查力度，严厉打击偷逃骗税，克服重重困难，确保了全市财政收入在连年高速增长的基础上实现持续稳定增长。县域经济的快速发展促进了县级财政收入的较快增长。渑池县、灵宝市、陕县和义马市进入全省县（市）收入规模 30 强，分别列第 13、18、23 和 29 位，湖滨区进入全省城市区收入规模 20 强。

（二）实施积极财政政策，促进了经济和社会事业发展。各级财政部门积极调整和优化支出结构，统筹安排预算内外资金，在保工资、保运转的同时，从 2008 年 1 月 1 日起对企事业单位离休人员发放了津补贴，从 2008 年 10 月 1 日起对事业单位按月人均 300 元预增发津补贴。市级财政在极其困难的情况下，为各县（市）区配套资金 23000 万元，有力地支持了县域经济和社会事业发展。筹措资金 7437 万元，支持“5·12”大地震后四川安县塔水镇过渡房建设和江油市灾后重建。筹措资金 1000 万元，市区新建阳光小学教学楼主体封顶。市级财政安排科技专项经费 578 万元，重点支持思睿电子、酶奥生物等高科技企业技术创新。争取省级科技重大专项资金 1200 万元，对义马气化厂和灵宝金源矿业的重点项目进行了扶持。国际金融危机爆发后，积极贯彻党中央、国务院“扩内需、保增长”的工作方针，把投资作为扩大内需的主要举措，财政部门积极做工作，向上争取各类资金 3.5 亿元。实行特事特办，加快资金拨付，足额落实配套资金，提前预拨 2009 年部分专项资金 19624 万元，支持有条件的项目尽快启动，充分发挥了财政资金的引导和带动作用。

（三）加大对农业的投入，大力支持了新农村建设。大幅度增加各项惠农补贴。全市向农民发放粮食直补和农资综合直补 14637 万元，退耕还林补助 7575 万元，良种补贴 1138 万元，测土配方施肥补贴255万元，农机补贴797万元，奶牛补贴602万元，能繁母猪补贴1255万元。投入农村劳动力转移培训补贴302万元，带动农村劳动力转移培训10.4万人。向大中型水库移民14.9万人发放补贴11020万元。开展家电下乡，向农民兑现补贴资金342万元。加强农村基础设施建设。筹措资金5292万元，解决了12万人饮水安全问题。筹措资金3031万元，对2万户农民新建沼气池进行补贴。筹措资金9112万元，支持林业生态市建设。筹措资金12967万元，支持改造农村公路。筹措资金5432万元,对8座病险水库进行改造。筹措资金2199万元，实施农村广播电视“村村通”、农村电影放映、农村书屋、农村信息资源共享、农民体育健身等工程，丰富了农民群众文化生活。完善扶贫开发机制。筹措资金4442万元，对34个贫困村实施财政扶贫整村推进工程，加大搬迁扶贫力度，改善了贫困地区基本生产生活条件。大力促进现代农业发展。筹措资金2558万元，大力支持龙头企业发展和农业产业化经营。河南高效农业综合开发利用亚行贷款项目正式启动，总投资14.7亿元，其中利用亚行贷款6670万美元。项目建成后，预计年销售收入20亿元，实现利润4亿元，带动农民增收8亿元，同时能够改善生态环境，加快农业产业化进程，具有显著的经济、社会和生态效益。

（四）大力实施民生财政，促进了社会和谐稳定。认真落实义务教育经费保障机制。筹措资金11008万元，免除城乡义务教育学杂费。筹措资金3939万元，为农村中小学生免费提供教科书，向2.8万农村中小学贫困寄宿生发放补助1836万元。筹措资金1720万元，改造农村中小学校舍3.7万平方米。筹措资金150万元，加强农村中小学教学仪器配备。筹措资金2846万元，资助高校和中等职业教育贫困生，确保困难家庭子女顺利完成学业。进一步加大对社会保障的投入。筹措城乡低保资金10074万元，进一步扩大了低保覆盖面，全市城市和农村低保对象分别达4万人和5.5万人。投入资金580万元，新建农村敬老院9所，全市7392名五保对象集中供养率达42%，供养标准大幅度提高。筹措资金11450万元，实施新型农村合作医疗，全市参合农民148万人，参保率达96%。筹措资金2129万元，全面启动了城镇居民“全民医保”。投入资金828万元，实施城乡医疗救助，支持建设农村标准化卫生室和城市社区卫生服务体系。建立廉租住房保障制度，全市向4590个低收入住房困难家庭发放住房补贴635万元，筹措资金2015万元，开工兴建廉租住房2.5万平方米。筹措资金8132万元，完成棚户区改造100万平方米。筹措资金317万元，扩大农村计划生育家庭奖励扶助范围，惠及7064人。筹措就业补助资金6631万元，小额担保贷款贴息资金917万元，支持下岗失业人员再就业和高校毕业生自主创业。筹措资金3503万元，对渔业、林业、城市公交、出租车等行业给予石油价格补贴，缓解了石油价格上涨对公益性行业的影响。加强城市基础设施建设。近年来累计利用国家开发银行贷款55900万元，实施供水、供热、道路、生态环境治理等城市基础设施建设项目，进一步改善了城市环境，提高了人民群众的生活质量。

（五）深化和完善财政改革，财政管理水平进一步提高。2008年，在全市财政系统深入开展“财政资金规范管理年”活动。进一步完善部门预算，加强项目预算的可行性论证和绩效考评，完善部门预算编制办法和程序，建立县级预算编制审查制度，健全财政供养人员信息库，实行行政事业单位“编制实名制”，强化了编制和预算管理约束机制。规范国库集中支付操作程序，减少中间环节，提高支付效率。对专项资金实行直接支付，增加直接支付在集中支付资金中的比重。加强财政投资评审和政府采购工作。2008年，全市完成财政投资评审项目105项，评审额34286万元，审减多报工程造价6741万元，平均审减率为19.7%；全市完成政府采购预算89882万元，实际采购金额79452万元，节约资金10430万元，节支率11.6%，政府采购占一般预算支出的比重达12%。市政府组织监察、财政、审计等部门对市直25个系统86个单位的政府非税收入情况进行了全面检查，对查出的违规违纪问题全部按规定进行了处理纠正，提高了非税收入管理水平。加强内部监督，制定了财政部门内部监督考核办法，对市本级2008年度财政专项资金进行了清理核查。组织开展会计信息质量、“十件实事”资金落实、重点专项资金使用、涉农资金管理、乡镇财务管理等专项检查，规范了财政管理，提高了财政资金的使用效益。

各位代表，2008年，我市财政工作虽然取得了一定成绩，但仍存一些不容忽视的问题：我市财源结构单一，来自资源开采、加工制造等行业的税收收入占财政收入的比重大，抗击金融危机能力弱。市级税收高度依赖有限的几户重点企业，2008年大唐发电、开曼铝业、天瑞铝业受国际金融危机及国家宏观调控政策影响亏损增加，影响了市级收入的增长。全市地方财政收入近年来虽然增长较快，但总量依然偏小，满足不了各项硬性支出增长的需求和经济社会发展的需要，财政收支矛盾十分突出。财政资金供给“越位”与“缺位”和使用上的浪费现象依然存在，财政管理与监督还需要进一步加强。这些问题我们将在今后的工作中认真研究，切实加以解决。

三、2009年财政预算草案

（一）2009年财政工作和预算编制的指导思想和原则

根据党的十七大精神和市委、市政府的总体部署，2009年我市财政工作和预算编制的指导思想是：全面落实科学发展观，贯彻落实积极的财政政策，紧紧围绕市委确定的工作重点和财政改革目标，进一步调整和优化财政支出结构，重点向民生和社会事业倾斜，统筹安排政府财力，努力保障“三农”、教育、社会保障、就业、科学、文化、公共卫生、生态和环境保护等重点支出需要。继续推进预算编制改革和制度创新，完善预算决策和管理制度，努力实现预算编制的科学、规范、精细和透明，促进全市经济又好又快发展和社会事业全面进步。按照以上指导思想，2009年我市财政收支预算编制主要遵循以下原则：

一是积极稳妥原则。按规定必须列入财政预算的收入，做到应列尽列。支出预算安排与财政收入增长相适应，进一步优化和调整财政支出结构，提高财政对基本支出的保障水平。

二是依法理财原则。预算编制符合《预算法》和其他法律、法规，体现国家方针政策。收入合法合规，支出符合财政宏观调控目标。

三是保障重点原则。落实国家扩大内需、实施积极的财政政策和市委、市政府的各项战略部署，保工资和津补贴发放，保正常运转，保社会稳定，保法定支出增长，落实省、市“十件实事”所需资金。

四是关注民生原则。加快推进以改善民生为重点的社会建设，充分发挥财政职能作用，着力保障和改善民生，完善机制，科学安排民生财政的支出预算，不断提高财政的公共服务水平。

五是厉行节约原则。区别对待，有保有压，从紧编制预算。压缩会议、接待、差旅费和公车使用支出，对财政供给单位的设备购置、网络建设、车辆更新及购置停止审批。公用经费实行零增长。压缩一般性支出，对部门业务性专项缩减5%。

六是综合预算原则。统筹政府财力，对预算内外资金、其他资金、政府性基金和财政融资实行统一管理、统筹安排，提高财政资金使用效益。

（二）2009 年一般预算收入指导性计划

预计今年上半年财政经济形势将更加困难，收入增长不容乐观，而保民生、促增长的支出压力更大。综合考虑各种因素，2009 年全市财政一般预算收入预期目标比上年增长 11%，与国内生产总值增长同步。

全市财政收支计划是指导性的，各县（市）区根据当地实际，妥善安排收支预算，报同级人大批准后执行。

（三）2009 年市级财政收支预算安排

1. 市级一般预算收入安排 8.8 亿元，增长 10%

市级税收收入安排 60600 万元，增长 13.9%，其中：

增值税 23300 万元，增长 9.7%；

营业税 12800 万元，增长 28.1%；

企业所得税 10000 万元，增长 13%；

个人所得税 2900 万元，增长 16.5%；

城建税、房产税、印花税、城镇土地使用税、契税等 11600 万元，增长 12.7%。

市级非税收入安排 27400 万元，增长 3.3%。

2. 市级一般预算支出安排 127000 万元，增长 7.6%

市级一般预算收入 88000 万元，加上体制结算收入 39000 万元，可供安排财力 127000 万元。其中：

工资福利及对个人和家庭补助支出 46500 万元，占 36.6%；

商品和服务支出 11000 万元，占 8.6%；

专项支出 69500 万元，占 54.8%；

3. 市级重点项目安排情况

市级新增财力主要用于保障法定支出增长以及省委、省政府和市委、市政府确定的重点项目支出，其他专项支出略有增长，支出安排很满，执行中将从紧把握。（各支出科目安排详见预算草案）。

按照省人大确定的财政经常性收入口径计算，2009 年市级财政经常性收入比上年增长 8%。法定和重点支出安排情况是：

教育支出 19696 万元，增长 23.5%；

科技支出 1179 万元，增长 12%；

农林水事务支出 7928 万元，增长 27%；

文化体育与传媒支出 2200 万元，增长 12.1%；

医疗卫生支出 6831 万元，增长 35.3%；

社会保障支出 10471 万元，增长 12%；

公共安全支出 13276 万元，增长 5%；

环境保护支出 3228 万元，增长 29.8%。

根据经济社会发展需要，安排了部分专项资金：

园林、城市基础设施建设资金 16100 万元；

新农村建设资金 1040 万元；

林业生态建设资金 2600 万元；

节能减排奖励资金 1000 万元；

廉租房建设资金 2000 万元；

扩大内需落实积极财政政策配套资金 5000 万元；

中小企业发展资金 1000 万元；

偿债准备金 9100 万元。

按照《预算法》要求，以上财政收支预算安排，能够实现当年收支平衡。

4. 市级财政筹资融资情况

为进一步保增长、扩内需、调结构，推动我市财政经济又好又快发展，市财政将在积极争取上级财政补助资金的同时，充分利用市财经投资公司融资平台，通过国家开发银行和其他金融机构多渠道筹资融资 30000 万元，重点用于支持市文体活动中心、郑西高速铁路新客站及广场、天鹅湖城市湿地公园、台上区集中供热、迎宾大道、崤山路改造等关系民生的“一件实事”项目建设。届时，对筹资融资有关项目的资金使用管理情况专题向市人大常委会报告。

（四）市级基金收支预算安排情况

因公路养路费停征，有关项目收费标准降低，市级2009年基金收入预算安排10700万元，比上年下降65.8%。按照基金列收列支预算管理规定，支出相应安排10700万元。（基金收支详细情况见预算草案）

四、2009年财政工作重点

（一）实施积极的财政政策，支持扩大投资需求。坚持把投资作为扩大内需的主要举措。抢抓机遇，积极争取中央和省投资。立足我市实际，积极申报和争取既符合中央和省投资方向又能有效带动社会投资、引导相关产业发展和改善民生的重大项目，并按规定足额落实配套资金。认真做好项目实施工作，在严格执行国库集中支付、政府采购、财政投资评审等制度的同时，特事特办，加快资金拨付，加快基础设施、公共事业和民生项目建设进度，促进经济增长。

（二）调整财政支出结构，着力保障和改善民生。对省、市“十件实事”资金足额安排。落实和完善小额担保贷款奖励等政策，加大就业再就业投入。大幅度增加对“三农”的投入，进一步增加对农民的各项补贴，扩大补贴范围，将洗衣机纳入家电下乡补贴范围。提高农村计划生育家庭奖励扶助标准，提高优抚对象和社会弱势群体的补助标准，逐步提高城乡低保补助水平、企业退休人员基本养老金水平。认真落实农村义务教育经费保障机制和免除城市义务教育阶段学生学杂费政策，提高农村中小学公用经费水平，落实家庭经济困难学生资助政策。继续提高新型农村合作医疗、城镇居民基本医疗保险参保率，逐步提高医疗补偿待遇。将大学生纳入城镇居民医疗保险范围。

（三）落实税制改革和税费优惠政策，促进企业投资和居民消费。认真落实促进经济发展和扩大消费的各项税收优惠政策，严格按规定及时办理减税、免税、退税。从2009年1月1日起对增值税一般纳税人，允许新购进机器设备所含增值税进项税金在销项税额中抵扣，相应调整小规模纳税人标准及其征收率，确保增值税转型改革顺利实施。统一内外资企业城建税和教育附加制度。落实促进房地产业健康发展税费优惠政策。继续执行好暂免征收储蓄存款利息所得税、调整完善出口退税等政策。认真落实清理规范行政事业性收费政策。严格按照省政府规定，取消（停止征收）100项行政事业性收费，降低56项行政事业收费标准。

（四）支持自主创新和节能减排，推进经济结构优化升级。认真落实支持企业自主创新、节能减排财税优惠政策，切实加大对推进结构调整和产业升级、重大技术改造、培育战略支撑产业、加快发展服务业和先导产业、加快产业集聚区建设、淘汰落后产能和生态环境保护等投入，支持形成新的投资增长点、效益增长极。足额落实配套资金，市县全面建立起中小企业信用担保体系，并逐年加大财政投入，吸引社会资金投入，逐步壮大我市中小企业信用担保体系。

（五）加强财源建设，夯实财政收入基础。创新财政支持经济发展的思路，坚定不移地实施工业强市发展战略，综合运用国债、世行、亚行、开行及外国政府贷款，更多更好地利用税收、财政补贴、奖励补助等财政杠杆，大力支持经济发展。建立健全信用担保体系，着力解决中小企业融资难问题，促进非公有制企业发展壮大。充分发挥财政职能，创新财政投融资体制，拓宽融资渠道，发挥财政资金“四两拨千斤”的作用，大力支持招商引资。利用政府融资平台，多方筹措资金，重点支持一批有发展前景的大的工业项目，为财政收入的平稳较快增长奠定坚实基础。

（六）进一步做好利用国家开发银行和其他金

融机构资金工作。加大与国家开发银行和其他金融机构的合作力度，拓宽合作领域，进一步强化和完善项目规划、论证、储备和报批工作，争取金融部门更大支持。切实加强项目监管，确保项目“阳光操作”。加快项目建设进度，做到项目早实施、早见效。认真落实偿债措施，规避财政融资风险。进一步加强对利用国家开发银行和其他金融机构资金使用情况的审计监督，严格杜绝挤占挪用，确保贷款资金使用安全。

（七）认真做好河南高效农业利用亚行贷款项目的实施工作。河南高效农业利用亚行贷款项目已进入正式实施阶段，进一步健全项目领导小组，充实项目执行机构，完善管理规章制度，规范项目管理。督促相关企业加大国内配套资金的筹集力度，严格实行报账制，为项目顺利实施创造有利条件。加强项目实施过程中的风险防范工作，确保项目资金能够用得起、还得上，达到方方面面都受益的最佳结果。

（八）深化财政改革，强化财政监督。进一步细化部门预算编制，强化部门预算编制和执行主体责任，提高预算执行效率和均衡性。按照“收入在国库、支付在中心、核算在单位、全程有监督”的管理模式，完善国库集中收付制度，对会计核算有计划地退回单位，并积极筹备做好公务卡的推广和使用。扩大政府采购规模，提高政府采购在财政支出中的比重。加强非税收入管理，严格实行“收支两条线”。强化财政投资评审职能，加强行政事业单位资产管理。强化财政监督，重点加强国家扩大内需项目和资金的监管，确保积极财政政策取得预期成效。深入开展“财政监督管理年”活动，在推进财政部门内部监督的同时，形成财政部门内部监督与审计部门等外部监督相结合，事前、事中、事后监督相配套的监督格局。健全财政政务公开制度，自觉接受人大和社会各方面监督。

常用统计术语

1. 发展速度 是反映某种社会经济现象发展程度的相对指标，它是报告期发展水平与基期发展水平之比，用来说明报告期水平已发展到基期水平的若干倍或百分之几。一般用百分数（以基期水平为 100）表示。发展速度分为环比发展速度和定基发展速度。环比发展速度是报告期发展水平与前期发展水平之比，反映社会经济现象逐期的发展程度；定基发展速度是报告期发展水平与某一固定基期发展水平（通常为最初水平）之比，它反映社会经济现象在较长时间内总的发展速度。

2. 增长速度 是反映某种社会经济现象增长程度的相对指标，它是报告期增长量与基期发展水平之比。增长速度与发展速度一样，由于采用的基期不同，分为环比增长速度和定基增长速度。环比增长速度是报告期增长量与前期发展水平之比，反映社会经济现象逐期的增长程度；定基发展速度是报告期增长量与某一固定基期发展水平（通常为最初水平）之比，它反映社会经济现象在较长时间内增长的总速度。

3. 增长量 是说明两个不同时期发展水平增减差额的指标，它说明社会经济现象在一定时期内增长（或减少）的绝对量。计算公式为：

增长量＝报告期水平－基期水平

由于采用的基期不同，增长量分为逐期增长量和累计增长量。逐期增长量是报告期水平与前期水平的差额，反映社会经济现象逐期增长的数量；累计增长量是报告期水平与某一固定基期发展水平（通常为最初水平）的差额，它反映社会经济现象在一定时间内的总增长量。

4. 平均增长速度 是说明社会经济现象在一个较长时期内增长的平均速度。在我国计算平均增长速度有两种方法，一种是习惯上经常用的“水平法”，又称几何平均法，是以间隔期最后一年的水平同基期水平对比来计算平均每年增长（或下降）速度。另一种是“累计法”，又称代数平均法或方程法，是以间隔期内各年水平的总和同基期水平对比来计算平均每年增长（或下降）速度。

在一般正常情况下，两种方法计算的平均每年增长速度比较接近，但在经济发展不平衡，出现大起大落时，两种方法计算的结果差别较大。

5. “倍数” 倍，就是跟原数相同的数。倍数，只能用于数字的增加，不能用于数字的减少。如“增长多少倍”、“扩大多少倍”、“提高多少倍”都可以；但不能说“降低多少倍”、“缩小多少倍”、“减少多少倍”。因为减少一倍就减完了，再无什么可减了。运用倍数时，还要注意用词的准确。如“增加了两倍”，即原来是一，现在是三；“增加到两倍”，即原来是一，现在是二。这里的“了”和“到”不能缺少，也不能互换。

6. “番”与“倍”的关系 增加一倍，就是增加 100%；翻一番，也是增加 100%。除了一倍与一番相当外，两倍与两番以上的数字含义就不同了。而且数字越大，差距越大。如增加两倍，就指增加 200%；翻两番，就是 400%（一番是二、二番是四、三番就是八），所以说翻两番就是增加了 300%，翻三番就是增加了 700%。“番”是按几何级数计算的，“倍”是按算术级数计算的。“番”的计算公式为：

n＝lg（报告期/基期）/lg2

n表示翻番数，ｌｇ是常用对数符号

7. 百分数 是用一百做分母的分数。百分数与倍数不同，他既可以表示数量的增加，也可以表示数量的减少。运用百分数时，也要注意概念的精确。

运用百分数时，还要注意有些百分数最多只能达到100%，如产品合格率等；有些百分数只能小于100%，如粮食出粉率等；有些百分数却可以大于100%，如产品产量计划完成情况等。

"占"、"超"、"为"、"增"的用法，"占计划百分之几"指完成计划的百分之几；"超计划的百分之几"，就应该扣除原来的基数（－100%）；"为去年的百分之几"就是等于或相当于去年的百分之几；"比去年增长百分之几"应扣掉原有的基数（-100%）。

8. 百分点 是指不同时期以百分数形式表示的相对指标（如速度、指数、构成等）的变动幅度。

9. 扣除价格因素 按当年价格计算的价值指标，在不同年份之间对比时，有各年间价格变动因素，不能确切反映实物量的增减变动。为此必须消除价格变动因素，使之可比，才能真实反映经济发展动态。

扣除价格因素的方法有两种：

（1）利用可比价格进行不同年份间价值指标的对比，即价值指标统一按相同的价格计算。

（2）价格指数缩减法，指用当年价格计算的价值指标直接对比后再扣除相应的价格指数。

10. 国民经济景气监测分值及综合评分 是通过建立国民经济监测网络，利用监测指标体系、监测和预警模型，对国民经济运行实施有效地监测和预警统计的常用方法之一。这种方法就是在所选择的一组反映经济发展状况的敏感性指标中，运用有关的数据处理方法，选择若干指标组成为一个综合性的指标体系，并通过类似于一组交通管制信号红、黄、绿灯的标志，对这组指标和综合指标反映的当时国民经济状况，发出不同的信号，最后，通过观察分析信号的变动情况，来判断未来经济发展态势的方法。

运用这种方法的基本步骤是：第一，选择和确定能够反映国民经济运行状况的监测指标，这些指标最好是按月度或季度收集整理；第二，计算各指标指数，即各指标本期的实际值与上年同期的数值相比，然后对其结果进行季节调整，消除季节性因素和不规则因素，用以制订预警灯号；第三，确定各个灯区的临界限，将各指标指数按照各种临界限划分为红灯区、黄灯区、绿灯区、浅蓝灯区和蓝灯区五个区间，并将5个区间依次赋值为5分、4分、3分、2分和1分；第四，根据确定灯号分数的标准，将消除季节因素和不规则因素的各项指标的指数转换为灯号分数；第五，综合各指标的灯号分数，求得整个国民经济动态平均灯号分数；第六，根据整个国民经济动态平均灯号分数进行预警信号的分析。当预警信号亮出绿灯，表示当时的经济景气比较稳定，可在稳定中采取一定的促进经济增长的措施；当预警信号亮出黄灯，说明经济尚稳，但短期内有转热或趋稳的可能；当预警信号亮出红灯时，表明经济稍热，若无适当措施，经济增长过热必将来临；当双红灯出现时，说明已经过热，必须采取有力的紧缩措施；蓝灯表示已进入萧条，必须采取强力刺激经济复苏的对策。

目前国家统计局采用的宏观经济运行监测指标体系，是选择以下12个指标组成：工业总产值、工业企业销售收入、基础产品产量指数、商品流转次数、社会消费品零售总额、商业国内工业品纯购进、固定资产投资额、狭义货币Ｍ１（现金＋企业、机关活期存款）、企业存款、银行现金总支出、出口额、消费价格指数。以上指标得分相加，48分以上为红灯区（过热）；42—48分为黄灯区（偏热）；

30—42 分为绿灯区（正常）；24—30 分为浅蓝灯区（偏冷）；24 分以下为蓝灯区（冷）。采用经济景气打分和综合评分的方法比较直观，易于理解，应用方便。近年来很多国家都运用这种方法对宏观经济运行状况进行监测和预警。值得注意的是：对于极其复杂的整个国民经济系统来说，必须定量与定性分析相结合，并充分发挥定性分析的作用，不宜片面强调这种方法的作用。

11. 投资率 通常是指总投资占生产总值的比率。但是生产总值由于受进出口的影响，又有生产额与使用额的区分。因此投资率也可以从以下两个不同的角度进行观察。计算公式为：

投资率＝（总投资/生产总值）×100%

或：投资率＝（总投资/生产总值国内使用额）×100%

生产总值生产额反映国家（或地区）的经济实力和经济发展水平，而生产总值使用额则反映生产总值实际使用于投资与消费的总规模。因此，前者可以 观察投资与国家经济实力的关系，从中看出投资规模的经济承受能力；后者可以观察可供使用的生产总值在投资与消费 之间的分配，从中可以看出投资与消费的比例关系。由于投资不同于积累，生产总值不同于国民收入，因此，投资率也有别于积累率。比较起来，由于总投资包括全部固定资产投资，所以投资率能全面地反映建设规模，更确切地观察建设与生产、建设与消费之间的关系。同时，投资率也有利于国际比较。

12. 投资系数 是指一定时期的总投资与新增生产总值之比。即一定时期每新增单位生产总值需要多少投资。计算公式为：

投资系数＝总投资/新增生产总值

这个指标还可以根据需要，写成新增生产总值与总投资之比，即：

投资系数＝新增生产总值/总投资

用来表示单位投资可以新增多少生产总值。这两个指标都能反映出投资的经济效益，是重要的宏观经济指标。

13. 恩格尔定律及恩格尔系数 19 世纪德国统计学家恩格尔根据统计资料，对消费结构的变化得出一个定律:一个家庭收入越少，家庭收入中（或总支出中）用来购买食物的支出所占的比例就越大，随着家庭收入的增加，家庭收入中（或总支出中）用来购买食物的支出则会下降。推而广之，一个国家越穷，每个国民的平均收入中（或平均支出中）用于购买食物的支出所占的比例就越大，随着国家的富裕，这个比例呈下降趋势。恩格尔定律的计算公式为：

食物支出对总支出的比例（Ｒ１）＝食物支出变动百分比/总支出变动百分比

或：食物支出对总支出的比例（Ｒ２）＝食物支出变动百分比/收入变动百分比

Ｒ２又称为食物支出的收入弹性。

恩格尔定律是根据经验数据提出的，他是在假定其他一切变量都是常数的前提下才适用的，因此在考察食物支出在收入中所占比例变动问题时，还应当考虑都市化程度、食品工业、饮食业和食物本身结构变化等因素，都会影响家庭的食物支出增加。只有达到相当高的平均食物消费水平时，收入的进一步增加才不对食物支出发生重要的影响。

恩格尔系数是根据恩格尔定律得出的比例数，是表示生活水平高低的一个指标。其计算公式为：
恩格尔系数＝食物支出金额/总支出金额

除食物支出外，衣着、住房、日用必需品等的支出，也同样在不断增长的家庭收入或总支出中，所占比重上升一段时期后，呈递减趋势。

14. 宏观调控 是指政府为实现宏观（总量）平衡，保持经济持续、稳定、协调增长，而对货币收支总量、财政收支总量、外汇收支总量和主要物资供求的调节与控制。由此扩展开来，通常把政府为弥补市场失灵采取的其他措施也纳入宏观调控的范畴。

政府的宏观调控主要表现为国家利用经济政策、经济法规、计划指导进行必要的行政管理。

第二部分　统计资料

综　合

三 门 峡 地 理

地理位置　三门峡市位于河南省的西部，豫、晋、陕三省的交界处，地处东经 112° 21′ 42″ 至 112° 01′ 24″，北纬 33° 31′ 24″ 至 35° 05′ 48″ 之间。东临洛阳，西接陕西，北隔黄河与山西相望，南连伏牛山与南阳接壤。东西长 153 公里，南北宽 132 公里，总国土面积为 10496 平方公里。交通运输条件优越。境内陇海铁路、连（云港）霍（尔果斯）高速横贯东西，209 国道纵穿南北，乡村公路交织成网。

地势地貌　地势西南高，东北低，差异明显，地表形态复杂多样，有山地、丘陵、河谷、平原等多种类型，大体为“五山四陵一分川”即山地占 54.8% ，丘陵占 36%，平原占 9.2%。

气候　市域属暖温带大陆性季风气候。四季分明，春秋短而冬夏长，春季干燥多大风，夏季炎热多雨水，秋季温和湿润，冬季雨雪少且冷，光、热和水量集中，历年平均气温 13.2 ℃，年平均日照时数 2354.3 小时，平均日照率 51%， 历年无霜期 184-218 天，平均年降雨量 550-800 毫米。

水文地质　全市河流沟溪众多，共有河溪 3000 多条，其中较大河流 29 条，分属黄河、长江两大水系。黄河水系主要有黄河干流、洛河、弘农涧河、青龙涧河、枣香河等，长江水系主要有老灌河、淇河。

水利资源　全市多年平均水资源总量 29.3 亿立方米（不含黄河入境水），人均水资源占有量 1350 立方米，黄河干流年平均过境水量 420 亿立方米， 三门峡水库容量 96 亿立方米，正常调蓄量 18-20 亿立方米。

矿产资源　三门峡市矿产资源丰富，是河南省重要的矿产资源基地。目前已发现各种矿藏 66 种，探明储量的有 50 种，潜在经济价值达 3000 亿元，保有储量居全省前三位的约有 31 种，已开发利用的 27 种。黄金、铝、煤炭是三大优势矿产。有 17 种矿产居全省之冠，9 种矿产居第二位，6 种矿产居第三位。这些矿产不仅储量大、品位高，而且分布相对集中，埋藏浅，易开采，是河南省乃至全国主要的贵金属、有色金属及能源矿产基地。

动植物资源　动物仅野生陆栖脊椎动物就达 140 多种。其中爬行类 20 种，鸟类 70 多种，哺乳类 42 种，两栖类 8 种。主要有：国际保护动物金钱豹， 国家一级保护动物苏门羚，二级保护动物大鲵、天鹅、豆雁、环颈雉、鸳鸯、水獭、麝，省级保护动物红腹锦鸡、鹿、密狗、猫头鹰等。全市维管束植物 144 科，780 余属，2100 余种。

行政区划　截止 2008 年底，全市辖三县两市一区（即渑池县、陕县、卢氏县、灵宝市、义马市和湖滨区）和一个省级开发区（河南三门峡经济开发区），62 个乡镇，14 个街道办事处，1342 个行政村。

数据要览

◆2008年地区生产总值	6542124万元	比上年增长15.1%
第一产业	547715万元	比上年增长6.7%
第二产业	4379435万元	比上年增长16.7%
第三产业	1614974万元	比上年增长13.7%
◆2008年人均生产总值	29515 元	比上年增长16.0%
◆2008年生产总值构成	100%	
第一产业	8.4%	比上年上升0.3个百分点
第二产业	66.9%	比上年上升0.9个百分点
第三产业	24.7%	比上年下降1.2个百分点

地区生产总值

单位：亿元

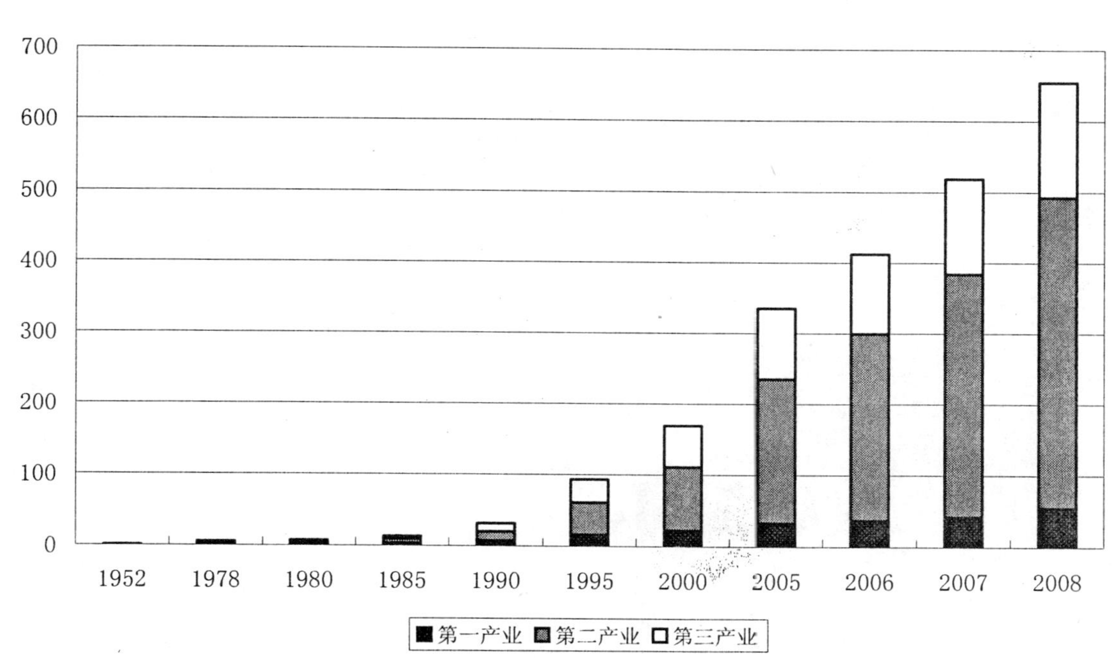

1-1 行政区划

（2008年）　　单位：个

分　类	全　市	湖滨区	义马市	渑池县	陕　县	灵宝市	卢氏县
市县区级	**6**	**1**	**1**	**1**	**1**	**1**	**1**
县	3			1	1		1
市	2		1			1	
区	1	1					
乡镇街道办事处级	**76**	**10**	**7**	**12**	**13**	**15**	**19**
乡	35	3		7	9	5	11
镇	27			5	4	10	8
街道办事处	14	7	7				
村、居委会级	**1468**	**91**	**33**	**245**	**271**	**461**	**367**
村委会	1342	53		235	262	440	352
居委会	126	38	33	10	9	21	15

1-2 土地面积

（2008年）　　单位：平方公里

分　类	全　市	湖滨区	义马市	渑池县	陕　县	灵宝市	卢氏县
土地总面积	**10496**	**185**	**112**	**1421**	**1763**	**3011**	**4004**
山区面积	5750	32	33	780	665	1481	2759
占总面积%	54.8	17.2	29.2	54.9	37.7	49.2	68.9
丘陵面积	3777	122	55	574	709	1208	1109
占总面积%	36.0	66.1	49.0	40.4	40.2	40.1	27.7
平原面积	969	31	24	67	389	322	136
占总面积%	9.2	16.7	21.8	4.7	22.1	10.7	3.4
土地总面积（千公顷）	**1049.6**	**18.5**	**11.2**	**142.1**	**176.3**	**301.1**	**400.4**

1-3 各县（市）区所属乡（镇）、街道名称

（2008年）

县(市)区	乡（镇）街道数（个）	所属乡	所属镇	街道办事处
全　市	76	35	27	14
湖滨区	10	交口、磁钟、高庙		湖滨、车站、前进、涧河、大安、崖底、会兴街道
义马市	7			新义、朝阳、千秋、常村、泰山、新区、东区街道
渑池县	12	仰韶、仁村、果园、陈村、坡头、段村、南村	城关、英豪、张村、洪阳、天池	
陕　县	13	张汴、张湾、菜园、张茅、硖石、王家后、西李村、宫前、店子	原店、观音堂、大营、西张村	
灵宝市	15	川口、寺河、苏村、五亩、西闫	城关、尹庄、朱阳、阳平、大王、故县、豫灵、焦村、阳店、函谷关	
卢氏县	19	潘河、文峪、磨沟口、双槐树、汤河、横涧、瓦窑沟、狮子坪、木桐、沙河、徐家湾	城关、杜关、官坡、范里、东明、朱阳关、五里川、官道口	

1-4 农村基本情况和劳动力资源状况

（2008年底）

指　　标	计量单位	全　市	湖滨区	义马市	渑池县	陕　县	灵宝市	卢氏县
农村基层组织								
乡镇								
乡政府	个	35	3		7	9	5	11
镇政府	个	27			5	4	10	8
村民委员会	个	1342	53		235	262	440	352
农村基础设施								
通汽车村数	个	1338	53		235	262	440	348
通电村数	个	1342	53		235	262	440	352
通电话村数	个	1342	53		235	262	440	352
自来水受益村数	个	1096	50		170	219	335	322
乡村户数	万户	42.64	2.28	1.29	7.27	7.79	15.2	8.81
乡村人口	万人	164.46	8.28	4.67	27.51	28.60	62.37	33.03
乡村劳动力资源数	万人	100.51	5.18	2.56	18.13	17.36	37.78	19.5
乡村从业人员数	万人	94.37	4.68	2.31	16.54	16.79	36.24	17.81
男劳动力	万人	50.24	2.57	1.29	8.87	8.87	19.05	9.59
女劳动力	万人	44.13	2.11	1.02	7.67	7.92	17.19	8.22
从业人员按行业分:								
农业	万人	64.62	2.08	0.9	8.67	11.49	27.41	14.07
工业	万人	8.72	0.73	0.44	2.78	1.4	2.46	0.91
建筑业	万人	4.81	0.44	0.23	1.48	0.89	0.92	0.85
交通运输业	万人	4.49	0.34	0.21	1.27	0.92	1.29	0.46
信息计算机业	万人	0.27	0.06	0.01	0.05	0.01	0.11	0.03
批零贸易业	万人	4.53	0.37	0.22	1.11	0.88	1.35	0.6
住宿餐饮业	万人	2.43	0.3	0.12	0.5	0.37	0.87	0.27
其他从业人员	万人	4.50	0.36	0.18	0.68	0.83	1.83	0.62

1-5 各月平均气温和降水量

（2008年）

月　份	平均气温(摄氏度)				降水量(毫米)			
	湖滨区	渑池县	灵宝市	卢氏县	湖滨区	渑池县	灵宝市	卢氏县
一 月	-2.4	-3.6	-3.2	-3.4	13.3	31.6	16.5	11.1
二 月	1	-0.4	0	-0.5	6	8	12.0	10.7
三 月	11.7	9.3	10.9	9.5	16.7	14.6	25.2	19.2
四 月	16.4	13.9	15.9	14.1	28.3	40.4	24.6	35.7
五 月	22.1	19.9	21.9	20	71	114	49.2	37.6
六 月	24.9	23.3	24.8	22.1	34.3	69.7	20.7	59.5
七 月	26.4	24.3	26	24.1	68.3	114.9	87.6	169.3
八 月	25.6	23.6	25	22.9	82.5	97.9	68	69.0
九 月	20.3	18.5	19.8	18.4	63.9	99.3	59.8	65.1
十 月	15.4	13.8	14.2	13.5	34.4	31.6	51.5	48.2
十一月	8.2	7.3	6.8	6.7	19.3	19.7	23.6	22.1
十二月	2.4	0.6	0.7	0.8				

1-6 气温、雨量、霜降情况

（2008年）

指　标	湖滨区	渑池县	灵宝市	卢氏县
平均气温(摄氏度)	14.3	12.5	13.6	12.4
降雨总量(毫 米)	438	641.7	438.7	547.5
终霜日期	2月28日	3月4日	3月25日	3月22日
初霜日期	11月2日	10月30日	10月30日	11月2日
有霜天数(天)	44	26	148	86
最高气温(摄氏度)	38.5	37.2	38.5	36
最低气温(摄氏度)	-12.1	-14.6	-13.6	-13.1
日最大降雨量(毫 米)	35.1	43.2	25.7	40.9

1-7 全市基本单位数

单位：个

年　份	法人单位数	单产业法人	多产业法人	产业活动单位数	#多产业法人所属的产业活动单位
1996	8629	7385	1244	16254	8869
1997	8558	7308	1250	16216	8908
1998	8478	7241	1237	16039	8798
1999	8519	7304	1215	15907	8603
2000	8525	7354	1171	15808	8454
2001	9829	8914	915	15418	6504
2002	9485	8628	857	14683	6055
2003	9673	8887	786	14359	5472
2004	9385	8730	655	13806	5076
2005	9756	9123	633	13835	4712
2006	10199	9591	608	14176	4585
2007	10510	9892	618	14540	4648
2008	11290	10494	796	15633	5139

1-8 按三次产业分的基本单位数及构成

年份	单位数（个）	第一产业		第二产业		第三产业	
		绝对数	占比例（%）	绝对数	占比例（%）	绝对数	占比例（%）
法人单位							
1996	8629	536	6.2	2953	34.2	5140	59.6
1997	8558	559	6.5	2903	33.9	5096	59.5
1998	8478	609	7.2	2787	32.9	5082	59.9
1999	8519	649	7.6	2792	32.8	5078	59.6
2000	8525	661	7.8	2842	33.3	5022	58.9
2001	9829	772	7.9	2468	25.1	6589	67.0
2002	9485	591	6.2	2342	24.7	6552	69.1
2003	9673	539	5.6	2471	25.5	6663	68.9
2004	9385	227	2.4	2358	25.1	6800	72.5
2005	9756	231	2.4	2558	26.2	6967	71.4
2006	10199	229	2.2	2726	26.7	7244	71.0
2007	10510	250	2.4	2860	27.2	7400	70.4
2008	11290	330	2.9	3172	28.1	7788	69.0
产业活动单位							
1996	16254	1037	6.4	3572	22	11645	71.6
1997	16216	1059	6.5	3525	21.7	11632	71.7
1998	16039	1140	7.1	3394	21.2	11505	71.7
1999	15907	1180	7.4	3363	21.1	11364	71.4
2000	15808	1191	7.5	3414	21.6	11203	70.9
2001	15418	953	6.2	2959	19.2	11506	74.6
2002	14683	651	4.4	2783	19.0	11249	76.6
2003	14359	600	4.2	2868	20.0	10891	75.8
2004	13806	231	1.7	2727	19.8	10848	78.6
2005	13835	249	1.8	2925	21.1	10661	77.1
2006	14176	247	1.7	3038	21.4	10891	76.8
2007	14540	268	1.8	3180	21.9	11092	76.3
2008	15633	347	2.2	3362	21.5	11924	76.3

1-9 按行业分的基本单位数

（2008年） 单位：个

行业	法人单位数	单产业法人	多产业法人	产业活动单位数	#多产业法人的活动单位
总　计	**11290**	**10494**	**796**	**15633**	**5139**
农、林、牧、渔业	330	326	4	347	21
农业	92	92		93	1
林业	55	54	1	59	5
畜牧业	137	135	2		9
渔业	7	7		7	
农、林、牧、渔服务业	39	38	1	44	6
采矿业	868	858	10	906	48
煤炭开采和洗选业	55	54	1	71	17
石油和天然气开采业					
黑色金属矿采选业	110	109	1	115	6
有色金属矿采选业	457	452	5	467	15
非金属矿采选业	243	240	3	250	10
其他采矿业	3	3		3	
制造业	1967	1940	27	2094	154
农副食品加工业	134	133	1	134	1
食品制造业	65	64	1	68	4
饮料制造业	69	64	5	81	17
烟草制品业	1	1		1	
纺织业	23	23		23	
纺织服装、鞋、帽制造业	17	17		18	1
皮革、毛皮、羽毛(绒)及其制品业	1	1		1	
木材加工及木、竹、藤、棕、草制品业	61	59	2	63	4
家具制造业	37	36	1	41	5
造纸及纸制品业	55	55		56	1
印刷业和记录媒介的复制	45	45		46	1
文教体育用品制造业	3	3		3	
石油加工、炼焦及核燃料加工业	13	13		16	3
化学原料及化学制品制造业	102	100	2	112	12

1-9续表1　（2008年）　单位：个

行　　业	法人单位数			产业活动单位数	
		单产业法人	多产业法人		#多产业法人的活动单位
医药制造业	21	21		22	1
化学纤维制造业	3	3		3	
橡胶制品业	8	8		10	2
塑料制品业	59	58	1	69	11
非金属矿物制品业	686	683	3	709	26
黑色金属冶炼及压延加工业	15	15		15	
有色金属冶炼及压延加工业	64	60	4	69	9
金属制品业	81	80	1	83	3
通用设备制造业	125	124	1	144	20
专用设备制造业	119	117	2	134	17
交通运输设备制造业	34	33	1	38	5
电气机械及器材制造业	34	33	1	39	6
通信设备、计算机及其他电子设备制造业	7	6	1	8	2
仪器仪表及文化、办公用机械制造业	12	12		13	1
工艺品及其他制造业	71	71		72	1
废弃资源和废旧材料回收加工业	2	2		3	1
电力、燃气及水的生产和供应业	122	117	5	143	26
电力、热力的生产和供应业	91	89	2	108	19
燃气生产和供应业	5	5		5	
水的生产和供应业	26	23	3	30	7
建筑业	215	212	3	219	7
房屋和土木工程建筑业	142	139	3	142	3
建筑安装业	20	20		24	4
建筑装饰业	42	42		42	
其他建筑业	11	11		11	
交通运输、仓储和邮政业	195	184	11	337	153
铁路运输业	2	2		4	2
道路运输业	108	102	6	145	43
城市公共交通业	24	24		27	3

1-9续表2　　（2008年）　　单位：个

行　　业	法人单位数			产业活动单位数	
		单产业法人	多产业法人		#多产业法人的活动单位
水上运输业	1	1		1	
航空运输业					
管道运输业					
装卸搬运和其他运输服务业	18	16	2	22	6
仓储业	40	39	1	42	3
邮政业	2		2	96	96
信息传输、计算机服务和软件业	194	189	5	326	137
电信和其他信息传输服务业	19	14	5	150	136
计算机服务业	168	168		169	1
软件业	7	7		7	
批发和零售业	2112	1997	115	2896	899
批发业	667	645	22	923	278
零售业	1445	1352	93	1973	621
住宿和餐饮业	262	235	27	335	100
住宿业	126	102	24	161	59
餐饮业	136	133	3	174	41
金融业	67	40	27	513	473
银行业	21	8	13	322	314
证券业	2	2		2	
保险业	19	5	14	110	105
其他金融活动	25	25		79	54
房地产业	163	162	1	183	21
房地产业	163	162	1	183	21
租赁和商务服务业	494	489	5	538	49
租赁业	19	18	1	23	5
商务服务业	475	471	4	515	44
科学研究、技术服务和地质勘查业	357	350	7	424	74
研究与试验发展	15	15		16	1

1-9续表3　　（2008年）　　单位：个

行　　业	法人单位数	单产业法人	多产业法人	产业活动单位数	#多产业法人的活动单位
专业技术服务业	208	204	4	225	21
科技交流和推广服务业	127	124	3	167	43
地质勘查业	7	7		16	9
水利、环境和公共设施管理业	128	126	2	161	35
水利管理业	44	43	1	52	9
环境管理业	19	18	1	42	24
公共设施管理业	65	65		67	2
居民服务和其他服务业	243	238	5	261	23
居民服务业	139	136	3	152	16
其他服务业	104	102	2	109	7
教育	445	376	69	1306	930
教育	445	376	69	1306	930
卫生、社会保障和社会福利业	417	382	35	1219	837
卫生	281	247	34	1052	805
社会保障业	40	39	1	57	18
社会福利业	96	96		110	14
文化、体育和娱乐业	162	157	5	199	42
新闻出版业	9	9		9	
广播、电视、电影和音像业	28	26	2	34	8
文化艺术业	86	84	2	101	17
体育	19	18	1	19	1
娱乐业	20	20		36	16
公共管理和社会组织	2549	2116	433	3226	1110
中国共产党机关	64	59	5	67	8
国家机构	662	537	125	1277	740
人民政协和民主党派	11	11		11	
群众团体、社会团体和宗教组织	349	341	8	406	65
基层群众自治组织	1463	1168	295	1465	297

1-10 按机构类型分的法人单位

（2008年） 单位：个

行　　业	全部法人单位	企业	事业单位	机关	社会团体	民办非企业单位	基金会	居委会	村委会	其他
总　　计	**11290**	**7301**	**1446**	**450**	**297**	**81**	**1**	**123**	**1352**	**239**
农、林、牧、渔业	330	289	27			6				8
采矿业	868	868								
制造业	1967	1967								
电力、燃气及水的生产和供应业	122	122								
建筑业	215	215								
交通运输、仓储和邮政业	195	165	26							4
信息传输、计算机服务和软件业	194	179	12			1				2
批发和零售业	2112	2112								
住宿和餐饮业	262	247	3			1			3	8
金融业	67	56	8	3						
房地产业	163	158	5							
租赁和商务服务业	494	388	79			2			3	22
科学研究、技术服务和地质勘查业	357	135	210			7				5
水利、环境和公共设施管理业	128	47	77			3				1
居民服务和其他服务业	243	222	16			1			2	2
教育	445	78	325			30			2	10
卫生、社会保障和社会福利业	417	24	249		6	23		1	1	113
文化、体育和娱乐业	162	29	119		1	7				6
公共管理和社会组织	2549		290	447	290		1	122	1341	58
国际组织										

1-11 按机构类型分的产业活动单位

（2008年）　　单位：个

	全部产业活动单位	企业	事业单位	机关	社会团体	其他产业活动单位
总　　计	15633	9147	2882	701	352	2551
农、林、牧、渔业	347	303	29			15
采矿业	906	906				
制造业	2094	2094				
电力、燃气及水的生产和供应业	143	143				
建筑业	219	219				
交通运输、仓储和邮政业	337	286	47			4
信息传输、计算机服务和软件业	326	310	13			3
批发和零售业	2896	2896				
住宿和餐饮业	335	320	3			12
金融业	513	499	9	3		2
房地产业	183	171	12			
租赁和商务服务业	538	406	104			28
科学研究、技术服务和地质勘查业	424	143	269			12
水利、环境和公共设施管理业	161	47	110			4
居民服务和其他服务业	261	234	19			8
教育	1306	83	1175			48
卫生、社会保障和社会福利业	1219	43	298		6	872
文化、体育和娱乐业	199	44	137		1	17
公共管理和社会组织	3226		657	698	345	1526
国际组织						

1-12 分县市基本单位数

（2008年） 单位：个

县（市、区）	法人单位数			产业活动单位数	
		单产业法人	多产业法人		#多产业法人所属的产业活动单位
总　计	**11290**	**10494**	**796**	**15633**	**5139**
市　直	792	707	85	1667	960
湖滨区	3164	3089	75	3439	350
渑池县	1337	1244	93	2079	835
陕　县	1279	1209	70	1841	632
卢氏县	1341	975	366	2345	1370
义马市	612	586	26	884	298
灵宝市	2765	2684	81	3378	694

1-13 分县市分机构类型法人单位数

（2008年） 单位：个

县（市、区）	企业法人	事业单位法人	机关法人	社会团体法人	民办非企业法人	其他法人
总　计	**7301**	**1446**	**450**	**297**	**81**	**1715**
市　直	269	233	93	151	22	24
湖滨区	2759	117	62	40	17	169
渑池县	819	180	62	15	8	253
陕　县	641	235	55	33	3	312
卢氏县	571	290	70	16	6	388
义马市	372	110	48	14	2	66
灵宝市	1870	281	60	28	23	503

1-14 城市基本情况

（2008年）

项　目	计量单位	全　市	市　区
一、人口、劳动力及土地面积			
（一）人口			
年末总人口	万人	227.69	28.99
#非农业人口	万人	67.65	22.44
年平均人口	万人	227.13	28.89
常住人口	万人	221.96	32.01
暂住人口(一个月以上)	万人	3.8	2.2
年出生人口	人	22434	2393
年死亡人口	人	15270	1074
年末总户数	万户	70.04	8.58
（二）从业人员			
年末单位从业人员数(城镇)	万人	23.13	7.27
#长期职工	万人		
第一产业(农、林、牧、渔业)	万人	0.16	0.01
第二产业	万人	11.99	3.56
采矿业	万人	5.08	0.22
制造业	万人	3.44	1.23
电力、燃气及水的生产和供应业	万人	1.02	0.46
建筑业	万人	2.45	1.65
第三产业	万人	10.98	3.7
交通运输、仓储及邮政业	万人	0.55	0.34
信息传输、计算机服务和软件业	万人	0.12	0.11
批发和零售业	万人	1.63	0.55
住宿、餐饮业	万人	0.28	0.13
金融业	万人	0.87	0.53
房地产业	万人	0.06	0.04
租赁和商业服务业	万人	0.34	0.11
科学研究、技术服务和地质勘查业	万人	0.22	0.16
水利、环境和公共设施管理业	万人	0.21	0.09
居民服务和其他服务业	万人	0.02	0.01
教育	万人	2.83	0.57
卫生、社会保障和社会福利业	万人	0.85	0.21
文化、体育和娱乐业	万人	0.14	0.06
公共管理和社会组织	万人	2.86	0.79
国际组织	万人		
城镇私营和个体从业人员	人	68089	19170
年末城镇登记失业人员数	人	9022	4093

注：表中人口数据为公安年报数。

1-14续表1 （2008年）

项　　目	计量单位	全　市	市　区
（三）土地面积及水资源			
行政区域土地面积	平方公里	10496	198
#建成区面积	平方公里		29
城市建设用地面积	平方公里		28
#居住用地面积	平方公里		9
公共设施用地面积	平方公里		3
工业用地面积	平方公里		4
水资源总量	万立方米	174300	
二、综合经济			
（一）地区生产总值（当年价格）	万元	6542124	833634
第一产业增加值	万元	547715	18708
第二产业增加值	万元	4379435	489036
采矿业	万元	1942970	1256
制造业	万元	1833910	291297
电力、燃气及水的生产和供应业	万元	376474	145087
建筑业	万元	226081	51396
第三产业增加值	万元	1614974	325890
#交通运输仓储及邮政业	万元	513857	66116
信息传输、计算机服务和软件业	万元	66586	20227
金融业	万元	61870	30149
房地产业	万元	82727	10901
科学研究、综合技术服务和地质勘查业	万元	16903	9376
地区生产总值（2005年价格）	万元	5344894	765907
人均地区生产总值	元	29515	26038
地区生产总值增长率	%	15.1	9.3
（二）财政			
地方财政一般预算收入	万元	366956	110784
#各项税收	万元	296127	81690
#企业所得税	万元	32159	11035
个人所得税	万元	12013	3377
地方财政一般预算支出	万元	653807	188037
#一般性公共服务支出	万元	116321	33767
科学技术支出	万元	10738	1989
教育支出	万元	125686	20802
文化体育与传媒支出	万元	15519	2780
医疗卫生支出	万元	39096	8726
环境保护支出	万元	45958	7050
城乡社区事务支出	万元	48314	22366
交通运输支出	万元	18654	9862
社会保障和就业支出	万元	59515	24650
社会保险基金支出	万元	73349	62286

1-14续表2　　（2008年）

项　　目	计量单位	全　市	市　区
（三）金融			
年末金融机构存款余额	万元	4218554	1415542
#城乡居民储蓄年末余额	万元	2944861	880629
年末金融机构各项贷款余额	万元	2144242	1124783
（四）保险			
保费收入	万元	81281	
#财产险	万元	12208	
人身险	万元	69073	
赔款、给付	万元	22931	
#财产险	万元	6532	
人身险	万元	16399	
三、农业			
蔬菜产量	吨	933635	
水果产量	吨	1479113	
肉类总产量	吨	71820	
奶类产量	吨	29121	
水产品产量	吨	6556	
四、工业			
规模以上工业法人企业：			
（一）工业企业数	个	567	76
（1）内资企业	个	546	66
#国有企业	个	27	5
私营企业	个	213	28
#私营独资企业	个	90	2
私营股份有限公司	个	17	1
（2）港、澳、台商投资企业	个	8	5
（3）外商投资企业	个	13	5
（二）工业总产值(当年价)	个	13729507	2366988
（1）内资企业	个	12192689	2071048

项　　目	计量单位	全　市	市　区
#国有企业	万元	975100	332713
私营企业	万元	2018993	108216
#私营独资企业	万元	874110	1925
私营股份有限公司	万元	177218	
（2）港、澳、台商投资企业	万元	315580	212288
（3）外商投资企业	万元	1221238	83652
（三）企业财务	—		
从业人员年平均人数	万人	16.17	2.1
流动资产年平均余额	万元	3402235	666896
固定资产净值年平均余额	万元	4205982	917906
主营业务收入	万元	13560195	2318304
主营业务税金及附加	万元	97419	5409
本年应交增值税	万元	346252	46148
利润总额	万元	1260294	-16945
五、交通运输、邮电通信、能源电力	—		
（一）交通运输	—		
铁路旅客运量	万人	276	
铁路货物运量	万吨	2112	
境内铁路营业里程（含国家、合资和地方铁路）	公里	216	
民用汽车拥有量	辆	114178	
#私人汽车拥有量	辆	87959	
公路客运量	万人	6926	
公路货运量	万吨	4702	
境内等级公路里程	公里	6339	
境内高速公路里程	公里	167	
沿海港口货物吞吐量	万吨		
内河港口货物吞吐量	万吨		
水运客运量	万人		
水运货运量	万吨		
民用航空货邮运量	吨		
民用航空客运量	人		
（二）邮电通讯	—		
年末邮政局(所)数	处	78	8
邮政业务收入	万元	10526	
电信业务收入	万元	96330	

项　目	计量单位	全　市	市　区
年末固定电话用户数	万户	41.25	10.43
年末移动电话用户数	万户	111.31	23.39
国际互联网用户数	万户	12.24	3.79
（三）能源消费	—		
能源消费量	万吨/标准煤	992	247
全年用电量	万千瓦时	1051075	302806
#工业用电	万千瓦时	901566	251152
居民生活用电	万千瓦时	44311	20814
六、内外贸易、外经、旅游	—		
（一）商业	—		
限额以上批发零售贸易业商品销售总额	万元	1046195	578850
社会消费品零售总额	万元	1440918	325541
限额以上批发零售企业数（法人数）	个	154	43
#零售业	个	128	28
（二）外贸、外经	—		
货物进口额（海关数）	万美元	2106	
货物出口额（海关数）	万美元	13067	
外商直接投资：	—		
当年新签项目(合同)个数	个	8	2
当年实际使用外资金额	万美元	23411	3196
（三）旅游	—		
海外游客人数（含一日游游客）	人	30731	
#外国人	人	8540	
港、澳、台同胞	人	22191	
旅游（外汇）收入	万美元	378	
星级饭店数	个	23	
七、固定资产投资	—		
（一）固定资产投资	—		
全社会固定资产投资总额	万元	4027748	483220
# 城镇固定资产投资额	万元	3442071	451599
# 房地产开发投资额	万元	172274	65329
# 住宅	万元	137280	56202

1-14续表5　　（2008年）

项　　目	计量单位	全　市	市　区
全年新增固定资产	万元	2863992	369792
（二）房地产	—		
商品房屋销售面积	万平方米	58.17	24.43
#住宅	万平方米	54.94	23.4
#高档别墅公寓	万平方米	2.23	2.23
商品房屋销售额	万元	88283	48002
#住宅	万元	81995	44608
#高档别墅公寓	万元	6191	6191
商品房屋空置面积	万平方米	5.52	3.19
八、教育、科技、文化、卫生	—		
（一）教育	—		
学校数	—		
普通高等学校数	所	1	1
中等职业教育学校数	所	26	14
普通中学学校数	所	144	16
小学学校数	所	775	54
专任教师数	—		
普通高等学校教师数	人	568	568
中等职业教育学校教师数	人	1622	814
普通中学教师数	人	9949	1[illegible]48
小学教师数	人	10488	1492
在校学生数	—		
普通高等学校学生数	人	11350	11350
高中阶段在校学生数	人	95953	31281
中等职业教育学校学生数	人	40602	23868
普通中学学生数	万人	15.95	1.88
小学学生数	万人	18.6	2.83
初中毕业生升学率	%	87.89	264.04
成人高等学校在校学生数	人	225	225
（二）科技	—		
从事科技活动人员数	人	5826	1267
R&D内部经费支出	万元	14604	
专利申请受理量	项	622	
专利申请授权量	项	179	
#发明	项	10	

1-14续表6　　（2008年）

项　　目	计量单位	全　市	市　区
（三）体育	—		
体育场馆数	个	5	1
（四）文化	—		
剧场、影剧院数	个	6	1
公共图书馆图书总藏量	千册、件	660	298
（五）卫生	—		
医院、卫生院数	个	122	18
医院、卫生院床位数	张	7591	2309
医生数（执业医师+执业助理医师）	人	3449	956
注册护士	人	2756	941
九、人民生活、社会保障	—		
在岗职工平均人数	万人	22.05	6.64
在岗职工工资总额	万元	524435	154319
（一）居民收支	—		
城镇居民人均可支配收入	元	12391.76	12531
最低20%户人均可支配收入	元	5307.24	4917
最高20%户人均可支配收入	元	23261.54	22519
城镇居民人均消费支出	元	8933.16	9666
#食品	元	2891.59	3156
衣着	元	1204.91	1165
居住	元	1180.16	1476
家庭设备、用品及服务	元	609.66	683
医疗保健	元	641.81	755
交通和通讯	元	939.65	819
教育文化娱乐服务	元	1171.66	1311
（二）居民生活	—		
每百户居民家庭拥有：	—		
家用汽车	辆	4.38	2
家用电脑	台	58.11	62
人均住房使用面积	平方米	24.02	22.24
居民消费价格指数(上年为100)	%	106.5	105.9

1-14续表7 （2008年）

项　　目	计量单位	全　市	市　区
（三）社会保障	—		
基本养老保险参保人数	人	235792	97742
基本医疗保险参保人数	人	283161	92177
失业保险参保人数	人	226300	79400
社会福利院数	个	71	7
社会福利院床位数	张	3624	370
社区服务设施数	个	337	288
城镇居民最低生活保障人数	人	41335	15622
十、社会治安	—		
（一）交通	—		
交通事故死亡人数	人	114	40
交通事故损失额	万元	238	202
火灾事故死亡人数	人		
火灾事故损失额	万元	78	12
（二）社会治安	—		
刑事案件立案数	件	1735	156
犯罪人数	人	2759	719
#青少年人数（年龄25周岁及以下）	人	479	191
十一、市政公用事业	—		
（一）基础设施	—		
城市维护建设资金支出	万元		18454
年末实有城市道路面积	万平方米		186
排水管道长度	公里		156
供水综合生产能力(包括自备水源)	万立方米/日		14.5
供水总量	万吨		1816
售水量	万吨		1816
#居民家庭用水量	万吨		796
用水人口	万人		25.95

项　　目	计量单位	全　市	市　区
（二）供气	—		
供气总量（人工、天然气）	万立方米		64
#家庭用量	万立方米		25
用气人口	人		15900
液化石油气供气总量	吨		2488
#家庭用量	吨		2061
用液化气人口	人		120000
（三）公共交通	—		
年末实有公共汽(电)车营运车辆数	辆		226
全年公共汽(电)车客运总量	万人次		3745
年末实有出租汽车数	辆		574
（四）绿地	—		
绿地面积	公顷		1157
#公园绿地面积	公顷		442
建成区绿化覆盖面积	公顷		1239
十二、环境保护	—		
三废综合利用产品产值	万元	19696	
工业废水排放量	万吨	3261	843
工业废水排放达标量	万吨	2859	664
工业二氧化硫去除量	吨	404388	102972
工业二氧化硫排放量	吨	133513	41559
工业烟尘去除量	吨	3160705	1374428
工业烟尘排放量	吨	66861	19819
工业固体废物综合利用率	%	39.34	37.33
污水集中处理率	%	92.98	
生活垃圾无害化处理率	%	99.01	

1-15 主要年份国民经济主要指标

指　　标	计量单位	1978年	1985年	2000年	2005年	2006年	2007年	2008年
一、人口								
年底总人口	万人	166.41	178.42	217.64	221.81	222.35	222.89	223.41
#非农业人口	万人	19.46	26.65	59.42	65.59	66.5	67.11	67.35
#男性人口	万人	86.39	92.75	113.36	114.9	113.99	113.95	113.67
二、年底从业人员	万人	63.6	81.3	120.41	123.29	124.06	124.1	124.32
#职工人数	万人	13.01	19.13	27.5	23.8	23.7	23.13	22.48
三、工农业总产值	万元	81972	165236	2636948	6606088	8813233	12600738	16450390
四、生产总值	万元	53690	129087	1619294	3351823	4121470	5184183	6542124
第一产业	万元	17817	35981	225495	330981	368391	421190	547715
第二产业	万元	27667	55538	818164	2022630	2624284	3420033	4379435
第三产业	万元	8206	37568	575635	998212	1128795	1342960	1614974
人均生产总值	元	324	729	7416	15124	18558	23201	29515
五、农林牧渔业								
年底耕地面积	千公顷	189.7	183.1	155.3	162.37	163.22	163.2	164.37
农林牧渔业总产值	万元	26981	52860	377189	565515	620588	716694	937545
主要农产品产量								
粮食	吨	428400	402335	558498	488147	593079	531844	614899
棉花	吨	9077	4270	2174	1795	2529	2746	2621
油料	吨	1577	14540	25061	29588	29372	30025	34313
烟叶	吨	1342	28595	37206	34562	36140	32102	35052
水果	吨	65582	87400	861951	1110789	1199652	1344810	1479113
年末大牲畜头数	万头	16.96	28.14	37.65	49.39	41.57	40.73	41.47
年末山绵羊只数	万只	45.2	6.06	37.77	54.97	28.6	29.00	35.28
年末生猪头数	万头	33.74	32.58	55.68	65.37	56.30	59.60	64.00
肉类总产量	吨	12989	14405	51037	67914	67772	66623	71820
#猪牛羊肉产量	吨	12750	14140	47111	63045	62781	61452	66297
六、工业								
工业总产值	万元	54991	112376	2259759	6040573	8192645	11884044	15512845
轻工业	万元	23750	37760	359400	527078	627049	815422	979653
重工业	万元	31241	74616	1900359	5513495	7565596	11068621	14533192
工业增加值	万元			738158	1881723	2464437	3243480	4163101

1-15续表1

指　标	计量单位	1978年	1985年	2000年	2005年	2006年	2007年	2008年
主要产品产量								
纱	吨	9103	8790	6475	9331	11754	15829	16365
布	万米	3037	3701	2927	3831	2570	2040	754
原煤	万吨	628	1028	903	2328	1919	1635	1877
发电量	万千瓦小时	78097	115189	578797	1096333	1275873	1743240	1375853
化肥(折纯)	吨		15048	86527	116669	103102	162846	147622
合成氨	吨	12094	22150	106269	150024	132687	163095	137001
铝	吨	5812	8691	45985	179155	165077	216434	207740
水泥	万吨	9.13	13.61	128.1	164	245	471	533
中成药	吨		219	3062	2149	1803	2541	3162
七、建筑业								
建筑业总产值	万元			75482	262487	366347	456007	609345
房屋施工面积	万平方米	24.32	40.14	208.77	150.83	271.51	361.15	298.43
房屋竣工面积	万平方米	10.44	22.22	85.74	65.56	118.09	179.28	113.47
八、运输、邮电								
公路货运量	万吨	620	667	5013	3742	4162	5183	4702
公路货物周转量	万吨公里	2883	14270	227580	180426	200634	272140	341453
公路客运量	万人		1086	7550	6001	6674	7628	6926
公路旅客周转量	万人公里		33077	269428	194081	215818	241292	271127
邮电业务总量	万元	149	289	51863	94936	115927	140558	150743
电话交换机总容量	门	9092	14367	372674	677037	715578	636452	728886
九、全社会固定资产投资	万元		25469	568564	1792441	2290508	2913718	4027748
#国有经济单位投资	万元	7675	17535	439486	879672	873213	889031	1439890
民间投资	万元				709284	1186963	1690095	2443321
#城镇固定资产投资	万元				1549691	2044736	2554689	3442071
农村固定资产投资	万元				242750	245772	359029	585677
农村非农户50万元以上	万元				181334	178264	279189	495458
农村私人投资	万元		5748	42551	61416	67508	79840	90219
#第一产业					53390	73261	109490	177772
第二产业					1318448	1583261	1913859	2664000
第三产业					420603	633986	890369	1185976

1-15续表2

指　　标	计量单位	1978年	1985年	2000年	2005年	2006年	2007年	2008年
十、批发零售贸易餐饮业								
社会消费品零售总额	万元	17974	47546	529932	864756	996368	1172731	1440918
十一、对外贸易和国际旅游								
出口创汇(海关口径)	万美元			2264	13859	15199	17718	13067
合同利用外资	万美元			1920	7008	20678	29589	37048
实际直接利用外资	万美元			282	7208	13824	18707	23411
接待旅游外宾人数	人次			7134	17940	23814	27386	30731
十二、财政金融								
财政收入	万元	6359	9192	88025	180765	232557	372078	481063
财政支出	万元	3724	9808	124863	339269	410040	605519	793198
银行各项存款余额	万元	11410	41633	1004159	1907276	2190369	2420242	2950660
银行各项贷款余额	万元	23310	71472	815865	1186500	1326772	1406061	1257802
十三、人民生活								
全部职工工资总额	万元	8581	20971	162880	315121	378194	450554	524435
在岗职工平均工资	元	664	1132	6607	13649	16572	19871	23788
#国有经济单位	元	677	1190	7395	13526	15810	19306	22901
城镇居民人均可支配收入	元			5245.1	8071.4	9072.1	10710.25	12391.8
城镇居民人均消费性支出	元			4158.3	5762.1	6307	8007.63	8933.2
农民人均纯收入	元	66	306.1	2161.2	2935	3435.3	4033.0	4680.5
农民人均生活消费支出	元		250.7	1299	2030	2357.5	2824.2	3319.4
城乡居民储蓄存款余额	万元	3376	20211	1108231	1990380	2276127	2465912	2944861
十四、教育、卫生								
中等专业学校在校学生	人	674	1115	5355	8011	7951	18943	21842
普通中学在校学生	万人	13.6	10.09	14.11	18.27	17.57	17.20	15.95
小学在校学生	万人	27.06	21.57	24.81	19.80	19.00	18.98	18.60
卫生机构	个	230	276	341	592	320	431	445
卫生技术人员	人	3292	5854	7945	7913	8503	8153	8417
病床床位	张	3542	5508	6690	6382	6562	6839	7590
十五、物价指数(以上年为100)								
居民消费价格指数	%			98.6	101.9	101.1	106.2	106.5
商品零售价格指数	%			97.7	101.5	101.0	104.7	108.3
十六、婚姻								
准予登记结婚	对		13542	13287	12057	12797	12652	17055
准予登记离婚	对		548	967	1285	1558	1828	2086

注：1.本表价值量指标除邮电业务总量自1990年起按1990年不变价格计算外,其它价值量指标均按当年价格计算（下同）。

2. 1995年始财政收入为地方财政收入（下同）。

3. 银行各项存款贷款从2002年起口径调整为国有商业银行。

4. 在岗职工工资1998年及以前年度为职工口径（下同）。

1-16 国民经济主要指标发展（增长）速度

指标	2008年为下列各年%						平均每年增长%			
	1978年	1985年	2000年	2005年	2006年	2007年	1979-2008年	1986-2008年	2001-2008年	2005-2008年
一、人口										
年底总人口	134.3	125.2	102.7	100.7	100.5	100.2	1.0	1.0	0.3	0.2
#非农业人口	347.6	253.8	113.9	103.1	101.7	100.8	4.2	4.1	1.6	1.0
#男性人口	131.6	122.6	100.3	98.9	99.7	99.8	0.9	0.9	0.0	-0.4
二、年底从业人员	195.5	152.9	103.2	100.8	100.2	100.2	2.3	1.9	0.4	0.3
#职工人数	172.8	117.5	81.7	94.5	94.9	97.2	1.8	0.7	-2.5	-1.9
三、生产总值	2822.9	1441.0	269.6	159.7	136.6	115.1	11.8	12.3	13.2	16.9
第一产业	595.0	420.6	158.6	121.8	110.8	106.7	6.1	6.4	5.9	6.8
第二产业	3574.7	2131.3	320.5	173.8	143.2	116.7	12.7	14.2	15.7	20.2
第三产业	5741.6	1366.8	229.9	143.3	130.3	113.7	14.5	12.0	11.0	12.7
四、农林牧渔业										
年底耕地面积	86.6	89.8	105.8	101.2	100.7	100.7	-0.5	-0.5	0.7	0.4
农林牧渔业总产值	701.9	511.4	160.2	122.1	111.0	106.7	6.7	7.4	6.1	6.9
主要农产品产量										
粮食	143.5	152.8	110.1	126.0	103.7	115.6	1.2	1.9	1.2	8.0
棉花	28.9	61.4	120.6	146.0	103.6	95.4	-4.1	-2.1	2.4	13.4
油料	2175.8	236.0	136.9	116.0	116.8	114.3	10.8	3.8	4.0	5.1
烟叶	2611.9	122.6	94.2	101.4	97.0	109.2	11.5	0.9	-0.7	0.5
水果	2255.4	1692.3	171.6	133.2	123.3	110.0	10.9	13.1	7.0	10.0
年末大牲畜头数	244.5	147.4	110.1	84.0	99.8	101.8	3.0	1.7	1.2	-5.7
年末山绵羊只数	78.1	582.2	93.4	64.2	123.4	121.7	-0.8	8.0	-0.8	-13.7
年末生猪头数	189.7	196.4	114.9	97.9	113.7	107.4	2.2	3.0	1.8	-0.7
肉类总产量	552.9	498.6	140.7	105.8	106.0	107.8	5.9	7.2	4.4	1.9
#猪牛羊肉产量	520.0	468.9	140.7	105.2	105.6	107.9	5.6	6.9	4.4	1.7
五、工业										
工业总产值	5894.9	3267.8	365.8	180.5	149.3	115.8	14.6	16.4	17.6	21.7
轻工业	1522.4	941.3	199.1	154.8	132.9	112.7	9.5	10.2	9.0	15.7
重工业	8700.7	4554.0	408.7	182.3	150.4	115.9	16.1	18.1	19.2	22.2

1-16续表1

指　　标	2008年为下列各年%						平均每年增长%			
	1978年	1985年	2000年	2005年	2006年	2007年	1979-2008年	1986-2008年	2001-2008年	2006-2008年
主要产品产量										
纱	179.8	186.2	252.7	175.4	139.2	103.4	2.0	2.7	12.3	20.6
布	24.8	20.4	25.8	19.7	29.3	37.0	-4.5	-6.7	-15.6	-41.8
原煤	298.9	182.6	207.9	80.6	97.8	114.8	3.7	2.7	9.6	-6.9
发电量	1761.7	1194.4	237.7	125.5	107.8	78.9	10.0	11.4	11.4	7.9
化肥		981.0	170.6	126.5	143.2	90.7		10.4	6.9	8.2
合成氨	1132.8	618.5	128.9	91.3	103.3	84.0	8.4	8.2	3.2	-3.0
铝	3574.3	2390.3	451.8	116.0	125.8	96.0	12.7	14.8	20.7	5.1
水泥	5837.9	3916.2	416.1	325.0	217.6	113.2	14.5	17.3	19.5	48.1
中成药		1443.8	103.3	147.1	175.4	124.4		12.3	0.4	13.7
六、建筑业										
房屋施工面积	1227.1	743.5	142.9	197.9	109.9	82.6	8.7	9.1	4.6	25.5
房屋竣工面积	1086.9	510.7	132.3	173.1	96.1	63.3	8.3	7.3	3.6	20.1
七、运输、邮电										
公路货运量	758.4	704.9	93.8	125.7	113.0	90.7	7.0	8.9	-0.8	7.9
公路货运周转量	11843.7	2392.8	150.0	189.2	170.2	125.5	17.3	14.8	5.2	23.7
公路客运量		637.8	91.7	115.4	103.8	90.8		8.4	-1.1	4.9
公路旅客周转量		819.7	100.6	139.7	125.6	112.4		9.6	0.1	11.8
邮电业务总量	101169.8	52160.2	290.7	158.8	130.0	107.2	25.9	31.3	14.3	16.7
电话交换机总容量	8016.8	5073.3	195.6	107.7	101.9	114.5	15.7	18.6	8.7	2.5
八、全社会固定资产投资		15814.3	708.4	224.7	175.8	138.2		24.6	27.7	31.0
#国有经济单位投资	18760.8	8211.5	327.6	163.7	164.9	162.0	19.1	21.1	16.0	17.9
#城镇固定资产投资				222.1	168.3	134.7				30.5
九、批发零售贸易餐饮业										
社会消费品零售总额	8016.7	3030.6	271.9	166.6	144.6	122.9	15.7	16.0	13.3	18.6

1-16续表2

指标	2008年为下列各年%						平均每年增长%			
	1978年	1985年	2000年	2005年	2006年	2007年	1979-2008年	1986-2008年	2001-2008年	2006-2008年
十、对外贸易和国际旅游										
出口创汇			577.2	94.3	86.0	73.7			24.5	-1.9
合同利用外资			1929.6	528.7	179.2	125.2			44.8	74.2
实际直接利用外资			8301.8	324.8	169.4	125.1			73.7	48.1
接待旅游外宾人数			430.8	171.3	129.0	112.2			20.0	19.7
十一、财政金融										
财政收入	7565.1	5233.5	546.5	266.1	206.9	129.3	15.5	18.8	23.7	38.6
财政支出	21299.6	8087.3	635.3	233.8	193.4	131.0	19.6	21.0	26.0	32.7
银行各项存款余额	25860.3	7087.3	293.8	154.7	134.7	121.9	20.3	20.4	14.4	15.7
银行各项贷款余额	5396.0	1759.9	154.2	106.0	94.8	89.5	14.2	13.3	5.6	2.0
十二、人民生活										
全部职工工资总额	6111.6	2500.8	322.0	166.4	138.7	116.4	14.7	15.0	15.7	18.5
在岗职工平均工资	3582.5	2101.4	360.0	174.3	143.5	119.7	12.7	14.2	17.4	20.3
#国有经济单位工资	3382.7	1924.5	309.7	169.3	144.9	118.6	12.5	13.7	15.2	19.2
城镇居民人均可支配收入			236.3	153.5	136.6	115.7			11.3	15.4
城镇居民人均消费支出			214.8	155.0	141.6	111.6			10.0	15.7
农民人均纯收入	7091.7	1529.1	216.6	159.5	136.2	116.1	15.3	12.6	10.1	16.8
农民人均生活消费支出		1324.1	255.5	163.5	140.8	117.5		11.9	12.4	17.8
城乡居民储蓄存款余额	87229.3	14570.6	265.7	148.0	129.4	119.4	25.3	24.2	13.0	13.9
十三、教育、卫生										
中等专业学校在校学生	3240.7	1958.9	407.9	272.7	274.7	115.3	12.3	13.8	19.2	39.7
普通中学在校学生	117.3	158.1	113.0	87.3	90.8	92.7	0.5	2.0	1.5	-4.4
小学在校学生	68.7	86.2	75.0	93.9	97.9	98.0	-1.2	-0.6	-3.5	-2.1
卫生机构	193.5	161.2	130.5	75.2	139.1	103.2	2.2	2.1	3.4	-9.1
卫生技术人员	255.7	143.8	105.9	106.4	99.0	103.2	3.2	1.6	0.7	2.1
病床床位	214.3	137.8	113.5	118.9	115.7	111.0	2.6	1.4	1.6	5.9
十四、物价指数										
居民消费价格总指数			123.8	114.3	113.1	106.5			2.7	4.6
商品零售价格总指数			121.2	114.5	113.4	108.3			2.4	4.6
十五、婚姻										
准予登记结婚		125.9	128.4	141.5	133.3	134.8		1.0	3.2	12.3
准予登记离婚		380.7	215.7	162.3	133.9	114.1		6.0	10.1	17.5

1-17 主要年份国民经济和社会发展结构及效益指标

指　　标	1978年	1985年	2000年	2005年	2006年	2007年	2008年
一、人口							
出生率(‰)	17.21	18.62	10.74	9.08	8.8	8.88	9.05
死亡率(‰)	7.57	6.49	5.82	5.19	4.96	4.63	4.82
自然增长率(‰)	9.64	12.13	4.92	3.89	3.84	4.25	4.23
二、就业							
每一就业者负担人口(人)	1.62	1.19	0.81	0.8	0.79	0.8	0.8
从业人员三次产业构成(%)							
第一产业	74.6	67.9	59.9	54.2	53.4	52.7	52.2
第二产业	16.3	21	18.8	21.3	21.7	21.7	21.7
第三产业	9.1	11.1	21.3	24.5	24.9	25.6	26.1
城镇登记失业率(%)			2.8	3.75	3.76	3.31	3.11
三、国民经济核算							
生产总值三次产业构成(%)							
第一产业	33.2	27.9	13.4	9.9	8.9	8.1	8.4
第二产业	51.5	43	52.4	60.3	63.7	66.0	66.9
第三产业	15.3	29.1	34.2	29.8	27.4	25.9	24.7
全社会劳动生产率(元/人)	844	1588	14006	27185	33325	41782	52671
第一产业	376	655	3125	4950	5536	6402	8412
第二产业	2663	3262	38935	77051	98769	126980	162195
第三产业	1419	4187	22596	33083	36943	42835	50325
人均生产总值(元/人)	324	729	7723	15124	18558	23201	29515
四、固定资产投资							
固定资产投资率(%)		19.7	33.7	53.5	55.6	56.2	61.6
固定资产交付使用率(%)	64.2	47.3	64.8	63.1	110.5	86.3	69.8
项目建成投产率(%)		56.6	62.1	67.8	79.1	71.2	70.9
五、财政							
财政收入相当于生产总值比例(%)	11.8	7.1	5.2	5.4	5.6	7.2	7.4

1-17续表

指　　标	1978年	1985年	2000年	2005年	2006年	2007年	2008年
支援农林牧渔业生产的各项事业费支出占财政支出比例(%)	29.8	11.7	10	9.2	8.2	9.4	11.6
文教科卫事业费支出占财政支出比例(%)	32.4	30.8	24.5	21.7	22.6	22.9	24.1
六、利用外资							
实际利用外资占签定利用外资比例(%)			14.7	102.9	66.9	63.2	63.2
七、农业							
人均耕地面积(公顷)	0.11	0.1	0.07	0.1	0.1	0.1	0.1
每公顷播种面积产量(千克)							
粮食	2258	2197	2997	3271	3726	3383	3865
棉花	422	445	667	608	688	726	762
油料	376	1507	1890	1680	1789	1693	1953
烟叶	930	1695	1783	1800	1825	1791	1921
八、工业							
国有独立核算企业效益							
工业产品销售率(%)			97.45	98.44			
资产负债率(%)			69.74	69.2			
资本保值增值率(%)			104.68	123.6			
工业成本费用利润率(%)		6.6	3.76	2.76			
工业全员劳动生产率(元/人)		2634	19454	68206			
九、建筑业							
房屋建筑面积竣工率(%)				43.5	43.5	49.6	38.0
十、教育							
小学适龄人口入学率(%)		96.6	99.99	100	100	100	100
小学在校生巩固率(%)			99.72	99.09	91.27	94.56	93.17
初中毕业生升学率(%)		27.3	62.3	42	78.05	81	75.95
十一、卫生							
每千人口拥有医生数(人)		1.36	1.71	1.40	1.52	1.51	1.54
每千人口拥有医院、卫生院病床数(张)	2.13	3.09	3.07	2.88	2.95	3.07	3.28

注:本表价值量指标均按当年价格计算。

1-18 主要年份平均每天主要社会经济活动

指　　标	计量单位	1978年	1985年	2000年	2005年	2006年	2007年	2008年
一、生产总值	万元	147.10	353.66	4424.30	9183.08	11291.70	14203.24	17874.66
第一产业	万元	48.81	98.58	616.11	906.80	1009.29	1153.95	1496.49
第二产业	万元	75.80	152.16	2235.42	5541.45	7189.82	9369.95	11965.67
第三产业	万元	22.48	102.93	1572.77	2734.83	3092.59	3679.34	4412.50
二、工农业总产值	万元	224.58	452.70	7224.52	18098.87	24149.30	34522.57	44946.42
工业总产值	万元	150.66	307.88	6191.12	16549.52	22445.60	32559.02	42384.32
农业总产值	万元	73.92	144.82	1033.40	1549.36	1724.48	1963.55	2561.50
三、主要农产品产量								
粮食	吨	1173.70	1102.29	1530.13	1337.39	1654.52	1457.11	1680.05
棉花	吨	24.87	11.70	5.96	4.92	7.15	7.52	7.16
油料	吨	4.32	39.84	68.66	81.06	83.91	82.26	93.75
烟叶	吨	3.68	78.34	101.93	94.69	99.01	87.95	95.77
水果	吨	179.68	239.45	2361.51	3043.26	3286.72	3684.41	4041.29
四、主要工业产品产量								
原煤	万吨	1.72	2.82	2.47	6.38	5.26	4.48	5.13
发电量	万千瓦小时	213.96	315.59	1585.75	3003.65	3495.54	4776.00	3759.16
布	万米	8.32	10.14	8.02	10.50	7.04	5.59	2.06
纱	吨	24.94	24.08	17.74	25.56	32.20	43.37	44.71
饮料酒	吨	1.25	5.70	280.18	51.61	105.45	132.48	124.70
合成氨	吨	33.13	60.68	291.15	411.02	363.53	446.84	374.32
水泥	吨	250.15	372.77	3509.59	4493.15	6712.33	12910.58	14593.11
铝	吨	15.92	23.82	125.99	490.84	452.27	592.97	567.60
中成药	吨		0.60	8.39	5.89	4.94	6.96	8.64
五、运输、邮电								
公路货运量	万吨	1.70	1.83	13.73	10.25	11.40	14.20	12.85
公路货物周转量	万吨公里	7.90	39.10	623.51	494.32	549.68	745.59	932.93
公路客运量	万人		2.98	20.68	16.44	18.28	20.90	18.92

1-18续表

指　　标	计量单位	1978年	1985年	2000年	2005年	2006年	2007年	2008年
公路旅客周转量	万人公里		90.62	738.16	531.73	591.28	661.07	740.78
邮电业务总量	万元	0.41	0.79	142.09	260.1	317.61	385.09	411.87
六、全社会固定资产投资	万元		69.78	1557.71	4910.8	6275.36	7982.79	11004.78
#国有经济单位投资	万元	21.03	48.04	1204.07	2410.06	2392.36	2435.7	3934.13
民间投资	万元				1943.24	3251.95	4630.4	6675.74
#城镇固定资产投资	万元				4245.73	5602.02	6999.15	9404.57
七、批发零售贸易餐饮业								
社会消费品零售总额	万元	49.24	130.26	1451.87	2369.19	2729.78	3212.96	3936.93
八、对外贸易								
出口创汇(海关口径)	万美元			6.2	37.97	41.64	48.54	35.70
直接实际利用外资	万美元			0.77	19.75	37.87	51.25	63.96
九、财政金融								
财政收入	万元	17.42	25.18	241.16	495.25	637.14	1019.39	1314.38
财政支出	万元	10.2	26.87	342.09	929.5	1123.4	1658.96	2167.21
银行各项贷款	万元	1.84	32.12	-64.44	-237.26	384.31	217.23	-405.08
银行各项存款	万元	0.16	30.79	298.92	846.13	775.6	629.79	1449.23
城乡居民储蓄存款	万元	1.51	13.38	263.8	721.46	782.87	519.96	1308.60
十、人民生活								
城镇居民人均可支配收入	元			14.37	22.11	24.86	29.34	33.86
城镇居民人均消费性支出	元			11.39	15.79	17.28	21.94	24.41
农民人均纯收入	元	0.18	0.84	5.92	8.04	9.41	11.05	12.79
农民人均生活消费支出	元		0.69	3.56	5.56	6.46	7.74	9.07
十一、人口变动与婚姻								
出生	人	78.22	90.39	64.25	55.13	53.54	54.16	55.18
死亡	人	34.38	31.50	34.88	31.51	30.28	28.24	29.39
结婚	对		37.10	36.40	33.03	35.06	34.66	46.60
离婚	对		1.50	2.65	3.52	4.27	5.01	5.70

1-19 主要年份主要社会经济指标人均水平

指　　标	计量单位	1978年	1985年	2000年	2005年	2006年	2007年	2008年
一、生产总值	元	324	729	7723	15124	18558	23201	29515
第一产业	元	107	203	1033	1493	1659	1885	2471
第二产业	元	167	314	4045	9127	11817	15306	19758
第三产业	元	49	212	2645	4505	5083	6010	7286
二、农林牧渔业								
农林牧渔业总产值	元	163	298	1727	2552	2834.3	3219.36	4201.41
主要农产品产量								
粮食	千克	258.3	227.1	255.8	220.3	271.9	238.9	275.6
棉花	千克	5.5	2.4	1.0	0.8	1.2	1.2	1.2
油料	千克	1.0	8.2	11.5	13.4	13.8	13.5	15.4
烟叶	千克	0.8	16.1	17.0	15.6	16.3	14.4	15.7
水果	千克	39.5	49.3	394.8	501.2	540.2	604.1	662.8
肉类总产量	千克	7.8	8.1	24.0	30.6	33.3	29.9	32.2
#猪牛羊肉产量	千克	7.7	8.0	22.6	28.4	30.9	27.6	29.7
三、工业								
工业总产值	元	332	634	10349	27258	36891	53383	69518
轻工业	元	144	213	1646	2378	2824	3663	4390
重工业	元	188	421	8703	24879	34067	49720	65127
主要产品产量								
纱	千克	5.5	5.0	3.0	4.2	5.3	7.11	7.33
布	米	18	21	13	17	11.6	9.16	3.38
原煤	千克	3788	5803	4424	10505	8640	7344	8411
发电量	千瓦小时	471	650	2682	4947	5745	7831	6166

1-19续表

指　标	计量单位	1978年	1985年	2000年	2005年	2006年	2007年	2008年
化肥	千克		8.5	41.7	52.6	46.4	73.2	66.2
合成氨	千克	7.3	12.5	48.7	67.7	59.7	73.26	61.39
铝	千克	3.5	4.9	21.1	80.8	74.3	97.2	93.1
水泥	千克	55.1	76.8	591.3	740.1	1103.2	2115.7	2388.5
中成药	千克		0.1	1.4	1.0	0.8	1.14	1.42
四、国内商业								
社会消费品零售总额	元	108	268	2427	3902	4487	5268	6457
五、外经外贸								
出口创汇(海关口径)	美元			10.4	62.5	68.4	79.6	58.6
直接实际利用外资	美元			6.4	32.5	62.2	84	104.9
六、财政金融								
财政收入	元	38	52	403	816	1047	1671	2156
财政支出	元	22	55	572	1531	1846	2720	3555
银行各项存款余额	元	69	233	4614	8607	9863	10872	13207
银行各项贷款余额	元	140	401	3749	5354	5974	6316	5630
七、职工工资和人民生活								
全部职工平均工资	元	664	1132	6607	13649	16572	19871	23788
#国有经济单位工资	元	677	1190	7395	13526	15810	19306	22901
城镇居民人均可支配收入	元			5245.1	8071.4	9072.1	10710.25	12391.8
#市区居民人均可支配收入	元			5831.2	8142.6	9173.3	10835.94	12530.7
城镇居民人均消费性支出	元			4158.3	5762	6307	8007.63	8933.2
#市区居民人均消费性支出	元			4827.5	6056.3	6857.4	8906.22	9665.8
农民人均纯收入	元	66.0	306.1	2161.2	2935	3435.3	4033	4680.5
农民人均生活消费支出	元		250.7	1299	2030	2357.5	2824.2	3319.4
城乡居民储蓄存款余额	元	20	113	5092	8982	10249	11077	13181

注:本表价值量指标均按当年价计算。

1-20 历年生产总值及构成

年份	生产总值（万元）				人均生产总值（元）	构成(以生产总值为100)		
		第一产业	第二产业	第三产业		第一产业	第二产业	第三产业
1952	**5870**	**5165**	**94**	**611**	**66**	**88.0**	**1.6**	**10.4**
1953	6914	5503	664	747	76	79.6	9.6	10.8
1954	10036	6736	2205	1095	108	67.1	22.0	10.9
1955	8718	6747	998	973	92	77.4	11.4	11.2
1956	10679	7849	1551	1279	110	73.5	14.5	12.0
1957	**10301**	**6376**	**2275**	**1650**	**101**	**61.9**	**22.1**	**16.0**
1958	19656	7810	9780	2066	175	39.7	49.8	10.5
1959	27686	7796	15896	3994	231	28.2	57.4	14.4
1960	26153	6249	15649	4255	215	23.9	59.8	16.3
1961	13024	4614	6371	2039	109	35.4	48.9	15.7
1962	**10229**	**4975**	**3687**	**1567**	**87**	**48.6**	**36.1**	**15.3**
1963	10303	4838	3832	1633	86	47.0	37.2	15.8
1964	10892	5469	3829	1594	89	50.2	35.2	14.6
1965	**13921**	**7131**	**4760**	**2030**	**112**	**51.2**	**34.2**	**14.6**
1966	12793	7140	4227	1426	100	55.8	33.0	11.2
1967	13370	7191	4658	1521	103	53.8	34.8	11.4
1968	12078	6299	4557	1222	91	52.2	37.7	10.1
1969	18818	7151	9649	2018	138	38.0	51.3	10.7
1970	**26091**	**9436**	**13619**	**3036**	**184**	**36.2**	**52.2**	**11.6**
1971	25690	8785	13716	3189	176	34.2	53.4	12.4
1972	28166	9434	14989	3743	188	33.5	53.2	13.3
1973	30462	11455	14789	4218	199	37.6	48.5	13.9
1974	35429	13454	17369	4606	226	38.0	49.0	13.0
1975	**40421**	**14498**	**20525**	**5398**	**252**	**35.9**	**50.8**	**13.3**
1976	38400	15824	17238	5338	236	41.2	44.9	13.9
1977	47745	16817	25086	5842	290	35.2	52.5	12.3
1978	53690	17817	27667	8206	324	33.2	51.5	15.3
1979	63019	19491	33770	9758	377	30.9	53.6	15.5
1980	**70869**	**21700**	**37753**	**11416**	**421**	**30.6**	**53.3**	**16.1**

1-20续表

年份	生产总值(万元)	第一产业	第二产业	第三产业	人均生产总值(元)	构成(以生产总值为100) 第一产业	第二产业	第三产业
1981	72825	22012	38137	12676	430	30.2	52.4	17.4
1982	81958	24534	41590	15834	481	29.9	50.8	19.3
1983	96271	29053	47761	19457	558	30.2	49.6	20.2
1984	110612	33008	50251	27353	633	29.9	45.4	24.7
1985	**129087**	**35981**	**55538**	**37568**	**729**	**27.9**	**43.0**	**29.1**
1986	141387	33284	63881	44222	785	23.5	45.2	31.3
1987	184030	49078	73460	61492	1003	26.7	39.9	33.4
1988	233228	58818	93879	80531	1244	25.2	40.3	34.5
1989	287996	68335	117601	102060	1504	23.7	40.9	35.4
1990	**311880**	**75468**	**124085**	**112327**	**1599**	**24.2**	**39.8**	**36.0**
1991	330387	74234	138724	117429	1667	22.5	42.0	35.5
1992	397169	80910	173741	142518	1971	20.4	43.7	35.9
1993	538938	118767	228426	191745	2631	22.0	42.4	35.6
1994	721888	143434	326515	251939	3464	19.9	45.2	34.9
1995	**916863**	**161946**	**433802**	**321115**	**4333**	**17.7**	**47.3**	**35.0**
1996	1116809	189357	548474	378978	5231	17.0	49.1	33.9
1997	1279755	204013	634638	441104	5953	15.9	49.6	34.5
1998	1408881	225098	698598	485185	6492	16.0	49.6	34.4
1999	1471355	218125	730936	522294	6729	14.8	49.7	35.5
2000	**1619294**	**225495**	**818164**	**575635**	**7416**	**13.9**	**50.5**	**35.6**
2001	1727611	210171	892225	625215	7923	12.2	51.6	36.2
2002	1854909	202365	959336	693208	8458	10.9	51.7	37.4
2003	2120322	237359	1125017	757946	9612	11.2	53.1	35.7
2004	2576687	287720	1428354	860613	11648	11.2	55.4	33.4
2005	**3351823**	**330981**	**2022630**	**998212**	**15124**	**9.9**	**60.3**	**29.8**
2006	4121470	368391	2624284	1128795	18558	8.9	63.7	27.4
2007	5184183	421190	3420033	1342960	23201	8.1	66.0	25.9
2008	6542124	547715	4379435	1614974	29515	8.4	66.9	24.7

注：本表数据按当年价格计算；表中1993—2003年数据根据第一次全国经济普查结果进行了调整；2008年为初步测算数。

1-21 历年生产总值指数

年份	以1952年为100				以上年为100			
	生产总值	第一产业	第二产业	第三产业	生产总值	第一产业	第二产业	第三产业
1952	100.0	100.0	100.0	100.0	100.0	100.0	100.0	100.0
1953	116.8	105.3	709.6	122.3	116.8	105.3	709.6	122.3
1954	168.3	126.6	2388.3	179.2	144.1	120.2	336.6	146.5
1955	143.7	124.7	1090.4	159.2	85.4	98.5	45.7	88.8
1956	173.1	140.9	1704.3	209.3	120.5	113.0	156.3	131.5
1957	167.4	112.6	2510.6	270.0	96.7	79.9	147.3	129.0
1958	317.7	136.4	10769.6	338.1	189.8	121.1	429.0	125.2
1959	445.3	133.6	17477.0	653.7	140.2	97.9	162.3	193.3
1960	418.5	105.2	17150.4	696.4	94.0	78.7	98.1	106.5
1961	205.5	76.2	6945.8	333.7	49.1	72.4	40.5	47.9
1962	157.8	80.2	3988.2	256.5	76.8	105.2	57.4	76.9
1963	158.0	79.7	4114.1	267.3	100.1	99.4	103.2	104.2
1964	165.6	86.0	4108.5	260.9	104.8	107.9	99.9	97.6
1965	209.9	110.9	5106.3	332.2	126.8	129.0	124.3	127.3
1966	187.8	106.7	4509.1	233.4	89.5	96.2	88.3	70.3
1967	195.5	105.6	4992.5	248.9	104.1	99.1	110.7	106.6
1968	176.0	91.2	4905.3	200.0	90.0	86.3	98.3	80.4
1969	282.8	102.5	10569.9	330.3	160.7	112.4	215.5	165.2
1970	398.9	134.0	15389.7	496.9	141.1	130.7	145.6	150.4
1971	379.8	120.4	14746.8	521.9	95.2	89.9	95.8	105.0
1972	413.6	125.9	16178.7	612.6	108.9	104.6	109.7	117.4
1973	441.7	149.1	15869.6	690.3	106.8	118.4	98.1	112.7
1974	507.3	170.6	18538.0	753.8	114.9	114.4	116.8	109.2
1975	574.0	178.2	21978.5	887.9	113.1	104.5	118.6	117.8
1976	532.3	190.1	18026.0	873.6	92.7	106.7	82.0	98.4
1977	664.8	196.4	26670.2	956.1	124.9	103.3	148.0	109.4
1978	718.6	203.9	29735.6	1006.5	108.1	103.8	111.5	105.3
1979	825.0	216.2	35173.4	1196.7	114.8	106.0	118.3	118.9
1980	878.6	212.3	37811.4	1400.1	106.5	98.2	107.5	117.0

1-21续表

年 份	以1952年为100				以上年为100			
	生产总值	第一产业	第二产业	第三产业	生产总值	第一产业	第二产业	第三产业
1981	908.4	203.4	39399.5	1554.2	103.4	95.8	104.2	111.0
1982	970.2	213.4	40614.9	1889.9	106.8	104.9	103.1	121.6
1983	1051.7	211.0	44734.2	2288.7	108.4	96.1	110.1	121.1
1984	1255.8	290.8	46053.3	3179.0	119.4	137.8	102.9	138.9
1985	**1407.7**	**288.5**	**49872.4**	**4228.0**	**112.1**	**99.2**	**108.3**	**133.0**
1986	1490.8	245.9	55753.1	4832.6	105.9	85.2	111.8	114.3
1987	1782.9	335.2	57875.9	6383.9	119.6	136.3	103.8	132.1
1988	2057.5	344.8	70519.0	7405.3	115.4	102.9	121.8	116.0
1989	2308.5	386.1	77268.6	8553.1	112.2	112.0	109.6	115.5
1990	**2421.6**	**371.7**	**83131.5**	**9117.6**	**104.9**	**96.3**	**107.6**	**106.6**
1991	2474.9	346.4	89793.9	9227.0	102.2	93.2	108.0	101.2
1992	2779.3	360.9	104477.5	10334.3	112.3	104.2	116.4	112.0
1993	3340.8	486.5	120548.5	12225.5	120.2	134.8	115.4	118.3
1994	3848.6	491.9	147998.7	14010.4	115.2	101.1	122.8	114.6
1995	**4321.9**	**518.0**	**169754.5**	**15831.7**	**112.3**	**105.3**	**114.7**	**113.0**
1996	4978.9	561.0	207100.5	17288.3	116.7	113.1	123.4	109.2
1997	5566.4	576.7	237958.5	19380.1	111.8	102.8	114.9	112.1
1998	6379.1	694.9	274842.1	21356.9	114.6	120.5	115.5	110.2
1999	6889.4	701.2	302876.0	23150.9	108.0	100.9	110.2	108.4
2000	**7523.2**	**765.0**	**331649.2**	**25141.9**	**109.2**	**109.1**	**109.5**	**108.6**
2001	8049.8	721.4	362160.9	27279.0	107.0	94.3	109.2	108.5
2002	8750.1	735.8	397652.7	29870.5	108.7	102.0	109.8	109.5
2003	9756.4	826.3	451335.8	32290.0	111.5	112.3	113.5	108.1
2004	11063.8	921.3	521292.8	35680.5	113.4	111.5	115.5	110.5
2005	**12701.2**	**995.9**	**611476.5**	**40319.0**	**114.8**	**108.1**	**117.3**	**113.0**
2006	14847.7	1095.5	742332.5	44350.9	116.9	110.0	121.4	110.0
2007	17624.2	1137.1	910842.0	50826.1	118.7	103.8	122.7	114.6
2008	20285.5	1213.3	1062952.6	57789.3	115.1	106.7	116.7	113.7

1-22 各县（市）区生产总值

（2008年） 单位：万元

产　业	全　市	市　区	义马市	渑池县	陕县	灵宝市	卢氏县
生产总值	6542124	833634	896027	1323759	885103	2330556	311692
第一产业	547715	18708	6093	120050	95263	224835	85527
第二产业	4379435	489036	790652	985649	505628	1532177	94306
工业	4163101	412380	760517	959355	474203	1494988	79671
建筑业	216334	76656	30135	26294	31425	37189	14635
第三产业	1614974	325890	99282	218060	284212	573544	131859
交通运输、仓储和邮政业	513857	66116	25136	71172	139743	184860	38956
批发和零售业	258754	57207	15193	29495	32974	100681	27092
住宿和餐饮业	93166	22490	2619	15024	6512	42283	5261
金融业	61870	30149	4985	6318	4179	10893	4264
房地产业	82727	10901	8045	11270	11228	31397	9040
其他服务业	604600	139027	43304	84781	89576	203430	47246
营利性服务业	216222	59972	18106	25321	28067	70860	16234
非营利性服务业	388378	79055	25198	59460	61509	132570	31012
人均生产总值(元)	29515	26088	64662	39366	25484	32236	8858

注：本表按当年价格计算，人均生产总值按常住人口计算。

1-23 各县（市）区生产总值构成

（2008年）

产　　业	全　市	市　区	义马市	渑池县	陕县	灵宝市	卢氏县
生产总值	100.0	100.0	100.0	100.0	100.0	100.0	100.0
第一产业	8.4	2.2	0.7	9.0	10.8	9.7	27.4
第二产业	66.9	58.7	88.2	74.5	57.1	65.7	30.3
工业	63.6	49.5	84.9	72.5	53.6	64.1	25.6
建筑业	3.3	9.2	3.4	2.0	3.6	1.6	4.7
第三产业	24.7	39.1	11.1	16.5	32.1	24.6	42.3
交通运输、仓储和邮政业	7.9	7.9	2.8	5.4	15.8	7.9	12.5
批发和零售业	4.0	6.9	1.7	2.2	3.7	4.3	8.7
住宿和餐饮业	1.4	2.7	0.3	1.1	0.7	1.8	1.7
金融业	0.9	3.6	0.6	0.5	0.5	0.5	1.4
房地产业	1.3	1.3	0.9	0.9	1.3	1.3	2.9
其他服务业	9.2	16.7	4.8	6.4	10.1	8.7	15.2
营利性服务业	3.3	7.2	2.0	1.9	3.2	3.0	5.2
非营利性服务业	5.9	9.5	2.8	4.5	6.9	5.7	9.9

注：本表按当年价格计算。

1-24 各县（市）区生产总值指数

（2008年，以上年为100）

产　业	全　市	市　区	义马市	渑池县	陕县	灵宝市	卢氏县
生产总值	115.1	109.3	119.1	116.1	116.2	115.0	113.5
第一产业	106.7	108.4	110.0	106.5	106.4	106.2	110.5
第二产业	116.7	107.7	120.0	117.9	118.8	116.7	115.7
工业	117.1	107.6	120.7	118.2	119.2	116.9	115.8
建筑业	109.3	108.5	103.7	108.0	113.3	111.2	115.3
第三产业	113.7	111.9	113.5	114.2	114.6	114.1	113.9
交通运输、仓储和邮政业	112.6	110.3	111.6	113.8	112.6	112.0	117.7
批发和零售业	109.1	107.0	113.5	108.9	110.9	109.3	108.6
住宿和餐饮业	108.9	107.9	100.6	112.7	105.3	110.0	116.8
金融业	100.1	92.0	122.6	106.5	97.8	111.2	106.8
房地产业	106.0	114.5	105.4	103.7	106.3	104.6	104.0
其他服务业	119.9	120.3	115.9	118.6	121.4	120.9	116.5
营利性服务业	119.6	122.6	114.4	116.1	120.7	119.3	120.0
非营利性服务业	120.1	118.6	116.9	119.7	121.8	121.8	114.6
人均生产总值	116.0	109.0	119.9	116.8	117.3	116.0	115.3

主要统计指标解释

生产总值 是按市场价格计算的一个国家或地区生产总值的简称。 它是所有常住单位在核算期内生产活动的最终成果。生产总值有三种表现形态，即价值形态 、收入形态及产品形态。从价值形态看，它是所有常住单位在核算期内所生产的全部货物和服务价值超过同期投入的全部非固定资产货物和服务价值的差额，即所有常住单位的增加值之和；从收入形态看，它是所有常住单位在一定时期内所创造并分配给我国常住单位和非常住单位的初次分配收入之和；从产品形态看，它是最终使用的货物和服务减去进口货物和服务。

国民生产总值 是按市场价格计算的国民生产总值的简称。它是我国所有常住单位在核算期内收入初次分配的最终成果。我国常住单位从事生产活动所创造的增加值在初次分配过程中主要分配给我国常住单位，但也有一部分以劳动报酬和财产收入等形式分配给非常住单位，同时，国外生产所创造的增加值也有一部分以劳动者报酬和财产收入等形式分配给我国的常住单位，从而产生了国民生产总值概念，它等于国内生产总值加上来自国外的劳动者报酬和财产收入减去支付给国外的劳动者报酬和财产收入（即国外净要素收入）。国内生产总值是一个生产概念，而国民生产总值是个收入概念。

三次产业的划分 根据社会生产活动历史发展的顺序对产业结构的划分，产品直接取自自然界的部门称为第一产业，对初级产品进行再加工的部门称为第二产业，为生产和消费提供各种服务的部门称为第三产业。它是世界上通行的产业结构分类，但各国的划分不尽一致。我国的三次产业划分是：

第一产业：农业（包括种植业、林业、牧业和渔业）。

第二产业：工业（包括采掘业，制造业，电力、煤气及水的生产和供应业）和建筑业。

第三产业：除第一、第二产业以外的其他各业。由于第三产业包括的行业多、范围广，根据我国的实际情况，第三产业可分为两大部分；一是流通部门，二是服务部门。具体又可分为四个层次：

第一层次：流通部门，包括交通运输、仓储及邮电通信业，批发和零售贸易、餐饮业。

第二层次：为生产和生活服务的部门，包括金融、保险业，地质勘查业、水利管理业，房地产业，社会服务业，农、林、牧、渔服务业，交通运输辅助业，综合技术服务业等。

第三层次：为提高科学文化水平和居民素质服务的部门，包括教育、文化艺术及广播电影电视业，卫生、体育和社会福利业，科学研究业等。

第四层次：为社会公共需要服务的部门，包括国家机关、政党机关和社会团体以及军队、警察等。

当年价格 指报告期的实际价格，如工厂的出厂价格，农产品的收购价格，商业的零售价格等。使用当年价格计算的数据，是为了使国民经济各项指标互相衔接，便于考察当年社会经济效益，便于对生产和流通、生产和分配、生产和消费进行经济核算和综合平衡。按当年价格计算的价值指标，在不同年份之间进行对比时，因为包含有各年间价格变动的因素，不能确切地反映实物量的增减变动。必须消除价格变动因素后，才能真实反映经济发展动态。因此，在计算发展（增长）速度时都使用按可比价格计算的数据。

可比价格 指在不同时期的价值指标对比时，扣除了价格变动的因素，以确切反映物量的变化。按可比价格计算有两种方法：一种是直接按产品产量乘某一年的不变价格计算；一种是用价格指数换算。

不变价格 指用同类产品的平均价格作为固定价格，来计算各年产品价值。按不变价格计算的产品价值消除了价格变动的因素，不同时期对比可以反映生产的发展速度。新中国成立后，随着工农业产品价格水平的变化，国家统计局先后五次制定了全国统一的工业产品不变价格和农业产品不变价格，从1949年到1957年使用1952年的工（农）业产品不变价格，从1957年到1971年使用1957年不变价格，从1971年到1981年使用1970年不变价格，从1981年到1990年使用1980年不变价格，从1990年开始使用1990年不变价格。

本《年鉴》所列"生产总值指数"、"农、林、牧、渔业总产值指数"、"工业总产值指数"等都是按可比价格计算的。如计算有关年份产值增长情况，可用定基指数直接对比。

企业（单位）登记注册类型 是以在工商行政管理机关登记注册的各类企业为划分对象，以工商行政管理部门对企业登记注册的类型为依据，将企业登记注册类型分为内资企业、港澳台商投资企业和外商投资企业三大类。内资企业包括国有企业、集体企业、股份合作企业、联营企业、有限责任公司、股份有限公司、私营公司和其他企业；港澳台商投资企业和外商投资企业分别包括合资经营企业、合作经营企业、独资经营企业和股份有限公司。对不在工商行政管理部门进行登记注册的行政机关、事业单位和社会团体，主要按其经费来源和管理方式进行划分。

国有企业 是指企业全部资产归国家所有，并按《中华人民共和国企业法人登记管理条例》规定登记注册的非公司制的经济组织。不包括有限责任公司中的国有独资公司。

集体企业 是指企业资产归集体所有，并按《中华人民共和国企业法人登记管理条例》规定登记注册的经济组织。

股份合作企业 是指以合作制为基础，由企业职工共同出资入股，吸收一定比例的社会资产投资组建，实行自主经营，自负盈亏，共同劳动，民主管理，按劳分配与按股分红相结合的一种集体经济组织。

联营企业 是指两个及两个以上相同或不同所有制性质的企业法人或事业单位法人，按自愿、平等、互利的原则，共同投资组成的经济组织。

有限责任公司 是根据《中华人民共和国公司登记管理条例》规定登记注册，由两个以上，五十个以下的股东共同出资，每个股东以其所认缴的出资额对公司承担有限责任，公司以其全部资产对其债务承担责任的经济组织。

有限责任公司包括国有独资公司以及其他有限责任公司。

国有独资公司是指国家授权的投资机构或者国家授权的部门单独投资设立的有限责任公司。

其他有限责任公司是指国有独资公司以外的其他有限责任公司。

股份有限责任公司 是指根据《中华人民共和国公司登记管理条例》规定登记注册，其全部注册资本由等额股份构成并通过发行股票筹集资本，股东以其认购的股份对公司承担有限责任，公司以其全部资产对其债务承担责任的经济组织。

私营企业 是指由自然人投资设立或由自然人控股，以雇佣劳动为基础的营利性经济组织。包括按照《公司法》、《合伙企业法》、《私营企业暂行条例》规定登记注册的私营有限责任公司、私营股份有限公司、私营合伙企业和私营独资企业。

私营独资企业是指按《私营企业暂行条例》的规定，由一名自然人投资经营，以雇佣劳动为基础，投资者对企业债务承担无限责任的企业。

私营合伙企业是指按《合伙企业法》或《私营企业暂行条例》的规定，由两个以上自然人按照协议共同投资、共同经营、共负盈亏，以雇佣劳动为基础，对债务承担无限责任的企业。

私营有限责任公司是指按《公司法》、《私营企业暂行条例》的规定，由两个以上自然人投资或由单个自然人控股的有限责任公司。

私营股份有限公司是按《公司法》的规定，由五个以上自然人投资，或由单个自然人控股的股份有限公司。

其他企业　是指上述之外的其他内资经济组织。

合资经营企业（港或澳、台资）　是指港澳台地区投资者与内地的企业依照《中华人民共和国中外合资经营企业法》及有关法律的规定，按合同规定的比例投资设立、分享利润和分担风险的企业。

合作经营企业（港或澳、台资）　是指港澳台地区投资者与内地企业依照《中华人民共和国中外合作经营企业法》及有关法律的规定，依照合作合同的约定进行投资或提供条件设立、分配利润和分担风险的企业。港、澳、台商独资企业是指依照《中华人民共和国外资企业法》及有关法律的规定，在内地由港澳台地区投资者全额投资设立的企业。

港、澳、台商投资股份有限公司　是指根据国家有关规定，经外贸部依法批准设立，其中港、澳、台商的股本占公司注册资本的比例达25%以上的股份有限公司。凡其中港、澳、台商的股本占注册资本的比例小于25%的，属于内资企业中的股份有限公司。

中外合资经营企业　是指外国企业或外国人与中国内地企业依照《中华人民共和国中外合资经营企业法》及有关法律的规定，按合同规定的比例投资设立、分享利润和分担风险的企业。

中外合作经营企业　是指外国企业或外国人与中国内地企业依照《中华人民共和国中外合作经营企业法》及有关法律的规定，依照合作合同的约定进行投资或提供条件设立、分配利润和分担风险的企业。外资企业是指依照《中华人民共和国外资企业法》及有关法律的规定，在中国内地由外国投资者全额投资设立的企业。

外商投资股份有限公司　是指根据国家有关规定，经外贸部依法批准设立，其中外资的股本占公司注册资本的比例达25%以上的股份有限公司。凡其中外资股本占公司注册资本的比例小于25%的，属于内资企业中的股份有限公司。

人口、劳动力与工资

数据要览

◆2008 年年底总人口	223.41 万人	比上年增长 0.2%
#非农业人口	67.65 万人	比上年增长 0.8%
农业人口	155.76 万人	与上年基本持平
◆2008 年人口出生率	9.05‰	比上年上升 0.17 个千分点
◆2008 年人口死亡率	4.82‰	比上年上升 0.19 个千分点
◆2008 年人口自然增长率	4.23‰	比上年下降 0.02 个千分点
◆2008 年人口密度	每平方公里 213 人	与上年基本持平

总人口

单位：万人

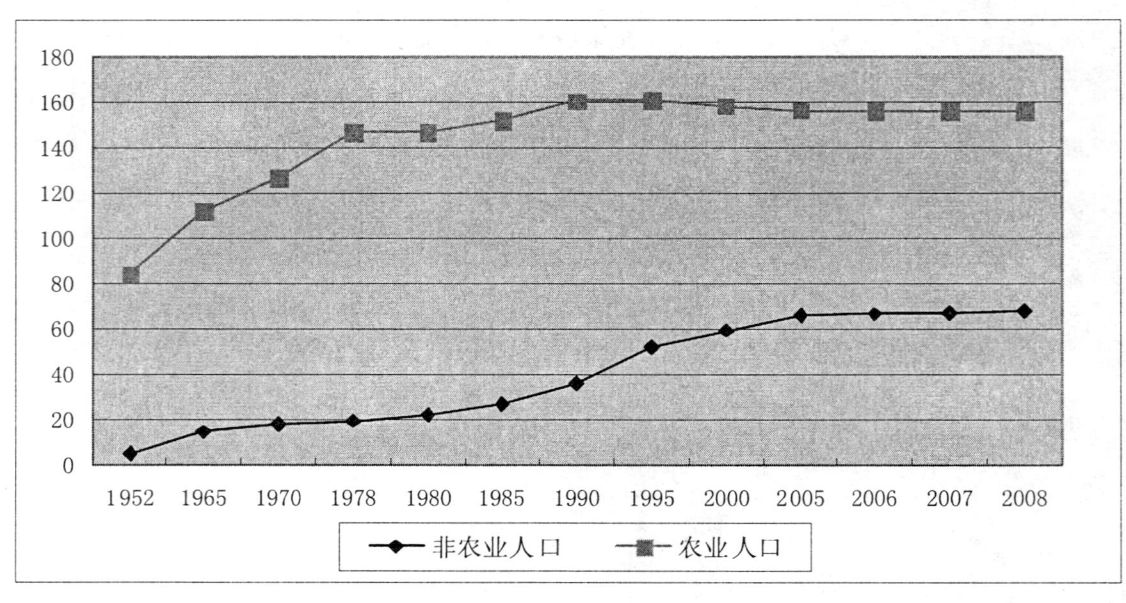

2-1 全市历年总户数、总人口数

年　份	总户数（户）	总人口（人）	按农业人口、非农业人口分		按性别分		性别比（女=100）
			农业人口	非农业人口	男	女	
1952	203197	894423	844784	49639	465190	429233	108.4
1953	212388	921158	869254	51904	479066	442092	108.4
1954	214451	932893	878590	54303	486915	445978	109.2
1955	214568	953585	899680	53905	495138	458447	108.0
1956	221661	984041	922189	61852	516055	467986	110.3
1957	227132	1061008	937461	123547	561536	499472	112.4
1958	261368	1185773	994020	191753	660565	525208	125.8
1959	242337	1206232	950298	255934	681506	524726	129.9
1960	242323	1222117	918581	303536	675042	547075	123.4
1961	262811	1166284	1002878	163406	608488	557796	109.1
1962	262962	1175119	1041908	133211	609468	565651	107.7
1963	262782	1213995	1078427	135568	628656	585339	107.4
1964	262992	1226969	1090351	136618	634719	592250	107.2
1965	264900	1264457	1118667	145790	655478	608979	107.6
1966	267458	1289754	1158090	131664	664980	624774	106.4
1967	261455	1316635	1185665	130970	678778	637857	106.4
1968	255452	1343516	1213240	130276	689480	654036	105.4
1969	270997	1391228	1244822	146406	714003	677225	105.4
1970	284412	1451870	1269698	182172	752592	699278	107.6
1971	285427	1474349	1299717	174632	764429	709920	107.7
1972	294233	1514708	1326820	187888	786930	727778	108.1
1973	274313	1553254	1366674	186580	804626	748628	107.5
1974	311598	1587421	1400449	186972	822036	765385	107.4
1975	319409	1616048	1427288	188760	838991	777057	108.0
1976	329103	1634464	1442762	191702	849172	785292	108.1
1977	335782	1653013	1459414	193599	859410	793603	108.3
1978	337948	1664101	1469541	194560	863921	800180	108.0

2-1续表

年　份	总 户 数 （户）	总 人 口 （人）	按农业人口、非农业人口分		按性别分		性 别 比 （女=100）
			农业人口	非农业人口	男	女	
1979	341570	1679386	1470572	208814	872139	807247	108.0
1980	**340749**	**1685881**	**1466196**	**219685**	**875162**	**810719**	**107.9**
1981	348203	1697537	1469428	228109	881933	815604	108.1
1982	355554	1713269	1479244	234025	891458	821811	108.5
1983	360372	1735089	1494340	240749	903803	831286	108.7
1984	374933	1758567	1511536	247031	915386	843181	108.6
1985	**385396**	**1784167**	**1517708**	**266459**	**927459**	**856708**	**108.3**
1986	396256	1816016	1544492	271524	945814	870202	108.7
1987	412606	1854779	1552775	302004	966669	888110	108.8
1988	432625	1894747	1564825	329922	987240	907507	108.8
1989	451727	1933783	1586047	347736	1004642	929141	108.1
1990	**472760**	**1966616**	**1604283**	**362333**	**1023641**	**942975**	**108.6**
1991	475417	1996232	1625355	370877	1039276	956956	108.6
1992	498646	2033088	1631217	401871	1057206	975882	108.3
1993	525543	2063520	1619971	443549	1075821	987699	108.9
1994	561198	2103977	1610971	493006	1095179	1008798	108.6
1995	**578667**	**2128329**	**1608476**	**519853**	**1111316**	**1017013**	**109.3**
1996	592910	2141947	1605836	536111	1117860	1024087	109.1
1997	603543	2157638	1607116	550522	1125775	1031863	109.1
1998	617962	2182489	1608800	573689	1136808	1045681	108.7
1999	623293	2190539	1607305	583234	1141001	1049538	108.7
2000	**613123**	**2176398**	**1582202**	**594196**	**1133635**	**1042763**	**108.7**
2001	590459	2184666	1578258	606408	1141042	1043624	109.3
2002	648883	2201301	1580151	621150	1133590	1067711	106.2
2003	652427	2210322	1583353	626969	1146542	1063780	107.8
2004	662019	2214032	1552108	661924	1140666	1073366	106.3
2005	**668939**	**2218079**	**1562198**	**655881**	**1135878**	**1082201**	**105.0**
2006	700825	2223473	1558495	664978	1139909	1083564	105.2
2007	688560	2228900	1557834	671066	1139507	1089393	104.6
2008	700376	2234100	1557631	676469	1136710	1097390	103.6

注:①总户数、非农业人口数为公安年报数据；

②1983-1990年数据是按1990年第四次人口普查数据和有关资料调整推算的；

③1993-1999年数据是根据有关资料推算的；

④2000年数据是第五次人口普查数据；2001年数据是根据有关资料推算的；

⑤2003年—2008年数据是根据人口与城镇化调查资料推算的。

2-2 全市历年人口自然变动情况

年　份	年平均人数（人）	出生人数（人）	出生率（‰）	死亡人数（人）	死亡率（‰）	自然增长率（‰）
1952	890862	24044	26.99	12262	13.76	13.23
1953	907791	13297	14.65	6035	6.65	8.00
1954	927026	32297	34.84	13771	14.86	19.98
1955	943239	27065	28.69	10445	11.07	17.62
1956	968813	33149	34.22	12628	13.03	21.19
1957	1022525	29524	28.87	12159	11.89	16.98
1958	1123391	25669	22.85	13147	11.7	11.15
1959	1196003	35155	29.39	14079	11.77	17.62
1960	1214175	26833	22.1	17219	14.18	7.92
1961	1194201	19458	16.29	12455	10.43	5.86
1962	1170702	43799	37.41	10123	8.65	28.76
1963	1194557	51185	42.85	13296	11.13	31.72
1964	1220482	47717	39.1	19302	15.82	23.28
1965	1245713	47213	37.9	14870	11.94	25.96
1966	1277106	43917	34.39	14520	11.37	23.02
1967	1303195	44254	33.96	14552	11.17	22.79
1968	1330076	44448	33.42	12876	9.68	23.74
1969	1367372	44792	32.76	12336	9.02	23.74
1970	1421549	45662	32.12	11648	8.19	23.93
1971	1463110	45707	31.24	11089	7.58	23.66
1972	1494529	46654	31.22	12421	8.31	22.91
1973	1533981	47625	31.05	12672	8.26	22.79
1974	1570338	46625	29.69	12465	7.94	21.75
1975	1601735	40304	25.16	13619	8.5	16.66
1976	1625256	31790	19.56	12889	7.93	11.63
1977	1643739	30303	18.44	13833	8.42	10.02
1978	1658557	28550	17.21	12547	7.57	9.64

2-2续表

年 份	年平均人数（人）	出生人数（人）	出生率（‰）	死亡人数（人）	死亡率（‰）	自然增长率（‰）
1979	1671744	26258	15.71	12419	7.43	8.28
1980	1682634	20299	12.06	12299	7.31	4.75
1981	1691707	24396	14.42	12757	7.54	6.88
1982	1705401	26084	15.29	12092	7.09	8.20
1983	1724179	28363	16.45	11694	6.78	9.67
1984	1746828	29178	16.7	11333	6.49	10.21
1985	1771367	32991	18.62	11497	6.49	12.13
1986	1800092	39750	22.08	12172	6.76	15.32
1987	1835398	46547	25.36	12084	6.58	18.78
1988	1874763	47377	25.27	11456	6.11	19.16
1989	1914265	47618	24.88	10625	5.55	19.33
1990	1950200	42707	21.9	11885	6.09	15.81
1991	1981424	36498	18.42	11908	6.01	12.41
1992	2014660	34725	17.23	13700	6.8	10.43
1993	2048304	32853	16.04	13189	6.44	9.60
1994	2083749	30673	14.72	13128	6.3	8.42
1995	2116153	29690	14.03	13332	6.3	7.73
1996	2135138	28888	13.53	13515	6.33	7.20
1997	2149793	26249	12.21	12447	5.79	6.42
1998	2170064	27082	12.48	12738	5.87	6.61
1999	2186514	25167	11.51	12419	5.68	5.83
2000	2183469	23450	10.74	12730	5.83	4.92
2001	2180532	26798	12.29	13018	5.97	6.32
2002	2192984	21930	10.00	13048	5.95	4.05
2003	2205811	19984	9.06	10963	4.97	4.09
2004	2212177	20086	9.08	11127	5.03	4.05
2005	2216055	20122	9.08	11501	5.19	3.89
2006	2220776	19542	8.80	11051	4.96	3.84
2007	2226186	19769	8.88	10307	4.63	4.25
2008	2231500	20195	9.05	10755	4.82	4.23

注：2001-2002年为1%人口抽样调查数据；2003-2008年为人口与城镇化抽样调查数据。

2-3 各县（市）区总人口

单位：人

县（市）区	年末总人口			年平均人口			2008年城镇化率（%）
	2007年	2008年	2008年为2007年%	2007年	2008年	2008年为2007年%	
全　市	**2228900**	**2234100**	**100.2**	**2226186**	**2231500**	**100.2**	**43.90**
湖滨区	303361	303971	100.2	302948	303666	100.2	87.50
义马市	141532	141913	100.3	141306	141722	100.3	95.20
渑池县	335483	336228	100.2	335089	335856	100.2	35.50
陕　县	348733	349376	100.2	348300	349055	100.2	31.00
灵宝市	734954	736807	100.3	734231	735880	100.2	34.46
卢氏县	364837	365805	100.3	364312	365321	100.3	24.01

注:本表中总人口数根据抽样调查有关资料推算。

2-4 各县（市）区有常住户籍的户数及人口

（2008年底）

单位:人

县（市）区	总户数（户）	总人口			在总人口中	
		合　计	男	女	非农业人口	农业人口
全　市	**700376**	**2276917**	**1174307**	**1102610**	**676469**	**1600448**
湖滨区	85765	289857	146734	143123	224405	65452
义马市	54661	166842	88658	78184	132721	34121
渑池县	115460	356466	182062	174404	100597	255869
陕　县	107908	343650	177217	166433	54701	288949
灵宝市	216507	742730	381435	361295	122163	620567
卢氏县	120075	377372	198201	179171	41882	335490

注:本表中总人口、总户数为公安局年报数。

2-5 从业人员

（2008年底） 单位:人

分类	从业人员	在岗职工				其他从业人员	城镇私营经济	城镇个体经济	乡村从业人员
			国有单位	城镇集体	其他单位				
总　计	**1243169**	**224828**	**122713**	**7050**	**95065**	**6533**	**24758**	**43331**	**943719**
市　直	66404	57372	36935	491	19946	3453	260	708	4611
湖滨区	72253	11595	4420	1137	6038	242	7097	11105	42214
义马市	88308	53218	6158	79	46981	215	5000	6796	23079
渑池县	194243	22602	16703	2209	3690	227	853	5176	165385
陕　县	193891	19881	14243	569	5069	161	600	5362	167887
灵宝市	434549	45531	32147	1312	12072	2195	10548	13835	362440
卢氏县	193521	14629	12107	1253	1269	40	400	349	178103
按国民经济行业分组									
农、林、牧、渔业	648731	1512	1492	20		78	869	105	646167
采掘业	141491	50780	6258	84	44438	54	2698	639	87320
制造业	42288	34205	7012	622	26571	213	6218	1652	
电力、煤气及水的生产和供应业	10243	10160	8332	80	1748	7	74	2	
建筑业	76185	24323	13417	2593	8313	202	2726	758	48176
交通运输、仓储和邮政业	51149	5467	5194	73	200	21	521	296	44844
信息传输、计算机服务和软件业	5974	1057	283		774	180	1717	281	2739
批发和零售业	85412	16223	6403	421	9399	115	4285	19503	45286
住宿和餐饮业	41572	2762	1453	1033	276	77	1652	12958	24123
金融业	8740	5231	2815	1389	1027	3509			
房地产业	803	621	250		371		182		
租赁和商务服务业	4276	3215	1840	126	1249	178	632	251	
科研、技术服务和地质勘查业	2183	2028	1695	24	309	143	8	4	
水利、环境公共设施管理业	2137	2121	2099		22	16			
居民服务和其他服务业	52494	189	76	7	106		1886	5355	45064
教育	28271	27536	26796	492	248	735			
卫生、社会保障和社会福利业	8467	8140	8085	50	5	319	8		
文化、体育和娱乐业	1549	1368	1344	15	9	15	103	63	
公共管理和社会组织	31204	27890	27869	21		671	1179	1464	
按三次产业分组									
第一产业	648731	1512	1492	20		78	869	105	646167
占总计%	52.18	0.67	1.22	0.28		1.19	3.51	0.24	68.47
第二产业	270207	119468	35019	3379	81070	476	11716	3051	135496
占总计%	21.74	53.13	28.54	47.93	85.28	7.29	47.32	7.04	14.36
第三产业	324231	103848	86202	3651	13995	5979	12173	40175	162056
占总计%	26.08	46.20	70.24	51.79	14.72	91.52	49.17	92.72	17.17

2-6 劳动力资源配置情况

单位:万人

指　　标	2007年	2008年	2008年为2007年%
年末劳动力资源总数	**148.08**	**148.50**	**100.28**
年末16岁以上全部人数	153.69	154.32	100.41
#不计入劳动力资源的人数	5.61	5.82	103.74
经济活动人口	**125.11**	**125.2**	**100.07**
从业人员	124.1	124.3	100.16
按就业身份分			
在岗职工	23.13	22.48	97.19
单位其他从业人员	0.5	0.65	130.00
城镇私营经济人员	0.99	2.47	249.49
城镇个体经济	5.15	4.33	84.08
乡村从业人员	94.28	94.37	100.10
按国民经济行业分			
农、林、牧、渔业	65.36	64.87	99.25
采掘业	5.93	14.15	238.62
制造业	12.96	4.23	32.64
电力、煤气及水的生产和供应业	1.47	1.02	69.39
建筑业	6.63	7.62	114.93
交通运输、仓储及邮政业	4.92	5.11	103.86
信息传输、计算机服务和软件业	0.38	0.6	157.89
批发和零售业	8.64	8.54	98.84
住宿和餐饮业	4.1	4.16	101.46
金融业	0.8	0.87	108.75
房地产业	0.08	0.08	100.00
租赁和商务服务业	0.44	0.42	95.45
科学研究、技术服务和地质勘查业	0.20	0.22	110.00
水利、环境和公共设施管理业	0.22	0.21	95.45
居民服务和其他服务业	5.3	5.25	99.06
教育	2.7	2.83	104.81
卫生、社会保障和社会福利业	0.8	0.85	106.25
文化、体育和娱乐业	0.16	0.15	93.75
公共管理和社会组织	3.03	3.12	102.97
失业人员	1.01	0.9	89.11
非经济活动人口	**22.97**	**23.3**	**101.44**
#16岁以上在校学生	5.57	5.56	99.82
家务劳动者	5.65	5.68	100.53

2-7 主要年份职工人数

单位:人

年 份	职工人数	#国有单位	#城镇集体单位	平均人数	#国有单位	#城镇集体单位
1957	37119	37119		37143	37143	
1962	57510	57510		65201	65201	
1965	55098	55098		53674	53674	
1970	88587	86759	1828	77094	74668	2426
1975	104771	96161	8610	103358	94203	9155
1978	130147	119729	10418	129218	118617	10601
1980	**159595**	**147742**	**11853**	**156851**	**145178**	**11673**
1981	163029	150284	12745	159704	147475	12229
1982	165615	152229	13386	163002	149879	13123
1983	175912	161528	14384	169914	155842	14072
1984	180571	158209	21266	174131	153282	19747
1985	**191332**	**164518**	**25073**	**185227**	**159083**	**24447**
1986	200884	171323	27822	201283	170894	28556
1987	213316	179999	31583	207758	175415	30655
1988	223302	189746	32104	216675	183448	31614
1989	231888	194856	35089	226941	192102	32994
1990	**243681**	**205056**	**38289**	**236807**	**200595**	**35891**
1991	251648	213327	37909	246695	209425	36869
1992	257026	219961	36188	253340	216765	35749
1993	282914	229450	49290	279586	227865	47836
1994	294788	239352	48686	287659	236100	45733
1995	**302579**	**247293**	**36090**	**297361**	**242613**	**35903**
1996	304921	240424	46145	299773	236800	45282
1997	292026	224119	45750	290214	222299	45815
1998	282808	160814	42537	280633	158213	43353
1999	243972	135209	34738	242456	134610	34145
2000	**240264**	**134535**	**30220**	**240048**	**133688**	**30160**
2001	238308	134952	29338	236778	133713	28629
2002	232777	122999	23843	227768	121833	23787
2003	235182	124814	24052	226482	121704	23074
2004	230074	119879	23930	226453	117977	23383
2005	**238032**	**121757**	**17918**	**230880**	**118625**	**17192**
2006	236651	122295	18133	228217	117927	17587
2007	231308	121906	17446	226741	119365	16891
2008	224828	122713	7050	220458	118782	8231

注：1999年及以后年度职工人数、平均人数为在岗职工口径，均与以前年度不尽可比。

2-8 主要年份职工工资

年份	工资总额（万元）	#国有单位	#城镇集体单位	平均工资（元）	#国有单位	#城镇集体单位
1957	2080	2080		560	560	
1962	3801	3801		605	605	
1965	3408	3408		654	654	
1970	4891	4758	133	634	637	550
1975	6319	5929	390	611	629	426
1978	8581	8027	554	664	677	523
1980	**13131**	**12431**	**700**	**837**	**856**	**600**
1981	13300	12662	639	833	859	522
1982	13857	13071	786	850	872	599
1983	14846	13961	885	874	896	629
1984	17009	15513	1398	977	1012	708
1985	**20971**	**18936**	**1855**	**1132**	**1190**	**759**
1986	26220	23740	2283	1303	1389	800
1987	28327	25273	2738	1363	1441	893
1988	35120	31534	3365	1621	1719	1064
1989	43189	39246	3660	1903	2043	1109
1990	**50893**	**46622**	**4250**	**2149**	**2324**	**1184**
1991	53996	49296	4667	2189	2354	1266
1992	62593	57220	5217	2471	2640	1459
1993	76596	66890	8823	2740	2936	1844
1994	103778	91029	10871	3608	3856	2377
1995	**131457**	**112069**	**11073**	**4421**	**4619**	**3084**
1996	150638	128312	14397	5025	5419	3179
1997	161205	131183	19601	5555	5901	4278
1998	139113	86722	16643	4957	5481	3839
1999	139174	89468	16945	5740	6646	4963
2000	**158589**	**98865**	**17589**	**6607**	**7395**	**5832**
2001	177127	108272	18901	7481	8097	6602
2002	198274	113558	18524	8705	9321	7788
2003	224349	126782	19318	9906	10417	8372
2004	255905	137088	21173	11301	11620	9055
2005	**315121**	**160446**	**20289**	**13649**	**13526**	**11801**
2006	378194	186442	24016	16572	15810	13656
2007	450554	230442	28642	19871	19306	16957
2008	524435	272030	13895	23788	22901	20334

注：1999年及以后年度工资总额、平均工资为在岗职工口径，均与以前年度不尽可比。

2-9 从业人员变动情况

（2008年） 单位：人

项目	总计	国有单位	城镇集体单位	其他单位
本年增加人数	**17897**	**9510**	**1302**	**7085**
从农村招收	7538	4573	733	2232
从城镇招收	1668	494	7	1167
录用的退伍军人	393	174		219
录用的大、中专、技工学校毕业生	3614	2007	201	1406
调入人员	3217	1708	48	1461
其他	1467	554	313	600
本年减少人数	**16825**	**6334**	**232**	**10259**
离休、退休、退职	2435	1122	42	1271
开除、除名、辞退	889	508	24	357
终止、解除合同	5761	1835	23	3903
离开本单位仍保留劳动关系的职工	1577	471	12	1094
调出人员	3033	1523	27	1483
其他	3130	875	104	2151

2-10 全部在岗职工人数与工资

（2008年）

分　　类	在岗职工（人）	平均人数（人）	工资总额（万元）	平均工资（元）
总　　计	**224828**	**220458**	**524435**	**23783**
市　　直	57372	55418	130765	23595
湖 滨 区	11595	10994	23554	21424
义 马 市	53218	52613	160489	30504
渑 池 县	22602	22322	46824	20977
陕　　县	19881	19570	39610	20240
灵 宝 市	45531	44973	91841	20421
卢 氏 县	14629	14568	31352	21521
按登记注册类型分组				
国有单位	122713	118782	272030	22901
城镇集体	8537	8231	16737	20334
其他单位	93578	93445	235668	25220
按企事业机关分组				
企业	153761	150041	359748	23976
事业	45508	45167	104900	23225
机关	25559	25250	59787	23678
按国民经济行业分组				
农、林、牧、渔业	1512	1510	2220	14702
采矿业	50780	50427	157345	31203
制造业	34205	34688	65122	18774
电力、燃气及水的生产和供应业	10160	10082	30203	29957
建筑业	24323	21351	40777	19098
交通运输、仓储和邮政业	5467	5480	10291	18780
信息传输、计算机服务和软件业	1057	1077	2974	27613
批发和零售业	16223	15513	27299	17598
住宿和餐饮业	2762	2788	3379	12119
金融业	5231	5166	18352	35524
房地产业	621	611	1064	17406
租赁和商务服务业	3215	3112	4659	14996
科学研究、技术服务和地质勘查业	2028	2031	5879	28945
水利、环境和公共设施管理业	2121	2138	4153	19426
居民服务和其他服务业	189	191	337	17628
教育	27536	27314	66465	24333
卫生、社会保障和社会福利业	8140	8024	16774	20905
文化、体育和娱乐业	1368	1373	2359	17183
公共管理和社会组织	27890	27583	64783	23487

2-11 国有单位在岗职工人数与工资

（2008年）

分　类	在岗职工（人）	平均人数（人）	工资总额（万元）	平均工资（元）
总　计	**122713**	**118782**	**272030**	**22901**
市　直	36935	34362	88693	25811
湖滨区	4420	4189	9804	23399
义马市	6158	5946	15325	25445
渑池县	16703	16822	36696	21814
陕　县	14243	13878	28415	20474
灵宝市	32147	31544	66131	20965
卢氏县	12107	12041	26966	22395
按隶属关系分组				
中央属	20090	19706	52993	26892
省　属	3216	3260	9062	27799
市　属	22690	20487	49216	24023
县及县以下	76325	74948	159973	21344
其他属	392	381	786	20630
按企事业机关分组				
企　业	52180	48902	108915	22272
事　业	44987	44643	103352	23151
机　关	25546	25237	59763	23681
按国民经济行业分组				
农、林、牧、渔业	1492	1490	2203	14785
#农业	852	856	1050	12265
林业	458	458	897	19583
畜牧业	67	67	55	8239
农、林、牧、渔服务业	115	109	201	18440
采矿业	6258	6165	11279	18296
#煤炭开采和洗选业	1346	1328	3235	24363
有色金属矿采选业	4912	4837	8044	16630
制造业	7012	6812	13936	20459
#化学原料及化学制品制造业	366	366	333	9085
医药制造业	134	134	331	24716

2-11续表　　　　　　　　（2008年）

分　类	在岗职工（人）	平均人数（人）	工资总额（万元）	平均工资（元）
专用设备制造业	178	164	435	26549
电力、燃气及水的生产和供应业	8332	8252	26125	31659
#电力、热力的生产和供应业	6321	6175	19971	32341
水的生产和供应业	856	847	1604	18932
建筑业	13417	11329	22293	19678
交通运输、仓储和邮政业	5194	5207	9904	19020
#道路运输业	2985	2985	6245	20920
邮政业	634	636	1160	18236
信息传输、计算机服务和软件业	283	285	668	23425
批发和零售业	6403	5629	12633	22443
住宿和餐饮业	1453	1464	1895	12947
金融业	2815	2808	10451	37217
房地产业	250	251	460	18343
租赁和商务服务业	1840	1758	2625	14934
科学研究、技术服务和地质勘查业	1695	1691	4846	28659
水利、环境和公共设施管理业	2099	2113	4114	19470
居民服务和其他服务业	76	76	137	17974
教育	26796	26574	64757	24369
#初等教育	7663	7517	18190	24198
中等教育	15727	15573	38578	24773
高等教育	641	617	1212	19642
卫生、社会保障和社会福利业	8085	7969	16675	20924
#卫生	7516	7447	15760	21163
社会保障业	364	319	577	18088
社会福利业	205	203	338	16526
文化、体育和娱乐业	1344	1349	2292	16988
公共管理和社会组织	27869	27561	64738	23489

2-12 城镇集体单位在岗职工人数与工资

（2008年）

分　　类	在岗职工（人）	平均人数（人）	工资总额（万元）	平均工资（元）
总　　计	**8537**	**8231**	**16737**	**20334**
市　　直	491	508	919	18089
湖 滨 区	1137	1088	2951	27123
义 马 市	79	79	101	12670
渑 池 县	2209	1972	3996	20265
陕　　县	569	546	1042	19088
灵 宝 市	2799	2780	5252	18891
卢 氏 县	1253	1258	2476	19761
按企事业机关分组				
企业	8098	7791	15376	19736
事业	426	427	1336	31286
机关	13	13	25	18692
按国民经济行业分组				
农、林、牧、渔业	20	20	17	8500
#林业	20	20	17	8500
采矿业	84	84	186	22143
#黑色金属矿采选业	84	84	186	22143
有色金属矿采选业				
制造业	622	589	1132	19211
#农副食品加工	33	33	79	24121
纺织服装、鞋、帽制造业	8	8	10	12500
印刷业和记录媒介的复制	7	7	3	4714
化学原料及化学制品制造	118	118	211	17839
塑料制品业	10	10	9	8900
非金属矿物制品业	39	39	45	11487
金属制品业	251	220	530	24086
通用设备制造业	90	88	169	19170
专用设备制造业	66	66	76	11485
电力、燃气及水的生产和供应业	80	80	104	13050

2-12续表　　　　（2008年）

分　　类	在岗职工（人）	平均人数（人）	工资总额（万元）	平均工资（元）
建筑业	2593	2356	4808	20406
交通运输、仓储和邮政业	73	73	101	13808
#道路运输业	32	32	47	14531
装卸搬运和其他运输服务业	41	41	54	13244
批发和零售业	1908	1908	3441	18034
住宿和餐饮业	1033	1051	1210	11516
金融业	1389	1339	3959	29567
#银行业	1389	1339	3959	29567
房地产业				
租赁和商务服务业	126	121	188	15545
科学研究、技术服务和地质勘查业	24	24	29	12000
水利、环境和公共设施管理业				
居民服务和其他服务业	7	7	6	8857
教育	492	492	1359	27614
卫生、社会保障和社会福利业	50	50	95	18900
#卫生	50	50	95	18900
文化、体育和娱乐业	15	15	58	38467
公共管理和社会组织	21	22	45	20591
国际组织				

2-13 其他登记注册类型单位在岗职工人数与工资

（2008年）

分　类	在岗职工（人）	平均人数（人）	工资总额（万元）	平均工资（元）
总　计	**93578**	**93445**	**235668**	**25220**
市　直	19946	20548	41153	20028
湖滨区	6038	5717	10799	18807
义马市	46981	46588	145063	31137
渑池县	3690	3528	6132	17380
陕　县	5069	5146	10153	19731
灵宝市	10585	10649	20458	19211
卢氏县	1269	1269	1910	15051
按登记注册类型分组				
内资企业	86477	85885	220399	25662
#股份合作企业	184	184	226	12299
有限责任公司	67601	66745	189876	28448
#国有独资公司	7499	7396	14309	19347
股份有限公司	4550	4983	9243	18548
港、澳、台投资企业	2085	2098	4157	19814
外商投资企业	5016	5462	11111	20343
按企事业机关分组				
企业	93483	93348	235456	25223
事业	95	97	212	21856
按国民经济行业分组				
采矿业	44438	44178	145880	33021
制造业	26571	27287	50055	18344
电力、燃气及水的生产和供应业	1748	1750	3974	22709
建筑业	8313	7666	13676	17840
交通运输、仓储和邮政业	200	200	287	14350
信息传输、计算机服务和软件业	774	792	2306	29120
批发和零售贸易、餐饮业	7912	7976	11225	14074
住宿和餐饮业	276	273	273	10004
金融业	1027	1019	3942	38688
房地产业	371	360	603	16753
租赁和商务服务业	1249	1233	1846	14971
科学研究、技术服务和地质勘查业	309	316	1004	31766
水利、环境和公共设施管理业	22	25	39	15680
居民服务和其他服务业	106	108	194	17954
教育	248	248	349	14069
卫生、社会保障和社会福利业	5	5	5	9600
文化、体育和娱乐业	9	9	10	10889

2-14 全部离开本单位仍保留劳动关系职工

（2008年）

分　　类	离岗职工（人）	平均人数（人）	离岗职工生活费（万元）	平均生活费（元）
总　计	**14871**	**13309**	**5923**	**4450**
市　直	4276	4149	2992	7211
湖滨区	33	33	20	6061
义马市	2262	1989	819	4118
渑池县	1052	674	186	2760
陕　县	952	733	222	3029
灵宝市	6064	5503	1467	2666
卢氏县	232	228	217	9518
按登记注册类型分组				
国有单位	7958	7403	3454	4666
城镇集体	1491	1496	136	909
其他单位	5422	4410	2333	5290
按企事业机关分组				
企业	14260	12753	5400	4234
事业	467	436	351	8050
机关	144	120	172	14333
按国民经济行业分组				
农、林、牧、渔业	159	159	49	3082
采矿业	3409	2580	1515	5872
制造业	2013	1979	1082	5467
电力、燃气及水的生产和供应业	609	614	1227	19984
建筑业	917	770	215	2792
交通运输、仓储和邮政业	649	652	263	4034
信息传输、计算机服务和软件业	9	9	21	23333
批发和零售业	5851	5370	206	384
住宿和餐饮业	56	48	15	3125
金融业	401	405	763	18840
房地产业				
租赁和商务服务业	184	184	89	4837
科学研究、技术服务和地质勘查业	3	5	1	2000
水利、环境和公共设施管理业	62	42	28	6667
教育	145	144	186	12917
卫生、社会保障和社会福利业	108	115	10	870
文化、体育和娱乐业	90	51	7	1373
公共管理和社会组织	206	182	246	13516

2-15 离开国有单位仍保留劳动关系职工

（2008年）

分　　类	离岗职工（人）	平均人数（人）	离岗职工生活费（万元）	平均生活费（元）
总　计	**7958**	**7403**	**3454**	**4666**
市　直	2570	2433	1918	7883
湖滨区				
义马市	399	419	29	692
渑池县	794	431	170	3944
陕　县	488	454	209	4604
灵宝市	3494	3459	940	2718
卢氏县	213	207	188	9082
按隶属关系分组				
中央属	2815	2707	2075	7665
省　属	59	59	71	12034
市(地区)属	1249	1246	444	3563
县级以下	3825	3381	862	2550
其他属	10	10	3	3000
按企事业机关分组				
企业	7348	6848	2932	4282
事业	466	435	351	8069
机关	144	120	172	14333
按国民经济行业分组				
农、林、牧、渔业	159	159	49	3082
采矿业	1443	1464	335	2288
制造业	422	350	145	4143
电力、燃气及水的生产和供应业	576	581	1227	21119
建筑业	874	727	190	2613
交通运输、仓储和邮政业	620	623	254	4077
信息传输、计算机服务和软件业			8	
批发和零售业	2750	2469	98	397
住宿和餐饮业	56	48	15	3125
金融业	269	268	566	21119
房地产业				
租赁和商务服务业	176	176	89	5057
科学研究、技术服务和地质勘查业	3	5	1	2000
水利、环境和公共设施管理业	62	42	28	6667
居民服务和其他服务业				
教育	145	144	186	12917
卫生、社会保障和社会福利业	108	115	10	870
文化、体育和娱乐业	90	51	7	1373
公共管理和社会组织	205	181	246	13591
国际组织				

2-16 离开集体单位仍保留劳动关系职工

（2008年）

分　　类	离岗职工（人）	平均人数（人）	离岗职工生活费（万元）	平均生活费（元）
总　计	**1491**	**1496**	**136**	**909**
市　直				
湖滨区	29	29	18	6207
义马市				
渑池县	9	9	8	8889
陕　县				
灵宝市	1434	1437	81	564
卢氏县	19	21	29	15263
按企事业机关分组				
企业	1490	1495	135	903
事业	1	1	0.5	5000
按国民经济行业分组				
农、林、牧、渔业				
制造业	2	2		
电力、燃气及水的生产和供应业	33	33		
建筑业	9	9	8	8889
交通运输、仓储和邮政业	29	29	8	2759
批发和零售业	1321	1321	18	136
住宿和餐饮业				
金融业	89	94	101	10745
租赁和商务服务业	7	7		
教育				
公共管理和社会组织	1	1	0.5	5000

2-17 离开其他所有制单位仍保留劳动关系职工

（2008年）

分　　类	离岗职工（人）	平均人数（人）	离岗职工生活费（万元）	平均生活费（元）
总　计	**5422**	**4410**	**2333**	**5290**
市　直	1706	1716	1074	6259
湖滨区	4	4	2	5000
义马市	1863	1570	791	5038
渑池县	249	234	7	299
陕　县	464	279	13	466
灵宝市	1136	607	446	7348
卢氏县				
按登记注册类型分组				
内资企业	5407	4395	2319	5276
#股份合作企业				
有限责任公司	3070	2305	1652	7167
#国有独资公司	531	474	306	6456
股份有限公司	556	509	577	11336
港、澳、台投资企业				
外商投资企业	15	15	14	9333
按企事业机关分组				
企业	5422	4410	2333	5290
按国民经济行业分组				
农、林、牧、渔业				
采矿业	1966	1116	1179	10565
制造业	1589	1627	937	5759
建筑业	34	34	17	5000
信息传输、计算机服务和软件业	9	9	13	14444
批发和零售贸易、餐饮业	1780	1580	90	570
金融业	43	43	97	22558
房地产业				
租赁和商务服务业	1	1		
卫生、社会保障和社会福利业				

主要统计指标解释

人口数 指一定时点、一定地区范围内的有生命的个人的总和。年度统计的年底人口数是指每年12月31日24时的人口数。

出生率 (又称粗出生率)指在一定时期内(通常为一年)平均每千人所出生的人数的比率，一般用千分率表示。计算公式：

出生率＝年出生人数／年平均人数×1000‰

出生人数是指活产婴儿，即胎儿脱离母体时(不管怀孕月数)，有过呼吸或其他生命现象。

年平均人数是年初、年末人口数的平均数，也可用年中人口数代替。

死亡率 (又称粗死亡率指在一定时期内(通常为一年)一定地区的死亡人数与同期平均人数(或期中人数)之比，一般用千分率表示。计算公式：

死亡率＝年死亡人数／年平均人数×1000‰

人口自然增长率 指在一定时期内(通常为一年)人口自然增加数(出生人数减死亡人数)与平均人数(或期中人数)之比，一般用千分率表示。

人口自然增长率＝(本年出生人口数－本年死亡人口数)／年平均人数×1000‰

人口自然增长率＝人口出生率－人口死亡率

性别比 反映两性人口比例的指标。指在总人口中或各年龄组人口中，男性人数与女性人数之比，通常以每100个女性人口相对应的男性人口数。计算公式：

性别比＝男性人口／女性人口×100%

劳动力资源数 指具有劳动能力，在正常情况下，可能或实际参加社会劳动的人口数。包括：劳动年龄以内、有劳动能力、实际参加社会劳动和未参加社会劳动的人员以及劳动年龄以外(不足和超过劳动年龄)，实际经常参加社会劳动并取得劳动报酬或经营收入的人员。但不包括现役军人，劳动年龄内的在押犯人和丧失劳动能力的人员。

从业人员 指从事一定社会劳动并取得劳动报酬或经营收入的全部劳动力。包括全部职工、城镇私营企业从业人员、城镇个体劳动者、农村从业人员及其他从业人员。从业人员与原统计制度中的社会劳动者属同一指标。

单位从业人员 指在各级国家机关、政党机关、社会团体及企业、事业单位中工作，取得工资或其他形式的劳动报酬的全部人员。包括：在岗职工、再就业的离退休人员、民办教师以及在各单位中工作的外方人员和港澳台方人员、兼职人员、借用的外单位人员和第二职业者。不包括离开本单位仍保留劳动关系的职工。

在岗职工 指在本单位工作并由单位支付工资的人员，以及有工作岗位，但由于学习、病伤产假等原因暂未工作，仍由单位支付工资的人员。

城镇私营企业从业人员 指在工商行政管理部门办理登记，并领取营业执照的各类私营企业中，从事经营管理和参加生产，并取得经营收入和劳动报酬的全部人员。包括离、退休后在私营企业从业的人员。

城镇个体从业人员 指经工商行政管理部门核准登记，领取营业执照，参加生产经营活动，户口在城镇的全部人员，包括个体经营者本人、家庭辅助人员、帮手、学徒、雇佣人员，以及离、退休后从事个体劳动的人员。

农村从业人员 指农村人口中经常参加合作经济组织（包括乡(镇)办企业事业单位）和家庭副

业生产劳动的劳动力。凡是由合作经济组织分配劳动任务或承包各种生产任务，并从中直接取得实物、现金收入和从承包的生产任务中获得实物、现金收入的劳动力，不管从事何种劳动，都要统计为农村从业人员。国家从乡(村)调用的建筑民工；由集体经费支付工资或补贴的乡(村)脱产管理干部；乡(村)劳动力到国有经济单位或城镇集体经济单位工作，其收入交给合作经济组织，并从中取得实物或现金收入的合同工、临时工、亦工亦农人员；自行外出，但户口没有转出的劳动力，都应包括在内。

其他从业人员 指劳动统计制度规定不作职工统计，但实际参加社会劳动的人员。包括：聘用或留用的离休、退休人员；民办教师；参加乡村劳动的城镇人员；国营农、林、牧、渔场代管的村(队)从业人员；宗教职业者等。

城镇登记失业人员 指有非农业户口，在一定的劳动年龄内(16 岁以上及男 50 岁以下、女 45 岁以下)，有劳动能力，无业而要求就业，并在当地就业服务机构进行失业登记的人员。包括失业青年、失业职工及其他失业人员。

城镇登记失业率 指城镇登记失业人数同城镇在业人数加城镇登记失业人数之比。计算公式为：

城镇登记失业率＝城镇登记失业人数／(城镇在业人数＋城镇登记失业人数)×100%

职工工资总额 指各单位在一定时期内直接支付给本单位全部职工的劳动报酬总额。工资总额的计算原则应以直接支付给职工的全部劳动报酬为根据。各单位支付给职工的劳动报酬以及其他根据有关规定支付的工资，不论是计入成本的还是不计入成本的，不论是按国家规定列入计征奖金税项目的还是未列入计征奖金税项目的，不论是以货币形式支付的还是以实物形式支付的，均列入工资总额的计算范围。它包括：

⑴**计时工资** 指按计时工资标准(包括地区生活补贴)和工作时间支付给个人的劳动报酬。具体包括：对已做工作按计时工资标准支付的工资；新参加工作职工的见习工资(学徒的生活费)；根据国家法律、法规和政策规定，因病、工伤、产假、计划生育假、婚丧假、事假、探亲假、定期休假、停工学习、执行国家或社会义务等原因按计时工资标准或计时工资标准的一定比例支付的工资；实行岗位技能工资制的单位支付给职工的技能工资和岗位(职务)工资；合同制职工按规定缴纳的不超过本人标准工资 3%的退休养老基金、职工受处分期间的工资、浮动升级的工资等；根据国务院关于机关工作人员和事业单位工作人员工资制度改革方案的规定，列入机关工改范围的单位其计时工资包括：机关工作人员的职务工资、级别工资、基础工资，工人的岗位工资、技术等级(职务)工资；列入事业工改范围的单位其计时工资包括：各类专业技术人员和管理人员的专业技术职务工资、艺术专业职务工资、体育基础津贴、行员等级工资、职员职务工资、技术等级工资、等级工资等，工人的技术等级(职务)工资、等级工资；中小学教师、护士在新的专业技术职务工资标准的基础上提高 10%的部分也列入“计时工资”项内。

⑵**计件工资** 指对已做工作按计件单价支付的劳动报酬。具体包括：实行超额累进计件、直接无限计件、限额计件、超定额计件等工资制，按劳动部门或主管部门批准的定额和计件单价支付给个人的工资；按工作任务包干方法支付给个人的工资；按营业额提成或利润提成办法支付给个人的工资。

⑶**奖金** 指支付给职工的超额劳动报酬和增收节支的劳动报酬。包括生产(业务)奖、节约奖、劳动竞赛奖、机关、事业单位的奖励工资、其他奖金。

⑷**津贴和补贴**　指为了补偿职工特殊或额外的劳动消耗和因其他特殊原因支付给职工的津贴(包括地区津贴)，以及为了保证职工工资水平不受物价影响支付给职工的物价补贴。

⑸**加班加点工资**　指对法定节假日和公休假日工作的职工，以及在正常工作日以外延长工作时间的职工按规定支付的加班工资和加点工资。

⑹**其他工资**　指其他根据国家规定支付的工资。如附加工资、保留工资以及调整工资补发的上年工资等。

职工平均工资　指企业、事业、机关单位的职工在一定时期内平均每人所得的货币工资额。它表明一定时期职工工资收入的高低程度，是反映职工工资水平的主要指标。计算公式为：

职工平均工资＝报告期实际支付的全部职工工资总额／报告期全部职工平均人数

在职职工保险福利费　指企业、事业、机关单位在工资以外实际支付给在职职工个人以及用于集体的劳动保险和福利费用。具体包括：医疗卫生费或公费医疗费用、职工死亡丧葬费及抚恤费、职工生活困难补助、文娱体育宣传费、集体福利事业补贴费、集体福利设施费、计划生育补贴、冬季取暖补贴及其他费用。自 1994 年始，上下班交通费补贴、洗理卫生费，不再计入保险福利费中。

农村经济

数据要览

◆ 2008 年农林牧渔业总产值	937545 万元	比上年增长 6.9%
◆ 2008 年年末实有耕地面积	164.37 千公顷	比上年增长 0.7%
◆ 2008 年粮食总产量	614899 吨	比上年增长 15.6%
◆ 2008 年棉花总产量	2621 吨	比上年下降 4.6%
◆ 2008 年油料总产量	34313 吨	比上年增长 14.3%
◆ 2008 年烟叶总产量	35052 吨	比上年增长 9.2%
◆ 2008 年水果总产量	1479113 吨	比上年增长 10.0%

农林牧渔业总产值

单位：亿元

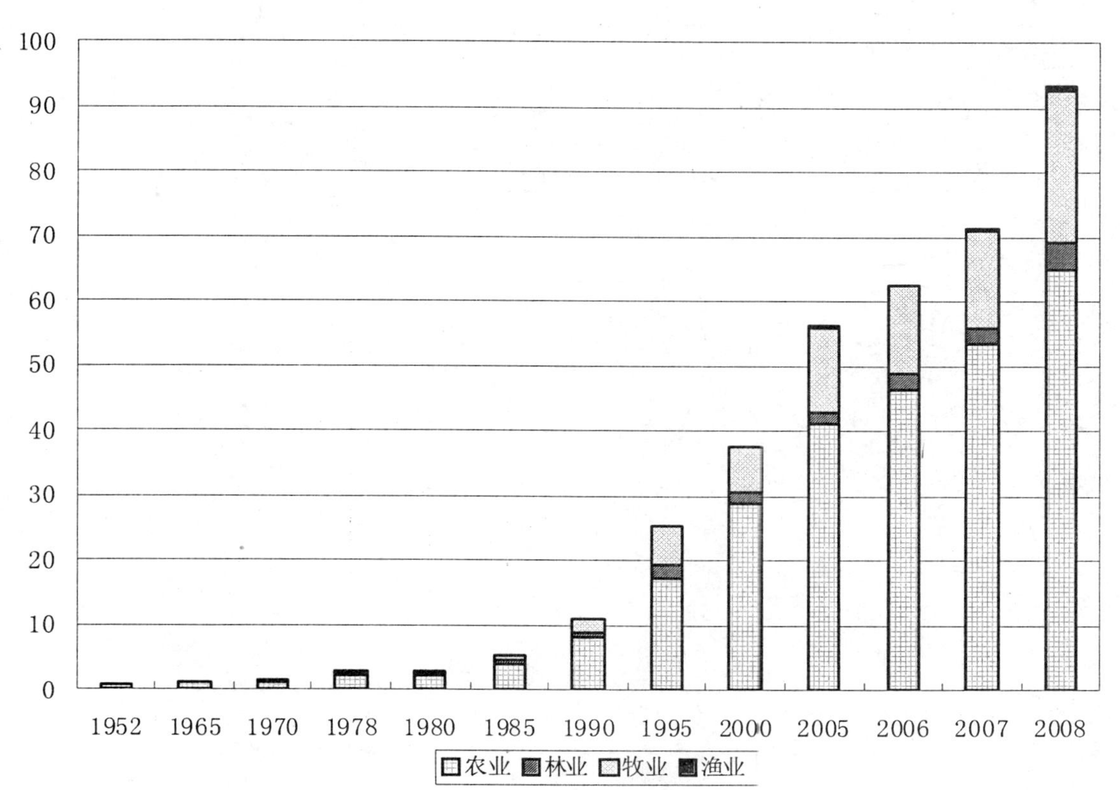

3-1 历年农林牧渔业总产值及指数

年份	农林牧渔业总产值（当年价，万元）						农林牧渔业总产值指数（以1952年为100）			
	合计	农业	林业	牧业	渔业	服务业	合计	#农业	#林业	#牧业
1952	7737	6506	515	716			100	100	100	100
1953	8598	7114	822	662			109.3	112.7	74.8	103.5
1954	9992	8147	957	888			124.5	120.7	179.2	119.6
1955	10162	8618	698	846			124.5	125.6	128.5	112.0
1956	11822	9885	980	957			140.7	139.9	175.1	123.0
1957	9551	7903	913	735			112.4	110.6	161.4	93.4
1958	11764	9905	986	873			136.0	136.7	161.4	113.1
1959	11449	9671	846	932			129.7	130.8	135.7	118.3
1960	9412	7755	672	985			104.8	103.1	105.9	112.8
1961	6950	5596	564	790			75.8	72.9	87.1	96.6
1962	7452	6332	466	654			79.8	80.9	70.6	78.4
1963	7287	6549	132	605	1		76.6	82.2	19.6	71.6
1964	8235	7176	165	894			85.5	88.9	24.3	104.0
1965	10800	9825	347	628			110.1	119.6	50.1	71.7
1966	11398	10181	454	763			113.5	121	63.9	85.1
1967	11429	10151	459	819			111.9	118.6	63.6	89.7
1968	9690	8485	458	747			92.8	97.0	62.1	80.1
1969	10616	9358	473	785			99.8	105	62.9	82.6
1970	14290	12763	562	965			132.8	141.6	73.9	100.4
1971	13232	11423	372	1437			119.2	126.0	42.8	118.9
1972	14209	11299	611	2297	2		124.6	121.3	68.5	185.1
1973	17253	14489	779	1983	2		147.4	151.6	85.0	155.7
1974	20263	16085	1726	2450	2		168.5	163.8	183.4	187.2
1975	21718	17201	2018	2497	2		175.9	170.6	208.8	185.8
1976	24457	19537	2448	2469	3		192.9	188.7	246.7	179.1
1977	25329	20084	2148	3093	4		193.5	187.9	209.6	217.2
1978	26981	22717	1568	2692	4		200.8	207.0	149.1	184.2
1979	28581	23335	1847	3397	2		207.1	207.0	171.0	226.2

3-1续表

年份	农林牧渔业总产值（当年价，万元）						农林牧渔业总产值指数（以1952年为100）			
	合计	农业	林业	牧业	渔业	服务业	合计	#农业	#林业	#牧业
1980	29089	22987	1768	4330	4		204.5	203.5	172.9	227.6
1981	32174	25394	2157	4620	3		198.7	198.0	124.6	249.3
1982	37176	30486	2494	4182	14		218.3	227.0	131.3	213.6
1983	43123	35880	2692	4546	5		256.6	270.9	144.7	233.1
1984	48604	37246	5316	6028	14		280.9	276.0	272.6	285.8
1985	52860	39559	5305	7972	24		275.6	266.8	252.2	322.4
1986	49183	36284	5045	7802	52		235.6	220.7	240.6	302.2
1987	69797	54768	6214	8729	86		312.6	320.5	229.9	296.5
1988	87099	65647	6282	14987	183		335.2	332.3	213.0	428.3
1989	98839	75726	7372	15494	247		365.0	363.5	242.3	444.3
1990	109825	80535	9149	19815	326		353.1	345.9	244.5	457.6
1991	110162	79562	8196	22045	359		335.2	320.3	208.8	492.2
1992	121803	87630	10711	23014	448		354.7	337.6	270.8	488.9
1993	178774	138347	10539	29270	618		478.2	484.4	262.2	591.1
1994	223648	166564	14204	42021	859		499.5	488.3	321.3	668.2
1995	254384	174085	17907	61715	677		529.7	484.4	360.4	862.1
1996	293532	224640	21071	46960	861		598.9	609.7	437.0	637.8
1997	314043	233898	20389	58862	894		613.5	603.0	419.1	784.9
1998	356320	273409	15891	65922	1098		756.8	792.8	303.5	886.6
1999	359458	273973	18625	65559	1301		793.9	826.9	344.9	932.2
2000	377189	289245	17893	68742	1309		879.6	931.1	312.8	1018.0
2001	356810	267320	14292	73829	1369		839.6	879.9	233.4	1105.4
2002	379319	283664	13569	80709	1377		853.0	885.9	214.8	1182.8
2003	404267	296824	16966	86542	1253	2682	952.8	1004.6	237.6	1214.9
2004	493109	355331	19776	113325	1860	2817	1066.2	1131.2	267.5	1319.4
2005	565515	410064	20237	129860	2274	3080	1154.7	1218.3	310.3	1434.2
2006	620588	464806	22090	127328	3069	3295	1270.2	1345.0	338.5	1554.7
2007	716694	532644	24702	151479	3784	4085	1321.0	1401.5	352.0	1598.2
2008	937545	650183	42409	234582	5336	5035	1409.5	1482.8	413.6	1714.9

3-2 历年耕地、农产品产量主要指标

年　份	耕地面积（千公顷）	#水田及水浇地面积	粮　食总产量（吨）	#夏粮总产量	油　料总产量（吨）	烟　叶总产量（吨）	棉　花总产量（吨）	水　果总产量（吨）
1952	248.6	6.8	196675	95565	1035	250	12615	13330
1953	252.3	7.0	231785	96205	1040	252	13840	14860
1954	253.2	7.3	256635	109705	1570	196	14830	14850
1955	251.6	8.1	260310	116615	1460	125	16375	15680
1956	251.3	11.2	284345	139855	1465	83	16645	20390
1957	247.4	13.8	216115	87955	375	50	15575	19820
1958	226.7	15.4	302805	127760	380	69	23970	17070
1959	224.5	16.7	246890	107880	1020	96	19380	16620
1960	222.2	17.1	218435	93045	575	46	11990	19650
1961	215.1	16.5	180020	53195	145	6	5150	15450
1962	218.9	15.5	221590	82705	202		4360	13910
1963	218.3	14.0	218450	93855	373	100	6205	21470
1964	218.3	18.8	222670	81070	850	30	6982	19910
1965	218.4	14.0	301400	121580	1522	26	12211	21754
1966	214.7	16.8	304715	100515	1480	103	11470	24780
1967	213.0	15.8	295285	106235	943	99	9260	29275
1968	213.0	24.0	241615	101105	744	104	6042	23370
1969	211.3	27.1	277660	132970	1243	130	6941	28230
1970	205.5	23.9	341500	117970	813	111	11237	36688
1971	205.0	24.4	335485	128624	522	133	7055	21595
1972	204.2	26.0	293040	141545	717	91	4410	34373
1973	203.9	29.0	368300	141955	1021	165	10812	38628
1974	199.4	47.2	402795	162270	990	57	9121	42424
1975	189.9	54.4	421830	201690	1292	106	6894	31237
1976	189.7	43.3	469322	217477	1865	470	9369	41610
1977	189.8	46.0	432834	152562	1144	952	8712	53263
1978	189.7	43.7	428400	154443	1577	1342	9077	65582
1979	189.1	42.2	461455	192305	3377	164	8255	69005

3-2续表

年份	耕地面积（千公顷）	#水田及水浇地面积	粮食总产量（吨）	#夏粮总产量（吨）	油料总产量（吨）	烟叶总产量（吨）	棉花总产量（吨）	水果总产量（吨）
1980	**188.9**	**41.5**	**447420**	**162411**	**5668**	**1011**	**11566**	**59690**
1981	189.2	40.3	453146	200336	5561	2379	6891	71186
1982	188.0	39.3	449227	239240	4946	10825	10096	55862
1983	187.7	38.8	554231	288871	4927	9925	6961	71310
1984	186.3	38.2	557960	299335	7210	17290	8460	32435
1985	**183.1**	**32.2**	**402335**	**238330**	**14540**	**28595**	**4270**	**87400**
1986	181.0	33.8	379550	292000	7272	11174	1981	65802
1987	180.1	33.6	547930	317577	17249	17800	3917	123355
1988	179.1	34.9	508882	292285	17581	29640	4668	128643
1989	178.6	38.7	596351	352431	16049	25794	4883	160696
1990	**178.4**	**40.0**	**565320**	**375550**	**15087**	**24645**	**4043**	**147212**
1991	178.2	41.9	408136	277488	11376	25713	4440	189226
1992	176.9	43.2	408387	221850	12831	29639	3507	207505
1993	176.1	40.1	622244	382856	16905	26145	2871	359303
1994	172.7	40.5	453424	334498	9726	16940	2092	456838
1995	**171.6**	**41.4**	**280426**	**206144**	**9679**	**10992**	**1514**	**568611**
1996	166.4	41.6	422033	209529	20078	20708	2486	624718
1997	164.2	43.9	422639	353305	9021	27554	1397	648701
1998	162.0	46.0	635489	388002	22171	25887	2016	775677
1999	161.1	46.1	484832	242948	20844	31838	2007	843526
2000	**155.3**	**48.2**	**558498**	**285557**	**25061**	**37206**	**2174**	**861951**
2001	154.0	49.5	446875	303041	21456	27846	1652	825338
2002	171.9	50.43	331591	185594	17425	29002	1484	841203
2003	158.97	50.33	448987	264276	32444	31964	1334	918376
2004	157.23	51.32	472187	239537	30102	33724	1950	1063486
2005	**162.37**	**52.78**	**488147**	**240000**	**29588**	**34562**	**1795**	**1110789**
2006	163.22	52.62	593079	297963	29372	36140	2529	1199652
2007	163.20	51.28	531844	238775	30025	32102	2746	1344810
2008	164.37	52.45	614899	307650	34313	35052	2621	1479113

3-3 历年畜牧业主要指标

年份	大牲畜年末存栏（万头）	#役畜存栏	生猪年末存栏（万头）	山绵羊年末存栏（万只）	肉类总产量（吨）	#猪牛羊肉产量	奶类总产量（吨）
1952	18.75	15.10	4.19	9.50	550	540	
1953	20.77	15.42	4.72	11.69	693	680	
1954	19.01	15.67	4.50	10.10	2088	2050	
1955	20.56	16.79	4.42	8.53	1110	1090	
1956	21.31	16.50	7.52	10.92	1742	1710	
1957	20.31	15.79	12.79	16.52	2211	2170	
1958	17.62	13.88	11.23	20.6	2557	2510	
1959	17.68	13.63	14.49	23.02	2282	2240	
1960	16.84	12.53	11.25	27.25	1426	1400	
1961	15.67	11.37	7.93	23.61	479	470	
1962	15.25	11.77	11.49	22.87	1070	1050	
1963	15.52	12.04	15.08	23.33	2180	2140	
1964	15.74	12.03	16.14	19.14	4605	4520	
1965	15.84	12.01	15.17	17.87	4574	4490	
1966	17.64	12.58	21.58	24.56	4808	4720	
1967	18.79	13.07	27.39	29.04	6255	6140	
1968	19.07	13.00	24.84	32.70	8079	7930	
1969	18.32	13.34	18.85	30.41	7651	7510	
1970	18.37	13.28	22.18	36.18	9474	9300	
1971	18.77	13.57	32.03	37.77	9057	8890	
1972	18.90	13.81	34.23	40.63	14273	14010	45
1973	18.77	13.71	32.52	47.35	13539	13290	109
1974	18.45	13.58	30.64	47.67	12918	12680	226
1975	17.72	13.43	30.57	44.42	11583	11370	179
1976	16.80	12.72	36.54	40.76	11634	11420	262
1977	16.54	12.57	36.21	43.46	13050	12810	323
1978	16.96	12.21	33.74	45.20	12989	12750	568
1979	17.43	12.80	34.10	49.05	15200	12687	643

3-3续表

年　份	大牲畜年末存栏（万头）	#役畜存栏	生　猪年末存栏（万头）	山绵羊年末存栏（万只）	肉　类总产量（吨）	#猪牛羊肉产量	奶类总产量（吨）
1980	18.22	13.08	32.57	43.38	12836	12600	745
1981	19.71	14.81	31.17	35.58	12443	12214	751
1982	21.88	16.33	29.42	27.27	14917	14643	676
1983	23.54	17.23	25.93	16.79	11942	11723	557
1984	25.56	18.50	26.22	10.58	12778	12543	723
1985	28.14	20.29	32.58	6.06	14405	14140	1160
1986	30.46	21.14	29.61	7.50	15121	14694	1132
1987	32.16	21.92	24.19	15.56	15316	14953	1384
1988	34.27	23.13	28.27	20.45	18852	18423	1257
1989	35.89	24.36	31.08	21.66	22340	21624	1290
1990	36.79	24.87	32.28	21.12	24273	23523	1134
1991	38.01	25.21	33.47	21.70	28733	27723	1321
1992	37.70	26.30	35.60	21.10	28958	27795	1372
1993	39.20	28.50	38.10	22.90	36068	34030	1470
1994	41.33	28.39	42.36	25.45	40435	38087	1113
1995	43.11	30.62	54.69	30.06	50672	47741	1110
1996	28.48	20.56	32.89	22.86	37481	31691	664
1997	32..76	20.57	41.50	26.09	39782	37756	894
1998	33.67	23.21	48.12	31.10	45215	42593	1082
1999	34.13	26.18	51.38	32.89	47364	44194	5633
2000	37.65	30.09	55.68	37.77	51037	47111	5242
2001	40.02	26.68	58.37	40.37	52852	48520	6614
2002	42.33	26.88	60.98	43.94	55775	50758	8215
2003	43.43	22.74	65.76	48.54	59979	54994	10384
2004	46.03	22.40	61.38	51.04	62883	58294	13165
2005	49.39	17.31	65.37	54.97	67914	63045	17280
2006	41.57	18.71	56.30	28.60	67772	62781	19097
2007	40.73	17.97	59.60	29.00	66623	61452	25336
2008	41.47	20.55	64.00	35.28	71820	66297	29121

3-4 分县市耕地面积变动情况

（2008年）　　　　单位：千公顷

指　　标	全　市	湖滨区	义马市	渑池县	陕县	灵宝市	卢氏县
年初耕地总资源	**177.95**	**5.84**	**3.65**	**43.00**	**30.04**	**56.56**	**38.86**
年内增加耕地面积	**1.47**	**0.02**	**0.08**	**0.23**	**0.59**	**0.54**	**0.01**
#新开荒地面积	1.00	0.01		0.08	0.53	0.38	
年内减少耕地面积	**0.29**	**0.06**	**0.07**	**0.04**	**0.05**	**0.05**	**0.02**
#国家基建占地	0.24	0.06	0.07	0.01	0.04	0.05	0.01
其他基建占地	0.04			0.03			0.01
退耕还林还草占地							
耕地改为园地	0.01				0.01		
年末耕地总资源	**179.13**	**5.80**	**3.66**	**43.19**	**30.58**	**57.05**	**38.85**
#常用耕地	164.37	4.98	3.25	41.58	28.24	50.91	35.41
水田	0.01					0.01	
旱地	164.36	4.98	3.25	41.58	28.24	50.90	35.41
#水浇地	52.44	2.14	0.78	6.75	13.99	24.54	4.24

3-5 分县市农田水利情况

（2008年）　　　　单位：千公顷

指　　标	全　市	湖滨区	义马市	渑池县	陕县	灵宝市	卢氏县
总灌溉面积	**62.69**	**2.58**	**0.82**	**6.99**	**15.73**	**32.28**	**4.29**
有效灌溉面积	52.44	2.14	0.78	6.75	13.99	24.54	4.24
#当年新增面积	1.84	0.13	0.07	0.37	0.56	0.35	0.36
果园灌溉面积	9.91	0.24	0.04	0.21	1.74	7.66	0.02
林地灌溉面积	0.23	0.20					0.03
其他灌溉面积	0.11			0.03		0.08	
旱涝保收田面积	**46.65**	**1.86**	**0.47**	**6.00**	**13.13**	**22.16**	**3.03**
#当年新增面积	1.53		0.07	0.37	0.15	0.77	0.17
机电井数(眼)	**4297**	**170**	**45**	**313**	**774**	**2289**	**706**
已配套数(眼)	3870	170	45	237	774	2237	407

3-6 分县市农林牧渔业总产值

（2008年，按当年价计算） 单位：万元

指　　标	全　市	湖滨区	义马市	渑池县	陕　县	灵宝市	卢氏县
农林牧渔业总产值	**937545**	**32431**	**10859**	**216043**	**163311**	**367177**	**146915**
农业产值	**650183**	**19308**	**5113**	**107819**	**114714**	**296811**	**99074**
谷物及其他作物	213478	6230	1875	59501	33048	63894	44280
谷物	86849	2384	845	21930	16024	31850	13815
薯类	10978	257	96	6181	1315	2040	1090
油料	16489	813	155	9866	1453	3998	200
豆类	19914	718	111	8648	1936	3633	4868
棉花	4511	145	19	344	456	3483	64
烟草	51063	213	363	9832	7214	12855	20587
其他农作物	23674	1700	286	2700	4650	6035	3656
蔬菜园艺作物	139425	7624	2561	14678	20829	59393	34343
蔬菜	135353	5712	2561	14594	20129	58136	34223
花卉	4072	1912		84	700	1257	120
水果、坚果（含果用瓜）	247980	4952	97	24140	59287	153824	5679
#苹果	183253	3798	27	10616	50022	116469	2320
中药材	49300	502	580	9500	1550	19700	14772
林业产值	**42409**	**1172**	**739**	**7745**	**5008**	**7053**	**21653**
林木的培育和种植	12092	953	277	2299	2587	2828	3039
竹木采运	2542	23	2	98	901	1355	163
林产品	27775	196	460	5348	1520	2870	18451
牧业产值	**234582**	**11194**	**4857**	**98636**	**41802**	**58479**	**24759**
牲畜饲养	104713	3505	629	44508	19488	22692	15389
猪的饲养	87878	4555	3439	34171	14478	26224	5012
家禽饲养	33923	2397	679	15292	6124	7348	2038
肉禽	5992	485	168	2209	1162	1564	359
禽蛋	27931	1912	511	13083	4962	5784	1679
狩猎和捕捉动物	200			150	50		100
其他畜牧业	7868	737	110	4515	1662	2215	2220
渔业产值	**5336**	**337**	**50**	**1253**	**1344**	**1429**	**924**
农林牧渔服务业产值	**5035**	**420**	**100**	**590**	**443**	**3405**	**505**

3-7 分县市农林牧渔业总产值指数

（2008年，以上年为100）

指　标	全　市	湖滨区	义马市	渑池县	陕　县	灵宝市	卢氏县
农林牧渔业总产值	106.9	108.4	110.1	107.0	107.0	106.7	110.5
农业产值	106.2	108.0	110.8	104.3	106.4	106.0	108.0
谷物及其他作物	106.6	109.2	120.4	104.1	102.5	107.8	112.7
蔬菜园艺作物	101.4	107.8	106.3	100.6	101.9	100.7	105.3
水果、坚果、饮料和香料作物	109.4	106.9	117.3	106.7	109.7	107.9	112.4
中药材	102.7	110.1	103.0	105.1	117.5	102.9	101.7
林业产值	117.5	112.5	108.2	128.0	119.2	139.7	132.0
林木的培育和种植	115.3	106.9	92.3	101.0	144.0	116.3	134.3
竹木采运	65.1	53.3	100.0	43.1	83.6	100.2	13.5
林产品	137.9	339.4	122.5	158.9	124.9	381.1	152.0
牧业产值	107.3	108.1	109.4	108.6	106.8	106.5	108.4
牲畜饲养	103.5	105.1	117.4	105.4	103.9	104.1	106.0
猪的饲养	108.2	107.5	108.7	109.9	106.2	107.5	107.6
家禽饲养	108.7	110.8	108.4	108.8	107.3	108.4	109.8
狩猎和捕捉动物	200.0			150.0	200.0		200.0
其他畜牧业	133.6	114.1	106.8	127.5	138.4	107.5	113.6
渔业产值	119.5	108.3	113.2	137.5	130.3	112.0	108.5
农林牧渔服务业产值	115.7	118.2	117.3	115.4	114.2	114.4	113.3

3-8 分县市农林牧渔业增加值

（2008年，按当年价格计算） 单位：万元

指　　标	全　市	湖滨区	义马市	渑池县	陕　县	灵宝市	卢氏县
农林牧渔业总产值	937545	32431	10859	216043	163311	367177	146915
中间消耗	389830	13723	4766	95993	68048	142342	61388
农林牧渔业增加值	**547715**	**18708**	**6093**	**120050**	**95263**	**224835**	**85527**
按构成项目分							
固定资产折旧	6756	631	277	2047	1644	2251	681
劳动者报酬	396909	11793	5057	76808	72446	168058	60906
生产税	8685	29	68	1848	1398	2063	3279
生产补贴(-)	14637	430	174	3256	2819	5365	2388
营业盈余	150002	6685	865	42603	22594	57828	23049
按农林牧渔服务业五业分							
农业增加值	399623	12101	3177	67069	70793	189062	56765
林业增加值	31807	879	554	5809	3756	5290	16240
牧业增加值	109082	5205	2259	45866	19438	27193	11513
渔业增加值	3905	246	37	917	984	1046	676
服务业增加值	3298	277	66	389	292	2244	333

3-9 分县市主要农产品产量

（2008年） 单位：吨

指　　标	全　市	湖滨区	义马市	渑池县	陕　县	灵宝市	卢氏县
粮食	614899	17188	5739	174603	106836	210533	100000
夏收粮食	307650	8943	3078	86558	52074	104153	52844
#小麦	307650	8943	3078	86558	52074	104153	52844
秋收粮食	307249	8245	2661	88045	54762	106380	47156
稻谷							
薯类	43528	1019	380	24509	5212	8087	4321
玉米	204847	5386	1970	35150	43655	88946	29740
高粱	37	2	10	5	15		5
谷子	6983		17	5891	888		187
绿豆	7085	481	64	3185	1092	2155	108
大豆	42846	1307	212	18805	3654	6362	12506
其他杂粮	1923	50	8	500	246	830	289
棉花	2621	84	11	200	265	2024	37
油料	34313	1571	308	20887	3177	8019	351
#花生	11377	849	108	7329	341	2552	198
油菜籽	14283	254	184	8438	2430	2915	62
烟叶	35052	146	249	6749	4952	8824	14132
#烤烟	35052	146	249	6749	4952	8824	14132
蔬菜	933635	61594	24291	166771	162887	456029	62063
瓜类	107993	2352	201	57913	17325	24275	5927
#西瓜	97962	2128	153	53587	14643	22153	5298

3-10 分县市主要农产品单位面积产量

（2008年）　　　　单位：千克/公顷

指　　标	全　市	湖滨区	义马市	渑池县	陕　县	灵宝市	卢氏县
粮食	3865	4223	3826	3949	3929	4075	3283
夏收粮食	3905	4341	3800	3920	3895	3933	3780
#小麦	3905	4341	3800	3920	3895	3933	3780
秋收粮食	3826	4102	3857	3979	3963	4225	2861
稻谷							
薯类	6595	5994	4750	7957	4417	5903	6001
玉米	4437	5496	4378	4361	4750	4986	3082
高粱	1233	2000	1000	1667	1500		500
谷子	2425		1700	2518	2277		1336
绿豆	1511	1266	1600	1820	1174	1446	1080
大豆	2297	2904	2356	2845	1923	1619	2206
其他杂粮	1491	1667	800	1724	1118	1509	1521
棉花	762	933	1100	741	779	752	925
油料	1953	1916	1812	2068	1727	1823	1463
#花生	2473	2653	1800	2685	1894	2127	1800
油菜籽	1867	1588	1840	1900	1774	1918	1033
烟叶	1921	1825	1465	1917	1461	2595	1838
#烤烟	1921	1825	1465	1917	1461	2595	1838
蔬菜	33584	46662	42616	20338	31752	44061	27831
瓜类	30335	26133	20100	33093	25478	27902	37044
#西瓜	32224	30400	15300	35725	27117	28401	37843

3-11 分县市农作物播种面积

（2008年） 单位：千公顷

指　　标	全　市	湖滨区	义马市	渑池县	陕　县	灵宝市	卢氏县
农作物总播种面积	**245.35**	**6.66**	**2.73**	**71.39**	**41.93**	**79.04**	**43.6**
粮食作物	159.09	4.07	1.50	44.21	27.19	51.66	30.46
夏收粮食	78.78	2.06	0.81	22.08	13.37	26.48	13.98
#小麦	78.78	2.06	0.81	22.08	13.37	26.48	13.98
秋收粮食	80.31	2.01	0.69	22.13	13.82	25.18	16.48
稻谷							
薯类	6.60	0.17	0.08	3.08	1.18	1.37	0.72
玉米	46.17	0.98	0.45	8.06	9.19	17.84	9.65
高粱	0.03		0.01		0.01		0.01
谷子	2.88		0.01	2.34	0.39		0.14
绿豆	4.69	0.38	0.04	1.75	0.93	1.49	0.1
大豆	18.65	0.45	0.09	6.61	1.90	3.93	5.67
其他杂粮	1.29	0.03	0.01	0.29	0.22	0.55	0.19
经济作物	47.09	1.10	0.55	15.83	6.13	13.39	10.09
棉花	3.44	0.09	0.01	0.27	0.34	2.69	0.04
油料	17.57	0.82	0.17	10.10	1.84	4.40	0.24
#花生	4.60	0.32	0.06	2.73	0.18	1.20	0.11
油菜籽	7.65	0.16	0.10	4.44	1.37	1.52	C.06
烟叶	18.25	0.08	0.17	3.52	3.39	3.40	7.69
#烤烟	18.25	0.08	0.17	3.52	3.39	3.40	7.69
药材	7.83	0.11	0.20	1.94	0.56	2.90	2.12
其他经济作物							
其他农作物	39.17	1.49	0.68	11.35	8.61	13.99	3.05
蔬菜	27.8	1.32	0.57	8.20	5.13	10.35	2.23
瓜类	3.56	0.09	0.01	1.75	0.68	0.87	0.16
#西瓜	3.04	0.07	0.01	1.50	0.54	0.78	0.14

3-12 分县市水果、蚕茧生产情况

（2008年）

指　　标	计量单位	全　市	湖滨区	义马市	渑池县	陕　县	灵宝市	卢氏县
水果产量	**吨**	**1479113**	**29624**	**587**	**151146**	**371094**	**884258**	**42404**
苹　果	吨	1182279	24506	172	68493	322725	751414	14969
梨	吨	20891	258		2884	10219	6116	1414
葡　萄	吨	16743	795	14	2553	4072	9168	141
枣	吨	48433	567		1933	1920	43948	65
柿　子	吨	87335	703	171	43798	12105	11904	18654
桃	吨	50623	2779	156	7275	13078	25336	1999
其他水果	吨	72809	16	74	24210	6975	36372	5162
果园面积	**千公顷**	**62.14**	**1.76**	**0.15**	**8.48**	**9.75**	**41.05**	**0.95**
苹果园	千公顷	49.73	1.35	0.01	6.07	8.44	33.2	0.66
梨　园	千公顷	1.02	0.01		0.10	0.36	0.51	0.04
葡萄园	千公顷	0.92	0.05		0.15	0.10	0.61	0.01
桃　园	千公顷	2.44	0.12	0.01	0.38	0.39	1.43	0.11
其他果园	千公顷	8.03	0.23	0.13	1.78	0.46	5.30	0.13
蚕茧产量	**吨**	**430**			**70**	**8**		**352**
#桑蚕茧	吨	430			70	8		352

3-13 分县市主要牲畜年末存栏情况

（2008年）

指　　标	计量单位	全　市	湖滨区	义马市	渑池县	陕　县	灵宝市	卢氏县
大牲畜年末总头数	万头	41.47	0.72	0.07	12.28	13.08	7.07	8.25
#从事农事劳役	万头	20.55	0.34	0.02	2.98	6.38	3.52	7.31
牛年末总头数	万头	41.46	0.72	0.07	12.28	13.08	7.06	8.25
#能繁殖的母牛	万头	20.88	0.21	0.04	6.19	6.96	4.03	3.45
当年生仔牛	万头	15.64	0.12	0.03	5.50	5.45	2.71	1.83
马年末总头数	万头							
#能繁殖的母马	万头							
当年生仔马	万头							
驴年末总头数	万头							
#能繁殖的母驴	万头							
当年生仔驴	万头							
骡年末总头数	万头	0.01					0.01	
#当年生仔骡	万头							
猪年末总头数	万头	64.00	3.23	3.39	24.35	11.36	17.99	3.68
#能繁殖的母猪	万头	7.02	0.28	0.52	2.00	1.51	2.35	0.36
羊年末总只数	万只	35.28	0.66	0.09	13.74	8.57	8.96	3.26
#能繁殖的母羊	万只	27.55	0.60	0.08	13.30	6.65	5.69	1.23
山羊年末总只数	万只	22.34	0.20	0.06	8.78	3.79	6.43	3.08
#能繁殖的母羊	万只	16.50	0.20	0.06	8.57	2.81	3.79	1.07
绵羊年末总只数	万只	12.94	0.46	0.03	4.96	4.78	2.53	0.18
#能繁殖的母羊	万只	11.05	0.4	0.02	4.73	3.84	1.90	0.16
家　禽	万只	969.00	44.08	14.26	390.00	247.37	168.04	105.25
养　兔	万只	10.16	0.16		1.54	4.59	2.66	1.21

3-14 分县市牧业主要产品产量

（2008年）

指　　标	计量单位	全　市	湖滨区	义马市	渑池县	陕　县	灵宝市	卢氏县
出售和自宰的牲畜头数								
猪	万头	62.87	3.24	2.45	24.56	10.33	18.71	3.58
牛	万头	16.25	0.34	0.10	6.68	3.06	3.22	2.85
羊	万只	27.68	1.10	0.14	9.70	5.09	8.72	2.93
驴	万头							
骡	万头							
马	万头							
肉类产量	吨	71820	3204	1975	28303	12631	19205	6502
#猪　肉	吨	43259	2242	1693	16821	7127	12909	2467
牛　肉	吨	20297	422	122	8481	3823	4029	3420
羊　肉	吨	2741	110	14	960	504	863	290
驴　肉	吨							
马　肉	吨							
禽　肉	吨	5219	422	146	1924	1056	1359	312
兔　肉	吨	298	8		117	115	45	13
奶类总产量	吨	29121	4460	261	11181	6101	6477	641
牛　奶	吨	28621	4460	261	11181	6101	6477	141
羊　奶	吨	500						500
羊毛产量	吨	1887	33		962	120	671	101
山羊毛	吨	853	5		443	56	249	100
绵羊毛	吨	1034	28		519	64	422	1
#细羊毛	吨	3	2			1		
半细羊毛	吨	622	12		150	38	422	
羊绒产量	吨							
蜂蜜产量	吨	2017			86	914	365	652
禽蛋产量	吨	44618	3054	816	20900	7926	9240	2682

3-15 分县市林业生产情况

（2008年）

指　　标	计量单位	全　市	湖滨区	义马市	渑池县	陕　县	灵宝市	卢氏县
当年造林面积	千公顷	25.51	1.47	0.44	4.58	5.67	6.18	7.17
#人工造林面积	千公顷	18.16	1.47	0.44	2.90	4.63	4.01	4.71
经济林	千公顷	3.57	0.07		0.32	2.49		0.69
用材林	千公顷	4.43		0.1	1.46	1.54	1.33	
防护林	千公顷	16.68	1.40	0.35	2.80	1.64	4.01	6.48
封山育林面积	千公顷	57.20	1.60	0.13	12.02	6.45	13.34	23.66
零星植树	万株	1377	35	100	220	292	480	250
育苗面积	千公顷	1.46	0.10	0.03	0.28	0.29	0.33	0.43
#当年新育面积	千公顷	1.21	0.10	0.02	0.25	0.25	0.17	0.42
林木种子采集量	吨	190			70			120
幼林抚育作业面积	千公顷	20.17	3.61		1.48	4.89	3.93	6.26
成林抚育面积	千公顷	19.31			9.00	1.75	6.56	2
低产林改造面积	千公顷	4.62	0.21	0.15	1.12	0.40	0.11	2.63
年底实有母树林面积	千公顷	1.23						1.23
年底实有种子园面积	千公顷	0.03						0.03
抚育改造出材量	万立方米	0.33			0.05		0.23	0.05
主要林产品产量								
生　漆	吨	280						280
油桐籽	吨	24						24
五倍子	吨	670			270			400
核　桃	吨	10474	40	16	1800	320	60	8238
板　栗	吨	2569					820	1749
花　椒	吨	9320	5	75	2100	120	320	6700

3-16 分县市农村电气化、农业化学化及农业机械化情况

（2008年）

指　　标	计量单位	全　市	湖滨区	义马市	渑池县	陕　县	灵宝市	卢氏县
农村电气化情况								
农村用电量	万千瓦时	28084	2793	1296	4917	5678	10912	2488
乡、村办水电站								
个数	个	53					40	13
装机容量	千瓦	16341					13151	3190
实际发电量	万千瓦时	2430					1950	480
农用化肥施用量								
按折纯量计算	吨	89689	3315	940	18828	17142	37707	11757
氮　肥	吨	26435	1329	352	2549	3776	14686	3743
磷　肥	吨	11809	594	122	449	2304	6790	1550
钾　肥	吨	10717	326	99	715	3491	4677	1409
复合肥	吨	40728	1066	367	15115	7571	11554	5055
农用薄膜使用量	吨	3023	86	70	694	657	828	688
#地膜使用量	吨	1876	22	37	471	341	506	499
地膜覆盖面积	千公顷	25.97	0.31	0.32	8.57	4.15	6.84	5.78
农药使用量	吨	2236	89	31	269	691	1022	134
农用柴油使用量	吨	18086	1262	261	4757	5463	5487	856
农业机械化情况								
机耕地面积(按耕地面积算)	千公顷	92.85	2.94	1.40	28.00	24.00	31.04	5.47
机播面积(按播种面积算)	千公顷	77.45	2.89	1.10	24.66	16.70	28.17	3.93
#机播小麦面积	千公顷	71.38	2.05	0.84	23.85	14.00	26.71	3.93
机械收获面积	千公顷	53.51	2.30	0.6	21.33	10.86	16.84	1.58
#机收小麦面积	千公顷	51.82	2.05	0.6	21.2	9.70	16.77	1.5
机械脱粒量	万吨	24.64	0.58	0.23	6.93	5.75	7.2	3.95

注：本表中乡、村办水电站是指装机容量为600千瓦以上。

3-17 分县市农业机械年末拥有量

（2008年）

指　　标	计量单位	全　市	湖滨区	义马市	渑池县	陕　县	灵宝市	卢氏县
农业机械总动力	万千瓦	154.40	4.76	3.21	31.84	31.57	64.36	18.66
柴油发电机动力	万千瓦	129.01	3.53	2.5	29.45	25.6	53.83	14.10
汽油发电机动力	万千瓦	0.98	0.01	0.01	0.03		0.86	0.07
电动机动力	万千瓦	24.40	1.22	0.70	2.35	5.98	9.67	4.48
拖拉机及配套机械								
拖拉机	台	35648	1345	285	15572	6554	8528	3364
	万千瓦	44.57	1.76	0.4	18.84	9.57	11.23	2.77
大中型拖拉机	台	2202	76	32	580	814	633	67
	万千瓦	8.33	0.32	0.10	3.09	2.45	2.08	0.29
小型拖垃机	台	33446	1269	253	14992	5740	7895	3297
	万千瓦	36.24	1.44	0.3	15.76	7.12	9.14	2.48
拖拉机配套农具								
大中型拖拉机配套农具	部	4665	117	77	1169	2439	788	75
小型拖拉机配套农具	万部	5.47	0.19	0.08	2.46	1.62	0.73	0.39
种植业机械								
耕整地及种植机械								
机耕犁	台	23436	1151	431	10940	4730	4277	1907
机引耙	台	12466	322	377	8477	1850	706	734
旋耕机	台	2786	80	410	510	330	1325	131
机引播种机	台	6099	110	289	4020	910	655	115
免耕播种机	台	339		2	78	150	78	31
化肥深施机	台	883			479	315	89	
地膜覆盖机	台	331		24		120	187	
深松机	台	346	7		130	48	161	
农用排灌动力机械								
排灌动力机械	万台	1.59	0.03	0.06	0.26	0.17	0.72	0.35
	万千瓦	16.06	0.99	0.21	1.7	2.39	8.58	2.19
柴油机	万台	0.53		0.01	0.11	0.04	0.21	0.16
	万千瓦	5.00	0.02	0.09	0.83	0.41	2.37	1.28
电动机	万台	1.06	0.02	0.05	0.16	0.13	0.51	0.19
	万千瓦	11.06	0.97	0.13	0.87	1.98	6.2	0.91
农用水泵	台	15378	214	435	4442	1763	4948	3576
节水灌溉机械	套	2125	3	96	1035		26	965
植保机械								
机动喷雾(粉)机	部	7751	73	4	150	900	6097	527
	千瓦	29250	135	6	336	2500	25514	759

（2008年）

指　　标	计量单位	全　市	湖滨区	义马市	渑池县	陕　县	灵宝市	卢氏县
收获机械								
联合收割机	台	1001	53	26	436	218	231	37
	千瓦	40207	1934	1038	21696	8094	6830	615
机动割晒机	台	1336		88	631	210	340	67
	千瓦	50		50				
脱粒烘干机械								
机动脱粒机	台	24532	74	573	9762	4970	2590	6563
农副产品加工机械								
农副产品加工动力机械	万台	2.07	0.02	0.07	0.24	0.56	0.44	0.74
	万千瓦	14.10	0.17	0.57	1.47	3.52	3.39	4.98
柴油机	万台	0.30					0.03	0.27
	万千瓦	2.77					0.35	2.42
电动机	万台	1.77	0.02	0.07	0.24	0.56	0.41	0.47
	万千瓦	11.33	0.17	0.57	1.47	3.52	3.04	2.56
农副产品加工作业机械	台	9018	148	208	2411	1472	2800	1979
粮食加工机械	台	7274	122	171	2021	1045	2390	1525
棉花加工机械	台	567	5	16	79	100	175	192
油料加工机械	台	1168	21	21	311	327	226	262
畜牧业机械	台	3656	77		980	684	579	1336
	千瓦	20581	577		6500	4720		8784
饲草料加工机械	台	2946	51		980		579	1336
	千瓦	15716	432		6500			8784
畜牧饲养机械	台	706	25			681		
	千瓦	4806	140			4666		
畜产品采集加工机械	台	4	1			3		
	千瓦	59	5			54		
运输机械								
农用运输车	辆	57487	684	1053	4583	11014	35112	5041
	万千瓦	63.09	1.01	1.84	5.81	14.03	33.95	6.45
三轮汽车	辆	52836	499	745	4121	9528	33602	4341
	万千瓦	53.72	0.58	0.92	4.78	11.34	30.76	5.34
低速载货汽车	辆	4651	185	308	462	1486	1510	700
	万千瓦	9.37	0.42	0.92	1.03	2.70	3.19	1.11
农田基本建设机械	台	498	81	13	142		156	106
	千瓦	37387	7961	707	10287		8333	10099

主要统计指标解释

农林牧渔业总产值 是指以货币表现的农林牧渔业的全部产品总量和对农林牧渔业生产活动进行的各种支持性服务活动的价值。它反映一定时期内农林牧渔业生产总规模和总成果，是观察农林牧渔业生产水平和发展速度，研究农林牧渔业内部比例关系、农林牧渔业与工业、农林牧渔业与国家建设、人民生活比例关系的重要指标，同时也是计算农林牧渔业劳动生产率和农林牧渔业增加值的基础资料。

农林牧渔业总产值的核算范围是：

1. 农业，包括种植业和其它农业。

种植业包括谷物种植业，油料和豆类作物种植业，棉、麻等植物性纺织原料种植业，糖料作物种植业，烟草种植业，药材种植业，蔬菜、瓜类和薯类作物种植业，茶、桑、果树种植业及其它种植业。

其它农业包括采集野生植物的果实、纤维、树胶、树脂、油料以及野生药材、菌类、柴草等，以及农村集体、个体从事的不够工业生产条件的工业生产活动。

2. 林业，包括采种、育苗、植树、造林、森林抚育、迹地更新、森林保护、天然林场的经营管理以及橡胶、漆树、油桐、咖啡、花椒、胡椒等林树种植及其林产品的采集。

3. 畜牧业，包括各种牲畜(如猪、羊、牛、马、驴、骡、骆驼以及特种经济动物等)的饲养与放牧、家禽及珍禽的饲养、狩猎、野生动物产品的采集及其它畜牧业。

4. 渔业，包括在海水和淡水水域进行的各种水生动植物养殖和捕捞。

5. 农林牧渔服务业产值，农林牧渔服务业现价产值等于农林牧渔服务业营业收入。普查年份资料来源于基本单位普查，非普查年份主要是通过测算年度增加值，然后用上年度增加值率来反推得到产值。

农林牧渔服务业不变价产值用农林牧渔服务业现价产值除以 1990 年为 100 的居民消费价格指数。

农林牧渔业总产值的计算方法，一般采用“产品法”进行计算，即凡是有产品产量的，都按产品产量乘以其产品单价求得每一种农产品的产值，然后将四业产品的产值相加求得。

1992 年以前的农林牧渔业总产值统称为农业总产值，且包括农林牧副渔五业，从 1993 年开始，将副业中的采集和农民家庭兼营商品性手工业划为农业中的其它农业，捕猎野兽、野禽划为牧业。本《年鉴》农林牧渔业总产值均按现行制度进行了调整。

农林牧渔业增加值 是指农、林、牧、渔及农林牧渔服务业生产货物或提供服务活动而增加的价值，为农林牧渔业现价总产值扣除农林牧渔业现价中间投入后的余额。

耕地面积 指可以用来种植农作物、经常进行耕锄的田地，除包括熟地、当年新开荒地、连续撂荒未满三年的耕地和当年的休闲地(轮歇地)外，还包括在种植农作物为主并附带种植桑树、茶树、果树和其他林木的土地，以及沿海、沿湖地已围垦利用的“海涂”“湖田”等面积。但不包括属于专业性桑园、茶园、果园、果木苗圃、林地、芦苇地、天然或人工草地面积。

农业机械总动力 指主要用于农、林、牧、渔业的各种动力机械的动力总和，包括耕作机械、农用排灌机械、收获机械、植保机械、畜牧机械、渔业机械、农产品加工机械、农用运输机械、其他农业机械。按能源又分为柴油、汽油、电力和其他动力。

农田有效灌溉面积 指具有一定的水源，地块比较平整，灌溉工程或设备已经配套，在一般年景下当年能够进行正常灌溉的耕地面积。在一般情况下，有效灌溉面积应等于灌溉工程或设备已经配套，能够进行正常灌溉的水田和水浇地面积之和。

农作物播种面积 指实际播种或移植有农作物的面积。凡是实际种植有农作物的面积，不论种植在耕地上，也不论面积大小，均包括在农作物播种面积中，同时还包括因遭灾而重新改种和补种的农作物面积。

粮食产量 指全社会的产量。包括国营农场等国有经营的、集体统一经营的和农民家庭经营的粮食产量，还包括工矿企业家属办的农场和其他生产单位的产量。粮食除包括稻谷、小麦、玉米、高粱、谷子及其他杂粮外，还包括薯类和豆类。其产量计算方法，豆类按去豆荚后的干豆计算；薯类(包括甘薯和马铃薯，不包括芋头和木薯)1963 年以前按每4千克鲜薯折1千克计算，从1964年以后按5千克鲜薯折1千克粮食计算。其他粮食一律按脱粒后的原粮计算。

谷物产量 谷物包括稻谷、小麦、玉米、谷子、高粱和其他谷物，不包括薯类和豆类。谷类作物一律按脱粒后的原粮计算(玉米按脱粒后的籽粒计算)。

水果产量 指本年度内从果树上收获的全部水果产量。不论自食的或出售的，都应计算在内。但不包括果用瓜(如西瓜、甜瓜等)和主要作疏菜食用的藕、西红柿等。也不包括采集的野生水果。水果的产量按鲜果计算，干枣、葡萄干、柿饼等应统一折成鲜果计算。

果园面积 指成片种植的果园面积，包括原有的、复垦的和本年新植定株面积，以及调查时虽以荒芜，但只要稍加开垦、修整和培育后就能恢复生产的面积，不论树龄大小，也不论当年有无得到收益，都要包括在内。

造林面积 在报告期内在荒山、荒地、沙丘等一切可以造林的土地上，采用人工播种、植苗、飞机播种等方法新植的成片乔木林和灌木林，经过检查验收符合“造林技术规程”要求株数，成活率达85%以上的面积。四旁植树如一侧在四行以上，连续面积 0.066 公顷(一亩)以上，应统计在造林面积内。

在造林面积中，不包括补植面积、治沙种草面积、经济林垦复面积，迹地更新面积和低产林改造面积。

猪牛羊肉产量 指当年出栏并已屠宰的猪、牛、羊肉产量。即屠宰后除去头蹄下水后带骨肉(即胴体重)的重量。

水产品产量 指人工养殖的水产品和天然生长的水产品的捕捞量。包括海水的鱼类、虾蟹类、贝类和藻类以及淡水的鱼类、虾蟹类和贝类，不包括淡水水生植物。

工 业

数据要览

◆2008 年工业单位数	13321 个	比上年增加 69 个
◆2008 年工业增加值	4163101 万元	比上年增长 17.3%
◆2008 年工业总产值	15512845 万元	比上年增长 15.8%
轻工业	979653 万元	比上年增长 12.7%
重工业	14533192 万元	比上年增长 15.9%
◆2008 年规模以上工业实现利税	1703965 万元	比上年增长 11.3%
◆2008 年规模以上工业资产总计	9001466 万元	比上年增长 18.8%

工业总产值

单位：亿元

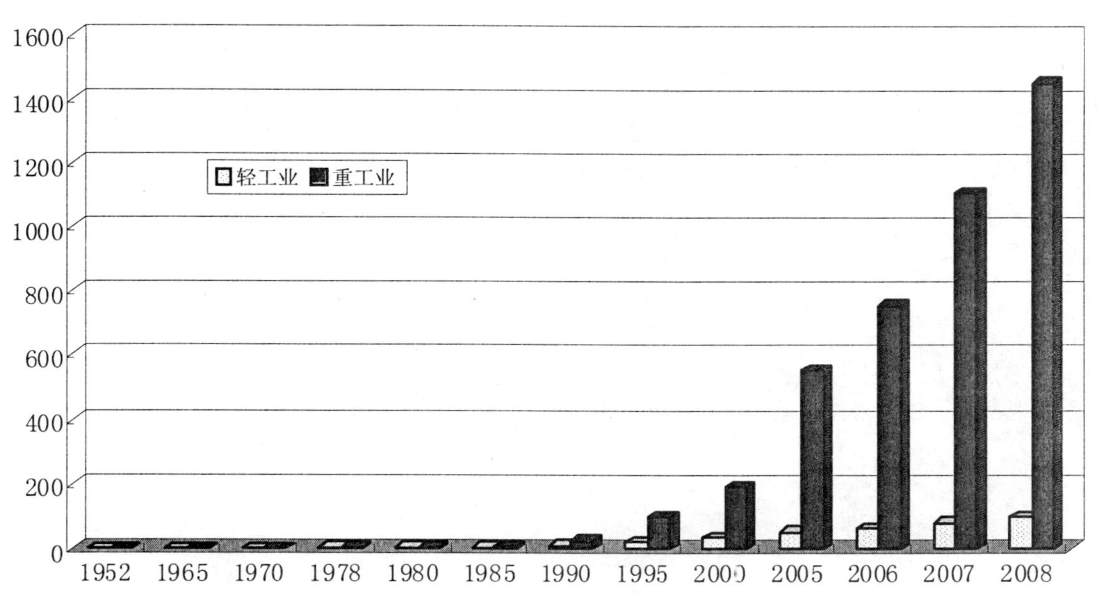

4-1 主要年份工业总产值及其指数

计量单位：万元

年 份	工业总产值（当年价）	轻工业	重工业	工业总产值指数（以1952年100）	轻工业	重工业
1952	197	23	174	100	100	100
1957	2764	1508	1256	1512.0	7210.5	758.0
1962	6091	1667	4424	3232.5	7986.9	2562.5
1965	7397	1635	5762	3864.3	7760.8	3284.2
1970	26700	13950	12750	14593.5	69057.4	7389.3
1975	**40334**	**17600**	**22734**	**20925.7**	**86806.9**	**11615.8**
1978	54991	23750	31241	29049.7	117118.8	16493.3
1980	**68518**	**33730**	**34788**	**35790.5**	**155089.1**	**19148.8**
1981	74325	35983	38342	37143.3	169817.7	18952.7
1982	74685	32996	41689	37184.9	161867.0	19748.4
1983	83940	34789	49151	41864.2	173773.4	23046.9
1984	90382	32875	57507	43784.3	171871.9	35034.2
1985	**112376**	**37760**	**74616**	**52403.6**	**189418.7**	**31511.7**
1986	133100	48487	84613	61616.8	231980.3	36171.0
1987	163158	57120	106038	68006.4	248561.6	40633.1
1988	227959	73232	154727	89246.4	302670.0	55561.4
1989	320573	96995	223578	106997.5	337477.1	69035.0
1990	**352499**	**107614**	**244885**	**118018.2**	**372912.2**	**76076.6**
1991	394195	115198	278997	129436.0	407965.9	83608.2
1992	513444	116787	396657	159372.6	410005.7	110948.1
1993	715247	157916	557331	190474.0	495894.3	132089.7
1994	1042568	224280	818288	233897.4	577516.5	164930.7
1995	**1212932**	**215199**	**997733**	**243972.7**	**521776.6**	**179032.9**
1996	1479598	264949	1214649	288619.7	623001.3	211437.9
1997	1761013	309035	1451978	338839.5	717074.5	249285.3
1998	1924094	368037	1556057	389326.6	896343.1	280944.5
1999	2015690	330872	1684818	428253.4	846120.3	319401.8
2000	**2259759**	**359400**	**1900359**	**468081.0**	**895302.4**	**351143.4**
2001	2501174	297237	2203937	516293.3	716241.9	411188.9
2002	2807702	327711	2479991	583411.4	850179.1	468755.3
2003	3226046	313472	2912574	651087.1	830625.0	531568.5
2004	4330588	353680	3976908	788466.5	943257.7	654732.9
2005	**6040573**	**527078**	**5513495**	**948919.4**	**1151812.0**	**786988.9**
2006	8192645	627049	7565596	1147243.6	1341861.0	953898.6
2007	11884044	815422	11068621	1478797.0	1582054.1	1238160.4
2008	15512845	979653	14533192	1712446.9	1782975.0	1435027.9

4-2 全部工业总产值、增加值及从业人员

（2008年）

	单位数（个）	工业总产值（万元）	工业总产值指数（以上年为100）	工业增加值（万元）	工业增加值指数（以上年为100）	从业人数（人）
全部工业总计	**13321**	**15512845**	**115.8**	**4163101**	**117.3**	**297502**
总计中：国有及国有控股	70	5121996	108.2	1082737	110.0	88902
集体企业	554	3239636	119.7	829701	119.2	31027
股份制企业	490	7184973	115.3	1734160	118.8	81640
外商及港澳台投资企业	31	1540191	118.5	484498	122.3	10417
私营企业	1682	2438434	127.3	733838	128.9	85007
城乡个体工业	10864	1202495	105.9	455830	105.6	77194
按轻重工业分						
轻工业	5844	979653	112.7	291145	115.2	40646
重工业	7477	14533192	115.9	3871956	117.4	256855
按企业类型分						
大型企业	6	2711135	113.2	646060	111.7	50671
中型企业	52	4172204	108.9	974782	115.0	51926
小型企业	2399	7427011	123.3	2086429	123.3	117711
规模以上工业总计	**567**	**13729507**	**117.2**	**3520001**	**119.7**	**165229**
总计中：国有及国有控股	51	5119038	108.2	1081702	110.0	74787
集体企业	170	3114537	121.5	787428	121.5	18354
股份制企业	358	7155003	115.3	1724646	118.8	77018
外商及港澳台投资企业	20	1536818	118.5	483501	122.3	10032
私营企业	326	2018993	132.3	600390	133.9	48170
按轻重工业分						
轻工业	79	748961	114.8	222496	117.5	14618
重工业	488	12980546	117.4	3297505	119.9	150611
按企业类型分						
大型企业	6	2711135	113.2	646060	111.7	50671
中型企业	52	4172204	108.9	974782	115.0	51926
小型企业	509	6846168	125.1	1899159	125.4	62632
规模以下工业总计	**1890**	**580843**	**105.2**	**187270**	**105.3**	**55079**
总计中：国有及国有控股	19	2958	142.0	1035	155.4	14115
集体企业	384	125099	87.5	42273	88.0	12673
股份制企业	132	29970	112.2	9514	115.4	4622
外商及港澳台投资企业	11	3373	139.2	997	145.0	385
私营企业	1356	419441	107.8	133448	110.5	36837
按轻重工业分						
轻工业	450	132185	106.8	39458	110.5	10012
重工业	1440	448658	102.5	147812	104.1	45066
城乡个体工业	**10864**	**1202495**	**105.9**	**455830**	**105.6**	**77194**
轻工业	5315	98507	105.9	29191	105.9	16016
重工业	5549	1103988	105.9	426639	105.4	61178

4-3 分县市全部工业增加值、总产值

（2008年）

指　　标	全　市	市　直	开发区	湖滨区	义马市	渑池县	陕　县	灵宝市	卢氏县
全部工业单位数（个）	**13321**	**19**	**55**	**554**	**381**	**2981**	**1842**	**6184**	**1305**
规模以上工业	567	19	14	43	76	109	45	223	38
规模以下工业	1890		21	157	62	339	277	797	237
城乡个体工业	10864		20	354	243	2533	1520	5164	1030
工业总产值（万元）	**15512845**	**2037351**	**56584**	**319875**	**2084988**	**2900609**	**1464038**	**6469815**	**232706**
规模以上工业	13729507	2037351	55038	274599	2050027	2443794	1204745	5558229	157298
规模以下工业	580843		715	32322	20825	80934	94760	316155	35847
城乡个体工业	1202495		831	12954	14136	375881	164533	595431	39561
工业总产值指数（以上年为100）	**115.8**	**104.7**	**117.4**	**120.2**	**121.6**	**118.5**	**118.8**	**118.0**	**114.9**
规模以上工业	117.2	104.7	117.7	122.7	122.2	121.1	121.9	120.4	118.9
规模以下工业	105.2		106.5	106.5	87.0	106.5	105.8	105.8	107.2
城乡个体工业	105.9		106.8	106.8	113.4	106.5	106.6	105.1	107.6
工业增加值（万元）	**4163101**	**306323**	**17346**	**88711**	**760517**	**959355**	**474203**	**1494988**	**79671**
规模以上工业	3520001	306323	16816	75696	750226	746437	380466	1207133	54431
规模以下工业	187270		219	7812	6083	31403	38328	90466	13138
城乡个体工业	455830		311	5203	4208	181515	55409	197389	12102
工业增加值指数（以上年为100）	**117.3**	**104.6**	**122.5**	**120.1**	**120.8**	**118.7**	**119.2**	**117.0**	**116.6**
规模以上工业	119.7	104.6	123.1	122.9	121.2	123.0	123.1	120.1	121.1
规模以下工业	105.3		106.3	105.9	95.5	105.9	105.5	105.3	108.3
城乡个体工业	105.6		103.9	105.6	103.5	105.8	105.8	105.4	107.8
工业增加值率（%）	**26.8**	**15.0**	**30.7**	**27.7**	**36.5**	**33.1**	**32.4**	**23.1**	**34.2**
规模以上工业	25.6	15.0	30.6	27.6	36.6	30.5	31.6	21.7	34.6
规模以下工业	32.2		30.6	24.2	29.2	38.8	40.5	28.6	36.7
城乡个体工业	37.9		37.4	40.2	29.8	48.3	33.7	33.2	30.6

注：本版中所列数据，市直不含开发区。

4-4 分县市规模以上工业增加值

（2008年，当年价）　　　　单位：万元

指　　标	全　市	市　直	#开发区	湖滨区	义马市	渑池县	陕县	灵宝市	卢氏县
总　　计	**3520001**	**323139**	**16816**	**75696**	**750226**	**746437**	**380466**	**1207133**	**54431**
按轻重工业分									
轻工业	222496	18142	10155	32310	29142	36536	28906	73307	4031
以农产品为原料	178755	12606	6628	32092	16833	22978	24825	64645	4031
以非农产品为原料	43741	5536	3527	218	12309	13558	4081	8662	
重工业	3297539	304997	6662	43388	721076	709892	351568	1133862	50400
采掘工业	1635741	1171			392034	223611	42222	923844	43160
原料工业	1112990	259940	1397	24379	120977	346873	237645	139052	7239
加工工业	548808	43886	5265	19009	208065	139408	71701	70966	
按登记注册类型分									
国有企业	237495	75412	153		35437	83231	12851	33693	2668
集体企业	787428			3060	10506	8000	2746	731957	11016
股份制企业	1724646	204357	14793	51884	668504	348503	151277	279017	36646
外商和港澳台商投资企业	483501	43371	1871	20192	2426	184324	212842	32219	
其他	286965			562	33347	122371	758	130283	4100
按是否公有制分									
公有制	1913820	253322	153	17815	533035	143315	33354	907797	13685
非公有制	1606215	69817	16664	57883	217184	603113	347120	299372	40746
按企业规模分									
大型企业	646060	41097			448743	38262		118099	
中型企业	974782	252352		36457	56103	284605	308746	58220	
小型企业	1899192	29690	16816	39241	245373	423561	71728	1030850	54430
在总计中：高技术产业	52611	3635	1908	1418	1815	7987	991	32827	3527
在总计中：农村工业	848328			2488	29187	5587	5272	768408	15560
在总计中：国有控股企业	1081702	253322	153	14755	495473	135315	19668	169881	2668
在总计中：内资企业	3036533	279768	14946	55506	747793	562104	167632	1174950	54430
国有与集体联营企业	167						167		
国有独资公司	21449	20649					950		
其他有限责任公司	1229908	108963	5917	26979	657616	192534	87436	143382	19446
私营独资企业	263607			562	25405	110532		126908	3480
私营合伙企业	23190				7942	11838		3375	620
私营有限责任公司	250788	6740	5521	22079	10888	69858	62891	72194	8443
私营股份有限公司	62804					49068		8145	8360
港澳台商投资企业	70973	41191	1871		2253		25050	2565	
合资经营企业	42879	13094	1729		2253		25050	2565	
港澳台商独资经营	169	173	142						
港澳台商投资股份有限公司	27924	27924							
外商投资企业	412528	2180		20192	172	184324	187793	29654	
中外合资经营企业	223941	2180				184324	20264	29654	
中外合作经营企业	176				172				
外资企业	188411			20192			167528		

4-4续表

（2008年）

指　　标	全　市	市　直	#开发区	湖滨区	义马市	渑池县	陕县	灵宝市	卢氏县
按国民经济行业分									
煤炭开采和洗选业	409180				392034	5470	11995		
黑色金属矿采选业	35411					10081		5825	19560
有色金属矿采选业	1084259	1171				103652	29470	909002	23600
非金属矿采选业	106890					104408	757	9017	
农副食品加工业	13019	3725	3051	1582	1627	2622		3578	
食品制造业	15600			1795		10501		3429	504
饮料制造业	53827	1491	1221	22687		4777	4523	19904	
烟草制品业	1510	1542							
纺织业	11622	5780	2356	5724	171				
纺织服装、鞋、帽制造业	473				149			315	
皮革毛皮羽毛(绒)及其制品业	3086							3003	
木材加工及木竹藤棕草制品业	37014			14293	8319			12453	1241
家具制造业	9200				4354	4745		347	
造纸及纸制品业	21910						4260	17165	
印刷业和记录媒介的复制	2937				58		1351	1484	
石油加工、炼焦及核燃料加工业	1672				151			1480	
化学原料及化学制品制造业	152855	3405		767	57305	52313	21915	19672	
医药制造业	31823	2398	1908		1811	333	640	22429	3527
化学纤维制造业	15600						15558		
橡胶制品业	12438				12198				
塑料制品业	46200			595	38084	2099	332	4371	
非金属矿物制品业	297551	9141	1738	7848	95394	124572	48895	18006	
黑色金属冶炼及压延加工业	44051			3285	4471	38984			
有色金属冶炼及压延加工业	609563	89654	1397	6845	19393	234844	167528	102377	3330
金属制品业	52609	3330		5654	15945	24941		4120	
通用设备制造业	32821	2567		2610	7884	29	984	18183	
专用设备制造业	89840	15461	2571	148	45503	4514	17152	6488	
交通运输设备制造业	18575	10983			257		7539		
电气机械及器材制造业	6829	1167	956	448	5136				
通信计算机其他电子设备制造业	17786					7654		10398	
仪器文化办公用机械制造业	3003	1237		1418	4		351		
工艺品及其他制造业	8885				8712				
电力、热力的生产和供应业	249819	166881			13772	9889	41277	13790	2668
燃气生产和供应业	14142				8018		5948		
水的生产和供应业	8033	3207	1618		4472			332	

4-5 分县市规模以上工业增加值指数

（2008年，以上年为100）

指　　标	全　市	市　直	#开发区	湖滨区	义马市	渑池县	陕　县	灵宝市	卢氏县
总　　计	**119.7**	**104.6**	**123.1**	**122.9**	**121.2**	**123.0**	**123.1**	**120.1**	**121.1**
按轻重工业分									
轻工业	117.5	132.2	148.4	120.6	134.9	117.8	116.3	105.9	137.5
以农产品为原料	115.9	118.4	134.9	120.6	151.2	116.7	116.6	103.5	137.5
以非农产品为原料	124.3	183.0	185.8	125.8	117.8	119.8	114.4	127.1	
重工业	119.9	103.3	97.1	124.7	120.6	123.3	123.7	121.2	119.9
采掘工业	126.3	154.5			119.8	134.1	142.6	121.0	113.2
原料工业	110.6	103.2	84.0	131.2	93.7	122.7	118.1	123.3	181.9
加工工业	124.2	102.9	101.7	116.9	145.7	110.3	137.9	119.0	
按登记注册类型分									
国有企业	108.3	114.9	55.8		109.8	135.2	57.1	110.7	108.6
集体企业	121.5			98.7	103.6	106.2	363.9	117.5	95.9
股份制企业	118.8	110.3	126.2	126.5	123.3	110.2	128.5	128.4	132.5
外商和港澳台商投资企业	122.3	74.6	112.5	116.9	20.6	154.1	127.0	110.7	
其他	127.0			311.8	149.0	116.6	566.2	122.9	112.8
按是否公有制分									
公有制	114.8	110.1	55.8	121.1	116.7	107.1	81.3	119.1	98.3
非公有制	125.8	88.6	124.5	123.5	131.9	127.7	129.0	123.2	130.3
按企业规模分									
大型企业	111.7	83.0			115.8	81.2		129.9	
中型企业	115.0	108.4		124.9	103.4	138.5	119.3	108.8	
小型企业	125.4	109.6	123.1	121.1	136.2	120.4	144.1	119.7	121.1
在总计中：高技术产业	129.0	125.3	122.4	225.9	129.2	128.1	307.7	119.0	142.5
在总计中：农村工业	121.2	111.6		131.1	106.3	101.8	181.0	117.5	100.1
在总计中：国有控股企业	110.0	110.1	55.8	127.2	116.1	107.2	65.4	125.6	108.6
在总计中：内资企业	119.2	111.6	124.6	125.3	123.2	114.5	118.0	120.4	121.1
国有与集体联营企业	113.6						116.1		
国有独资公司	103.6	108.8					108.6		
其他有限责任公司	115.5	102.3	110.4	127.2	123.8	100.4	126.6	126.2	104.4
私营独资企业	125.6			311.8	128.0	118.7		122.7	104.3
私营合伙企业	144.7				334.9	99.9		129.5	225.4
私营有限责任公司	142.9	121.4	97.3	126.4	97.4	139.7	131.6	162.3	291.3
私营股份有限公司	133.0			117.6		129.5		106.8	134.9
港、澳、台商投资企业	93.2	81.5	112.5				126.5	124.3	
合资经营企业	110.3	91.3	127.2				126.5	124.3	
港澳台商独资经营企业	50.9	58.0	46.5						
港澳台商投资股份有限公司	77.8	77.8							
外商投资企业	129.0	28.8		116.9	1.7	154.1	127.1	109.7	
中外合资经营企业	144.0	28.8				154.1	138.0	109.7	
中外合作经营企业	1.6				1.7				
外资企业	122.6			116.9			125.9		

4-5续表　　　　　　（2008年，以上年为100）

指　　标	全　市	市　直	#开发区	湖滨区	义马市	渑池县	陕县	灵宝市	卢氏县
按国民经济行业分									
煤炭开采和洗选业	122.7				119.8	105.5	873.3		
黑色金属矿采选业	108.2					115.8		144.4	87.4
有色金属矿采选业	127.7	154.5				149.5	110.9	120.8	142.6
非金属矿采选业	130.7					125.0	148.1	128.5	
农副食品加工业	107.3	135.0	108.3	105.6	85.9	98.9		109.4	
食品制造业	123.1			139.2		121.3		139.5	109.7
饮料制造业	110.2	87.1	69.8	120.6		109.3	1947.0	80.6	
烟草制品业	76.3	87.0				119.4			
纺织业	118.0	133.7	1432.5	119.9	68.4				
纺织服装、鞋、帽制造业	167.3				174.1			157.9	
皮革、毛皮、羽毛(绒)及其制品业	140.0							134.6	
木材加工及木、竹、藤、棕、草制品业	132.7			133.7	150.6			112.7	247.8
家具制造业	177.6				228.7	146.5		140.9	
造纸及纸制品业	123.8						115.1	122.0	
印刷业和记录媒介的复制	148.4				90.9		152.7	145.2	
石油加工、炼焦及核燃料加工业	104.1				107.3			117.9	
化学原料及化学制品制造业	104.9	235.8		110.9	103.8	113.9	87.6	113.0	
医药制造业	125.8	146.0	122.4		129.1	126.8	198.6	115.6	142.5
化学纤维制造业	87.5						89.4		
橡胶制品业	124.5				131.6				
塑料制品业	146.0			94.7	158.4	151.7	76.5	125.6	
非金属矿物制品业	117.1	136.3	1036.8	128.8	130.4	104.5	128.5	115.3	
黑色金属冶炼及压延加工业	116.3			107.0	101.6	115.7			
有色金属冶炼及压延加工业	124.6	100.4	84.0	139.0	105.9	138.9	125.9	124.5	
金属制品业	125.1	80.9		102.4	140.7	135.1		126.2	
通用设备制造业	117.4	88.1		113.6	90.3	47.9	110.1	138.3	
专用设备制造业	147.0	110.8	83.3	73.5	172.1	94.8	229.0	113.2	
交通运输设备制造业	92.6	84.1			33.7		164.4		
电气机械及器材制造业	140.4	161.7	129.6	81.7	157.6				
通信设备、计算机及其他电子设备制造业	132.2					128.1		126.3	
仪器仪表及文化、办公用机械制造业	146.8	98.6		225.9	217.6				
工艺品及其他制造业	144.7				153.1				
电力、热力的生产和供应业	85.2	103.7			57.7	40.8	95.7	112.7	108.6
燃气生产和供应业	124.9				120.6		147.3		
水的生产和供应业	174.4	215.9	569.9		184.4			95.1	

4-6 分县市规模以上工业总产值

（2008年，当年价）

指　　标	全　市	市　直	#开发区	湖滨区	义马市	渑池县	陕县	灵宝市	卢氏县
总　　　计	**13729507**	**2092389**	**55038**	**274599**	**2050027**	**2443794**	**1204745**	**5558229**	**157298**
按轻重工业分									
轻工业	748961	57870	31710	120737	88737	123883	101287	243818	12371
以农产品为原料	612943	44121	22951	119929	52229	79273	88546	214200	12371
以非农产品为原料	136018	13749	8759	808	36508	44610	12740	29618	
重工业	12980546	2034519	23328	153862	1961290	2319911	1103458	5314412	144927
采掘工业	5398833	4782			826728	646889	130139	3618411	117651
原料工业	5675565	1869318	6041	90873	416052	1211085	707309	1446157	27276
加工工业	1906148	160419	17287	62989	718511	461938	266010	249844	
按登记注册类型分									
国有企业	975100	332713	666		134505	272930	55207	186235	11691
集体企业	3114537			8110	33499	23693	5790	2927614	35154
股份制企业	7155003	1541447	48663	186851	1754490	1235542	516686	1888351	99441
外商和港澳台商投资企业	1536818	218228	5708	77712	8506	537978	625028	103828	
其他	948049			1925	119027	373653	2034	452201	11012
按是否公有制分									
公有制	8384105	1786612	666	56943	1309634	540560	120399	4487188	46844
非公有制	5345402	305776	54372	217656	740393	1903234	1084346	1071041	110453
按企业规模分									
大型企业	2711135	210249			1017933	202826		1280937	
中型企业	4172204	1787994		131384	199290	870395	984061	282392	
小型企业	6846169	94145	55038	143215	832804	1370573	220684	3994900	157298
在总计中：高技术产业	177234	11027	5593	3006	5865	46100	3004	97355	11260
在总计中：农村工业	3358305			6334	105041	17409	16749	3075376	50319
在总计中：国有控股企业	5119038	17866112	666	48833	1188487	516867	76849	1536930	11691
在总计中：内资企业	12192689	1874161	49329	196887	2041520	1905817	579717	5454401	157298
国有与集体联营企业	353						352		
国有独资公司	84048	81793					2822		
其他有限责任公司	4315651	305065	22409	93596	1717231	723303	291159	1151276	54214
私营独资企业	874110			1925	92187	338748	1682	440796	8965
私营合伙企业	73586				26840	34905		11405	2047
私营有限责任公司	894080	21365	17499	83959	37259	248405	222705	267737	20731
私营股份有限公司	177218			967		132262		28708	23352
港、澳、台商投资企业	315580	212288	5708		8047		86287	9434	
合资经营企业	158176	54869	5068		8047		86287	9434	
港澳台商独资经营企业	766	782	640						
港澳台商投资股份公司	156638	**156638**							
外商投资企业	1221239	5940		77712	459	537978	538741	94395	
中外合资经营企业	656092	5940				537978	53995	94395	
中外合作经营企业	468				459				
外资企业	564679			77712			484746		

4-6续表 （2008年） 单位：万元

指　　标	全　市	市　直	#开发区	湖滨区	义马市	渑池县	陕县	灵宝市	卢氏县
按国民经济行业分									
煤炭开采和洗选业	862886				826728	11535	25296		
黑色金属矿采选业	112113					31792		18369	62112
有色金属矿采选业	4156330	4782				342200	102971	3577516	55539
非金属矿采选业	267505					261362	1873	22526	
农副食品加工业	47271	12749	10442	5970	6349	9047		13502	
食品制造业	49953			3958		34769		12212	1111
饮料制造业	201878	5749	4709	87459		17968	12236	76733	
烟草制品业	4834	4935							
纺织业	42372	20469	7800	21575	498				
纺织服装、鞋、帽制造业	1462				461			974	
皮革、毛皮羽毛及其制品业	9437							9184	
木材加工及木竹藤棕草制品业	120958			47212	27499			39839	4102
家具制造业	31821				15060	16414		1201	
造纸及纸制品业	69052						13537	53992	
印刷业和记录媒介的复制	9599				171		4321	4959	
石油加工炼焦及核燃料加工业	8647				782			7654	
化学原料及化学制品制造业	566096	12161		3230	204555	182723	88033	83863	
医药制造业	94482	7048	5593		5352	1075	1875	65341	11260
化学纤维制造业	61515						61347		
橡胶制品业	48593				47555				
塑料制品业	144142			1940	115454	7790	1230	15601	
非金属矿物制品业	937105	28720	5589	26536	300357	383294	161268	55885	
黑色金属冶炼及压延加工业	161944			12338	16370	142548			
有色金属冶炼及压延加工业	3927621	1281986	6041	31361	59315	817029	484746	1304133	11483
金属制品业	171081	11003		18740	51720	81647		12527	
通用设备制造业	113001	8335		9054	27537	95	3370	62649	
专用设备制造业	338405	54609	7527	481	182335	18136	57946	22190	
交通运输设备制造业	82168	48681			971		33416		
电气机械及器材制造业	25098	5093	4172	1741	18008				
通信计算机及其他电子设备制造	74669					45025		32014	
仪器仪表文化办公用机械制造	8083	3978		3006	13		1130		
工艺品及其他制造业	24492				24016				
电力、热力的生产和供应业	871542	575171			69592	39346	123053	64545	11691
燃气生产和供应业	64430				36526		27099		
水的生产和供应业	18924	6920	3166		11103			824	

4-7 分县市规模以上工业总产值指数

（2008年）

指标	全市	市直		湖滨区	义马市	渑池县	陕县	灵宝市	卢氏县
			#开发区						
总计	117.2	104.7	117.7	122.7	122.2	121.1	121.9	120.4	118.9
按轻重工业分									
轻工业	114.8	125.2	138.9	120.3	131.7	118.0	109.8	104.0	138.8
以农产品为原料	113.4	115.8	131.0	120.2	150.1	116.6	109.4	101.3	138.8
以非农产品为原料	121.6	171.4	166.8	125.8	112.1	120.4	112.8	127.8	
重工业	117.4	104.2	96.9	124.7	121.7	121.3	123.2	121.3	117.3
采掘工业	125.6	154.5			119.8	135.8	132.2	119.9	108.2
原料工业	109.5	104.4	84.0	132.1	97.0	119.2	118.3	125.5	177.6
加工工业	122.9	101.5	102.9	114.8	144.5	110.1	135.5	117.4	
按登记注册类型分									
国有企业	108.5	116.1	55.8		110.5	135.3	68.2	107.0	109.6
集体企业	121.5			92.4	103.5	106.0	363.9	117.4	96.5
股份制企业	115.3	107.7	121.0	126.3	124.2	109.3	125.4	127.0	131.3
外商和港澳台商投资企业	118.5	78.1	106.7	116.9	27.0	153.3	126.7	108.2	
其他	127.3			288.4	149.3	116.9	723.7	122.7	109.1
按是否公有制分									
公有制	113.0	108.6	55.8	120.6	1115.6	104.9	85.5	119.9	99.8
非公有制	124.3	87.3	119.3	123.2	134.1	127.1	127.5	122.5	128.8
按企业规模分									
大型企业	113.2	82.6			114.3	85.8		128.2	
中型企业	108.9	107.7		124.3	105.5	137.1	119.1	104.4	
小型企业	125.1	111.9	117.7	121.2	137.3	121.0	137.1	119.3	118.9
在总计中：高技术产业	129.2	123.9	122.4	225.9	129.2	128.1	318.3	119.1	142.4
在总计中：农村工业	121.1			128.6	106.2	102.3	153.6	117.5	100.7
在总计中：国有控股企业	108.2	108.6	55.8	127.0	114.8	104.8	73.3	124.5	109.6
在总计中：内资企业	117.1	109.2	119.1	125.1	124.0	113.7	116.6	120.7	118.9
国有与集体联营企业	113.6						116.1		
国有独资公司	98.8	103.4					108.7		
其他有限责任公司	117.6	102.3	108.4	126.6	124.8	101.1	127.7	128.7	105.1
私营独资企业	125.8			288.4	130.9	118.5		122.5	98.1
私营合伙企业	148.8				304.5	103.1		129.6	225.3
私营有限责任公司	138.4	122.7	98.3	126.6	101.0	135.3	122.9	158.8	359.9
私营股份有限公司	130.3			117.6		129.7		104.8	125.2
港、澳、台商投资企业	90.0	81.9	106.7				124.9	124.3	
合资经营企业	106.1	89.0	127.2				124.9	124.3	
港澳台商独资经营企业	51.3	58.5	46.9						
港澳台商投资股份有限公司	79.8	79.8							
外商投资企业	128.8	29.4		116.9	1.7	153.3	127.0	106.8	
中外合资经营企业	143.0	29.4				153.3	138.0	106.8	
中外合作经营企业	1.6				1.7				
外资企业	122.5			116.9			125.9		

4-7续表　　（2008年，以上年为100）

指　　标	全　市	市　直	#开发区	湖滨区	义马市	渑池县	陕县	灵宝市	卢氏县
按国民经济行业分									
煤炭开采和洗选业	122.7				119.8	105.5	873.3		
黑色金属矿采选业	108.4					115.8		144.4	87.7
有色金属矿采选业	126.3	154.5				149.5	112.4	119.7	140.8
非金属矿采选业	130.8					125.1	148.1	128.6	
农副食品加工业	106.6	135.0	108.3	105.6	85.9	97.3		109.4	
食品制造业	122.6			139.2		109.4		138.1	109.7
饮料制造业	107.5	87.1	69.8	120.6		119.1	1947.0	80.6	
烟草制品业	76.3	87.0							
纺织业	115.3	126.5	1432.5	119.9	68.4				
纺织服装、鞋、帽制造业	167.3				174.1			157.9	
皮革、毛皮、羽毛(绒)及其制品业	140.0							134.6	
木材加工及木、竹、藤、棕、草制品业	132.9			133.7	150.6			112.7	247.8
家具制造业	177.6				228.7	146.5		140.9	
造纸及纸制品业	123.7						114.8	122.0	
印刷业和记录媒介的复制	145.8				90.8		146.5	145.2	
石油加工、炼焦及核燃料加工业	109.6				107.3			117.9	
化学原料及化学制品制造业	104.4	235.8		111.2	103.8	113.9	88.4	110.0	
医药制造业	126.0	145.4	122.4		129.1	126.8	198.6	115.6	142.4
化学纤维制造业	87.5				132.1		89.4		
橡胶制品业	124.9				156.4				
塑料制品业	144.1			96.6	127.5	151.7	76.5	125.3	
非金属矿物制品业	115.9	137.5	1036.8	128.1	101.6	103.5	127.3	115.5	
黑色金属冶炼及压延加工业	116.0			107.0	6.0	115.5			
有色金属冶炼及压延加工业	114.5	102.8	84.0	140.7	107.9	129.7	125.9	126.2	
金属制品业	124.9	80.6		102.1	140.7	135.3		126.2	
通用设备制造业	117.8	98.5		112.8	91.1	47.9	110.1	138.4	
专用设备制造业	146.4	111.1	82.3	73.5	172.0	94.8	218.1	112.8	
交通运输设备制造业	93.1	84.1			35.8		164.4		
电气机械及器材制造业	146.6	161.7	129.6	80.8	169.4				
通信设备、计算机及其他电子设备制造业	132.6					128.1		126.3	
仪器仪表及文化、办公用机械制造业	137.5	98.6		225.9	216.1				
工艺品及其他制造业	144.6				153.1				
电力、热力的生产和供应业	90.1	106.6			67.6	52.7	99.0	113.0	109.6
燃气生产和供应业	75.1				120.6		147.3		
水的生产和供应业	168.4	196.4	569.9		184.4			95.1	

4-8 分县市规模以上工业销售产值

（2008年，当年价） 单位：万元

指　　标	全　市	市　直	#开发区	湖滨区	义马市	渑池县	陕　县	灵宝市	卢氏县
总　　计	**13536003**	**2072034**	**56294**	**270966**	**2035780**	**2431937**	**1154380**	**5461458**	**160088**
按轻重工业分									
轻工业	720686	56739	31731	120213	81318	124293	98473	227751	12136
以农产品为原料	584279	43671	22776	119428	50007	79934	73840	203403	12136
以非农产品为原料	136407	13068	8956	785	31311	44358	24633	24348	
重工业	12815317	2015295	24562	150753	1954463	2307645	1055907	5233706	147952
采掘工业	6461243	50800			1014264	676180	112945	4432342	120600
原料工业	4703626	1841194	6041	90802	208306	1239738	793167	598108	27352
加工工业	1650448	123302	18522	59951	731892	391727	149795	203256	
按登记注册类型分									
国有企业	968425	331408	713		134304	273302	55188	180879	11676
集体企业	3115180			7808	33039	23693	6663	2927512	35782
股份制企业	7004357	1529635	49808	184042	1745454	1234738	481031	1795572	101375
外商和港澳台商投资企业	1503756	210991	5773	77224	6672	526967	609499	106061	
其他	944285			1891	116311	373238	1999	451434	11255
按是否公有制分									
公有制	8281944	1772294	713	55910	1299412	541880	118984	4409404	47458
非公有制	5254059	299741	55581	215056	736369	1890057	1035395	1052054	112630
按企业规模分									
大型企业	2624769	201800			1009775	202493		1210701	
中型企业	4123254	1776179		129070	198212	859852	962314	280109	
小型企业	6787980	94056	56294	141896	827793	1369593	192066	3970648	160088
在总计中：高技术产业	168490	10567	5790	2934	5623	46055	1045	91817	10993
在总计中：农村工业	3360206			6248	105492	17409	17367	3075260	51318
在总计中：国有控股企业	5018146	1772294	713	48101	1179584	518187	74812	1460011	11676
在总计中：内资企业	12032247	1861043	50521	193742	2029108	1904970	544881	5355396	160088
国有与集体联营企业	336						335		
国有独资公司	82830	80825					2610		
其他有限责任公司	4215043	306644	23863	90818	1710578	721947	275712	1074207	54902
私营独资企业	870932			1891	89977	338390	1663	440029	9208
私营合伙企业	73017				26334	34848		11405	2047
私营有限责任公司	865063	20988	17190	84091	34876	246433	202708	263413	20706
私营股份有限公司	178231			965		131954		28708	24616
港、澳、台商投资企业	304735	205161	5773		6213		84415	9434	
合资经营企业	153116	53529	5255		6213		84415	9434	
港澳台商独资经营企业	619	632	518						
港澳台商投资股份公司	151000	151000							
外商投资企业	1199021	5830		77224	459	526967	525083	96628	
中外合资经营企业	642060	5830				526967	48009	96628	
中外合作经营企业	468				459				
外资企业	556493			77224			477075		

4-8续表　　　　（2008年）　　　　单位：万元

指　　标	全　市	市　直	#开发区	湖滨区	义马市	渑池县	陕县	灵宝市	卢氏县
按国民经济行业分									
煤炭开采和洗选业	1078208				1014264	12046	52533		
黑色金属矿采选业	107842					31792		12136	64020
有色金属矿采选业	4982543	50800				341962	59931	4398063	56581
非金属矿采选业	292650					290380	481	22144	
农副食品加工业	46714	12407	10162	5949	6349	8938		13405	
食品制造业	47983			3958		35688		9434	1143
饮料制造业	192852	5743	4704	86867		17883	12081	68765	
烟草制品业	4834	4935							
纺织业	42105	20586	7910	21689					
纺织服装、鞋、帽制造业	1332							1297	
皮革、毛皮、羽毛(绒)及其制品业	9437							9184	
木材加工及木竹藤棕草制品业	120439			47026	27043			39879	4192
家具制造业	31397				14659	16395		1201	
造纸及纸制品业	57155						1680	53984	
印刷业和记录媒介的复制	22101						16959	4959	
石油加工、炼焦及核燃料加工业	7864							7654	
化学原料及化学制品制造业	477747			3156	142360	184406	137772	19569	
医药制造业	86378	7069	5790		5623	1031		59804	10993
化学纤维制造业	60244						60079		
橡胶制品业	46928				45009				
塑料制品业	106042			1879	78512	7542	1031	15601	
非金属矿物制品业	754121	21145	5589	24553	235413	331040	103677	55818	
黑色金属冶炼及压延加工业	161176			12096	16413	142489			
有色金属冶炼及压延加工业	3063807	1266024	6041	31786	19459	845943	477075	476065	11483
金属制品业	215167			17843	106479	81527		12527	
通用设备制造业	83422			9060	10385		668	61309	
专用设备制造业	237188	44760	7376	409	163014	1576	2450	22128	
交通运输设备制造业	79662	47114					33416		
电气机械及器材制造业	25595	6785	5557	1762	16831				
通信备计算机其他电子设备制造	74669					45025		32014	
仪器仪表及文化办公用机械制造业	7443	3498		2934			1045		
工艺品及其他制造业	23844				23376				
电力、热力的生产和供应业	844527	575171			3032	36276	166405	63698	11676
燃气生产和供应业	125901				96793		27009		
水的生产和供应业	16687	6000	3166		9768			824	

4-9 分县市规模以上工业销售产值指数

（2008年）

指　　标	全　市	市　直	#开发区	湖滨区	义马市	渑池县	陕　县	灵宝市	卢氏县
总　　计	**115.9**	**105.1**	**117.5**	**121.8**	**121.5**	**120.1**	**117.9**	**118.4**	**120.1**
按轻重工业分									
轻工业	117.1	126.1	140.8	119.3	135.7	116.5	109.9	110.3	135.6
以农产品为原料	115.7	117.3	135.1	119.3	151.5	114.3	102.7	109.8	135.6
以非农产品为原料	123.8	170.8	158.8	129.3	116.7	120.8	137.8	114.0	
重工业	115.8	104.6	96.3	123.9	120.9	120.3	118.7	118.7	118.9
采掘工业	122.3	92.5			110.5	136.0	112.8	119.5	110.0
原料工业	106.5	105.0	84.0	134.1	97.1	116.5	118.4	113.4	177.5
加工工业	123.4	102.9	101.6	110.4	145.4	110.7	125.6	119.8	
按登记注册类型分									
国有企业	108.8	115.9	59.6		122.0	135.3	59.1	101.2	109.4
集体企业	121.6			87.1	105.8	106.1	482.1	117.4	98.2
股份制企业	112.9	106.8	121.4	126.4	122.4	109.8	120.8	120.5	132.1
外商和港澳台商投资企业	117.7	82.9	102.0	115.0	21.2	145.3	122.2	125.9	
其他	127.2			299.8	149.6	116.9	600.0	122.5	111.4
按是否公有制分									
公有制	111.5	107.8	59.6	119.9	114.5	106.6	87.9	117.1	101.0
非公有制	123.4	92.1	119.0	122.3	133.9	125.1	122.3	123.7	129.8
按企业规模分									
大型企业	109.7	89.3			110.7	87.6		119.7	
中型企业	107.3	106.9		121.4	112.9	132.5	116.6	99.9	
小型企业	125.0	111.4	117.5	122.1	137.4	121.2	125.1	119.6	120.1
在总计中：高技术产业	128.3	121.4	117.0	246.9	132.5	128.0		118.7	138.4
在总计中：农村工业	121.1			127.9	106.0	102.3	144.8	117.4	102.7
在总计中：国有控股企业	105.7	107.8	59.6	127.8	113.3	106.6	74.9	116.5	109.4
在总计中：内资企业	115.7	108.5	119.6	124.8	123.4	114.1	113.0	118.2	120.1
国有与集体联营企业	91.3						93.3		
国有独资公司	100.4	105.7					102.6		
其他有限责任公司	114.4	102.9	113.9	125.1	123.1	101.6	126.3	118.8	106.3
私营独资企业	125.7			299.8	130.5	118.5		122.4	100.5
私营合伙企业	149.5				315.0	103.3		129.6	225.3
私营有限责任公司	135.5	117.3	94.1	128.1	97.0	135.9	114.3	156.9	359.3
私营股份有限公司	130.5			132.9		129.7		104.6	126.1
港、澳、台商投资企业	92.2	87.8	102.0				111.0	124.3	
合资经营企业	97.9	87.0	120.1				111.0	124.3	
港澳台商独资经营企业	44.2	50.3	40.3						
港澳台商投资股份有限公司	88.3	88.3							
外商投资企业	126.3	28.3		115.0	1.7	145.3	123.8	126.0	
中外合资经营企业	139.7	28.3				145.3	122.7	126.0	
中外合作经营企业	1.6				1.7				
外资企业	120.5			115.0			123.9		

4-9续表 （2008年，以上年为100）

指 标	全 市	市 直	#开发区	湖滨区	义马市	渑池县	陕 县	灵宝市	卢氏县
按国民经济行业分									
煤炭开采和洗选业	111.6				110.5	108.1	144.3		
黑色金属矿采选业	106.6					115.8		127.7	89.2
有色金属矿采选业	124.4	92.5				149.6	97.7	119.4	143.5
非金属矿采选业	131.5					126.3	63.5	126.5	
农副食品加工业	105.5	130.4	104.6	107.0	85.9	96.5		109.3	
食品制造业	118.1			139.2		108.0		124.3	112.8
饮料制造业	115.5	98.7	79.1	118.9		112.3	2028.2	93.3	
烟草制品业	76.3	87.0							
纺织业	116.4	125.9	1452.6	120.7					
纺织服装、鞋、帽制造业	219.4							211.0	
皮革、毛皮、羽毛(绒)及其制品业	140.0							134.6	
木材加工及木、竹、藤、棕、草制品业	133.1			134.5	149.7			112.7	253.2
家具制造业	176.5				225.0	147.1		140.9	
造纸及纸制品业	123.1						64.4	122.0	
印刷业和记录媒介的复制	146.4						148.3	145.2	
石油加工、炼焦及核燃料加工业	109.9							117.9	
化学原料及化学制品制造业	109.1			112.8	116.9	113.9	100.5	100.7	
医药制造业	124.3	146.0	117.0		132.5	124.7		114.7	138.4
化学纤维制造业	85.3						87.2		
橡胶制品业	127.2				134.6				
塑料制品业	149.0			96.5	165.1	156.3	79.5	125.3	
非金属矿物制品业	116.7	154.9	1036.8	115.2	137.6	101.6	128.0	115.3	
黑色金属冶炼及压延加工业	116.5			107.0	104.2	115.5			
有色金属冶炼及压延加工业	109.5	104.2	84.0	145.6	161.6	122.0	123.9	113.5	
金属制品业	126.5			99.6	136.3	135.3		126.2	
通用设备制造业	127.5			117.3	123.9			124.6	
专用设备制造业	147.0	120.8	77.7	68.3	179.3	137.6	396.2	112.9	
交通运输设备制造业	93.9	82.1					164.4		
电气机械及器材制造业	149.7	166.7	133.6	84.3	174.1				
通信设备计算机及其他电子设备制造业	132.6					128.1		126.3	
仪器仪表及文化、办公用机械制造业	134.6	90.9		246.9					
工艺品及其他制造业	144.6				153.1				
电力、热力的生产和供应业	91.7	106.6			7.0	67.3	106.4	113.4	109.4
燃气生产和供应业	113.0				112.9		147.3		
水的生产和供应业	181.7	216.9	569.9		201.7			95.1	

4-10 规模以上工业主要产品产量

指　　标	计量单位	数　　值
原煤	吨	18765050
发电量	万千瓦小时	1375853
火电	万千瓦小时	1230673
供电量	万千瓦小时	1098422
饮料酒	千升	45639
白酒（折65度，商品量）	千升	1820
软饮料	吨	250125
纱	吨	16365
布	万米	754
人造板	立方米	569985
纸制品	吨	74452
煤气生产量（煤气）	万立方米	179196
氢氧化钠（烧碱）（折100%）	吨	69627
合成氨	吨	137001
农用氮、磷、钾化学肥料总计（折纯）	吨	147622
精甲醇	吨	232289
化学药品原药（化学原料药）	吨	320
中成药	吨	3162
塑料制品	吨	64541
水泥	吨	5326484
平板玻璃	重量箱	3806968
钢材	吨	211688
十种有色金属	吨	313576
精炼铜（铜）	吨	24823
铅	吨	76548
锌	吨	4465
原铝（电解铝）	吨	207740
氧化铝	吨	3466052
铝材	吨	53814
金属切削机床	台	99
汽车配件	件	1569598

4-11 规模以上工业产品生产、销售、库存情况

（2008年）

产品名称	计量单位	年　初 库存量	本　年 生产量	本　年 销售量	年　末 库存量
原煤	吨	234045	19126038	19057369	299882
白酒（折65度，商品量）	千升	4483	1820	2117	4185
啤酒	千升	235	43819	43226	805
软饮料	吨	41065	245411	229301	23565
纱	吨	546	16365	15685	870
布	万米	182	754	826	110
人造板	立方米	4026	604899	603291	5634
机制纸及纸板	吨	600	1533	1503	500
硫酸（折100%）	吨	10418	523017	510770	22665
氢氧化钠（烧碱）（折100%）	吨	464	69627	66306	939
农用氮、磷、钾化学肥料总计（折纯）	吨	6725	147622	138028	16319
化学药品原药（化学原料药）	吨	2	24	22	4
塑料制品	吨	1354	66796	66588	1525
水泥熟料	吨	16217	3851173	662230	180687
水泥	吨	92665	5289541	5251467	130566
平板玻璃	重量箱	395878	3806968	3861675	341171
生铁	吨	150	108212	108173	180
钢材	吨	266	198313	198301	278
十种有色金属	吨	1766	338097	330828	8614
精炼铜（铜）	吨	1618	24743	21375	4986
铅	吨	237	76548	74589	2196
锌	吨	95	6314	6298	111
原铝（电解铝）	吨	2816	230492	228566	1821
氧化铝	吨	13234	3466052	3401423	77863
铜材（铜加工材）	吨	76	4489	4382	188
铝材	吨	503	53814	53861	456
金属切削机床	台	68	99	137	30

注：本表内数据为经济普查口径，故与上版相关数据有差异。

4-12 主要年份全部国有及国有控股独立核算工业企业主要指标

单位：万元

年份	企业单位数（个）	#亏损企业	固定资产原价	固定资产净值	固定资产净值年平均余额	流动资产年平均余额	工业总产值（当年价）
1975	109	30	38686	33021	26596		
1978	117	22	55940	48711	40866	18685	41598
1980	121	16	67594	46505	45928	23397	54942
1981	111	23	71202	57746	52123		55465
1982	110	26	79906	53780	55763		54778
1983	108	6	95198	65922	59851		62009
1984	110	11	103546	69606	67764	31058	62080
1985	121	14	177919	132779	101193	38359	80100
1986	126	20	205726	151884	142332	45795	90294
1987	130	23	221657	160134	156009	55322	101271
1988	138	16	241347	173758	166946	70928	134373
1989	154	19	297916	219506	196632	101508	177662
1990	169	45	323205	234351	226929	130541	199601
1991	181	47	366422	266814	250583	176792	207311
1992	188	35	397771	295073	278579	208093	244992
1993	209	74	440785	328154	327478	258860	312404
1994	214	85	569672	416028	388111	298884	386052
1995	222	85	883930	682559	610139	333487	543428
1996	211	63	1022877	788460	707883	360980	545409
1997	87	18	1139849	872939	864486	412066	595177
1998	81	17	1032709	806805	785912	442305	480504
1999	74	10	934310	694804	692559	370941	404755
2000	75	10	1040779	732329	749482	442852	453562
2001	79	17	1024608	694072	700146	448595	545055
2002	89	13	1861884	1281710	1150242	798119	989651
2003	88	19	2131756	1466799	1455846	987583	1268736
2004	83	18	2289021	1535656	1555397	1083156	1850141
2005	65	12	2470657	1640246	1543041	1237619	2366031
2006	63	10	3090107	2161663	1927267	1247862	2657990
2007	54	6	3073964	2062684	2053710	1301947	4258767
2008	51	10				1516248	5119038

注：2007年以后为规模以上国有及国有控股工业企业。

4-12续表

单位：万元

年份	产品销售收入	#产品销售税金及附加	#产品销售成本	利润总额	亏损企业亏损额	利税总额	全部职工平均人数（人）
1975		3315		629		3944	53047
1978		3100		1933	1090	5033	68835
1980	52784	3794	44420	4244	383	8038	84477
1981	53602	4200	45158	3500	557	7700	86069
1982	53599	3988	45545	2553	802	6541	87119
1983	58859	4175	49313	4877	91	9052	92727
1984	57272	3359	47657	4616	212	7975	95082
1985	77633	5123	66656	4402	1039	9525	97676
1986	93499	5559	82246	5127	2909	10686	109244
1987	101134	5521	87694	4672	3081	10194	109071
1988	135520	7804	112089	5193	5137	12996	113707
1989	162979	10126	148600	4102	9257	14228	122406
1990	172428	8826	158010	-1483	12841	7343	126345
1991	203865	10350	183294	-632	10852	10419	132101
1992	223376	11530	201606	1648	9727	13818	135832
1993	313491	15473	241760	7144	7941	22617	141096
1994	342791	4897	250848	18424	10130	41670	142004
1995	436991	5360	320025	12992	13927	41390	146985
1996	534765	6600	369326	45382	24429	80896	132731
1997	552838	6085	412847	11975	16922	51774	120294
1998	400120	2841	304990	8830	11911	38147	54937
1999	354256	2790	276864	5474	10735	32930	47348
2000	381083	2897	291986	19000	3194	49057	47521
2001	459808	3102	358552	30136	2560	63230	47692
2002	916135	6416	709290	49379	3934	108003	105578
2003	1177453	5937	944401	53594	10351	123372	109174
2004	1737258	9261	1453297	48811	20606	136363	100562
2005	2070107	14832	1755600	55496	29481	174332	158058
2006	2757409	19503	2360177	119407	5697	269924	97822
2007	4281980	23025	3729650	252917	2137	435941	84610
2008	5152282	28363	4638054	161909	75664	353523	75442

4-13 规模以上独立核算工业企业主要指标

指　　标	计量单位	2007年	2008年	2008年为2007年%
企业单位数	个	567	567	100.0
#亏损企业	个	27	37	137.0
主营业务收入	万元	10374809	13560195	130.7
#主营业务成本	万元	8582727	11514388	134.2
主营业务税金及附加	万元	76382	97419	127.5
管理费用	万元	270797	316458	116.9
财务费用	万元	153263	174094	113.6
#利息支出	万元	158260	176337	111.4
利润总额	万元	1149519	1260294	109.6
亏损企业亏损额	万元	13469	105274	781.6
利税总额	万元	1531118	1703965	111.3
资产总计	万元	7576990	9001466	118.8
流动资产平均余额	万元	3068710	3402235	110.9
应收帐款净额	万元	457326	471234	103.0
存货	万元	703862	804004	114.2
#产成品	万元	179631	255526	142.3
本年折旧	万元	267104	302233	113.2
流动负债平均余额	万元	3147966	3668837	116.5
负债总计	万元	4728317	5702668	120.6
应交增值税	万元	305217	346252	113.4
所有者权益	万元	2848673	3298798	115.8
从业人员平均人数	人	161596	161725	100.1

4-14 规模以上工业企业主要经济指标

（2008年）　　　　单位：万元

	企业单位数（个）	#亏损企业	资产总计	流动资产年平均余额
合　　计	**567**	**37**	**9001466**	**3402235**
市　直	33	14	1634405	604152
湖滨区	43		128456	62744
渑池县	109	3	1333180	548486
陕　县	45	4	1295149	448800
卢氏县	38		91173	24630
义马市	76	7	2665995	779844
灵宝市	223	9	1853109	933579
按轻重工业分：				
轻工业	79	10	427125	224326
重工业	488	27	8574342	3177909
按企业规模分：				
大型企业	6	1	2770994	1092904
中型企业	52	13	3685079	1205693
小型企业	509	23	2545393	1103638
按所有制分：				
公有制	221	11	5256406	1868922
非公有制	346	26	3745060	1533313
在总计中:国有及国有控股企业	51	10	4505339	1516248

	#应收帐款	存货	#产成品	#本年折旧
合　　计	**471234**	**804004**	**255526**	**302233**
市　直	87429	178161	38214	87588
湖滨区	18112	26913	13806	2584
渑池县	116285	109090	24216	46624
陕　县	59380	94784	25112	57652
卢氏县	4399	4261	2163	1097
义马市	84646	119329	23242	72770
灵宝市	100982	271465	128774	33919
按轻重工业分：				
轻工业	62121	94864	75358	13496
重工业	409112	709141	180168	288737
按企业规模分：				
大型企业	64503	210995	56183	79721
中型企业	253714	388260	91000	175361
小型企业	153017	204749	108342	47151
按所有制分：				
公有制	198545	432204	102533	188359
非公有制	272689	371800	152993	113874
在总计中：国有及国有控股企业	156372	395429	90411	175694

4-14续表2 （2008年） 单位：万元

	负债合计	流动负债平均余款	应付及预收款	主营业务收入	主营业务成本
合　　计	**5702668**	**3668837**	**1132192**	**13560195**	**11514388**
市　直	1286336	784197	241724	2045728	1983905
湖滨区	74810	63444	23679	272576	239850
渑池县	780221	679897	206456	2224818	1772222
陕　县	769916	509337	192991	1016251	816297
卢氏县	43291	31198	10655	159463	130209
义马市	1729787	905573	285650	2189886	1784653
灵宝市	1018306	695192	171037	5651473	4787252
按轻重工业分：					
轻工业	287446	248525	80463	717938	605802
重工业	5415222	3420312	1051729	12842258	10908585
按企业规模分：					
大型企业	1803880	1261409	353584	2721442	2291763
中型企业	2399555	1423102	471075	3927276	3497527
小型企业	1499233	984326	307534	6911477	5725093
按所有制分：					
公有制	3378190	1998327	565211	8489473	7371720
非公有制	2324478	1670510	566981	5070722	4142668
在总计中:国有及国有控股企业	3016406	1811994	526151	5152282	4638054

4-14续表3　　（2008年）　　单位：万元

	主营业务税金及附加	营业费用	管理费用	财务费用	主营业务利润
合　　计	**97419**	**192527**	**316458**	**174094**	**1749739**
市　直	4841	11533	36600	49499	41759
湖滨区	569	4585	7078	2674	27574
渑池县	43717	51400	34593	25016	355264
陕　县	2062	9017	21394	25618	189078
卢氏县	4007	5028	5957	1154	20222
义马市	21464	31821	126078	27658	351520
灵宝市	20760	79144	84758	42476	764322
按轻重工业分：					
轻工业	6770	21066	20596	13879	83642
重工业	90649	171461	295862	160215	1666097
按企业规模分：					
大型企业	20898	21213	153477	35927	389694
中型企业	11364	25955	78640	83300	386452
小型企业	65157	145360	84341	54868	973592
按所有制分：					
公有制	44406	95685	236015	98710	969769
非公有制	53013	96842	80443	75384	779970
在总计中:国有及国有控股企业	28363	28810	209956	75510	449157

4-14续表4　　(2008年)　　单位：万元

	利润总额	亏损企业亏损额	税金总额	本年应交增值税	全部从业人员年平均人数(人)
合　　计	**1260294**	**105274**	**443671**	**346252**	**161725**
市　直	-36469	55953	47250	42409	16661
湖滨区	19524		4308	3739	4439
渑池县	297380	8885	142384	98667	22642
陕　县	143623	354	59284	57222	13481
卢氏县	12460		10485	6478	7957
义马市	176815	23062	139450	117987	53238
灵宝市	646962	17020	40510	19750	43307
按轻重工业分：					
轻工业	51773	12271	20000	13230	13059
重工业	1208522	93004	423671	333022	148666
按企业规模分：					
大型企业	179332	6021	124765	103866	53021
中型企业	241419	87271	177733	166369	39528
小型企业	839544	11982	141173	76016	69176
按所有制分：					
公有制	633490	76789	217720	173314	98309
非公有制	626804	28485	225951	172938	63416
在总计中:国有及国有控股企业	161909	75664	191613	163250	75442

4-15 规模以上工业企业分行业主要经济指标

（2008年）　　　　　　　　　　单位：万元

	企业单位数（个）	#亏损企业	资产总计	流动资产年平均余额
合　　计	**567**	**37**	**9001466**	**3402235**
煤炭开采和洗选业	31		1766848	532747
黑色金属矿采选业	19		51918	10576
有色金属矿采选业	185		1268532	558078
非金属矿采选业	25		65853	22938
农副食品加工业	7		21716	10750
食品制造业	6		20955	6039
饮料制造业	13	3	185168	112000
烟草制品业	1		13060	3983
纺织业	9	1	30727	27479
纺织服装、鞋、帽制造业	1		2060	303
皮革、毛皮、羽毛(绒)及其制品业	1		1800	800
木材加工及木、竹、藤、棕、草制品业	8		54632	26468
家具制造业	4		4010	2795
造纸及纸制品业	7		11435	6519
印刷业和记录媒介的复制	2		16683	8183
石油加工、炼焦及核燃料加工业	2		898	77
化学原料及化学制品制造业	23	2	353129	111693
医药制造业	11	4	38825	20573
化学纤维制造业	1		16380	2775
橡胶制品业	2		11544	8012
塑料制品业	12	1	47193	18089
非金属矿物制品业	70	6	414606	195791
黑色金属冶炼及压延加工业	7		35879	14623
有色金属冶炼及压延加工业	22	2	2309283	1078901
金属制品业	17		111641	53114
通用设备制造业	13	1	75362	39531
专用设备制造业	29	3	144445	91171
交通运输设备制造业	2	1	90916	48520
电气机械及器材制造业	6	1	23021	11021
通信设备、计算机及其他电子设备制造业	2		35840	19253
仪器仪表及文化、办公用机械制造业	4	2	11521	7260
工艺品及其他制造业	1		3746	2885
电力、热力的生产和供应业	18	8	1447103	303990
燃气生产和供应业	2	1	278235	32996
水的生产和供应业	4	1	36505	12303

4-15续表1　　（2008年）　　单位：万元

	#应收帐款	存货	#产成品	#本年折旧
合　　计	**471234**	**804004**	**255526**	**302233**
煤炭开采和洗选业	42914	84455	11222	47919
黑色金属矿采选业	516	1341	525	539
有色金属矿采选业	45575	135660	42499	19735
非金属矿采选业	4942	2115	932	506
农副食品加工业	3262	3666	3185	1541
食品制造业	1719	1076	528	575
饮料制造业	43405	63640	53733	4617
烟草制品业	913	1160		1123
纺织业	445	14857	11764	338
纺织服装、鞋、帽制造业	179	124	24	
皮革、毛皮、羽毛(绒)及其制品业				24
木材加工及木、竹、藤、棕、草制品业	4179	4804	2475	406
家具制造业	496	489	401	125
造纸及纸制品业	112	1128	694	349
印刷业和记录媒介的复制	2575	909	449	369
石油加工、炼焦及核燃料加工业		7		44
化学原料及化学制品制造业	8479	20410	11278	5529
医药制造业	3681	4745	2968	1078
化学纤维制造业	601	1220	631	890
橡胶制品业	265	652	557	251
塑料制品业	6051	2314	1071	1449
非金属矿物制品业	37335	41852	21730	9170
黑色金属冶炼及压延加工业	5004	3022	887	643
有色金属冶炼及压延加工业	134762	313125	65423	85052
金属制品业	11817	6871	2086	2924
通用设备制造业	17303	10315	3654	1444
专用设备制造业	22062	28722	6644	2987
交通运输设备制造业	5998	8208	2967	2813
电气机械及器材制造业	4782	4367	2108	457
通信设备、计算机及其他电子设备制造业	3528	2566	2312	1095
仪器仪表及文化、办公用机械制造业	1706	3580	2243	642
工艺品及其他制造业	72	121	89	76
电力、热力的生产和供应业	52140	26829	380	91529
燃气生产和供应业	1218	9540	70	14469
水的生产和供应业	3199	114		1522

（2008年）

单位：万元

	负债合计	流动负债平均余额	应收及预付款	主营业务收入	主营业务成本
合　　计	**5702668**	**3668837**	**988869**	**13560195**	**11514388**
煤炭开采和洗选业	1112727	620321	90996	1169409	838673
黑色金属矿采选业	15827	11437	2335	105629	76810
有色金属矿采选业	640857	396120	73978	5075739	4273494
非金属矿采选业	9216	6411	5229	288608	224453
农副食品加工业	9972	8341	3780	43500	35479
食品制造业	7609	3689	2706	48913	38384
饮料制造业	147983	141379	59737	187652	156884
烟草制品业	7647	7775	1047	6334	3135
纺织业	28673	23834	752	41306	37418
纺织服装、鞋、帽制造业	676	676	179	1360	1088
皮革、毛皮、羽毛(绒)及其制品业	30	30		9633	8440
木材加工及木、竹、藤、棕、草制品业	37729	29825	5295	122580	108016
家具制造业	1874	1212	536	32046	28010
造纸及纸制品业	6374	6380	97	58336	46839
印刷业和记录媒介的复制	9872	8733	3375	22561	20350
石油加工、炼焦及核燃料加工业	32	12		8028	7017
化学原料及化学制品制造业	226292	149829	31267	412897	355447
医药制造业	26596	16190	5662	84452	74462
化学纤维制造业	10869	11742	601	60599	55872
橡胶制品业	7906	6955	477	47904	40908
塑料制品业	28550	18067	8213	108188	96055
非金属矿物制品业	285396	226791	55446	748902	624036
黑色金属冶炼及压延加工业	18997	15791	5989	164685	142240
有色金属冶炼及压延加工业	1382715	1120941	391600	2940154	2571857
金属制品业	65128	51762	19827	220221	182785
通用设备制造业	43185	29381	22573	86246	73262
专用设备制造业	114849	90282	26634	241794	210844
交通运输设备制造业	78464	67210	14120	75575	68603
电气机械及器材制造业	18924	13270	4922	25020	21761
通信设备、计算机及其他电子设备制造业	15561	13238	6955	70464	66068
仪器仪表及文化、办公用机械制造业	8027	6957	2446	7802	3890
工艺品及其他制造业	1238	895	110	24339	20751
电力、热力的生产和供应业	1186943	508542	120300	874644	843526
燃气生产和供应业	131213	45163	16040	127878	143199
水的生产和供应业	14715	9657	5646	16798	14335

4-15续表3　　（2008年）　　单位：万元

	主营业务税金及附加	营业费用	管理费用	财务费用	主营业务利润
合　　计	**97419**	**192527**	**316458**	**174094**	**1749733**
煤炭开采和洗选业	18743	17608	112631	15252	294515
黑色金属矿采选业	6553	7843	2176	387	14423
有色金属矿采选业	21955	71396	77269	30010	708904
非金属矿采选业	11740	11256	2010	926	41159
农副食品加工业	566	1920	1340	822	5535
食品制造业	361	2233	507	685	7936
饮料制造业	1507	8735	8935	5747	20526
烟草制品业	88	543	1125	449	2547
纺织业	140	770	1292	1165	2977
纺织服装、鞋、帽制造业	4	108	73	3	160
皮革、毛皮、羽毛(绒)及其制品业	6	22	24	22	1165
木材加工及木、竹、藤、棕、草制品业	551	1005	1221	967	13011
家具制造业	439	261	321	231	3336
造纸及纸制品业	314	691	681	1296	10493
印刷业和记录媒介的复制	38	266	305	498	1906
石油加工、炼焦及核燃料加工业	33	59	53	39	919
化学原料及化学制品制造业	6511	8722	6976	5927	42218
医药制造业	526	1410	1968	994	8055
化学纤维制造业	315		741	10	4201
橡胶制品业	168	586	1079	291	6242
塑料制品业	420	1157	1252	1308	10557
非金属矿物制品业	9750	21243	14908	8423	91666
黑色金属冶炼及压延加工业	3307	3795	1788	1142	15344
有色金属冶炼及压延加工业	3097	12721	32399	36533	354605
金属制品业	3747	6017	3323	3878	27673
通用设备制造业	443	2363	3932	729	10178
专用设备制造业	1065	3886	6688	3386	26243
交通运输设备制造业	6	2750	2823	4550	4489
电气机械及器材制造业	91	472	800	459	2696
通信设备、计算机及其他电子设备制造业	514	494	866	535	3388
仪器仪表及文化、办公用机械制造业	60	592	2237	215	3260
工艺品及其他制造业	73	743	303	88	2772
电力、热力的生产和供应业	3704	580	16378	46722	20794
燃气生产和供应业	499		6281	-467	-15819
水的生产和供应业	87	282	1756	873	1666

4-15续表4 （2008年） 单位：万元

	利润总额	亏损企业亏损额	税金总额	本年应交增值税	全部从业人员年平均人数（人）
合　计	1260294	105274	443671	346252	161725
煤炭开采和洗选业	143031		107279	88536	44023
黑色金属矿采选业	11868		10878	4325	4202
有色金属矿采选业	608796		36170	14215	38827
非金属矿采选业	38249		19973	8234	3341
农副食品加工业	3822		1311	744	743
食品制造业	6744		2288	1928	598
饮料制造业	6720	10111	2444	937	3381
烟草制品业	919		972	883	479
纺织业	508	27	544	404	1519
纺织服装、鞋、帽制造业	84		52	48	272
皮革、毛皮、羽毛(绒)及其制品业	1119		6		93
木材加工及木、竹、藤、棕、草制品业	10862		1394	844	1685
家具制造业	2784		1491	1052	371
造纸及纸制品业	8639		385	71	311
印刷业和记录媒介的复制	1481		290	252	425
石油加工、炼焦及核燃料加工业	826		33		45
化学原料及化学制品制造业	30160	1036	12858	6347	6105
医药制造业	4999	1460	1481	956	1635
化学纤维制造业	3400		3951	3636	937
橡胶制品业	4872		1793	1625	324
塑料制品业	8118	15	3673	3253	1387
非金属矿物制品业	73154	2595	35344	25594	11500
黑色金属冶炼及压延加工业	12514		5167	1861	988
有色金属冶炼及压延加工业	285195	10758	118490	115393	12987
金属制品业	20883		8344	4597	2088
通用设备制造业	7014	123	3476	3033	1877
专用设备制造业	16264	1528	8375	7310	5845
交通运输设备制造业	-3142	5290	78	72	1459
电气机械及器材制造业	1583	56	808	717	798
通信设备、计算机及其他电子设备制造业	1987		2090	1576	340
仪器仪表及文化、办公用机械制造业	1075	267	724	664	954
工艺品及其他制造业	2381		803	730	250
电力、热力的生产和供应业	-35893	50495	46444	42740	9608
燃气生产和供应业	-20712	20856	3819	3320	1327
水的生产和供应业	-12	657	444	358	1001

4-16 规模以上国有及国有控股工业企业主要经济指标

（2008年） 单位：万元

	企业单位数（个）	#亏损企业	资产总计	流动资产年平均余额
合　　计	51	10	4505339	1516248
市　直	12	5	1208892	331454
湖滨区	2		34737	12861
渑池县	8	2	438133	228587
陕　县	7		30846	12944
卢氏县	2		16492	3312
义马市	5	1	1970534	525284
灵宝市	15	2	805705	401806
按行业分：				
煤炭开采和洗选业	2		1692809	496614
有色金属矿采选业	10		441381	169296
非金属矿采选业	2		8847	2060
烟草制品业	1		13060	3983
木材加工及木、竹、藤、棕、草制品业	1		31624	10975
化学原料及化学制品制造业	3	1	60945	28556
非金属矿物制品业	6	1	119753	60818
有色金属冶炼及压延加工业	3	1	747871	463773
金属制品业	1		3113	1886
通用设备制造业	2	1	54027	27971
专用设备制造业	3	1	48897	39457
电气机械及器材制造业	1		367	331
通信设备、计算机及其他电子设备制造业	1		32390	17996
仪器仪表及文化、办公用机械制造业	1	1	6974	4599
电力、热力的生产和供应业	10	2	968584	166703
燃气生产和供应业	1	1	251377	14220
水的生产和供应业	3	1	23321	7011

	#应收帐款	存货	#产成品	#本年折旧
合　　计	**156372**	**395429**	**90411**	**175694**
市　直	65006	130186	14008	75583
湖滨区	5176	4756	2512	198
渑池县	18586	29906	7114	19508
陕　县	649	2177	1375	1175
卢氏县	2418	60	53	340
义马市	37682	90322	10161	61117
灵宝市	26856	138022	55188	17773
按行业分：				
煤炭开采和洗选业	35610	82201	10165	46537
有色金属矿采选业	14421	74101	27257	10242
非金属矿采选业	1288	308	158	63
烟草制品业	913	1160		1123
木材加工及木、竹、藤、棕、草制品业	4099	4222	2167	111
化学原料及化学制品制造业	2611	3307	786	653
非金属矿物制品业	5662	11521	4087	1736
有色金属冶炼及压延加工业	14503	161016	37185	23481
金属制品业	1077	535	345	87
通用设备制造业	15504	8161	3025	946
专用设备制造业	9522	18410	1592	298
电气机械及器材制造业	92	88	31	8
通信设备、计算机及其他电子设备制造业	3070	2174	2174	971
仪器仪表及文化、办公用机械制造业	791	1959	1316	126
电力、热力的生产和供应业	45339	19659	53	74416
燃气生产和供应业	910	6494	70	14023
水的生产和供应业	961	114		874

4-16续表2　　（2008年）　　单位：万元

	负债合计	流动负债平均余额	应付及预收款	主营业务收入	主营业务成本
合　　计	**3016406**	**1811994**	**526151**	**5152282**	**4638054**
市　直	926859	455836	147271	1767917	1731135
湖滨区	25467	21136	3183	49282	45893
渑池县	371923	346358	81763	504294	451271
陕　县	11846	8839	3752	74824	67103
卢氏县	11704	5420	1905	10498	8942
义马市	1202221	619430	189508	1294943	995357
灵宝市	466387	354975	98768	1450524	1338354
按行业分：					
煤炭开采和洗选业	1071066	591361	173595	1133378	815791
有色金属矿采选业	265837	208500	52243	1205615	1108005
非金属矿采选业	1454	1443	991	30042	24203
烟草制品业	7647	7775	247	6334	3135
木材加工及木、竹、藤、棕、草制品业	23589	19621	2644	47558	44447
化学原料及化学制品制造业	42011	26957	3227	64603	58862
非金属矿物制品业	106374	89134	8664	88168	72209
有色金属冶炼及压延加工业	542434	500214	153985	1653292	1598837
金属制品业	1878	1515	539	1724	1446
通用设备制造业	35575	24295	15388	30848	26110
专用设备制造业	50043	47627	21780	35047	33331
电气机械及器材制造业	148	141	15	871	834
通信设备、计算机及其他电子设备制造业	13896	11964	487	27821	25194
仪器仪表及文化、办公用机械制造业	5852	5335	1110	3024	1051
电力、热力的生产和供应业	732912	254989	76938	710310	695007
燃气生产和供应业	108682	17357	12971	100380	116790
水的生产和供应业	7009	3768	1328	13268	12805

	主营业务税金及附加	营业费用	管理费用	财务费用	主营业务利润
合　　计	**28363**	**28810**	**209956**	**75510**	**449157**
市　直	3787	3329	26168	38340	23607
湖滨区	14	269	709	607	3106
渑池县	2600	3892	19347	10814	45118
陕　县	245	690	2766	614	6790
卢氏县	65		282	419	1491
义马市	18153	16535	114019	13821	264469
灵宝市	3499	4096	46666	10894	104576
按行业分：					
煤炭开采和洗选业	17985	16763	109813	14668	282840
有色金属矿采选业	3250	2189	45355	6321	92169
非金属矿采选业	199	402	597	85	5237
烟草制品业	88	543	1125	449	2547
木材加工及木、竹、藤、棕、草制品业	2	214	589	510	2895
化学原料及化学制品制造业	127	163	1040	-11	5451
非金属矿物制品业	646	2824	5624	1274	11083
有色金属冶炼及压延加工业	1422	2979	19175	15028	50053
金属制品业	13	55	120	97	211
通用设备制造业	238	1758	3163	402	2743
专用设备制造业	96	123	1881	950	1498
电气机械及器材制造业	2	10	25		26
通信设备、计算机及其他电子设备制造业	104	259	763	487	2265
仪器仪表及文化、办公用机械制造业	39	248	1737	84	1687
电力、热力的生产和供应业	3618		11778	35762	5646
燃气生产和供应业	450		5814	-778	-16859
水的生产和供应业	87	282	1358	183	-334

4-16续表4　　（2008年）　　单位：万元

	利润总额	亏损企业亏损额	税金总额	本年应交增值税	全部从业人员年平均人数（人）
合　　计	**161909**	**75664**	**191613**	**163250**	**75442**
市　直	-31844	46958	40495	36708	10451
湖滨区	2186		157	142	682
渑池县	15785	7719	18618	16018	6284
陕　县	4285		2093	1848	1218
卢氏县	121		899	834	649
义马市	115463	20856	107722	89569	40378
灵宝市	55912	131	21630	18131	15780
按行业分：					
煤炭开采和洗选业	134712		104712	86727	39897
有色金属矿采选业	48136		12991	9741	13539
非金属矿采选业	4580		618	419	350
烟草制品业	919		972	883	479
木材加工及木、竹、藤、棕、草制品业	1796		18	16	612
化学原料及化学制品制造业	4594	9	1248	1121	835
非金属矿物制品业	7304	1697	5612	4966	2202
有色金属冶炼及压延加工业	16210	6021	15121	13699	6427
金属制品业	391		139	126	70
通用设备制造业	751	123	2574	2337	1168
专用设备制造业	-1230	1291	912	816	1519
电气机械及器材制造业	1		17	15	44
通信设备、计算机及其他电子设备制造业	1015		1096	992	255
仪器仪表及文化、办公用机械制造业	-92	92	426	387	699
电力、热力的生产和供应业	-35763	44919	41557	37939	5418
燃气生产和供应业	-20856	20856	3158	2708	1190
水的生产和供应业	-558	657	444	358	738

4-17 规模以上集体工业企业主要经济指标

（2008年） 单位：万元

	企业单位数（个）	#亏损企业	资产总计	流动资产年平均余额
合　　计	**170**	**1**	**751067**	**352675**
湖滨区	5		5924	3530
渑池县	3		8360	3376
陕　县	10		33634	10027
卢氏县	6		11967	3380
义马市	10		94097	43491
灵宝市	136	1	597085	288871
按行业分：				
煤炭开采和洗选业	15		25866	8862
黑色金属矿采选业	4		10130	2140
有色金属矿采选业	118		560440	274544
非金属矿采选业	2		3878	2675
食品制造业	2		4531	816
饮料制造业	1		3085	600
纺织服装、鞋、帽制造业	1		2060	303
皮革、毛皮、羽毛(绒)及其制品业	1		1800	800
木材加工及木、竹、藤、棕、草制品业	1		2500	1500
造纸及纸制品业	6		9127	5013
石油加工、炼焦及核燃料加工业	1		898	77
化学原料及化学制品制造业	1		2200	1520
医药制造业	1	1	2951	1391
塑料制品业	2		1711	1073
非金属矿物制品业	4		28693	5821
黑色金属冶炼及压延加工业	1		1294	870
有色金属冶炼及压延加工业	2		10926	6054
金属制品业	4		75056	37013
通用设备制造业	1		1913	253
专用设备制造业	2		2011	1352

4-17续表1　　（2008年）　　单位：万元

	#应收帐款	存货	#产成品	#本年折旧
合　　计	42173	36774	12122	12665
湖滨区	2040	1308	629	140
渑池县	93	293	217	6
陕　县	4853	1388	1184	2177
卢氏县	260	152	57	27
义马市	10621	2344	571	2652
灵宝市	24307	31290	9464	7663
按行业分：				
煤炭开采和洗选业	1400	694	497	531
黑色金属矿采选业	260	131	36	27
有色金属矿采选业	23213	29607	8425	6430
非金属矿采选业	20	250	210	35
食品制造业	311	62	21	81
饮料制造业				120
纺织服装、鞋、帽制造业	179	124	24	
皮革、毛皮、羽毛(绒)及其制品业				24
木材加工及木、竹、藤、棕、草制品业				36
造纸及纸制品业				295
石油加工、炼焦及核燃料加工业		7		44
化学原料及化学制品制造业				66
医药制造业	347	689	520	209
塑料制品业	476	277	222	46
非金属矿物制品业	4231	1682	1318	2103
黑色金属冶炼及压延加工业	735	358	300	8
有色金属冶炼及压延加工业	2419	689	167	252
金属制品业	7442	2137	335	2268
通用设备制造业				41
专用设备制造业	1143	69	48	49

4-17续表2　　（2008年）　　单位：万元

	负债合计	流动负债平均余额	应付及预收款	主营业务收入	主营业务成本
合　　计	361783	186333	39060	3337192	2733666
湖滨区	3775	3095	2164	8319	6779
渑池县	744	353	155	22462	16166
陕　县	24176	22873	1379	45009	37200
卢氏县	2756	2238	480	36570	29645
义马市	60995	42148	25908	124583	107452
灵宝市	269337	115626	8975	3100249	2536424
按行业分：					
煤炭开采和洗选业	14840	6663	1010	11857	7541
黑色金属矿采选业	2546	2042	469	26581	20912
有色金属矿采选业	254628	105278	7164	2910492	2379153
非金属矿采选业	140	110	8	13433	10408
食品制造业	944	711	66	19990	15148
饮料制造业	20	20		20127	17278
纺织服装、鞋、帽制造业	676	676	1500	1360	1088
皮革、毛皮、羽毛(绒)及其制品业	30	30		9633	8440
木材加工及木、竹、藤、棕、草制品业	150	150		15942	13922
造纸及纸制品业	4503	4486		56632	45500
石油加工、炼焦及核燃料加工业	32	12		8028	7017
化学原料及化学制品制造业	1080	1080		13651	11009
医药制造业	4585	3766	322	943	1140
塑料制品业	662	645	98	4964	3860
非金属矿物制品业	21136	17980	1302	61653	52345
黑色金属冶炼及压延加工业	1050	729	603	1949	1358
有色金属冶炼及压延加工业	4639	3666	2476	27385	23376
金属制品业	48491	36930	23010	118841	102856
通用设备制造业	204	29		10801	8756
专用设备制造业	1426	1329	1032	2931	2557

4-17续表3 （2008年） 单位：万元

	主营业务税金及附加	营业费用	管理费用	财务费用	主营业务利润
合　　计	**16043**	**66876**	**26058**	**23200**	**520612**
湖滨区	39	96	436	34	1405
渑池县	318	1079	155	215	4899
陕　县	317	1199	1387	1137	6292
卢氏县	1923	1250	983	123	3752
义马市	457	2265	1911	3043	14411
灵宝市	12990	60987	21187	18649	489854
按行业分：					
煤炭开采和洗选业	320	311	1193	47	3685
黑色金属矿采选业	1655	864	902	106	3150
有色金属矿采选业	12259	59390	19207	16103	459695
非金属矿采选业	197	252	155	132	2576
食品制造业	178	965	120	214	3699
饮料制造业	157	201	164	141	2491
纺织服装、鞋、帽制造业	4	108	73	3	160
皮革、毛皮、羽毛(绒)及其制品业	6	22	24	22	1165
木材加工及木、竹、藤、棕、草制品业	10	60	30	30	1949
造纸及纸制品业	309	674	561	1171	10149
石油加工、炼焦及核燃料加工业	33	59	53	39	919
化学原料及化学制品制造业	81	103	95	286	2457
医药制造业	3	143	437	231	-343
塑料制品业	28	181	360	63	896
非金属矿物制品业	209	1113	491	1440	7986
黑色金属冶炼及压延加工业	6		71		585
有色金属冶炼及压延加工业	89	460	395	397	3461
金属制品业	437	1924	1413	2706	13624
通用设备制造业	43	44	53	50	1957
专用设备制造业	20	3	262	20	351

4-17续表4 （2008年） 单位：万元

	利润总额	亏损企业亏损额	税金总额	本年应交增值税	全部从业人员年平均人数（人）
合　　计	**471581**	**1126**	**26107**	**10063**	**22867**
湖滨区	1092		440	401	395
渑池县	4530		1625	1307	309
陕　县	3671		2654	2337	1275
卢氏县	2646		3742	1819	1583
义马市	9436		4587	4131	1286
灵宝市	450208	1126	13059	69	18019
按行业分：					
煤炭开采和洗选业	2408		1261	941	1051
黑色金属矿采选业	2141		3339	1684	1280
有色金属矿采选业	424569		12394	135	16544
非金属矿采选业	2290		399	202	135
食品制造业	3365		1491	1313	236
饮料制造业	2185		157		110
纺织服装、鞋、帽制造业	84		52	48	272
皮革、毛皮、羽毛(绒)及其制品业	1119		6		93
木材加工及木、竹、藤、棕、草制品业	1889		10		275
造纸及纸制品业	8438		309		227
石油加工、炼焦及核燃料加工业	826		33		45
化学原料及化学制品制造业	2077		81		40
医药制造业	-1126	1126	25	22	200
塑料制品业	608		101	73	208
非金属矿物制品业	5977		1747	1539	744
黑色金属冶炼及压延加工业	613		69	63	31
有色金属冶炼及压延加工业	2670		650	562	336
金属制品业	9525		3833	3396	909
通用设备制造业	1855		43		65
专用设备制造业	69		108	88	66

4-18 规模以上非公有制工业企业主要经济指标

（2008年）　　单位：万元

	企业单位数（个）	#亏损企业	资产总计	流动资产年平均余额
合　　计	**346**	**26**	**3745060**	**1533313**
市　直	21	9	425513	272699
湖滨区	36		87795	46353
渑池县	98	1	886687	316522
陕　县	28	4	1230669	425829
卢氏县	30		62714	17938
义马市	61	6	601363	211070
灵宝市	72	6	450319	242902
按行业分：				
煤炭开采和洗选业	14		48173	27271
黑色金属矿采选业	15		41788	8436
有色金属矿采选业	57		266711	114238
非金属矿采选业	21		53127	18203
农副食品加工业	7		21716	10750
食品制造业	4		16424	5223
饮料制造业	12	3	182083	111400
纺织业	9	1	30727	27479
木材加工及木、竹、藤、棕、草制品业	6		20508	13993
家具制造业	4		4010	2795
造纸及纸制品业	1		2308	1506
印刷业和记录媒介的复制	2		16683	8183
石油加工、炼焦及核燃料加工业	1			
化学原料及化学制品制造业	19	1	289984	81617
医药制造业	10	3	35874	19183
化学纤维制造业	1		16380	2775
橡胶制品业	2		11544	8012
塑料制品业	10	1	45482	17016
非金属矿物制品业	60	5	266160	129153
黑色金属冶炼及压延加工业	6		34585	13753
有色金属冶炼及压延加工业	17	1	1550487	609074
金属制品业	12		33472	14215
通用设备制造业	10		19422	11308
专用设备制造业	24	2	93537	50363
交通运输设备制造业	2	1	90916	48520
电气机械及器材制造业	5	1	22655	10691
通信设备、计算机及其他电子设备制造业	1		3450	1257
仪器仪表及文化、办公用机械制造业	3	1	4547	2660
工艺品及其他制造业	1		3746	2885
电力、热力的生产和供应业	8	6	478519	137287
燃气生产和供应业	1		26858	18776
水的生产和供应业	1		13184	5292

4-18续表1 （2008年） 单位：万元

	#应收帐款	存货	#产成品	#本年折旧
合　　计	**272689**	**371800**	**152993**	**113874**
市　直	22424	47975	24206	12005
湖滨区	10897	20849	10665	2246
渑池县	97607	78891	16885	27110
陕　县	53878	91219	22553	54300
卢氏县	1721	4049	2052	729
义马市	36343	26663	12510	9001
灵宝市	49820	102154	64121	8484
按行业分：				
煤炭开采和洗选业	5904	1559	560	851
黑色金属矿采选业	256	1210	489	512
有色金属矿采选业	7941	31952	6817	3064
非金属矿采选业	3635	1557	564	408
农副食品加工业	3262	3666	3185	1541
食品制造业	1409	1014	507	494
饮料制造业	43405	63640	53733	4497
纺织业	445	14857	11764	338
木材加工及木、竹、藤、棕、草制品业	80	583	308	259
家具制造业	496	489	401	126
造纸及纸制品业	112	1128	694	55
印刷业和记录媒介的复制	2575	909	449	369
石油加工、炼焦及核燃料加工业				
化学原料及化学制品制造业	5868	17104	10492	4810
医药制造业	3335	4056	2448	870
化学纤维制造业	601	1220	631	890
橡胶制品业	265	652	557	251
塑料制品业	5575	2038	849	1403
非金属矿物制品业	27443	28649	16325	5331
黑色金属冶炼及压延加工业	4270	2665	587	636
有色金属冶炼及压延加工业	117840	151420	28071	61319
金属制品业	3298	4199	1406	569
通用设备制造业	1798	2154	630	458
专用设备制造业	11398	10243	5005	2640
交通运输设备制造业	5998	8208	2967	2813
电气机械及器材制造业	4690	4279	2076	450
通信设备、计算机及其他电子设备制造业	458	392	139	125
仪器仪表及文化、办公用机械制造业	916	1621	927	516
工艺品及其他制造业	72	121	89	76
电力、热力的生产和供应业	6802	7171	327	17113
燃气生产和供应业	308	3046		446
水的生产和供应业	2238			648

（2008年）

单位：万元

	负债合计	流动负债平均余额	应付及预收款	主营业务收入	主营业务成本
合　　计	**2324478**	**1670510**	**566981**	**5070722**	**4142668**
市　直	359478	328361	94453	277811	252771
湖滨区	45568	39212	18333	214975	187178
渑池县	407554	333186	124538	1698062	1304785
陕　县	733894	477626	187859	896418	711994
卢氏县	28831	23539	8271	112395	91622
义马市	466571	243995	70235	770360	681844
灵宝市	282582	224591	63294	1100700	912474
按行业分：					
煤炭开采和洗选业	26821	22298	1998	24174	15341
黑色金属矿采选业	13281	9395	3857	79048	55898
有色金属矿采选业	120391	82342	33466	959632	786336
非金属矿采选业	7622	4858	1118	245134	189842
农副食品加工业	9972	8341	2791	43500	35479
食品制造业	6665	2978	394	28923	23236
饮料制造业	147963	141359	57897	167525	139606
纺织业	28673	23834	3790	41306	37418
木材加工及木、竹、藤、棕、草制品业	13990	10054	183	59080	49647
家具制造业	1874	1212	514	32046	28010
造纸及纸制品业	1871	1894	113	1704	1339
印刷业和记录媒介的复制	9872	8733	1521	22561	20350
石油加工、炼焦及核燃料加工业					
化学原料及化学制品制造业	183201	121791	28164	334644	285575
医药制造业	22011	12425	6565	83509	73322
化学纤维制造业	10869	11742	510	60599	55872
橡胶制品业	7906	6955	230	47904	40908
塑料制品业	27888	17423	6946	103224	92195
非金属矿物制品业	157885	119677	56651	599081	499482
黑色金属冶炼及压延加工业	17946	15062	7364	162736	140882
有色金属冶炼及压延加工业	835643	617061	186302	1259477	949644
金属制品业	14760	13316	5311	99655	78482
通用设备制造业	7407	5057	2926	44597	38395
专用设备制造业	63380	41326	16925	203817	174957
交通运输设备制造业	78464	67210	15354	75575	68603
电气机械及器材制造业	18777	13129	5593	24149	20927
通信设备、计算机及其他电子设备制造业	1665	1274	123	42643	40874
仪器仪表及文化、办公用机械制造业	2176	1621	1035	4778	2839
工艺品及其他制造业	1238	895	88	24339	20751
电力、热力的生产和供应业	454030	253554	103116	164334	148519
燃气生产和供应业	22531	27806	15153	27498	26409
水的生产和供应业	7706	5889	985	3530	1530

4-18续表3 （2008年） 单位：万元

	主营业务税金及附加	营业费用	管理费用	财务费用	主营业务利润
合　　计	**53013**	**96842**	**80443**	**75384**	**779970**
市　直	1054	8204	10432	11159	18153
湖滨区	515	4220	5933	2033	23063
渑池县	40800	46430	15092	13987	305247
陕　县	1500	7128	17241	23868	175995
卢氏县	2019	3777	4693	612	14980
义马市	2854	13021	10148	10793	72641
灵宝市	4272	14062	16906	12932	169892
按行业分：					
煤炭开采和洗选业	438	533	1625	538	7991
黑色金属矿采选业	4898	6980	1273	281	11273
有色金属矿采选业	6446	9817	12707	7587	157041
非金属矿采选业	11344	10602	1258	709	33346
农副食品加工业	566	1920	1340	822	5535
食品制造业	183	1268	387	471	4237
饮料制造业	1351	8533	8770	5606	18035
纺织业	140	770	1292	1165	2977
木材加工及木、竹、藤、棕、草制品业	539	731	602	426	8167
家具制造业	439	261	321	231	3336
造纸及纸制品业	6	17	120	125	343
印刷业和记录媒介的复制	38	266	305	498	1906
石油加工、炼焦及核燃料加工业					
化学原料及化学制品制造业	6303	8456	5841	5652	34310
医药制造业	523	1267	1531	764	8397
化学纤维制造业	315		741	10	4201
橡胶制品业	168	586	1079	291	6242
塑料制品业	392	976	891	1245	9662
非金属矿物制品业	8895	17307	8794	5709	72596
黑色金属冶炼及压延加工业	3300	3795	1717	1142	14759
有色金属冶炼及压延加工业	1586	9283	12829	21108	301090
金属制品业	3297	4038	1790	1076	13838
通用设备制造业	162	561	717	277	5478
专用设备制造业	949	3761	4545	2416	24394
交通运输设备制造业	6	2750	2823	4550	4489
电气机械及器材制造业	90	463	775	459	2670
通信设备、计算机及其他电子设备制造业	410	235	103	48	1124
仪器仪表及文化、办公用机械制造业	21	344	500	131	1574
工艺品及其他制造业	73	743	303	88	2772
电力、热力的生产和供应业	86	580	4600	10959	15148
燃气生产和供应业	49		467	311	1040
水的生产和供应业			398	690	2000

4-18续表4　　（2008年）　　单位：万元

	利润总额	亏损企业亏损额	税金总额	本年应交增值税	全部从业人员年平均人数（人）
合　计	**626804**	**28485**	**225951**	**172938**	**63416**
市　直	-4625	8995	6755	5701	6210
湖滨区	16246		3711	3195	3362
渑池县	277065	1167	122142	81343	16049
陕　县	135667	354	54537	53037	10988
卢氏县	9693		5845	3826	5725
义马市	51916	2206	27141	24287	11574
灵宝市	140842	15763	5822	1550	9508
按行业分：					
煤炭开采和洗选业	5912		1306	868	3075
黑色金属矿采选业	9727		7538	2641	2922
有色金属矿采选业	136091		10786	4339	8744
非金属矿采选业	31379		18957	7612	2856
农副食品加工业	3822		1311	744	743
食品制造业	3379		798	615	362
饮料制造业	4535	10111	2287	937	3271
纺织业	508	27	544	404	1519
木材加工及木、竹、藤、棕、草制品业	7178		1366	827	798
家具制造业	2784		1491	1052	371
造纸及纸制品业	202		77	71	84
印刷业和记录媒介的复制	1481		290	252	425
石油加工、炼焦及核燃料加工业					
化学原料及化学制品制造业	23489	1028	11528	5225	5230
医药制造业	6125	334	1456	934	1435
化学纤维制造业	3400		3951	3636	937
橡胶制品业	4872		1793	1625	324
塑料制品业	7510	15	3572	3180	1179
非金属矿物制品业	59873	898	27985	19089	8554
黑色金属冶炼及压延加工业	11901		5098	1798	957
有色金属冶炼及压延加工业	266315	4736	102718	101132	6224
金属制品业	10967		4372	1075	1109
通用设备制造业	4409		859	696	644
专用设备制造业	17426	237	7355	6406	4260
交通运输设备制造业	-3142	5290	78	72	1459
电气机械及器材制造业	1583	56	792	702	754
通信设备、计算机及其他电子设备制造业	972		995	584	85
仪器仪表及文化、办公用机械制造业	1166	176	298	277	255
工艺品及其他制造业	2381		803	730	250
电力、热力的生产和供应业	-130	5576	4887	4801	4190
燃气生产和供应业	144		661	612	137
水的生产和供应业	546				263

4-19 规模以上外商和港澳台商投资工业企业主要经济指标

（2008年）　　单位：万元

	企 业 单位数（个）	#亏损企业	资产总计	流动资产年平均余额
合　　计	**20**	**7**	**1916542**	**753669**
市　直	8	4	332442	210258
湖滨区	2		27324	11895
渑池县	1		512119	177066
陕　县	3	1	841154	284004
义马市	1	1	110621	6086
灵宝市	5	1	92884	64360
按行业分：				
农副食品加工业	1		3935	2262
食品制造业	1		2872	1029
饮料制造业	3	1	104371	69630
木材加工及木、竹、藤、棕、草制品业	1		3080	559
化学原料及化学制品制造业	1		45203	13325
医药制造业	2		10092	6197
有色金属冶炼及压延加工业	4		1401231	532841
专用设备制造业	1		730	442
交通运输设备制造业	1	1	78881	43938
仪器仪表及文化、办公用机械制造业	1	1	1502	1399
电力、热力的生产和供应业	4	4	264647	82048

4-19续表1　　　　　　　　　　　　　　　（2008年）　　　　　　　　　　　　　　　单位：万元

	#应收帐款	存货	#产成品	#本年折旧
合　　计	**154361**	**167207**	**49969**	**70911**
市　直	9833	21680	4671	9106
湖滨区	1235	4156	3671	352
渑池县	66383	49193	4802	19904
陕　县	37611	62136	11180	38672
义马市	25	859		941
灵宝市	39274	29183	25645	1936
按行业分：				
农副食品加工业	905	1283	1073	62
食品制造业				60
饮料制造业	39604	32057	28243	2007
木材加工及木、竹、藤、棕、草制品业				21
化学原料及化学制品制造业	887	5835	1824	2064
医药制造业	113	57	51	187
有色金属冶炼及压延加工业	106913	115970	15210	57026
专用设备制造业	16	438	247	40
交通运输设备制造业	3991	5174	2757	2401
仪器仪表及文化、办公用机械制造业	345	917	565	28
电力、热力的生产和供应业	1586	5478		7016

4-19续表2 （2008年） 单位：万元

	负债合计	流动负债平均余额	应付及预收款	主营业务收入	主营业务成本
合　　计	**1152877**	**823959**	**277632**	**1337664**	**1020965**
市　直	281943	259622	74680	200834	189022
湖滨区	2077	1748	695	72525	59152
渑池县	235352	210242	64370	419829	270345
陕　县	424288	244673	82089	529827	401532
义马市	119245	20157	6770	2317	2467
灵宝市	89973	87517	49029	112332	98447
按行业分：					
农副食品加工业	551	623	270	6052	5660
食品制造业				9895	7541
饮料制造业	89313	87471	49454	102809	87952
木材加工及木、竹、藤、棕、草制品业	438	358		16976	13555
化学原料及化学制品制造业	18551	8890	7951	33422	29393
医药制造业	3130	1661	847	54950	48288
有色金属冶炼及压延加工业	713515	523678	156207	1006092	723154
专用设备制造业	360	330	20	424	363
交通运输设备制造业	72607	62090	13745	45759	42515
仪器仪表及文化、办公用机械制造业	327	345	222	625	362
电力、热力的生产和供应业	254087	138513	48917	60660	62182

4-19续表3 （2008年） 单位：万元

	主营业务税金及附加	营业费用	管理费用	财务费用	主营业务利润
合　　计	**1630**	**15131**	**20496**	**28475**	**302065**
市　直	830	4478	5597	7745	8631
湖滨区		1343	1198	812	12030
渑池县		2680	3197	5346	146804
陕　县		2510	6245	9929	125785
义马市			376	382	-150
灵宝市	800	4120	3883	4261	8965
按行业分：					
农副食品加工业		92	28		300
食品制造业	63	425	112	28	1866
饮料制造业	19	4266	4406	4644	10572
木材加工及木、竹、藤、棕、草制品业	265	137	257	231	3019
化学原料及化学制品制造业		433	1246	529	3596
医药制造业	454	588	518	305	5620
有色金属冶炼及压延加工业	830	6445	9562	17844	277789
专用设备制造业		15	24		46
交通运输设备制造业		1995	2410	4130	1250
仪器仪表及文化、办公用机械制造业		280	280		-17
电力、热力的生产和供应业		455	1654	765	-1977

4-19续表4　　（2008年）　　单位：万元

	利润总额	亏损企业亏损额	税金总额	本年应交增值税	全部从业人员年平均人数（人）
合　　计	**252929**	**18425**	**100944**	**99314**	**9229**
市　直	-5475	8672	4811	3982	3487
湖滨区	10470				348
渑池县	138261		53578	53578	1060
陕　县	109763	285	41705	41705	2529
义马市	-912	912	49	49	270
灵宝市	821	8557	800		1535
按行业分：					
农副食品加工业	722				38
食品制造业	1726		63		75
饮料制造业	1523	8557	19		1540
木材加工及木、竹、藤、棕、草制品业	2531		265		100
化学原料及化学制品制造业	2015		992	992	1196
医药制造业	4798		813	359	180
有色金属冶炼及压延加工业	249459		97130	96300	4214
专用设备制造业	24		30	30	124
交通运输设备制造业	-5290	5290			994
仪器仪表及文化、办公用机械制造业	-176	176	62	62	60
电力、热力的生产和供应业	-4403	4403	1571	1571	708

4-20 大中型工业企业主要经济指标

（2008年） 单位：万元

	企　业 单位数 （个）	#亏损 企业	资产 总计	流动资产 年平均余额
合　　计	**58**	**14**	**6456074**	**2298597**
市　直	13	7	1501405	538094
湖滨区	3		60685	23286
渑池县	11	2	963978	404242
陕　县	14		1071549	333435
义马市	5	2	2007369	546615
灵宝市	12	3	851088	452925
按轻重工业分：				
轻工业	7	2	140418	93557
重工业	51	12	6315656	2205040
按企业规模分：				
大型企业	6	1	2770994	1092904
中型企业	52	13	3685079	1205693
按行业分：				
煤炭开采和洗选业	3		1715935	512238
有色金属矿采选业	9		453053	177922
非金属矿采选业	1		5969	928
饮料制造业	3	1	70621	55467
烟草制品业	1		13060	3983
纺织业	1	1	24132	23149
木材加工及木、竹、藤、棕、草制品业	1		31624	10975
印刷业和记录媒介的复制	1		16225	8183
化学原料及化学制品制造业	4		114517	44376
化学纤维制造业	1		16380	2775
非金属矿物制品业	6		86064	42703
有色金属冶炼及压延加工业	8	2	2256048	1045378
金属制品业	1		48633	24014
通用设备制造业	2	1	54027	27971
专用设备制造业	2	2	54091	41055
交通运输设备制造业	2	1	90916	48520
仪器仪表及文化、办公用机械制造业	1	1	6974	4599
电力、热力的生产和供应业	10	4	1146428	210142
燃气生产和供应业	1	1	251377	14220

（2008年）

单位：万元

	#应收帐款	存货	#产成品	#本年折旧
合　　计	**318217**	**599255**	**147184**	**255082**
市　直	73242	162343	29370	82075
湖滨区	6258	8409	5950	725
渑池县	86313	95265	16245	40464
陕　县	53000	71980	19597	51229
义马市	42683	91246	10264	61943
灵宝市	56721	170012	65758	18645
按轻重工业分：				
轻工业	40402	32346	20494	3863
重工业	277815	566909	126689	251219
按企业规模分：				
大型企业	64503	210995	56183	79721
中型企业	253714	388260	91000	175361
按行业分：				
煤炭开采和洗选业	41124	83199	10700	47293
有色金属矿采选业	12946	79274	27235	9990
非金属矿采选业	730	179	65	21
饮料制造业	36314	16616	8208	1448
烟草制品业	913	1160		1123
纺织业		12448	11206	63
木材加工及木、竹、藤、棕、草制品业	4099	4222	2167	111
印刷业和记录媒介的复制	2575	902	449	340
化学原料及化学制品制造业	2166	13290	6704	3854
化学纤维制造业	601	1220	631	890
非金属矿物制品业	10271	14387	7640	3170
有色金属冶炼及压延加工业	121484	307350	63155	84099
金属制品业	4133	833	183	1476
通用设备制造业	15504	8161	3025	946
专用设备制造业	9624	18216	1274	374
交通运输设备制造业	5998	8208	2967	2813
仪器仪表及文化、办公用机械制造业	791	1959	1316	126
电力、热力的生产和供应业	48036	21138	192	82924
燃气生产和供应业	910	6494	70	14023

4-20续表2 （2008年） 单位：万元

	负债合计	流动负债平均余额	应付及预收款	主营业务收入	主营业务成本
合 计	**4203435**	**2684511**	**824658**	**6648718**	**5789290**
市 直	1187597	708710	215566	1963011	1911605
湖滨区	27681	22907	4597	126290	108088
渑池县	622014	539928	172087	922617	720407
陕 县	599502	343312	117806	817204	640096
义马市	1231768	647202	204909	1327262	1022472
灵宝市	534873	422453	109693	1492334	1386621
按轻重工业分：					
轻工业	107536	102770	20132	187093	161761
重工业	4095899	2581741	804526	6461625	5627530
按企业规模分：					
大型企业	1803880	1261409	353584	2721442	2291763
中型企业	2399555	1423102	471075	3927276	3497527
按行业分：					
煤炭开采和洗选业	1087212	607504	174450	1144353	821092
有色金属矿采选业	263752	206422	51664	1209194	1111213
非金属矿采选业	800	800	350	29237	23585
饮料制造业	55341	54892	14765	93372	79253
烟草制品业	7647	7775	247	6334	3135
纺织业	23876	19654	3090	9429	7873
木材加工及木、竹、藤、棕、草制品业	23589	19621	2644	47558	44447
印刷业和记录媒介的复制	9804	8708	1521	17359	15628
化学原料及化学制品制造业	66705	45659	19701	140957	128127
化学纤维制造业	10869	11742	510	60599	55872
非金属矿物制品业	63301	45397	12694	89494	75782
有色金属冶炼及压延加工业	1364843	1107790	333549	2714980	2376148
金属制品业	32625	24129	16242	75929	66245
通用设备制造业	35575	24295	15388	30848	26110
专用设备制造业	53824	52516	20547	33837	32293
交通运输设备制造业	78464	67210	15354	75575	68603
仪器仪表及文化、办公用机械制造业	5852	5335	1110	3024	1051
电力、热力的生产和供应业	910676	357706	127864	766260	736045
燃气生产和供应业	108682	17357	12971	100380	116790

	主营业务税金及附加	营业费用	管理费用	财务费用	主营业务利润
合　计	**32262**	**47167**	**232117**	**119226**	**776146**
市　直	4553	7340	30745	46150	35579
湖滨区	108	1588	2728	1371	16506
渑池县	3787	8876	21825	17508	189570
陕　县	980	5253	14230	23897	170934
义马市	18360	17799	114629	15322	268631
灵宝市	4475	6310	47960	14979	94928
按轻重工业分：					
轻工业	1125	4850	6312	6445	19128
重工业	31138	42318	225805	112781	757018
按企业规模分：					
大型企业	20898	21213	153477	35927	389694
中型企业	11364	25955	78640	83300	386452
按行业分：					
煤炭开采和洗选业	18282	17067	111157	15101	287912
有色金属矿采选业	4203	2397	44682	6869	91377
非金属矿采选业	185	402	398	87	5065
饮料制造业	695	4000	3536	4645	9425
烟草制品业	88	543	1125	449	2547
纺织业	16	67	628	860	1474
木材加工及木、竹、藤、棕、草制品业	2	214	589	510	2895
印刷业和记录媒介的复制	11	240	283	481	1481
化学原料及化学制品制造业	1077	1426	2915	1083	10326
化学纤维制造业	315		741	10	4201
非金属矿物制品业	457	3868	4694	1952	9409
有色金属冶炼及压延加工业	2423	10589	30617	35015	327947
金属制品业	232	1318	814	1576	8134
通用设备制造业	238	1758	3163	402	2743
专用设备制造业	84	167	1975	988	1293
交通运输设备制造业	6	2750	2823	4550	4489
仪器仪表及文化、办公用机械制造业	39	248	1737	84	1687
电力、热力的生产和供应业	3461	113	14427	45343	20602
燃气生产和供应业	450		5814	-778	-16859

4-20续表4　　（2008年）　　单位：万元

	利润总额	亏损企业亏损额	税金总额	本年应交增值税	全部从业人员年平均人数（人）
合　　计	**420751**	**93293**	**302498**	**270236**	**92549**
市　直	-33585	51826	44555	40003	14114
湖滨区	12657		1199	1090	1251
渑池县	149725	7188	71402	67615	9105
陕　县	134500		52510	51530	10417
义马市	116596	20863	110038	91678	41271
灵宝市	40858	13416	22795	18321	16391
按轻重工业分：					
轻工业	6621	8584	6353	5228	4370
重工业	414129	84708	296145	265007	88179
按企业规模分：					
大型企业	179332	6021	124765	103866	53021
中型企业	241419	87271	177733	166369	39528
按行业分：					
煤炭开采和洗选业	138007		105683	87401	41005
有色金属矿采选业	47496		13938	9735	13439
非金属矿采选业	4580		565	380	300
饮料制造业	1267	8557	996	301	1729
烟草制品业	919		972	883	479
纺织业	-27	27	172	156	860
木材加工及木、竹、藤、棕、草制品业	1796		18	16	612
印刷业和记录媒介的复制	1063		263	252	365
化学原料及化学制品制造业	6624		4552	3475	3308
化学纤维制造业	3400		3951	3636	937
非金属矿物制品业	5050		5595	5138	3105
有色金属冶炼及压延加工业	261750	10758	114191	111768	11722
金属制品业	5744		2548	2317	491
通用设备制造业	751	123	2574	2337	1163
专用设备制造业	-1498	1498	1000	916	1792
交通运输设备制造业	-3142	5290	78	72	1459
仪器仪表及文化、办公用机械制造业	-92	92	426	387	699
电力、热力的生产和供应业	-32080	46093	41820	38359	7889
燃气生产和供应业	-20856	20856	3158	2708	1190

主要统计指标解释

工业 指从事自然资源的开采，对采掘品和农产品进行加工和再加工的物质生产部门。具体包括：(1)对自然资源的开采，如采矿、晒盐、森林采伐等(但不包括禽兽捕猎和水产捕捞)；(2)对农副产品的加工、再加工，如粮油加工、食品加工、轧花、缫丝、纺织、制革等；(3)对采掘品的加工、再加工，如炼铁、炼钢、轧钢、化工生产、石油加工、机器制造、木材加工等，以及电力、自来水、煤气的生产和供应等；(4)对工业品的修理、翻新，如机器设备的修理、交通运输工具(包括小卧车)的修理等。

工业统计调查单位 工业统计调查单位分为两类：独立核算法人工业企业和工业活动单位。

独立核算法人工业企业 是指从事工业生产经营活动的单位。独立核算法人工业企业应同时具备以下条件：(1)依法成立，有自己的名称、组织机构和场所，能够承担民事责任；(2)独立拥有和使用资产，承担负债，有权与其他单位签订合同；(3)独立核算盈亏，并能编制资产负债表。

工业活动单位 是指在一个场所从事一种或主要从事一种工业生产活动的经济单位。它包括独立核算工业企业按主营业务活动(即工业生产活动)划分的主营业务活动单位和非工业企业所属的工业生产活动单位(即原非独立核算工业生产单位)。工业活动单位，一般应同时具备以下三个条件：(1)具有一个场所，从事一种或主要从事一种工业活动；(2)单独组织工业生产、经营或业务活动；(3)单独核算收入和支出。

轻工业 指主要提供生活消费品和制作手工工具的工业，是为满足人们吃、穿、用需要的工业，按其所使用的原料不同，可分为两大类：(1)以农产品为原料的轻工业，是指直接或间接以农产品为基本原料的轻工业。主要包括食品制造、饮料制造、烟草加工、纺织、缝纫、皮革和毛皮制作、造纸以及印刷等工业；(2)以非农产品为原料的轻工业，是指以工业品为原料的轻工业。主要包括文教体育用品、化学药品制造、合成纤维制造、日用化学制品、日用玻璃制品、日用金属制品、手工工具制造、医疗器械制造、文化和办公用机械制造等工业。

重工业 是指为国民经济各部门提供物质技术基础的主要生产资料的工业。按其生产和产品用途，可以分为下列三类：(1)采掘(伐)工业，是指对自然资源的开采，包括石油开采、煤炭开采、金属矿开采、非金属矿开采和木材采伐等工业；(2)原材料工业，是指提供国民经济各部门使用的原料、动力和燃料的工业。包括金属冶炼及加工、炼焦及焦炭化学、化工原料、水泥、人造板及电力、石油和煤炭加工等工业；(3)加工工业，是指对原材料进行加工制造的工业。包括装备国民经济各部门的机械设备制造工业、金属结构、水泥制品等工业，以及为农业提供的生产资料和化肥、农药等工业。根据上述划分原则，修理业中修理作业对象是重工业的划为重工业，否则划为轻工业。

工业总产值 是以货币形式表现的，工业企业在一定时期内生产的工业最终产品或提供工业性劳务的总价值量。计算工业总产值时应遵循工业生产、最终产品、工厂法三个基本原则。

①工业生产的原则：即凡是企业在报告期生产的经检验合格的产品，不管是否在报告期销售，均

应包括在内。反之亦然，凡不是本企业生产的产品，均不计入本企业的工业总产值。

②最终产品的原则：即凡是计入工业总产值的产品必须是本企业生产的经检验合格，不需再进行任何加工的最终产品。如果企业有中间产品（半成品）对外销售，那么对外销售的中间产品也应视为企业的最终产品。

③工厂法原则：即工业总产值是以工业企业作为基本计算单位，即按企业的最终产品计算工业总产值。按这种方法计算的工业总产值，不允许同一产品价值在企业内部重复计算，但允许企业间的重复计算。

内容及计算方法：工业总产值包括本期生产成品价值、对外加工费收入，在制品半成品期末期初差额价值三部分。

①本期生产成品价值：是指企业本期生产，并在报告期内不再进行加工，经检验、包装入库的全部工业成品（半成品价值）合计，包括企业生产的自制设备及提供给本企业在建工程、其他非工业部门和生活福利部门等单位使用的成品价值。本期生产成品价值按自备原材料生产的产品的数量乘以本期不含增值税（销项税额）的产品实际销售平均单价；会计核算中按成品价格转帐的自制设备和自产自用的成品，按成品价格计算生产成品价值。生产成品价值中不包括用定货者来料加工的成品（半成品）价值。

②对外加工费收入和对外工业修理作业所取得的加工费收入。对外加工费收入按不含增值税（销项税额）的价格计算，可根据会计‘产品销售收入’科目的有关资料取得。对于本企业对内非工业部门提供的加工修理、设备安装的劳务收入，如果企业会计核算基础比较好，能取得这部分资料，而且这部分价值所占比重较大，应包括在对外加工费收入中。

③自制半成品在制品期末期初差额价值：是指企业报告期自制半成品、在制品期末减期初的差额价值，本指标一般可从会计核算资料中取得。如果会计产品成本核算中不计算半成品、在制品的成本，则总产值中也不包括这部分价值，反之则包括。

工业销售产值　销售产值是以货币形式表现的，工业企业在一定时期内销售的本企业生产的工业产品或提供工业性劳务活动的价值总量。

内容及计算方法；工业销售产值包括以下内容：

①销售成本价值：指企业在报告期内实际销售（包括本企业本期生产和非本期生产）的全部成品或半成品的总金额，即按报告期产品实际销售量乘以不含增值税（销项税额）的产品实际销售平均单价计算。销售成品价值包括为本企业在建工程、生活福利部门等提供的成品和自制设备价值。不包括用定货者来料加工的成品和半成品价值。

②对外加工费收入：是指企业在报告期内完成的对外承接的工业品加工（包括用定货者来料加工产品）的加工费收入；对外工业品修理作业可收取的加工费收入和对内非工业部门提供的加工修理、设备安装等收入。对外加工费收入按不含增值税（销项税额）的价格计算。

与工业总产值的关系

工业总产值与销售产值区别在于：

①工业销售产值计算的基础是工业产品销售总量，不管是否本期生产，只要是在本期销售的都应计算工业销售产值，因此工业销售产值是以产品所有权的转移为计算原则；工业总产值的计算基础是工业产品生产总量，只要是本期生产的不论是已销售的还是尚未销售的都要计算工业总产值，所以工业总产值是以产品的生产为计算原则。

②销售产值不含半成品在制品期末期初差额价值，而工业总产值包括。

工业增加值 业企业在报告期内以货币表现的工业生产活动的最终成果。工业增加值有两种计算方法，一是生产法，二是收入法。本《年鉴》所列的工业增加值按生产法计算。

固定资产原价 工业企业在建造、购置、安装、改建、扩建、技术改造某项固定资产时所支出的全部货币总额。它一般包括买价、包装费、运杂费和安装费等。

固定资产净值 固定资产原价减去历年已提折旧额后的净额。

流动资产 可以在一年或者超过一年的一个营业周期内变现或者耗用的资产，包括现金及各种存款、短期投资、应收及预付货款、存货等。

利税总额 企业税金总额和利润总额之和。

交通运输邮电通讯业

5

三门峡统计年鉴

2009

数据要览

◆ 2008 年公路通车里程	9238 公里	比上年增加 10 公里
◆ 2008 年公路旅客运输量	6926 万人	平均每天发送旅客 18.9 万人
◆ 2008 年公路货运量	4702 万吨	平均每天发送货物 12.8 万吨
◆ 2008 年邮电业务总量	150743 万元	比上年增长 7.2%
◆ 2008 年末电话机拥有量	41.25 万部	比上年下降 13.6%
◆ 2008 年末百人电话机拥有量	18.5 部	比上年减少 3 部

每百人电话拥有量

单位：部

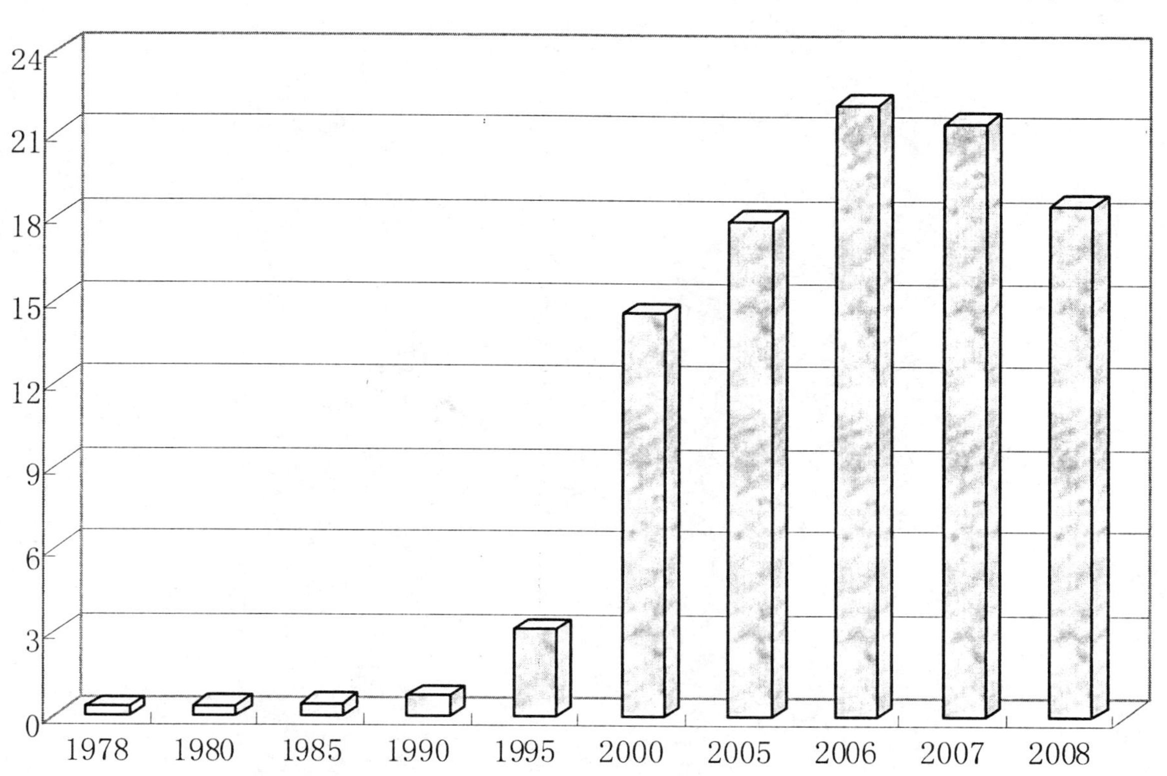

5-1 主要年份交通邮电主要指标

年份	公路里程（公里）	汽车（辆）	公路货运量（万吨）	公路货运周转量（万吨公里）	公路旅客运输量（万人）	公路旅客周转量（万人公里）	邮电业务总量（万元）	电话机（部）	电话设备总容量（门）
1952	351							323	292
1957	384							1828	2427
1962	1097	565	66	400			91	3783	6841
1965	908	258	127	612			93	3393	7205
1970	1071						104	4003	7570
1975	1662		435	2765			145	4866	8222
1978	1765	1987	620	2883			149	5337	9092
1980	**2879**	**2737**	**454**	**3151**			**175**	**6302**	**11302**
1981	2233	3197	309	3866			248	6193	11662
1982	2165	3542	291	4471			247	6253	11727
1983	2175	3733	334	5327			254	6312	11975
1984	2175	5116	435	8607			263	7057	12237
1985	**2224**	**6739**	**667**	**14270**	**1086**	**33077**	**289**	**8560**	**14367**
1986	2235	6848	588	14412	1332	49408	301	8377	14673
1987	2225	7775	658	23318	1332	49408	384	9193	9710
1988	2225	9260	992	35479	1682	56917	483	10625	12580
1989	2241	10172	1296	44873	1922	60407	635	13547	13245
1990	**2466**	**12669**	**1459**	**56881**	**2218**	**70952**	**1303**	**14246**	**12210**
1991	2482	13386	1609	68711	2419	83268	1644	17254	21492
1992	2517	17582	1913	80351	2904	99980	2339	22145	27520
1993	2512	18725	2294	101899	3301	113310	3642	32977	35892
1994	2593	27467	2760	121066	4134	138297	6166	46787	68066
1995	**2629**	**28510**	**3340**	**145176**	**4821**	**159518**	**10529**	**66719**	**100525**
1996	2752	26841	3770	162650	5968	187137	15957	96339	176710
1997	2892	28127	4306	185594	6571	210153	21307	131590	223257
1998	3009	30354	4592	204385	6952	231236	32204	176719	288230
1999	3102	33638	5056	215502	7713	256153	41592	240568	287782
2000	**3228**	**36817**	**5013**	**227580**	**7550**	**269428**	**51863**	**317301**	**372574**
2001	3787	40170	5175	235791	7783	277537	49716	355382	406513
2002	3885	45879	5169	234498	7786	277579	67488	378306	442006
2003	7167	51733	4653	211379	6251	225410	72853	418728	474775
2004	7196	55387	4570	163070	16706	530760	86160	386879	678203
2005	**7300**	**107284**	**3742**	**180426**	**6001**	**194081**	**94936**	**397366**	**677037**
2006	9164	119558	4162	200634	6674	215818	115927	491184	715548
2007	9228	130470	5183	272140	7628	241292	140558	477624	636452
2008	9238	114178	4702	341453	6926	271127	150743	412504	728886

注：邮电业务量1980年前按1970年不变价计算，1981-1989年按1980年不变价计算。1990年后按1990年不变价计算。不变价换算系数：1980年不变价为1970年不变价的1.3053，1990年不变价为1980年不变价的1.6653。公路里程2003年起含公路、村道。

5-2 分县市全社会客货运输量及周转量

（2008年）

指　标	计量单位	全　市	湖滨区	义马市	渑池县	陕　县	灵宝市	卢氏县
客运量	万人	6926	2010	327	592	639	2452	906
公路	万人	6926	2010	327	592	639	2452	906
水路	万人							
#交通运输部门	万人	2423	1127	44	394	75	340	443
#公路	万人	2423	1127	44	394	75	340	443
货运量	万吨	4702	1005	314	776	792	1459	356
公路	万吨	4702	1005	314	776	792	1459	356
水路	万吨							
#交通运输部门	万吨	124	38		8		78	
公路	万吨	124	38		8		78	
旅客周转量	万人公里	271127	76503	9862	17426	37540	97482	32314
公路	万人公里	271127	76503	9862	17426	37540	97482	32314
水路	万人公里							
#交通运输部门	万人公里	73833	36064	2023	11193	2818	9179	12556
#公路	万人公里	73833	36064	2023	11193	2818	9179	12556
货物周转量	万吨公里	341453	107080	27545	34109	37838	108795	26086
公路	万吨公里	341453	107080	27545	34109	37838	108795	26086
水路	万吨公里							
#交通运输部门	万吨公里	8885	5293		2448		1144	
#公路	万吨公里	8885	5293		2448		1144	

5-3 各种民用车辆拥有量及驾驶员实有数

（2008年底）

指　标	计量单位	总　计			总计中			报废
			营运	非营运	#进口	#个人	#新注册	
机动车辆	**辆**	**310029**	**31941**	**278088**	**771**	**258778**	**26763**	**353**
汽车	辆	114178	29766	84412	770	87959	14109	333
载客汽车	辆	64886	3451	61435	767	48212	10245	145
#大型	辆	1163	878	285	3	112	162	76
中型	辆	2299	1136	1163	17	805	87	19
小型	辆	59100	1379	57721	747	45161	9756	45
微型	辆	2324	58	2266		2134	240	5
#轿车	辆	61424	1437	59987	747	47295	9996	50
载货汽车	辆	20293	14072	6221	3	12613	1929	166
#重型	辆	2732	2645	87	1	1039	301	25
中型	辆	8230	8139	91		4708	490	85
轻型	辆	9114	3226	5888	2	6686	1137	50
微型	辆	217	62	155		180	1	6
#普通载货	辆	17561	11427	6134	2	11574	1628	141
其它汽车	辆	28999	12243	16756		27134	1935	22
#三轮汽车	辆	23824	8357	15467		23675	975	3
低速货车	辆	3302	2551	751		3183	178	6
摩托车	辆	159007	997	158010		135057	11182	12
普通	辆	154968	996	153972		131050	11123	12
轻便	辆	4039	1	4038		4007	59	
挂车	辆	1196	1178	18	1	114	564	8
拖拉机	辆	35648		35648		35648	908	
大中型	辆	2202		2202		2202	262	
小型方向盘式	辆	25974		25974		25974	532	
机动车驾驶员人数	**人**	**327289**	**90218**	**237071**				
#汽车驾驶员	人	236246	59880	176366				

注：1. 本表统计范围是全市民用机动车登记注册汇总资料；

2. 本表数据由三门峡市公安局交通警察支队车辆管理所以及三门峡市农机管理局提供。

5-4 分县市民用车辆拥有量及驾驶员实有数

（2008年底）

指　　标	计量单位	全　市	湖滨区	义马市	渑池县	陕　县	灵宝市	卢氏县
机动车辆	**辆**	**310029**	**184980**	**10063**	**25014**	**21436**	**49583**	**18953**
汽车	辆	114178	96336	1100	2678	815	11486	1763
载客汽车	辆	64886						
#大型	辆	1163						
中型	辆	2299						
小型	辆	59100						
微型	辆	2324						
载货汽车	辆	20293			8		10	
#重型	辆	2732			1			
中型	辆	8230			6		1	
轻型	辆	9114			1		9	
微型	辆	217						
其它汽车	辆	28999	11190	1100	2670	815	11461	1763
#三轮汽车	辆	23824	7832	755	1822	658	11165	1592
低速货车	辆	3302	1485	345	848	157	296	171
摩托车	辆	159007	51800	8963	22336	20621	38097	17190
普通	辆	154968	48744	8840	22225	20220	37951	16988
轻便	辆	4039	3056	123	111	401	146	202
挂车	辆	1196						
拖拉机	辆	35648						
机动车驾驶员人数	**人**	**327289**	**132289**	**16983**	**35234**	**45239**	**61550**	**35994**
#汽车驾驶员	人	236246	118248	12062	21854	25333	35252	23497

注：1. 本表统计范围是全市民用机动车登记注册汇总资料；

2. 本表数据由三门峡市公安局交通警察支队车辆管理所以及三门峡市农机管理局提供。

5-5 分县市公路通阻养护里程

（2008年底）

指　　标	计量单位	全　市	湖滨区	义马市	渑池县	陕　县	灵宝市	卢氏县
公路里程总计	**公里**	**9238**	**278**	**216**	**1685**	**1636**	**2447**	**2976**
按公路等级分								
等级公路	公里	6339	201	165	1153	1283	1824	1713
高速	公里	167	18	12	30	49	58	
一级	公里	22	11			11		
二级	公里	594	51	28	165	151	142	57
三级	公里	694	42	22	140	133	123	234
四级	公里	4862	79	103	818	939	1501	1422
等外公路	公里	2899	77	51	532	353	623	1263
按公路路面分								
有路面公路	公里	5306	183	161	1008	1104	1474	1377
#高级、次高级路面	公里	1207	91	44	223	328	376	146
中级路面	公里	4038	92	106	770	742	1098	1231
低级路面	公里	60		12	15	34		
无路面里程	公里	3767	78	44	648	483	915	1600
总计中:晴雨通车里程	公里	5418	183	161	1045	1141	1474	1414

5-6 分县市公路桥梁、涵洞年末数

（2008年底）

指　　标	计量单位	全　市	湖滨区	义马市	渑池县	陕　县	灵宝市	卢氏县
桥梁总计	**座**	**645**	**10**	**22**	**98**	**88**	**129**	**298**
按桥梁跨度分								
#大型桥梁	座	71	5	5	13	19	7	22
中型桥梁	座	159		1	25	20	40	73
按桥梁使用年限分								
永久性	座	596	9	22	98	88	128	251
半永久性	座							
临时性	座	49	1				1	47
涵洞总计	**道**	**7442**	**207**	**390**	**1509**	**1639**	**2407**	**1290**
遂道总计	**处**	**19**			**4**		**2**	**13**

5-7 分县市邮政和电信局、所及通信网络

（2008年）

指　　标	单位	全　市	湖滨区	义马市	渑池县	陕　县	灵宝市	卢氏县
邮政局所服务网点情况								
邮政局所服务网点总数	处	208	54	14	50	21	37	32
邮政局所总数	处	78	8	6	15	13	18	18
#设在农村的	处	54			12	11	15	16
提供全功能服务的	处	61	5	5	14	11	12	14
电子化局所	处	55	8	6	11	10	11	9
自办局所	处	63	7	6	15	11	8	16
邮政支局	处	11	1			2	8	
代办邮政所	处	4					2	2
邮政报刊图书销售点	个	104	37	7	32	5	14	9
集邮品销售点	个	5	1	1		2		1
邮政储蓄点	个	53	13	5	6	7	14	8
汇兑网点数	个	81	13	5	16	13	16	18
物流专门营销网点	个	5	1	1		1	1	1
投递部门	个	70	5	2	16	13	15	19
邮政信箱信筒	个	159	34	20	32	19	35	19
#城区局内个数	个	19	8	6	2	1	1	1
城区局外个数	个	70	24	14	17	5	8	2
设在农村的个数	个	70	2		13	13	26	16
邮政妥投点	个	53266	38893	2186	2284	2400	5643	1860
#直接投递的	个	40527	30740	1764	1126	1100	5469	328
与用户签订妥投协议的	个	12739	8153	422	1158	1300	174	1532
邮路及农村投递路线								
邮路总长度	公里	9583	677	157	1466	866	3172	3245
#农村	公里	8144	386	109	1144	737	2945	2823
#自办汽车邮路总长度	公里	423	274	48		6	65	30
委办汽车邮路总长度	公里	750	17		169	78	162	324
其它邮路总长度	公里	266		153		45		68
农村投递路线条	条	203	8	2	26	31	58	78
城市投递段道	公里	1446	688	107	293	133	170	55
邮政主要设备								
邮政汽车	辆	81	35	7	8	9	12	10
邮资机	台	29	24	1	1	1	1	1

5-8 分县市邮电通信行业业务情况

（2008年）

指　标	单位	全　市	湖滨区	义马市	渑池县	陕　县	灵宝市	卢氏县
邮电业务总量	**万元**	**150743**	**48930**	**10985**	**18744**	**15969**	**41551**	**14564**
邮政业务总量	万元	12562	3372	1193	1435	2062	3161	1339
电信业务总量	万元	138181	45558	9792	17309	13907	38390	13225
邮政业务主要指标								
国内平常函件	万件	597	269	31	7	41	215	34
#信件	万件	106	47	7	6	10	30	6
#印刷品	万件	28	24	1	1	2		
国内挂号函件	万件	15	5	2	2	1	3	2
国际港澳台平函、给据函件	件	675		11		596	49	19
机要邮件	件	7041	6273	44	181	22	420	101
国内包裹	件	64208	21333	4041	8676	5837	14391	9930
#快递包裹	件	23383	9806	1539	4543	1085	4046	2364
特快专递业务	件	235214	117577	15943	29761	19984	38767	13182
#国内特快专递	件	233152	116294	15920	29699	19976	38095	13168
国际特快专递	件	2062	1283	23	62	8	672	14
国内汇票合计	笔	352083	73268	25928	37491	44215	138211	32970
兑付国内汇票笔数	笔	96206	46602	2991	8001	8986	13966	15660
订销报纸累计份数	万份	3226	899	293	484	439	765	346
#订销报纸期发份数	份	135700	43100	11059	17932	19777	30360	13472
订销杂志累计份数	万份	134	50	10	14	14	37	9
#订销杂志期发份数	份	74824	30034	4992	6415	8853	20131	4399
报刊流转额	万元	2803	892	245	371	353	683	259
邮政储蓄期末余额	万元	351013	81377	32652	40068	64435	91672	40809
集邮品册数	册	32356	10110	3508	2138	2906	9130	4564
集邮业务量	万枚	250	104	33	33	38	19	23
物流分销与邮购运输量	吨	3245	190	124	905	35	1576	415

5-8续表　　　　　　　　　　　　　　（2008年）

指　　标	单位	全　市	湖滨区	义马市	渑池县	陕　县	灵宝市	卢氏县
电信业务主要指标								
长途电话通话量	万次	2063	1048	125	155	149	390	196
本地电话年末用户	户	412504	104297	37468	53605	46087	114889	56158
城市电话用户	户	274470	94737	24074	33973	22851	72033	26802
乡村电话用户	户	138034	9560	13394	19632	23236	42856	29356
住宅电话年末用户	户	327913	83195	28616	38258	33522	98362	45960
城市住宅电话	户	219824	77319	19703	24412	15462	63101	19827
乡村住宅电话	户	108089	5876	8913	13846	18060	35261	26133
公用电话	部	54646	17418	4371	9561	7389	8932	6975
普通公用电话	部	52010	16335	3991	9331	7238	8346	6769
IC卡公用电话	部	2636	1083	380	230	151	586	206
分组交换用户	户	39	4				17	18
数字数据用户	户	358	130		36	71	53	68
移动电话用户	户	1113105	233857	91539	170648	140281	360829	115951
国际互联网络用户	户	122364	37860	14358	17601	12993	30460	9092
电信主要通信能力								
长途电话交换机容量	路端	13306	4416	847	1900	695	4157	1291
电话设备总容量	门	728886	254957	47261	83344	76817	185510	80997
#局用电话交换机容量	门	383222	80147	32270	44048	54845	134884	37028
接入网设备容量	门	153036	37473	7091	27606	14164	30504	36198
无线市话系统容量	门	192628	137337	7900	11690	7808	20122	7771
接入局用交换机话机部数	部	221137	48925	21501	23717	30248	70370	26376
接入用户交换机话机部数	部	95373	34582	5462	5231	6919	17216	25963
移动电话交换机容量	万门	182	41.5	14.5	28	22	56.2	19.8

主要统计指标解释

公路里程　也称“公路通车里程”，是指实际达到《公路工程技术标准 JTJ101—88》规定的等级公路，并经公路管理部门正式验收交付使用的公路里程数。它包括大中城市的市区公路以及通过小城镇街道的公路里程，也包括桥梁、渡口的长度，但不包括城市的街道以及厂矿、林区和农业生产用道的里程。两条或多条公路共同经由同一路段，只计算一次，不得重复计算里程长度。公路里程是反映公路建设发展规模的重要指标，也是计算运输网密度等指标的基础资料。

货(客)运量　指运输业实际运送的货物(旅客)数量。是反映运输业为国民经济和人民生活服务的数量指标，也是制定和检查运输生产计划，研究运输发展规模和速度的重要指标。货运按吨计算，客运按人计算。货物不论运输距离长短，货物类别，均按实际重量统计；旅客不论行程远近或票价多少，均按一人一次作为客运量统计。半价票、小孩票也按一人统计。

货物(旅客)周转量　指运输业运送的货物(旅客)数量与其相应运输距离的乘积之总和。是反映运输业生产总成果的重要指标，也是编制和检查运输生产计划、计算运输效率、劳动生产率以及核算运输单位成本的主要基础资料。通常以吨公里和人公里为计算单位。计算货物周转量通常按发出站与到达站之间的最短距离，也就是计费距离计算。其计算公式为：

货物周转量=Σ(每批货物量×该批货物的运程)

旅客周转量=Σ(实际运送的每一旅客×该旅客起程与到达站间距离)

邮电业务总量　指以货币表现的邮电部门为用户传递信息和提供其他邮电服务的总量。它综合反映了一定时期邮电工作的总成果，是研究邮电业务量构成和发展趋势的重要指标。它用各种邮电分类业务量，如函件件数、电报张数、长话次数、城市电话和农村电话的年均户数、订销报刊累计份数等，分别乘以相应的平均单价(不变价)，加总后再加上出租电路和设备的收入、代用户维护电话交换机和线路等设备的收入、其他业务收入求得。

固定资产投资和建筑业

数据要览

◆2008 年全社会固定资产投资额	4027748 万元	比上年增长 38.2%
城镇固定资产投资	3442071 万元	比上年增长 34.7%
#房地产投资	172274 万元	比上年增长 131.9%
农村非农户 50 万元以上项目投资	495458 万元	比上年增长 77.5%
农村私人投资	90219 万元	比上年增长 13.0%

全社会固定资产投资

单位：亿元

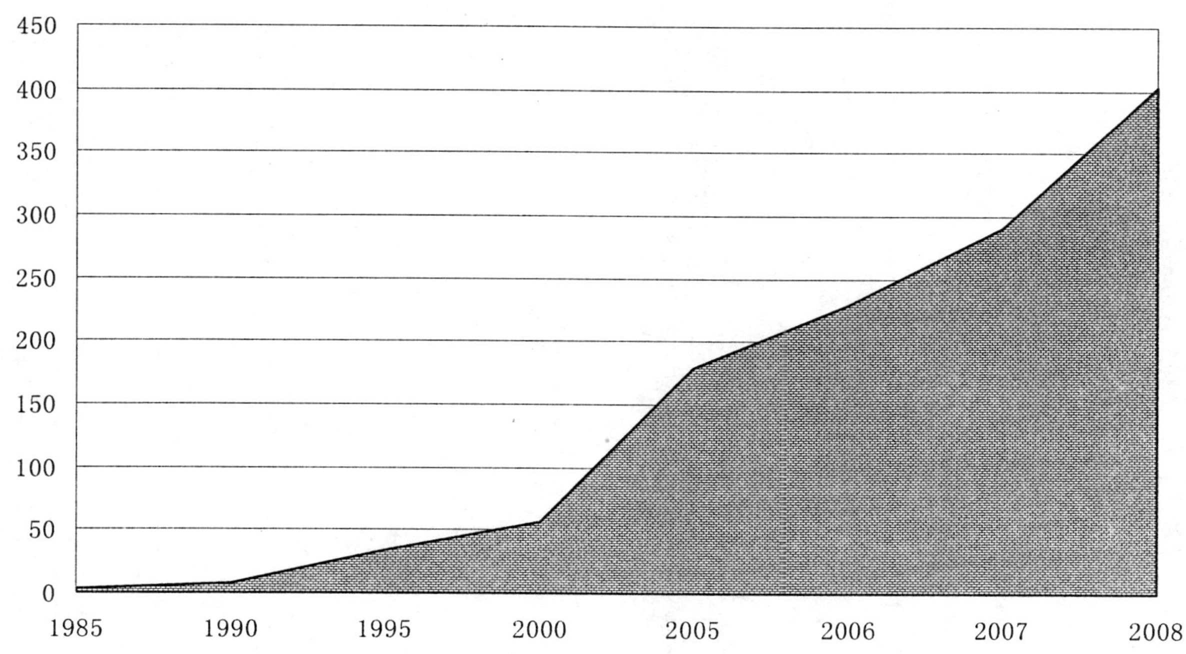

6-1 全社会固定资产投资总额

单位：万元

年　　份	全社会固定资产投资总额	国有经济	集体经济	城乡个人	其他各种经济类型
“一五”时期	9066	9066			
“二五”时期	67344	67344			
1963—1965	9650	9650			
“三五”时期	20071	20071			
“四五”时期	34512	34512			
“五五”时期	35876	35876			
1978	7675	7675			
1979	6625	6625			
1980	7590	7590			
“六五”时期	104201	81054	6833	16314	
1981	14683	11187	1894	1602	
1982	14566	11100	1108	2358	
1983	20082	17404	1038	1640	
1984	29401	23828	1310	4263	
1985	25469	17535	1483	6451	
“七五”时期	312724	204873	37482	70369	
1986	39206	29217	1915	8074	
1987	55121	41063	4891	9167	
1988	72438	45816	11645	14977	
1989	64292	38940	9033	16319	
1990	81667	49837	9998	21832	
“八五”时期	1024846	703854	106906	176529	37557
1991	90961	59539	13285	18137	
1992	125170	87263	15112	22795	
1993	171679	119069	20949	24549	7112
1994	303249	207198	32841	50913	12297
1995	333787	230785	24719	60135	18148
“九五”时期	2330961	1695500	169656	332591	130474
1996	431464	309600	26198	72901	22765
1997	421128	322659	20507	71075	6887
1998	437414	315183	14666	68073	39292
1999	472391	308572	79274	63557	19708
2000	568564	439486	29011	56985	41822
“十五”时期	4845059	2818109	358688	495767	1175027
2001	594715	453901	48149	53395	38060
2002	588265	420680	84002	38481	42822
2003	760489	452420	58269	61941	187859
2004	1109149	611436	80943	144257	278535
2005	1792441	879672	87325	197693	627751
“十一五”时期					
2006	2290508	873213	141956	412431	862908
2007	2913718	889031	144969	613127	1266591
2008	4027748	1439890	516259	850554	1221045

6-2 按经济类型分的全社会固定资产投资

（2008年） 单位：万元

项目	合计	国有	港澳台商	外商	集体	私营个体	其中：民间投资
投资总额（万元）	**4027748**	**1439890**	**114719**	**29818**	**516259**	**1927062**	**2443321**
按隶属关系分							
中央	93877	93877					
地方	3933871	1346013	114719	29818	516259	1927062	2443321
按管理渠道分							
城镇固定资产	3442071	1381015	114719	29818	349420	1567099	1916519
#房地产	172274	12395		4197		155682	155682
农村非农户	495458	58875			166839	269744	436583
农户	90219					90219	90219
按构成分							
建筑安装工程	2264081	823101	28848	12272	378781	1021079	1399860
设备工器具购置	1248420	453140	80670	15114	93213	606283	699496
其他费用	515247	163649	5201	2432	44265	299700	343965
房屋建筑面积(平方米)							
施工面积	13607132	4373722	14758	147760	2382958	6687934	9070892
竣工面积	5991012	2508778	9558		653791	2818885	3472676
#住宅	4243181	2079451	9558		285032	1869140	2154172
本年资金来源合计	**4099632**	**1422612**	**107592**	**33247**	**524838**	**2011343**	**2536181**
上年末结余资本	15626	3667		4516	204	7239	7443
本年资金来源小计	4084006	1418945	107592	28731	524634	2004104	2528738
国家预算内资金	127847	113767			13540	540	14080
国内贷款	272402	50343	40900	4000	200	176959	177159
债券							
利用外资	31450	1700				29750	29750
#外商直接投资	31450	1700				29750	29750
自筹资金	3417197	1177117	55588	20022	485829	1678641	2164470
#企事业单位自有资金	1245060	526944	52788	3600	76860	584868	661728
其他资金来源	235110	76018	11104	4709	25065	118214	143279

6-3 分县市全社会固定资产投资

（2008年）　　　　单位：万元

	全　市	市　直	开发区	湖滨区	义马市	渑池县	陕县	灵宝市	卢氏县
全社会固定资产投资额	**4027748**	**167137**	**54124**	**261959**	**618343**	**860390**	**738500**	**1047231**	**280064**
按注册经济类型分									
国有	1439890	62318	32174	31350	370756	386526	187457	302524	66785
港澳台商投资	114719				111919		2800		
外商投资	29818		3260			12709	12203	1646	
集体	516259			7550		240001	59822	188818	20068
私营个体	1927062	104819	18690	223059	135668	221154	476218	554243	193211
#民间投资	2443321	104819	18690	230609	135668	461155	536040	743061	213279
按隶属关系分									
中央	93877	2750				45950	15976	29201	
地方	3933871	164387	54124	261959	618343	814440	722524	1018030	280064
按管理渠道分									
城镇固定资产	3442071	167137	52874	231588	609518	714475	608509	863647	194323
#房地产开发	172274	44279	5590	15460	27070	6620	17615	52340	3300
农村非农户规模以上	495458			22589	7997	130904	120165	138063	75740
农户	90219		1250	7782	828	15011	9826	45521	10001
按建设性质分									
#新　建	1982981	111230	41284	87042	363219	479865	508944	289016	102381
扩　建	679030	3680	6000	93631	117292	62183	102452	133618	160174
改　建	931907	3300		58044	3957	294007	91577	481022	
按三次产业分									
第一产业	177772		1542	4540	1680	16780	61520	71587	20123
第二产业	2664000	101653	39359	188354	424089	589603	469299	718810	132833
第三产业	1185976	65484	13223	69065	192574	254007	207681	256834	127108

6-4 按国民经济行业分的全社会固定资产投资

（2008年）　　单位：万元

	全社会固定资产投资	城镇固定资产投资	农村非农户规模以上	农　户
合　计	4027748	3442071	495458	90219
第一产业	177772	91687	78742	7343
#农业	36003	12833	17770	5400
第二产业	2664000	2430510	232907	583
#采矿业	955763	806500	149263	
制造业	1542233	1460143	81849	241
电力、燃气及水生产和供应业	163234	161347	1795	92
建筑业	2770	2520		250
第三产业	1185976	919874	183809	82293
交通运输、仓储和邮政业	135207	71865	45928	17414
信息传输计算机服务和软件业	33830	33540	290	
批发和零售业	40437	23258	9915	7264
住宿和餐饮业	29320	23450	5870	
金融业				
房地产业	648395	532548	59480	56367
租赁和商务服务业	8624	8239	385	
科学研究、技术服务和地质勘查业	2555	1005	1550	
水利、环境和公共设施管理业	161957	132250	29707	
居民服务和其他服务业	1539		291	1248
教育	49191	34283	14908	
卫生、社会保障和社会福利业	20950	16955	3995	
文化、体育和娱乐业	39846	30106	9740	
公共管理和社会组织	14125	12375	1750	

6-5 城镇固定资产投资主要指标

（2008年）　　单位:万元

指　　标	2007年	2008年	2008比2007年增长%
投资完成额	**2554689**	**3442071**	**34.7**
其中：住宅	276686	417676	51.0
按登记注册类型分			
国有及国有控股	862594	1381015	60.1
港澳台商投资	253597	114719	-54.8
外商投资	80995	29818	-63.2
集体及集体控股	70477	349420	395.8
私营个体投资	1287026	1916519	48.9
其中:民间投资	1357503	1916519	41.2
按三次产业分			
第一产业	67334	91687	36.2
第二产业	1750753	2430510	38.8
第三产业	736602	919874	24.9
按隶属关系分			
中央项目	56119	93877	67.3
地方项目	2498570	3348194	34.0
按建设性质分			
#新　建	1464048	1887415	28.9
扩　建	544277	529107	-2.8
改　建	370531	866228	133.8
本年资金来源合计	**2857659**	**3500415**	**22.5**
国家预算内资金	56292	116962	107.8
国内贷款	214851	267652	24.6
债券			
利用外资	30164	22500	-25.4
自筹资金	2452754	2902237	18.3
其他资金来源	103598	191064	84.4

6-6 分县市城镇固定资产投资构成情况

（2008年） 单位：万元

指　　标	全　市	市　直	开发区	湖滨区	义马市	渑池县	陕　县	灵宝市	卢氏县
施工项目（个）	716	19	14	49	74	88	187	181	104
全部建成投产项目	508	11	6	42	50	59	132	120	88
项目建成投产率	70.9	57.9	42.9	85.7	67.6	67.0	70.6	66.3	84.6
本年完成投资	3442071	167137	52874	231588	609518	714475	608509	863647	194323
新增固定资产	2402581	57338	34547	227747	347746	408710	547255	600237	179001
固定资产交付使用率（%）	69.8	34.3	65.3	98.3	57.1	57.2	89.9	69.5	92.1
施工房屋建筑面积	10470036	886335	252550	326131	2630159	2616593	977703	2368480	412085
#住宅	6458962	468195	144162	182676	2201848	1773314	465335	1063557	159875
竣工房屋建筑面积	3785286	69131	52794	192369	2017989	210125	219849	730446	292583
#住宅	2514171	37487	36489	77369	1919854	38050	19882	233215	151825
竣工率	36.2	7.8	20.9	59.0	76.7	8.0	22.5	30.8	71.0
#住宅	38.9	8.0	25.3	42.4	87.2	2.1	4.3	21.9	95.0
投资额按三次产业分									
第一产业	91687		1242	3600		5200	37310	29482	14853
第二产业	2430510	101653	38409	169353	448711	488196	423674	645044	115470
第三产业	919874	65484	13223	58635	160807	221079	147525	189121	64000
投资额按建设性质分									
#新建	1887415	155509	46874	93327	384739	407255	444234	272965	82512
扩建	529107	3680	6000	81197	116612	34149	74652	103434	109383
改建	866228	3300		57064	3150	270367	81867	450480	
投资额按构成分									
建筑工程	1725376	102880	23867	128233	215245	371455	225985	496666	161045
安装工程	200252	6882	2323	16979	67236	20804	53733	24978	7317
设备工器具购置	1140773	33930	18756	81555	285924	262382	206980	230889	20357
其他费用	375670	23445	7928	4821	41113	59834	121811	111114	5604

6-7 分县市城镇固定资产投资资金和土地情况

（2008年） 单位：万元

指　　标	全　市	市　直	开发区	湖滨区	义马市	渑池县	陕　县	灵宝市	卢氏县
本年资金来源合计	3515456	259863	59582	229088	588988	737963	600140	859618	180214
上年末结余资金	15041	1123	1019		3042		6881	2962	14
本年资金来源小计	3500415	258740	58563	229088	585946	737963	593259	856656	180200
国家预算内资金	116962	8292	3770		25410	34372	31077	12051	1990
国内贷款	267652	113760	18370	25054	46300	20421	18132	21773	3842
债券									
利用外资	22500					20000	2500		
#外商直接投资	22500					20000	2500		
自筹资金	2902237	108923	33803	202748	444263	655754	508425	788908	159413
#企事业单位自有资金	1159470	13969	24935	202748	443243	198703	5785	112147	157940
其他资金来源	191064	27765	2620	1286	69973	7416	33125	33924	14955
本年各项应付款合计	175295	12593	860	3100	82261	100	27773	34499	14109
#工程款	152827	10302	860	2000	73198		23233	32614	10620
规划用地面积（平方米）	36435212	1196029	155034	402315	2804663	2954584	23156281	4319573	1446733
本年实际征购土地（平方米）	6454488	83155	94372	12513	1245198	1198742	371814	2249672	1199022
本年实际征购土地成交款	120197	2604	1169	271	21440	35639	6679	49619	2776

6-8 分县市分行业城镇固定资产投资完成情况

（2008年）　　单位：万元

指　　标	全　市	市　直	开发区	湖滨区	义马市	渑池县	陕　县	灵宝市	卢氏县
总　　计	**3442071**	**167137**	**52874**	**231588**	**609518**	**714475**	**608509**	**863647**	**194323**
农、林、牧、渔业	91687		1242	3600		5200	37310	29482	14853
采矿业	806500		2513	7000	127459	105853	60829	438145	64701
煤炭开采和洗选业	179647				127459	19983	32205		
石油和天然气开采业	5200			5200					
黑色金属矿采选业	73411							44691	28720
有色金属矿采选业	517134		2513			80770	18009	382933	32909
非金属矿采选业	31108			1800		5100	10615	10521	3072
制造业	1460143	87202	15060	162353	282525	356822	325654	185719	44808
农副食品加工业	35429					9650	9200	5419	11160
食品制造业	39850		3000		3050	2300		31500	
饮料制造业	20576						7158	13418	
纺织业	59389			41389		17100			900
造纸及纸制品业	17100						1000	16100	
印刷业和记录媒介的复制	3780						1000	2780	
文教体育用品制造业									
石油加工、炼焦及核燃料加工业	18000					18000			
化学原料及化学制品制造业	233800	16762	200	4300	185515	16000	8585	1438	1000
医药制造业	21016		3000					18016	
化学纤维制造业	5000						5000		
塑料制品业	2760	2760							
非金属矿物制品业	107193			6215	14250	6000	47128	29810	3790
黑色金属冶炼及压延加工业	35363					12000		3365	19998
有色金属冶炼及压延加工业	651507	53405		83434	3210	270172	225200	14586	1500
金属制品业	26975	2540		1100	19350	2700		1285	
通用设备制造业	50150	6000		8265	17750		4650	13485	
专用设备制造业	83412		5600	4200	39400		1180	33032	
交通运输设备制造业	8800			5450			3350		
电气机械及器材制造业	5735	5735							
通信设备、计算机及其他设备	4260					2900			1360
仪器仪表及办公用机械制造	9485			8000				1485	
工艺品及其他制造业	3260		3260						
废弃资源和废旧材料回收加工业	17303						12203		5100
电力、燃气及水的生产供应业	161347	14451	20836		38727	25521	37091	18760	5961
电力、热力的生产和供应业	150479	14451	20836		37960	21980	36991	12300	5961

6-8续表　　　　（2008年）　　　　单位：万元

指　　标	全　市	市　直	开发区	湖滨区	义马市	渑池县	陕　县	灵宝市	卢氏县
燃气生产和供应业	3867				767		100	3000	
水的生产和供应业	7001					3541		3460	
建筑业	2520						100	2420	
交通运输、仓储和邮政业	71865			3500		13636	27197	14203	13329
道路运输业	57624					13636	19156	11503	13329
城市公共交通业	5041						5041		
装卸搬运和其他运输服务业	3500			3500					
仓储业	5700						3000	2700	
信息传输、计算机和软件业	33540	12039					68	20963	470
电信和其他信息传输服务业	33540	12039					68	20963	470
批发和零售业	23258	282		4350	1750		9700	6776	400
批发业	10750						9700	650	400
零售业	12508	282		4350	1750			6126	
住宿和餐饮业	23450		3050	6900	8000	2800		2700	
住宿业	19550		3050	3000	8000	2800		2700	
餐饮业	3900			3900					
金融业									
房地产业	532548	44279	6047	18460	137928	151006	70436	92439	11953
房地产业	532548	44279	6047	18460	137928	151006	70436	92439	11953
租赁和商务服务业	8239			4500			30	3709	
租赁业									
商务服务业	8239			4500			30	3709	
科学研究、技术和地质勘查业	1005				205		800		
水利、环境和公共设施管理业	132250	9236	3126	1800	12390	32000	18410	32695	22593
水利管理业	25780	3500				17000	2960		2320
环境管理业	1000								1000
公共设施管理业	105470	5736	3126	1800	12390	15000	15450	32695	19273
居民服务和其他服务业									
教育	34283	1000	1000	4300		3374	4500	6004	14105
卫生、社会保障和社会福利业	16955			4975		6650	2100	3230	
卫生	13395			4975		3090	2100	3230	
社会保障业									
社会福利业	3560					3560			
文化、体育和娱乐业	30106			9700		7300	10420	2286	400
公共管理和社会组织	12375			150	534	4313	2512	4116	750

6-9 按三次产业分的城镇固定资产投资及构成

（2008年）　　单位：万元

指　　标	2007年		2008年		2008年为2007年%
	投资额	构成	投资额	构成	
合　　计	**2554689**	**100.0**	**3442071**	**100.0**	**134.7**
第一产业	67334	2.6	91687	2.7	136.2
第二产业	1750753	68.5	2430510	70.6	138.8
采矿业	457238	17.9	806500	23.4	176.4
#煤炭采选业	99253	3.9	179647	5.2	181.0
有色金属矿采选业	280163	11.0	517134	15.0	184.6
制造业	1156709	45.3	1460143	42.4	126.2
纺织业	17130	0.7	59389	1.7	346.7
化学原料及化学制品制造业	282794	11.1	233800	6.8	82.7
非金属矿物制品业	115944	4.5	107193	3.1	92.5
黑色金属冶炼及压延加工业	15120	0.6	35363	1.0	233.9
有色金属冶炼及压延加工业	381992	15.0	648143	18.8	169.7
电力、燃气及水生产和供应业	128822	5.0	161347	4.7	125.2
#电力	115859	4.5	150479	4.4	129.9
建筑业	7984	0.3	2520	0.1	31.6
第三产业	736602	28.8	919874	26.7	124.9
交通运输、仓储和邮政业	127437	5.0	71865	2.1	56.4
信息传输计算机服务和软件业	24799	1.0	33540	1.0	135.2
批发和零售业	22415	0.9	23258	0.7	103.8
住宿和餐饮业	25195	1.0	23450	0.7	93.1
金融业	270			0.0	
房地产业	322301	12.6	532548	15.4	165.2
租赁和商务服务业	10341	0.4	8239	0.2	79.7
科学研究、技术服务和地质勘查业	3755	0.1	1005	0.0	26.8
水利、环境和公共设施管理业	128085	5.0	132250	3.8	103.3
居民服务和其他服务业	7226	0.3		0.0	
教育	13334	0.5	34283	1.0	257.1
卫生、社会保障和社会福利业	8878	0.3	16955	0.5	191.0
文化、体育和娱乐业	25404	1.0	30106	0.9	118.5
公共管理和社会组织	17162	0.7	12375	0.4	72.1

6-10 国民经济各行业城镇固定资产投资

（2008年）　　　　单位：万元

行　　业	投　资 总　额	按构成分				按建设性质分，其中：		
		建筑 工程	安装 工程	设备 购置	其他 费用	新建	扩建	改建及 技术 改造
合　计	**3442071**	**1725376**	**200252**	**1140773**	**375670**	**1887415**	**529107**	**866228**
农、林、牧、渔业	91687	42922	720	8100	39945	59583	21787	9017
采矿业	806500	462979	48629	246832	48060	291726	152366	361845
煤炭开采和洗选业	179647	59611	25220	83804	11012	95547	59417	24120
石油和天然气开采业	5200	3700	1500			5200		
黑色金属矿采选业	73411	50279	2294	18232	2606	23615	25780	24016
有色金属矿采选业	517134	337403	18307	129244	32180	147247	64019	305868
非金属矿采选业	31108	11986	1308	15552	2262	20117	3150	7841
制造业	1460143	445306	120308	765749	128780	905475	151307	394576
农副食品加工业	35429	18827	680	14113	1809	20429	15000	
食品制造业	39850	11653	2110	22393	3694	35050	3000	1800
饮料制造业	20576	7531	1250	6025	5770	15556		5020
纺织业	59389	16245	4880	35039	3225	18000		41389
造纸及纸制品业	17100	3250	870	11870	1110		16100	1000
印刷业和记录媒介的复制	3780	903	50	2600	227	2780		1000
石油加工、炼焦及核燃料加工业	18000	3600	1500	12700	200	18000		
化学原料及化学制品制造业	233800	33409	24053	163340	12998	213377	14180	6243
医药制造业	21016	7893	1184	10312	1627	9700	8670	2646
化学纤维制造业	5000	450	550	3700	300		3500	1500
塑料制品业	2760	540	630	1210	380	2760		
非金属矿物制品业	107193	40525	12174	44594	9900	84661	9600	12932
黑色金属冶炼及压延加工业	35363	17084	6550	9898	1831	35363		
有色金属冶炼及压延加工业	651507	207443	39571	338732	65761	322079	60632	268796
金属制品业	26975	5676	5668	13821	1810	23125	3350	500
通用设备制造业	50150	25995	6270	14010	3875	18300	12365	10700
专用设备制造业	83412	18357	7609	44433	13013	52850	3200	27362
交通运输设备制造业	8800	8450	20	130	200	8450	350	
电气机械及器材制造业	5735	1530	880	2565	760	5735		
通信设备、计算机及其他电子设备	4260	300		3950	10	2900	1360	
仪器仪表及文化、办公用机械制造	9485	8985	20	200	280	8000		1485
工艺品及其他制造业	3260	1560		1700		3260		
废弃资源和废旧材料回收加工业	17303	5100	3789	8414		5100		12203
电力、燃气及水的生产和供应业	161347	62393	13319	66682	18953	88744	65036	7567
电力、热力的生产和供应业	150479	57153	12658	63823	16845	80319	63510	6650

6-10续表　　　　　　　　　　　　　　（2008年）　　　　　　　　　　　　　单位：万元

行　业	投资总额	按构成分				按建设性质分，其中：		
		建筑工程	安装工程	设备购置	其他费用	新建	扩建	改建
燃气生产和供应业	3867	2316	338	881	332	3000	347	520
水的生产和供应业	7001	2924	323	1978	1776	5425	1179	397
建筑业	2520	410		2100	10		420	
交通运输、仓储和邮政业	71865	59312	20	8061	4472	18946	18987	28891
道路运输业	57624	53262	20	20	4322	12446	18987	26191
城市公共交通业	5041			5041				
装卸搬运和其他运输服务业	3500	500		3000		3500		
仓储业	5700	5550			150	3000		2700
信息传输、计算机服务和软件业	33540	5900	7595	17351	2694	11071	22469	
批发和零售业	23258	16038	115	2893	4212	14412	3400	5446
批发业	10750	5912		2250	2588	10350	400	
零售业	12508	10126	115	643	1624	4062	3000	5446
住宿和餐饮业	23450	17670	200	715	4865	19650	3300	500
住宿业	19550	14070		615	4865	17650	1900	
餐饮业	3900	3600	200	100		2000	1400	500
金融业								
房地产业	532548	415271	6475	14044	96758	187312	26654	9560
租赁和商务服务业	8239	7710		341	188	3030	1500	3709
商务服务业	8239	7710		341	188	3030	1500	3709
科学研究、技术服务和地质勘查业	1005	451	10	544		205	800	
水利、环境和公共设施管理业	132250	110185	735	1825	19505	74944	35698	21608
水利管理业	25780	24840	345	437	158	21300	3320	1160
环境管理业	1000	1000				1000		
公共设施管理业	105470	84345	390	1388	19347	52644	32378	20448
居民服务和其他服务业								
教育	34283	32934		152	1197	10954	22955	374
卫生、社会保障和社会福利业	16955	14335		1060	1560	6760	80	8865
卫生	13395	10805		1060	1530	3200	80	8865
文化、体育和娱乐业	30106	21646	2123	2674	3663	15686	870	12980
广播、电视、电影和音像业	960	510	280	50	120		260	700
文化艺术业	5546	4356	443	697	50	2586	210	2180
娱乐业	23600	16780	1400	1927	3493	13100	400	10100
公共管理和社会组织	12375	9914	3	1650	808	6643	1478	1290

6-11 国民经济各行业城镇固定资产投资项目个数及新增固定资产

（2008年）

项　　目	施工项目（个）	新开工项目	全部投产项目（个）	项目建成投产率（%）	新增固定资产（万元）	固定资产交付使用率（%）
总　　计	**716**	**569**	**508**	**70.9**	**2402581**	**69.8**
农、林、牧、渔业	48	37	35	72.9	64162	70.0
采矿业	169	141	131	77.5	682146	84.6
煤炭开采和洗选业	43	39	36	83.7	256283	142.7
石油和天然气开采业	1	1				
黑色金属矿采选业	18	14	12	66.7	40395	55.0
有色金属矿采选业	88	71	66	75.0	354357	68.5
非金属矿采选业	19	16	17	89.5	31111	100.0
制造业	175	137	118	67.4	873782	59.8
农副食品加工业	11	11	7	63.6	14311	40.4
食品制造业	6	6	4	66.7	34500	86.6
饮料制造业	6	5	3	50.0	14906	72.4
纺织业	3	1	1	33.3	1700	2.9
造纸及纸制品业	3	2	2	66.7	16900	98.8
印刷业和记录媒介的复制	2	2	2	100.0	3780	100.0
石油加工、炼焦及核燃料加工业	1	1	1	100.0	18000	100.0
化学原料及化学制品制造业	24	23	15	62.5	38581	16.5
医药制造业	6	2	3	50.0	19410	92.4
化学纤维制造业	3	2	2	66.7	6500	130.0
塑料制品业	1					
非金属矿物制品业	33	28	27	81.8	73113	68.2
黑色金属冶炼及压延加工业	3	2	2	66.7	15985	45.2
有色金属冶炼及压延加工业	14	11	7	50.0	483536	74.2
金属制品业	9	5	6	66.7	17335	64.3
通用设备制造业	14	10	11	78.6	37870	75.5
专用设备制造业	18	14	13	72.2	44810	53.7
交通运输设备制造业	9	7	7	77.8	12200	138.6
电气机械及器材制造业	1					
通信设备、计算机及其他电子设备	2	2	2	100.0	4260	100.0
仪器仪表及文化、办公用机械制造	2	2	2	100.0	9485	100.0
工艺品及其他制造业	1	1				
废弃资源和废旧材料回收加工业	3	0	1	33.3	6600	38.1
电力、燃气及水的生产和供应业	36	29	25	69.4	102113	63.3
电力、热力的生产和供应业	24	18	18	75.0	95489	63.5

6-11续表 （2008年）

项目	施工项目（个）	新开工项目	全部投产项目（个）	项目建成投产率（%）	新增固定资产（万元）	固定资产交付使用率（%）
燃气生产和供应业	4	3	1	25.0	1750	45.3
水的生产和供应业	8	8	6	75.0	4874	69.6
建筑业	1	1			2100	83.3
交通运输、仓储和邮政业	36	32	23	63.9	121866	169.6
道路运输业	32	29	19	59.4	63895	110.9
城市公共交通业						
装卸搬运和其他运输服务业	1		1	100.0	52271	1493.5
仓储业	3	3	3	100.0	5700	100.0
信息传输、计算机服务和软件业	8	7	8	100.0	37726	112.5
批发和零售业	13	11	11	84.6	21608	92.9
批发业	5	4	4	80.0	8850	82.3
零售业	8	7	7	87.5	12758	102.0
住宿和餐饮业	13	11	11	84.6	16010	68.3
住宿业	7	6	5	71.4	8610	44.0
餐饮业	6	5	6	100.0	7400	189.7
金融业						
房地产业	87	64	54	62.1	200319	37.6
租赁和商务服务业	4	3	3	75.0	9510	115.4
商务服务业	4	3	3	75.0	9510	115.4
科学研究、技术服务和地质勘查业	2	1	2	100.0	1750	174.1
水利、环境和公共设施管理业	58	40	44	75.9	147546	111.6
水利管理业	10	7	9	90.0	58580	227.2
环境管理业	1		1	100.0	2326	232.6
公共设施管理业	47	33	34	72.3	86640	82.1
居民服务和其他服务业						
教育	19	16	11	57.9	20855	60.8
卫生、社会保障和社会福利业	11	9	5	45.5	4330	25.5
卫生	9	8	4	44.4	3970	29.6
社会福利业	2	1	1	50.0	360	1.2
文化、体育和娱乐业	16	15	13	81.3	24440	81.2
广播、电视、电影和音像业	3	3	3	100.0	960	100.0
文化艺术业	5	4	3	60.0	1080	19.5
娱乐业	8	8	7	87.5	22400	94.9
公共管理和社会组织	20	15	14	70.0	10345	83.6

6-12 大中型固定资产投资项目基本情况一览表

（2008年）　　　　单位：万元

项　　目	河南开祥化工有限公司年产100万吨甲醇工程	河南九华纺织有限公司年产三十万锭高档精密纺织项目	三门峡鹏飞电子有限公司年产3亿只节能灯项目	国网直流工程建设有限公司宜昌工程建设部灵宝扩建换流站工程	天瑞集团三门峡铝业有限公司年产20万吨铝合金铸件项目	中国铝业股份有限公司矿业分公司三门峡年产200万吨铝石项目
建设地址	义马市	湖滨区	工业园	灵宝市	工业园	渑池县
国民经济行业	有机化学原料制造	棉纺织	电子产品制造	电力供应	铝加工	铝矿采选
建设性质	新建	改建	新建	扩建	新建	新建
开工年月	2004.09	2008.04	2007.06	2008.02	2007.06	2006.06
本年全投时间						
计划总投资	600000	58000	40000	225000	360000	120000
累计完成投资	474701	41389	10785	10950	148505	26950
本年完成投资	70855	41389	5735	10950	53405	12700
建筑工程	6652	5000	1530	7500	32985	6100
安装工程	12605	4530	880		1015	
设备工器具购置	50618	29359	2565		11395	6400
其他费用	980	2500	760	3450	8010	200
本年新增固定资产						
建设规模名称	甲醇	棉纺织	节能灯	电力供应	铝加工	铝矿石
计算单位	万吨/年	万锭	亿只	公里	万吨	万吨
建设规模	100	30	3	157.9	20	200
本年施工规模	50	30	3	157.9	20	200
累计新增生产能力	50					
#本年新增	25					

6-12续表1　　（2008年）　　单位：万元

项　目	河南义马盛源化工科技有限责任公司20万吨醋酸项目	河南开祥精细化工有限公司2*3万吨/年1，4-丁二醇	渑池县果园乡工贸区建设指挥部棚户区及工贸区一期	义马煤业集团有限责任公司采煤沉陷区治理	陕县恒康铝业有限公司年产35万吨铝产品精深加工项目	义马煤业（集团）有限公司棚户区改造工程
建设地址	义马市	义马市	渑池县	义马市	陕　县	义马市
国民经济行业	化工	化工	房地产开发	房地产开发	铝加工	房地产开发
建设性质	新建	新建	新建	单纯建造生活设施	新建	单纯建造生活设施
开工年月	2008.06	2008.05	2008.03	2006.10	2007.12	2007.07
本年全投时间						
计划总投资	124266	71000	80000	51307	200000	137325
累计完成投资	58996	38180	36500	18310	215100	145829
本年完成投资	58996	38180	36500	4049	215000	93268
建筑工程	328	4088	15500	3585	48700	83552
安装工程	655	3159	260		20100	3657
设备工器具购置	55196	27473	9900		106000	771
其他费用	2817	3460	10840	464	40200	5288
本年新增固定资产					240100	72900
建设规模名称	醋酸				铝加工	
计算单位	万吨/年				万吨/年	
建设规模	20				35	
本年施工规模	20				20	
累计新增生产能力						
#本 年						

6-12续表2　　（2008年）　　单位：万元

项　　目	渑池县城关镇村镇建设发展中心住宅小区	河南崤山水泥有限责任公司日产4500吨熟料干法水泥	义煤集团有限责任公司氧化铝技改节能项目	河南省九华纺织有限公司渑池20万锭纺织厂	义马热电厂2*155MW工程	灵宝市林业局生态林建设
建设地址	渑池县	陕　县	渑池县	渑池县	义马市	灵宝市
国民经济行业	房地产开发	水泥制造	氧化铝	纺织	火力发电	造林
建设性质	新建	新建	改建	新建	扩建	新建
开工年月	2008.02	2007.07	2008.03	2007.05	2003.07	2008.04
本年全投时间						
计划总投资	63300	55000	170000	40000	172442	48805
累计完成投资	49000	59000	120500	22500	169761	7320
本年完成投资	49000	27500	120500	17100	37960	7320
建筑工程	48400	6121	55400	10345	3880	460
安装工程		8744	2126	350	6490	
设备工器具购置		10020	56674	5680	26930	
其他费用	600	2615	6300	725	660	6860
本年新增固定资产						
建设规模名称		水泥	氧化铝	棉纺锭	火力发电	造林
计算单位		万吨	万吨	万锭	万千瓦	万亩
建设规模		180	40	20	31	139.74
本年施工规模		180	40	20	31	139.74
累计新增生产能力						117
#本　年						117

6-12续表3　　（2008年）　　单位：万元

项　　目	灵宝华鑫铜箔有限责任公司5万吨/年高档铜箔项目	灵宝市新凌铅业有限责任公司10万吨/年含锌废渣综合利用	灵宝黄金股份有限公司小秦岭深部探矿	三门峡市七海集装箱物流有限公司装箱基地建设	卢氏县晋豫钢铁公司特种铸铁	义马煤业（集团）有限责任公司义马矿业工程
建设地址	灵宝市	灵宝市	灵宝市	湖滨区	卢氏县	义马市
国民经济行业	有色金属制造	有色金属制造	金矿开采	商业物流	有色金属冶炼	煤矿开采
建设性质	改建	新建	改建	新建	新建	新建
开工年月	2008.03	2008.04	2008.01	2007.02	2008.05	2005.04
本年全投时间				2008.05		2008.12
计划总投资	70800	82000	50000	50000	50000	95028
累计完成投资	15132	10800	44590	52271	19998	95028
本年完成投资	15132	10800	44590	3500	19998	27976
建筑工程	1681	5700	37780	500	11898	5956
安装工程		200	680		6100	5586
设备工器具购置	7210	3900	4690	3000	1000	11217
其他费用	6241	1000	1440		1000	5217
本年新增固定资产				52271		86500
建设规模名称	铜箔				铁矿采选	煤矿开采
计算单位	万吨				吨/年	万吨/年
建设规模	5				450000	120
本年施工规模	5				450000	120
累计新增生产能力						120
#本　年						120

6-12续表4　　（2008年）　　单位：万元

项　　目	三门峡天元铝业股份有限公司复合钎焊铝箔项目	东方希望（三门峡）铝业有限公司低品位矿实验工程及节能改造	灵宝市鑫华铅业公司10万吨/年铅改扩建工程	义马煤业（集团）义鸣矿业有限公司义马煤业晋昶煤矿工程	东方希望（三门峡）铝业有限公司能源综合利用项目	河南金渠黄金股份公司金渠金矿金属矿石深部探矿
建设地址	湖滨区	渑池县	灵宝市	义马市	渑池县	灵宝市
国民经济行业	铝加工	氧化铝	有色金属冶炼	煤矿开采	氧化铝	金矿开采
建设性质	扩建	改建	改建	新建	扩建	扩建
开工年月	2008.01	2008.01	2005.06	2008.03	2008.06	2008.01
本年全投时间		2008.08	2008.07			2008.12
计划总投资	71980	137000	55000	66418	85000	48000
累计完成投资	59732	137000	55000	25782	25250	16000
本年完成投资	59732	137000	32200	25782	25250	16000
建筑工程	15211	28581	7825	5277	3650	8719
安装工程	8970	4350	1880	1819	7659	786
设备工器具购置	35251	98540	19043	17834	11191	4569
其他费用	300	5529	3452	852	2750	1926
本年新增固定资产	70732	137000	55000			
建设规模名称	铝箔		铅冶炼	原煤开采		黄金
计算单位	万吨/年		万吨/年	万吨/年		公斤/年
建设规模	8		10	90		800
本年施工规模	6		10	90		800
累计新增生产能力			10			800
#本 年			10			800

6-13 固定资产投资新增生产能力(或效益)

（2008年）

新增生产能力（或效益）名称	计量单位	数　值
原煤开采	万吨／年	390
洗煤	万吨／年	382
焦炭	万吨／年	60
铁矿开采原矿	万吨／年	300
铁矿选矿处理量	万吨／年	37
连铸坯	万吨／年	60
铜采矿（原矿）	万吨／年	35
铅锌采矿（原矿）	万吨／年	8.00
铜冶炼	吨／年	30134
电解铜	吨／年	21076
铅冶炼	吨／年	220000
锌冶炼	吨／年	6234
铝加工	吨／年	7235
黄金	公斤／年	2888
银选矿：银含量	公斤／年	2940
精甲醇	吨／年	250000
水力发电	万千瓦	0.3
其他发电	万千瓦	2.55
输电线路长度11万伏及以上	公里	122.0
新建公路	公里	5.8
改建公路	公里	749.0
城市自来水供水能力	万吨/日	1.4
城市公共车辆购置	辆	80
新（扩）建港口码头	年吞吐量：万吨	1.0

6-14 城镇民间固定资产投资完成情况

指　　标	计量单位	2007年	2008年	2008年比2007年增长（%）
投资完成额	**万元**	**1357503**	**1916519**	**41.2**
按投资构成分				
#建筑工程	万元	607444	997198	64.2
安装工程	万元	112650	111980	-0.6
设备工、器具购置	万元	515806	596411	15.6
按国民经济行业分				
#农林牧渔水利业	万元			
工业	万元	1078989	1477621	36.9
建筑业	万元	1346	2420	79.8
交通运输、仓储和邮政业	万元	53096	17358	-67.3
信息传输计算机服务和软件业	万元		470	
批发和零售业	万元	15815	15730	-0.5
住宿和餐饮业	万元	19195	23450	22.2
金融业	万元	270		-100.0
房地产业	万元	113754	307026	158.5
租赁和商务服务业	万元	8587	6709	-21.9
科学研究、技术服务和地质勘查业	万元	61451	65735	7.0
本年资金来源合计	**万元**	**1697063**	**2002458**	**18.0**
上年末结余资本	万元	7831	6858	-12.4
本年资金来源小计	万元	1689232	1995600	18.1
国家预算内资金	万元	2335	6890	195.1
国内贷款	万元	125633	172409	37.2
利用外资	万元		20800	
自筹资金	万元	1513721	1693778	11.9
其他资金来源	万元	47543	101723	114.0
施工项目	**个**	**350**	**422**	**20.6**
#新开工项目	个	284	337	18.7
本年投产项目	**个**	**246**	**320**	**30.1**
施工房屋面积	**平方米**	**2367767**	**6628263**	**179.9**
#住宅	平方米	848350	3970958	368.1
竣工房屋面积	**平方米**	**927168**	**1675987**	**80.8**

6-15 国民经济各行业农村非农户规模以上投资

（2008年） 单位：万元

行业	投资总额	按构成分				按建设性质分		
		建筑工程	安装工程	设备购置	其他费用	新建	扩建	改建和技术改造
总计	**495458**	**326875**	**11578**	**107647**	**49358**	**267840**	**149923**	**65679**
农、林、牧、渔业	78742	45804	1452	9209	22277	46015	18193	13984
农业	17770	11901	30	1381	4458	10740	6220	810
林业	16343	6800	15	380	9148	9430	6913	
畜牧业	21565	11982	515	1618	7450	19465	2100	
渔业	500	500				500		
农、林、牧、渔服务业	22564	14621	892	5830	1221	5880	2960	13174
采矿业	149263	80118	4298	52580	12267	81962	40070	27231
煤炭开采和洗选业	54730	27564	2297	21705	3164	17980	17850	18900
黑色金属矿采选业	17578	6706	578	8329	1965	9400	8178	
有色金属矿采选业	44831	31120	700	7860	5151	26800	12090	5941
非金属矿采选业	31924	14713	703	14536	1972	27582	1952	2390
其他采矿业	200	15	20	150	15	200		
制造业	81849	42260	3467	31810	4312	53285	26084	2480
农副食品加工业	4925	3094	210	1406	215	1205	3720	
食品制造业	3450	2900	60	285	205	3450		
饮料制造业	3498	600	290	2438	170	3498		
烟草制品业	535	535				535		
纺织业	1000	200	50	700	50		1000	
木材加工及木、竹、藤、草制造业	865	268	5	447	145	365	500	
造纸及纸制品业	300	300				300		
石油加工、炼焦及核燃料加工业	1500	1000	200	300			1500	
化学原料及化学制品制造业	1120	420	15	600	85	1020		100
医药制造业	1080	315	15	675	75		1080	
非金属矿物制品业	46386	23434	2200	18629	2123	36992	7014	2380
有色金属冶炼及压延加工业	5400	4188	22	860	330	1450	3950	
金属制品业	1500	960		194	346	1500		
通用设备制造业	1500			1450	50		1500	
专用设备制造业	8790	4046	400	3826	518	2970	5820	
电力、燃气及水的生产供应业	1795	1520	20	175	80	595	700	500
电力、热力的生产和供应业	700	700					700	
燃气生产和供应业	180	180				180		
水的生产和供应业	915	640	20	175	80	415		500
建筑业								
交通运输、仓储和邮政业	45928	39857	456	4154	1461	13930	22246	9622

6-15续表 （2008年） 单位：万元

行业	投资总额	按构成分				按建设性质分		
		建筑工程	安装工程	设备购置	其他费用	新建	扩建	改建和技术改造
道路运输业	30176	28987		410	779	1578	19646	8822
城市公共交通业	156	140			16	156		
水上运输业	1000	950			50	1000		
装卸搬运和其他运输服务业	320	120			200	320		
仓储业	14276	9660	456	3744	416	10876	2600	800
信息传输、计算机和软件业	290			280	10		290	
批发和零售业	9915	9088	10	290	527	5090	2000	2825
批发业	3070	2830		200	40	1070	2000	
零售业	6845	6258	10	90	487	4020		2825
住宿和餐饮业	5870	5270	115	200	285	5070	800	
住宿业	2900	2810			90	2100	800	
餐饮业	2970	2460	115	200	195	2970		
金融业								
房地产业	59480	52307	750	3510	2913	31293	16066	985
房地产业	59480	52307	750	3510	2913	31293	16066	985
租赁和商务服务业	385	375			10		385	
商务服务业	385	375			10		385	
科学研究、和地质勘查业	1550	700		700	150	1550		
水利、环境和公共设施管理业	29707	24428	300	2756	2223	15869	10281	3357
水利管理业	7845	7415			430		6475	1370
环境管理业	5432	2844		1938	650	5038	394	
公共设施管理业	16430	14169	300	818	1143	10831	3412	1987
居民服务和其他服务业	291	45		131	115	291		
居民服务业	189	39		40	110	189		
其他服务业	102	6		91	5	102		
教育	14908	13150	70	1062	626	5490	6178	3240
卫生、社会保障和社会福利业	3995	3205	100	355	335	1160	1380	1455
卫生	1730	1355	100	50	225	900	680	150
社会保障业	1305	900		305	100			1305
社会福利业	960	950			10	260	700	
文化、体育和娱乐业	9740	7198	490	285	1767	5640	4100	
文化艺术业	7500	5740	400	200	1160	3400	4100	
娱乐业	2240	1458	90	85	607	2240		
公共管理和社会组织	1750	1550	50	150		600	1150	

6-16 国民经济各行业农村非农户项目个数及新增固定资产

（2008年） 单位：万元

项　　目	施工项目（个）	新开工项目	全部投产项目（个）	项　目建成投产率（%）	新　增固定资产	固定资产交付使用率（%）
总　　计	**441**	**414**	**406**	**92.1**	**457046**	**92.2**
农、林、牧、渔业	88	78	79	89.8	78536	99.7
农业	16	16	16	100	17770	100.0
林业	13	13	13	100	16207	99.2
畜牧业	41	31	32	78	21575	100.0
渔业	1	1	1	100	500	100.0
农、林、牧、渔服务业	17	17	17	100	22484	99.6
采矿业	85	84	74	87.1	119443	80.0
煤炭开采和洗选业	16	16	6	37.5	24150	44.1
黑色金属矿采选业	10	10	10	100	17578	100.0
有色金属矿采选业	29	29	28	96.6	44761	99.8
非金属矿采选业	29	28	29	100	32754	102.6
其他采矿业	1	1	1	100	200	100.0
制造业	79	75	72	91.1	79660	97.3
农副食品加工业	5	5	5	100	4925	100.0
食品制造业	3	3	3	100	3450	100.0
饮料制造业	2	2	2	100	3498	100.0
烟草制品业	2	2	2	100	535	100.0
纺织业	1	1	1	100	1000	100.0
木材加工及木、竹、藤、棕制造业	2	2	2	100	865	100.0
造纸及纸制品业	1		1	100	3600	1200.0
石油加工、炼焦及核燃料加工业	1	1	1	100	1500	100.0
化学原料及化学制品制造业	2	2	1	50	1020	91.1
医药制造业	1	1	1	100	1080	100.0
非金属矿物制品业	46	44	43	93.5	42197	91.0
有色金属冶炼及压延加工业	6	6	6	100	5400	100.0
金属制品业	1	1				
通用设备制造业	1	1	1	100	1500	100.0
专用设备制造业	5	4	3	60	9090	103.4
电力、燃气及水生产和供应业	5	5	5	100	1795	100.0
电力、热力的生产和供应业	1	1	1	100	700	100.0
燃气生产和供应业	1	1	1	100	180	100.0
水的生产和供应业	3	3	3	100	915	100.0
建筑业						
交通运输、仓储和邮政业	43	40	40	93	39336	85.6

6-16续表　　　　(2008年)　　　　单位：万元

项　　目	施工项目（个）	新开工	全部投产项目（个）	项目建成投产率（%）	新增固定资产	固定资产交付使用率（%）
道路运输业	33	30	31	93.9	23904	79.2
城市公共交通业	1	1	1	100	156	100.0
水上运输业	1	1	1	100	1000	100.0
装卸搬运和其他运输服务业	1	1	0	0	0	0.0
仓储业	7	7	7	100	14276	100.0
信息传输、计算机和软件业	1	1	1	100	290	100.0
批发和零售业	9	9	8	88.9	9915	100.0
批发业	3	3	2	66.7	3070	100.0
零售业	6	6	6	100	6845	100.0
住宿和餐饮业	6	6	5	83.3	5670	96.6
住宿业	2	2	2	100	2900	100.0
餐饮业	4	4	3	75	2770	93.3
金融业						
房地产业	51	46	51	100	62915	105.8
租赁和商务服务业	1	1	1	100	385	0.6
商务服务业	1	1	1	100	385	100.0
科学研究、技术和地质勘查业	1	1	1	100	1550	402.6
科技交流和推广服务业	1	1	1	100	1550	100.0
水利、环境和公共设施管理业	34	32	32	94.1	27141	91.4
水利管理业	18	18	17	94.4	6847	87.3
环境管理业	4	4	4	100	5432	100.0
公共设施管理业	12	10	11	91.7	14862	90.5
居民服务和其他服务业	2	2	2	100	291	100.0
居民服务业	1	1	1	100	189	100.0
其他服务业	1	1	1	100	102	100.0
教育	16	16	16	100	14908	100.0
卫生、社会保障和社会福利业	8	7	8	100	4195	105.0
卫生	4	3	4	100	1930	111.6
社会保障业	1	1	1	100	1305	100.0
社会福利业	3	3	3	100	960	100.0
文化、体育和娱乐业	9	8	8	88.9	9266	95.1
文化艺术业	5	5	4	80	7000	93.3
娱乐业	4	3	4	100	2266	101.2
公共管理和社会组织	3	3	3	100	1750	100.0

6-17 分县市农村非农户固定资产投资完成情况

（2008年）　　单位：万元

指　　标	全　市	湖滨区	义马市	渑池县	陕　县	灵宝市	卢氏县
施工项目（个）	441	22	7	72	145	86	109
全部建成投产项目	406	21	5	62	129	82	107
项目建成投产率	92.1	95.5	71.4	86.1	89.0	95.3	98.2
本年完成投资	495458	22589	7997	130904	120165	138063	75740
新增固定资产	457046	27105	6257	100514	114788	130355	78027
固定资产交付使用率（%）	92.2	120.0	78.2	76.8	95.5	94.4	103.0
施工房屋建筑面积	1067096	13400	69634	129810	246890	319922	287440
#住宅	433610	3500	7884	37000	38590	97871	248765
竣工房屋建筑面积	875726	13400	19634	96020	153410	306622	286640
#住宅	429010	3500	7884	37000	33990	97871	248765
竣工率	82.1	100.0	28.2	74.0	62.1	95.8	99.7
#住宅	98.9	100.0	100.0	100.0	88.1	100.0	100.0
投资额按三次产业分							
第一产业	78742	240	680	9580	24210	38762	5270
第二产业	232907	15919	5550	98396	55799	44881	12362
第三产业	183809	6430	1767	22928	40156	54420	58108
投资额按建设性质分							
#新建	267840	9175	5550	79230	82325	68391	23169
扩建	149923	12434	680	28034	27800	30184	50791
改建	65679	980	807	23640	9710	30542	
投资额按构成分							
建筑工程	326875	21389	3465	78027	73053	81822	69119
安装工程	11578	448	890	3764	4271	2016	189
设备工器具购置	107647	752	3475	42010	25930	31527	3953
其他费用	49358		167	7103	16911	22698	2479

6-18 分县市农村非农户固定资产投资资金和土地情况

（2008年） 单位：万元

指　标	全　市	市　直	义马市	渑池县	陕　县	灵宝市	卢氏县
本年资金来源合计	493957	22589	8019	137404	120165	136232	69548
上年末结余资本	585				585		
本年资金来源小计	493372	22589	8019	137404	119580	136232	69548
国家预算内资金	10885		555	2380	5270	2290	390
国内贷款	4750	800			3650	300	
债券							
利用外资	8950			8950			
#外商直接投资							
自筹资金	424775	21789	6554	122674	107770	127818	38170
#企事业单位自有资金	85590	21789	6000	3228		17015	37558
其他资金来源	44012		910	3400	2890	5824	30988
本年各项应付款合计	13639		360			5987	7292
其中：工程款	13399		360			5747	7292
规划用地面积（平方米）	3761464	47566	239570	620694	1286250	386168	1181216
本年实际征购土地（平方米）	1599643			154744	37490	232788	1174621
本年实际征购土地成交款	3869			380		2191	1298

6-19 分县市分行业农村非农户固定资产投资完成情况

（2008年） 单位：万元

指　　标	全　市	市　直	义马市	渑池县	陕　县	灵宝市	卢氏县
总　　计	**495458**	**22589**	**7997**	**130904**	**120165**	**138063**	**75740**
农、林、牧、渔业	78742	240	680	9580	24210	38762	5270
农业	17770			1560	500	12310	3400
林业	16343			880	2520	12443	500
畜牧业	21565	240	680	700	16280	2795	870
渔业	500						500
农、林、牧、渔服务业	22564			6440	4910	11214	
采矿业	149263	5100		67778	36570	33763	6052
煤炭开采和洗选业	54730			45430	9300		
黑色金属矿采选业	17578			9978	2800		4800
有色金属矿采选业	44831			2350	18850	23431	200
非金属矿采选业	31924	5100		10020	5620	10332	852
其他采矿业	200						200
制造业	81849	10819	5550	29588	19164	11118	5610
农副食品加工业	4925			3600	380	685	260
食品制造业	3450			2800	150	500	
饮料制造业	3498				500	2998	
烟草制品业	535	135					400
纺织业	1000			1000			
木材加工及木、竹、藤、棕、草制造业	865				500	365	
造纸及纸制品业	300	300					
石油加工、炼焦及核燃料加工业	1500	1500					
化学原料及化学制品制造业	1120				100	1020	
医药制造业	1080					1080	
非金属矿物制品业	46386	4484	5550	22188	9214		4950
有色金属冶炼及压延加工业	5400	1300			4100		
金属制品业	1500					1500	
通用设备制造业	1500				1500		
专用设备制造业	8790	3100			2720	2970	
电力、燃气及水的生产和供应业	1795			1030	65		700
电力、热力的生产和供应业	700						700
燃气生产和供应业	180			180			
水的生产和供应业	915			850	65		
建筑业							
交通运输、仓储和邮政业	45928	3400		2028	5550	15148	19802

6-19续表　　　　（2008年）　　　　单位：万元

指　　标	全　市	市　直	义马市	渑池县	陕　县	灵宝市	卢氏县
道路运输业	30176			1028	2750	6752	19646
城市公共交通业	156						156
水上运输业	1000			1000			
装卸搬运和其他运输服务业	320					320	
仓储业	14276	3400			2800	8076	
信息传输、计算机服务和软件业	290						290
电信和其他信息传输服务业	290						290
批发和零售业	9915				2230	6385	1300
批发业	3070				2120		950
零售业	6845				110	6385	350
住宿和餐饮业	5870	2300		2100	670		800
住宿业	2900			2100			800
餐饮业	2970	2300			670		
金融业							
房地产业	59480	180	960	16234	10690	13801	17615
租赁和商务服务业	385					385	
商务服务业	385					385	
科学研究、技术服务和地质勘查业	1550				1550		
科技交流和推广服务业	1550				1550		
水利、环境和公共设施管理业	29707		807	600	9503	4048	14749
水利管理业	7845		620		750		6475
环境管理业	5432					4048	1384
公共设施管理业	16430		187	600	8753		6890
居民服务和其他服务业	291				189	102	
居民服务业	189				189		
其他服务业	102					102	
教育	14908			120		12236	2552
卫生、社会保障和社会福利业	3995			680	900	1715	700
卫生	1730			680	900	150	
社会保障业	1305					1305	
社会福利业	960					260	700
文化、体育和娱乐业	9740			1166	8274		300
文化艺术业	7500				7200		300
娱乐业	2240			1166	1074		
公共管理和社会组织	1750	550			600	600	

6-20 历年来房地产开发企业基本情况

指　　标	计量单位	2000年	2001年	2002年	2003年	2004年	2005年	2006年	2007年	2008年
开发企业个数	个	35	26	30	31	39	38	40	49	91
# 国有经济	个	16	10	12	10	12	10	10	7	8
集体经济	个	12	5	6	4	2				
其他所有制经济	个	7	11	12	17	25	28	30	42	83
年末从业人员数	人	648	425	395	409	456	392	535	848	2224
资产总计	万元	49991	34535	41483	38348	46405	57920	74861	137846	267066
固定资产累计折旧	万元	643	939	964	940	828	1247	1511	1463	2839
# 本年折旧	万元	121	214	206	186	200	280	300	414	737
负债总计	万元	48432	28136	35615	30803	38198	42782	52739	75766	170903
所有者权益合计	万元	1559	6399	5868	7545	8207	15138	22122	41852	96163
主营业务收入	万元		6506	6673	13982	9413	19054	31054	47192	58190
# 商品房销售收入	万元		5882	6349	13876	8 701	18947	30865	41017	57022
利税总额	万元		237	-140	12	-103	682	1711	29605	-1125

6-21 历年来房地产开发单位固定资产投资情况

指　　标	计量单位	2000年	2001年	2002年	2003年	2004年	2005年	2006年	2007年	2008年
投资总额	**万元**	**8535**	**17844**	**15342**	**12184**	**14492**	**21786**	**50920**	**74283**	**172274**
#土地开发投资额	万元	318	141	875	786	516	1160	84	1011	350
按工程用途分										
住宅	万元	8105	14419	12862	11283	12916	14324	38290	58738	137280
办公楼	万元	120	5	39	182	108	335	18	4402	4007
商业营业用房	万元	200	1067	440	205	642	4874	9980	5721	16224
其 他	万元	110	2353	2001	514	826	2253	2632	5422	14763
按经济类型分										
国有经济	万元	6103	10278	6967	2922	3876	1237	4928	16211	21697
集体经济	万元	979	1187	1049						3679
其他经济	万元	1453	6379	7326	9262	10616	20549	45992	58072	146898
新增固定资产	**万元**	**8166**	**9302**	**12376**	**14949**	**8243**	**17212**	**16084**	**61260**	**61973**
房屋建筑面积										
施工面积	平方米	230829	419113	403635	392463	288986	369061	684687	1251660	2602525
#住宅	平方米	215918	367962	369716	358755	256589	293289	543235	988182	1937601
竣工面积	平方米	101812	126904	197681	182316	107578	150153	177349	453169	468606
#住宅	平方米	96458	98580	181293	169509	90904	141178	156577	326123	432014
商品房销售面积	平方米		77517	116606	105558	53847	160591	176357	370460	581664
#住宅	平方米		56742	108089	97665	44799	154207	144378	342976	549417
商品房空置面积	平方米			39681	50853	44515	13856	6012	2068	55175
土地开发面积	**平方米**	**44570**	**23532**	**20032**	**51618**	**112956**	**81333**	**164885**	**162654**	**433766**

6-22 房地产开发投资完成情况

	2007年		2008年		2008年为2007年%
	绝对数	构成（%）	绝对数	构成（%）	
投资完成额（万元）	74283	100.0	172274	100.0	231.9
按工程用途分					
住宅	58738	79.1	137280	79.1	233.7
办公楼	4402	5.9	4007	5.9	91.0
商业营业用房	5721	7.7	16224	7.7	283.6
其他	5422	7.3	14763	7.3	272.3
本年资金来源合计（万元）	71870	100.0	162992	100.0	226.8
#国内贷款	9313	13.0	11705	13.0	125.7
自筹资金	33692	46.9	85567	46.9	254.0
#企事业单位自有	19551	27.2	31419	27.2	160.7
其他资金来源	28865	40.2	65720	40.2	227.7
#定金及预付款	17563	24.4	51202	24.4	291.5
土地开发面积（平方米）					
本年购置土地面积	340393	100.0	637260	100.0	187.2
完成开发土地面积	162654	47.8	433766	68.1	266.7
商品房面积（平方米）					
施工面积	1251660	100.0	2602525	100.0	207.9
#住宅	988182	78.9	1937601	74.5	196.1
#新开工面积	723192	57.8	1834084	70.5	253.6
#住宅	592668	82.0	1318981	71.9	222.5
竣工面积	453169	100.0	468606	100.0	103.4
#住宅	326123	72.0	432014	92.2	132.5
销售面积	370460	100.0	581664	100.0	157.0
#住宅	342976	92.6	549417	94.5	160.2
#现房销售面积	84646	22.8	228629	39.3	270.1
#住宅	80120	94.7	204069	89.3	254.7
#期房销售面积	285814	77.2	353035	60.7	123.5
#住宅	262856	92.0	345348	97.8	131.4
空置面积	2068	100.0	55176	100.0	2668.1
#住宅	1784	86.3	42710	77.4	2394.1
商品房销售额（万元）	48736	100.0	88283	100.0	181.1
#住宅	41875	85.9	81995	92.9	195.8
#现房销售额	11887	24.4	25432	28.8	213.9
#住宅	10314	21.2	22214	25.2	215.4
#期房销售额	36849	75.6	62851	71.2	170.6
#住宅	31561	64.8	59781	67.7	189.4

6-23 房地产开发面积完成情况

（2008年）

指　标	计量单位	合计	住宅	# 90平方米以下	# 140平方米以上	# 经济适用房	# 别墅、高档公寓	办公楼	商业营业用房	其他
房屋施工面积	平方米	2602525	1937601	592161	531634	166583	59213	100061	424904	139959
#新开工面积	平方米	1834084	1318981	385581	426771	27027		92000	371900	51203
房屋竣工面积	平方米	468606	432014	159315	76756	144491		1004	30357	5231
#不可销售面积	平方米	8247							7618	629
商品住宅竣工套数	套	3988	3988	1799	437	1576				
竣工房屋价值	万元	55958	51892	13596	11805	12067		63	3690	313
出租房屋面积	平方米	29108							29108	
商品房销售面积	平方米	581664	549417	137466	92368	94491	22340		25019	7228
现房销售面积	平方米	228629	204069	101987	15423	94491			19126	5434
期房销售面积	平方米	353035	345348	35479	76945		22340		5893	1794
商品房销售额	万元	88283	81995	14768	14552	8330	6191		5657	631
现房销售额	万元	25423	22214	8879	2436	8330			2740	478
期房销售额	万元	62851	59781	5889	12116		6191		2917	153
商品住宅销售套数	套	4935	4935	1622	604	1033	157			
现房销售套数	套	1919	1919	1150	99	1033				
期房销售套数	套	3016	3016	472	505		157			
商品房空置面积	平方米	55176	42710	6410	9967				4726	7740
#空置一年至三年	平方米	51189	39509	6410	9967				3940	7740

6-24 分县市按构成分的房地产开发情况

（2008年） 单位：万元

	合　计	建筑工程	安装工程	设备工器具购置	其他费用	本年完成开发土地面积（平方米）	本年资金来源合计
合　计	**172274**	**126611**	**442**	**2278**	**42943**	**433766**	**170364**
市　直	42927	36486		150	6291	24063	45843
开发区	5590	4208			1382	23249	6274
湖滨区	15460	15139			321	59022	15410
义马市	27070	25276			1794		24425
渑池县	6620	3046			3574	38018	6620
陕　县	18967	15841	244	143	2739	19976	20566
灵宝市	52340	23315	198	1985	26842	269438	50126
卢氏县	3300	3300					1100

6-25 分县市按工程用途分的房地产开发情况

（2008年） 单位：万元

	合　计	商品住宅	#90平方米以下	# 经济适用房	办公楼	商业营业用房	其　他
合　计	**172274**	**137280**	**34696**	**3867**	**4007**	**16224**	**14763**
市　直	42927	37547	12713	2538	22	2183	3175
开发区	5590	4770	97			10	810
湖滨区	15460	13885	925			1575	
义马市	27070	26959	1329	1329		110	1
渑池县	6620	3793	1804		80	57	2690
陕　县	18967	16763	1250			2104	100
灵宝市	52340	31727	16018		3905	8721	7987
卢氏县	3300	1836	560			1464	

6-26 分县市商品房施工面积情况

（2008年）　　　　单位：平方米

	合　计	商品住宅	# 90平方米以下	# 经济适用房	办公楼	商业营业用房	其　他
合　计	**2602525**	**1937601**	**592161**	**166583**	**100061**	**424904**	**139959**
市　直	564517	468195	150055	29212	1004	34573	60745
开发区	191223	182676	34277			8547	
湖滨区	133533	73150	20150		42000	18383	
义马市	244834	226736	32994			16844	1254
渑池县	46431	30010	7200			16421	
陕　县	302732	282103	137371	137371		20000	629
灵宝市	1008350	568569	209400		57057	309596	73128
卢氏县	110905	106162	714			540	4203

6-27 分县市商品房新开工面积情况

（2008年）　　　　单位：平方米

	合　计	商品住宅	#90平方米以下	# 经济适用房	办公楼	商业营业用房	其　他
合　计	**1834084**	**1318981**	**385581**	**27027**	**92000**	**371900**	**51203**
市　直	270336	219462	108225	22092		22562	28312
开发区	71024	66281				540	4203
湖滨区	137774	129227	34277			8547	
义马市	102935	102935	4935	4935			
渑池县	133533	73150	20150		42000	18383	
陕县	232175	217077	32994			13844	1254
灵宝市	886307	510849	185000		50000	308024	17434
卢氏县							

6-28 分县市商品房竣工面积情况

（2008年）　　单位：平方米

	合　计	商品住宅	# 90平方米以下	# 经济适用房	办公楼	商业营业用房	其　他
合　计	**468606**	**432014**	**159315**	**144491**	**1004**	**30357**	**5231**
市　直	42560	37487	5030	7120	1004	1452	2617
开发区	36489	36489	714				
湖滨区	79069	77369				1700	
义马市	244640	228011	137371	137371		16000	629
渑池县							
陕　县	17434	13648				3786	
灵宝市	13375	9000	9000			2390	1985
卢氏县	35039	30010	7200			5029	

6-29 分县市商品房竣工价值情况

（2008年）　　单位：万元

	合　计	商品住宅	#90平方米以下	# 经济适用房	办公楼	商业营业用房	其　他
合　计	**55958**	**51892**	**13596**	**12067**	**63**	**3690**	**313**
市　直	4508	4198	679	670	63	92	155
开发区	5175	5175	90				
湖滨区	12800	12600				200	
义马市	27960	25957	11397	11397		1950	53
渑池县							
陕　县	1957	1342				615	
灵宝市	1205	870	870			230	105
卢氏县	2353	1750	560			603	

6-30 分县市商品房销售面积情况

（2008年）　　单位：平方米

	合　计	商品住宅	#90平方米以下	# 经济适用房	办公楼	商业营业用房	其　他
合　计	**581664**	**549417**	**137466**	**94491**		**25019**	**7228**
市　直	153563	145025	28725	7120		5670	2868
开发区	43381	43381	714				
湖滨区	47331	45631	4806			1700	
义马市	195291	180011	87371	87371		11020	4260
渑池县							
陕　县	60233	57233				3000	
灵宝市	53550	53090	9280			360	100
卢氏县	28315	25046	6570			3269	

6-31 分县市商品房销售额情况

（2008年）　　单位：万元

	合　计	商品住宅	#90平方米以下	# 经济适用房	办公楼	商业营业用房	其　他
合　计	**88283**	**81995**	**14768**	**8330**		**5657**	**631**
市　直	35215	32121	5738	1082		2871	223
开发区	6644	6644	96				
湖滨区	6143	5843	576			300	
义马市	21956	20248	7248	7248		1310	398
渑池县							
陕　县	12513	11913				600	
灵宝市	3918	3724	716			184	10
卢氏县	1894	1502	394			392	

6-32 分县市房地产开发企业主要财务指标

（2008年）　　　　单位：万元

指　　标	全　市	市　直	开发区	湖滨区	义马市	渑池县	陕　县	灵宝市	卢氏县
年初存货	37965	25422	4213	906	259		2632	50	4484
流动资产合计	221868	91517	14281	43713	5663	9416	14470	33956	8852
#存货	97409	54105	4786	1160	2385	125	7788	19108	7952
固定资产原价	18184	4233	1487	5768	1134	840	1536	3098	89
累计折旧	2839	1020	163	895	266	62	15	403	16
#本年折旧	737	227	100	122	158	4	10	107	8
资产总计	267066	106515	17394	58567	10119	10547	16387	37366	10172
负债合计	170903	87620	13310	20581	4443	8174	10499	19860	6416
所有者权益合计	96163	18896	4084	37986	5676	2373	5887	17506	3756
#实收资本	75052	15774	3860	23425	4940	2359	6189	14485	4020
主营业务收入	58190	20682	3562	2906	13263	3055	3256	7587	3880
土地转让收入	48			48					
商品房屋销售收入	57022	20414	3323	2858	13248	3055	3226	7019	3880
房屋出租收入	297	13	239		15		30		
其他收入	823	255						568	
主营业务成本	47767	16391	2650	2221	11949	2455	2828	5833	3442
主营业务税金及附加	4261	2377	177	233	535	179	139	347	275
主营业务利润	3887	301	671	452	576	322	228	1217	121
其他业务收入	1306	988						318	
其他业务利润	655	375			7			273	
销售费用	2275	1614	64		204	100	61	190	42
管理费用	4777	1438	413	826	518	350	220	776	236
#税金	458	251	85	4	13	7	20	57	21
#差旅费	459	95	13	229	21	8	8	67	18
#工会经费	26	20		2	2				1
财务费用	858	346	123	65	123	114	2	81	4
#利息支出	616	273	79	64	120	8	2	69	2
营业利润	-1093	-1110	135	-439	-58	-142	6	633	-119
营业外收入	72	7		55	3	7			1
营业外支出	159	94	21	-20	48	7	5		5
利润总额	-1125	-1128	114	-364	-103	-168	3	633	-111
应交所得税	469	91	26	13	73	5		262	
劳动、失业保险费	45	17			15	1	12		
住房公积金及住房补贴	16	5			7	4			
本年应付工资总额(贷方累计发生额)	2217	615	465	237	156	110	186	355	93
本年应付福利费(贷方累计发生额)	197	57	12	28	15	11	15	46	13
全部从业人员年平均人数(人)	134	30	11	23	13	9	16	24	8

6-33 建筑业企业主要经济指标

指　　标	计量单位	2007年	2008年	2008年比上年增长(%)
企业个数	个	87	105	20.7
年末从业人数	人	30225	41987	38.9
固定资产原价合计	万元	170713	240239	40.7
固定资产合计	万元	113176	187032	65.3
自有施工机械设备总台数	台	13563	19529	44.0
自有施工机械设备净值	万元	64832	107673	66.1
自有施工机械设备总功率	千瓦	443253	579955	30.8
建筑业总产值	万元	456007	609345	33.6
按建筑业总产值计算的全员劳动生产率	元／人	159610	158688	-0.6
房屋建筑施工面积	平方米	3611480	2984306	-17.4
房屋建筑竣工面积	平方米	1792820	1134706	-36.7
房屋建筑面积竣工率	%	49.6	38.0	
技术装备率	元/人	21450	25644	19.6
动力装备率	千瓦/人	14.7	13.8	-6.1
工程结算收入	万元	482514	680975	41.1
工程结算成本	万元	428081	605490	41.4
工程结算税金及附加	万元	15962	22964	43.9
管理费用中的税金	万元	972	1196	23.1
本年固定资产折旧	万元	17394	16284	-6.4
主营业务应付工资	万元	35595	64147	80.2
主营业务应付福利费	万元	3941	5877	49.1
住房公积金及住房补贴	万元	1047	1468	40.3
利润总额	万元	7805	17290	121.5
税金总额	万元	16933	24160	42.7
产值利润率	%	1.7	2.8	
产值利税率	%	3.7	4.0	

6-34 建筑业企业房屋建筑竣工面积及竣工价值

指 标	2007年		2008年	
	建筑面积（平方米）	竣工价值（万元）	建筑面积（平方米）	竣工价值（万元）
竣工房屋	**1792820**	**123498**	**1134706**	**90968**
厂房、仓库	324286	28178	117981	10701
住宅	1247221	77427	847666	63151
办公用房	80097	7758	124961	12872
批发和零售用房	19999	1543		
住宿和餐饮用房	4978	412	3500	300
居民服务业用房	2283	121	4430	295
教育用房	67716	4838	18972	1730
文化、体育和娱乐用房	12730	1301	6791	855
卫生医疗用房	16982	1018	1771	371
其他用房	16528	903	8634	692

6-35 建筑业企业生产情况

指　　标	计量单位	合　计		#国　有		#城镇集体	
		2007年	2008年	2007年	2008年	2007年	2008年
企业个数	个	87	105	6	7	4	2
计算建筑业全员劳动生产率的平均人数	人	28570	38399	9405	11525	1012	457
年末从业人数	人	30225	41987	9531	12060	978	457
签订的合同额	万元	857042	1057952	540638	624800	12582	14890
上年结转合同额	万元	383436	435447	287478	342779	6268	4508
本年新签合同额	万元	473606	622504	253160	282022	6314	10382
建筑业总产值	万元	456007	609345	217620	268411	13035	8321
#在外省完成的产值	万元	176773	242489	173435	237619		
按构成分							
建筑工程	万元	423782	567678	206973	254435	11762	8321
安装工程	万元	25947	34910	9048	10497	1274	
其他产值	万元	6278	6757	1598	3479		
建筑业竣工产值	万元	407052	379034	212925	151409	7788	1750
按建筑业总产值计算的全员劳动生产率	元／人	159610	158688	231387	232894	128805	182074
房屋建筑施工面积	平方米	3611480	2984306	173632	198991	39780	
#本年新开工	平方米	2089658	1768165	95601	79467	25470	
投标承包面积	平方米	3584100	2959823	173632	198991	39780	
#本年新开工	平方米	2070816	1743682	95601	79467	25470	
房屋建筑竣工面积	平方米	1792820	1134706	59708	84078	22750	
房屋建筑面积竣工率	%	49.6	38.0	34.4	42.3	57.2	
按房屋施工面积计算的招标承包面	%	99.2	99.2	100.0	100.0	100.0	
自有施工机械设备总台数	台	13563	19529	4968	9529	490	322
自有施工机械设备总功率	千瓦	443253	579955	303785	402997	23330	8738
自有施工机械设备净值	万元	64832	107673	34640	66102	3383	2304
技术装备率	元/人	21450	25644	36345	54811	34591	61357
动力装备率	千瓦/人	14.7	13.8	31.9	33.4	23.9	19.1

6-36 建筑业企业生产情况

（2008年）

指　　标	计量单位	合计	房屋和土木工程建筑	房屋工程建筑	土木工程建筑	建　筑安装业	建　筑装饰业	其　它建筑业
企业个数	个	105	80	31	49	3	17	5
计算建筑业全员劳动生产率的平均人数	人	38399	37209	15368	21841	238	604	348
年末从业人数	人	41987	40828	18174	22654	150	583	426
签订的合同额	万元	1057952	1040191	256292	783898	5339	5579	6843
上年结转合同额	万元	435447	433490	65398	368092	272	1210	475
本年新签合同额	万元	622504	606700	190894	415806	5066	4369	6368
建筑业总产值	万元	609345	595313	186623	408690	3161	5293	5578
#在外省完成的产值	万元	242489	241766	3956	237809	709	14	
按构成分								
建筑工程	万元	567678	557623	177447	380176	86	5293	4676
安装工程	万元	34910	30932	7163	23770	3075		903
其他产值	万元	6757	6757	2013	4744			
建筑业竣工产值	万元	379034	366067	96956	269111	3161	4338	5468
按建筑业总产值计算全员劳动生产率	元／人	158688	159992	121436	187121	132819	87627	160296
房屋建筑施工面积	平方米	2984306	2984306	2785222	199084			
#本年新开工	平方米	1768165	1768165	1697317	70848			
投标承包面积	平方米	2959823	2959823	2760739	199084			
#本年新开工	平方米	1743682	1743682	1672834	70848			
房屋建筑竣工面积	平方米	1134706	1134706	1049290	85416			
房屋建筑面积竣工率	%	38.0	38.0	37.7	42.9			
按房屋施工面积计算招标承包面	%	99.2	99.2	99.1	100.0			
自有施工机械设备总台数	台	19529	19009	5656	13353	66	338	116
自有施工机械设备总功率	千瓦	579955	576046	97837	478209	225	803	2881
自有施工机械设备净值	万元	107673	106681	14319	92362	149	46	796
技术装备率	元/人	25644	26129	7879	40771	9940	786	18692
动力装备率	千瓦/人	13.8	14.1	5.4	21.1	1.5	1.4	6.8

6-37 建筑业企业主要财务指标

单位：万元

指　　标	合　计		#国　有		#城镇集体	
	2007年	2008年	2007年	2008年	2007年	2008年
年末资产负债						
资产总计	438581	628467	230496	348994	6941	4923
流动资产合计	314636	389843	164570	203345	2989	1638
#存货	101323	115667	64088	77385	902	490
固定资产合计	113176	187032	64123	101789	3952	3284
固定资产原价合计	170713	240239	110283	139782	4649	3634
#生产经营用	149731	206305	97610	125140	4069	3485
累计折旧	64441	66057	51254	49329	713	349
#本年折旧	17394	16284	14436	12848	61	47
无形及递延资产合计	5865	27922	118	22880		
#无形资产	5859	25422	118	22027		
其他资产	1525	20632	1356	20620		
负债合计	305005	371569	192260	249260	2064	1450
流动负债	300375	353972	191788	235953	2064	1450
长期负债	4629	17597	472	13307		
所有者权益合计	133577	256898	38237	99734	4878	3473
#实收资本	122527	162919	40796	41589	3192	1960
损益及分配						
工程结算收入	482514	680975	260205	357238	12413	8434
工程结算成本	428081	605490	236564	326629	9805	6879
工程结算税金及附加	15962	22964	7437	10721	547	177
工程结算利润	36344	50190	15157	18581	1867	1275
经营费用	2128	2332	1048	1306	194	103
管理费用	27270	34115	14345	17470	516	406
#税金	972	1196	271	409	19	36
财务费用	3751	1913	2415	729	60	86
#利息支出	1863	3310	637	2167	60	75
营业利润	6975	20621	-252	6527	1293	785
利润总额	7805	17290	744	3112	1296	785
应交所得税	3900	5122	394	1491	235	218
应付利润	6045	10253	1006	2095	884	346
利税总额	24739	41449	8452	14242	1863	997
劳动、失业保险费	5769	6584	4964	5981	12	
住房公积金及住房补贴	1047	1468	874	1088		
工资、福利费						
本年应付工资总额	38812	64330	13499	21731	1335	572
本年应付福利费总额	4390	5900	1794	2751	123	94

6-38 分行业建筑业企业主要财务指标

（2008年） 单位：万元

指 标	合 计	房屋和土木工程建筑业	房屋工程建筑	土木工程建筑	建筑安装业	建筑装饰业	其它建筑业
年末资产负债							
资产总计	628467	616967	108221	508746	4425	5307	1768
流动资产合计	389843	381358	77489	303869	3851	4025	609
#存货	115667	113288	17910	95378	1122	1253	4
固定资产合计	187032	184307	27009	157298	572	994	1159
固定资产原价合计	240239	236895	34423	202472	719	1288	1337
#生产经营用	206305	204065	27677	176388	330	654	1257
累计折旧	66057	65150	8570	56580	147	326	433
#本年折旧	16284	16140	1398	14742	15	58	71
无形及递延资产合计	27922	27896	3139	24757	2	24	
#无形资产	25422	25419	3139	22281	2		
其他资产	20632	20632		20632			
负债合计	371569	368070	49813	318257	1804	1321	374
流动负债	353972	350473	44626	305847	1804	1321	374
长期负债	17597	17597	5188	12410			
所有者权益合计	256898	248897	58408	190489	2622	3986	1394
#实收资本	162919	156824	49901	106923	1181	3802	1112
损益及分配							
工程结算收入	680975	665317	178487	486830	4728	5277	5654
工程结算成本	605490	593070	159260	433810	3709	4342	4370
工程结算税金及附加	22964	22350	6509	15841	157	180	277
工程结算利润	50190	47655	12446	35209	862	708	965
经营费用	2332	2242	272	1970	1	48	41
管理费用	34115	33191	6270	26922	261	407	256
#税金	1196	1153	231	922	24	12	6
财务费用	1913	1875	620	1255	10	28	1
#利息支出	3310	3282	522	2760		27	1
营业利润	20621	19017	5776	13240	622	274	709
利润总额	17290	15682	5708	9974	622	279	708
应交所得税	5122	4827	1657	3170	43	72	180
应付利润	10253	8949	3389	5560	578	205	521
利税总额	41449	39185	12448	26737	803	471	991
劳动、失业保险费	6584	6538	670	5868	9	38	
住房公积金及住房补贴	1468	1451	122	1328		11	6
工资、福利费							
本年应付工资总额	64330	62649	23569	39079	306	689	686
本年应付福利费总额	5900	5688	1388	4300	43	77	92

6-39 劳务分包建筑业企业生产经营情况

（2008年）

指　　标	合　计	#非公有制	#房屋和土木工程建筑	房屋工程建筑	土木工程建筑	#建筑安装业
企业数(个)	29	29	25	21	4	4
#有工作量企业(个)	29	29	25	21	4	4
建筑业总产值(万元)	7356	7356	6745	6459	286	611
计算劳动生产率的平均人数(人)	1323	1323	1242	1195	47	81
年末从业人数(人)	1388	1388	1306	1236	70	82
其中：管理人员(人)	165	165	155	139	16	10
其中：工程技术人员(人)	266	266	252	239	13	14
其中：现场施工工人(人)	1177	1177	1111	1057	54	66
固定资产原价(万元)	1067	1067	892	723	169	176
本年折旧(万元)	57	57	44	34	10	13
资产总计(万元)	3778	3778	3433	2428	1005	346
负债合计(万元)	623	623	549	377	172	74
实收资本(万元)	2650	2650	2400	1640	760	250
营业收入合计(万元)	6917	6917	6314	6025	289	603
主营业务收入(万元)	6916	6916	6314	6025	289	603
主营业务成本(万元)	5772	5772	5298	5068	230	475
主营业务税金及附加(万元)	291	291	262	251	11	29
费用合计(万元)	377	377	296	264	32	81
营业利润(万元)	477	477	458	442	17	19
利润总额(万元)	553	553	535	518	17	19
从业人员劳动报酬(万元)	2022	2022	1897	1848	49	126
全部从业人员年平均人数(人)	1365	1365	1282	1231	51	83

6-40 分县市建筑业企业主要指标

（2008年）

	企业个数（个）	从业人员（人）	计算劳动生产率的平均人数（人）	签定的合同额（万元）	总产值（万元）
全　市	**105**	**41987**	**38399**	**1057952**	**609345**
市　直	15	17693	15529	695780	316533
湖滨区	40	3414	3490	47907	42894
渑池县	8	2852	2309	37618	22348
陕　县	7	3809	3860	48860	42641
卢氏县	7	2905	2785	56503	44125
义马市	10	6362	5984	91877	73071
灵宝市	13	4847	4257	75275	65025
开发区	5	105	185	4132	2707

6-40续表

	竣工产值（万元）	施工面积（平方米）	竣工面积（平方米）	总功率（千瓦）	自有机械设备净值（万元）
全　市	**379034**	**2984306**	**1134706**	**579955**	**107673**
市　直	182393	1062654	387678	419240	69983
湖滨区	36862	151151	75564	18586	8534
渑池县	19810	367017	108626	9851	3480
陕　县	15781	409379	135001	14870	3262
卢氏县	25429	311245	147219	18560	7220
义马市	40665	499424	204742	60716	6899
灵宝市	56166	183436	75876	37438	8194
开发区	1929			694	102

6-41 分县市建筑业企业个数

（2008年）　　单位:个

	全　市	市　直	湖滨区	渑池县	陕　县	卢氏县	义马市	灵宝市	开发区
企业个数	105	15	40	8	7	7	10	13	5
按登记注册类型分									
内资	105	15	40	8	7	7	10	13	5
国有经济	7	4	1				1	1	
集体经济	2					2			
按所有制类型分									
公有制	15	6	1			2	3	3	
非公有制	90	9	39	8	7	5	7	10	5
按行业分									
房屋和土木工程建筑业	80	15	21	8	7	7	9	12	1
房屋工程建筑	31	8	4	4	5	3	5	2	
土木工程建筑	49	7	17	4	2	4	4	10	1
建筑安装业	3		2						1
建筑装饰业	17		14						3
其他建筑业	5		3				1	1	

6-42 分县市建筑业企业总产值

（2008年） 单位:万元

	全　市	市　直	湖滨区	渑池县	陕　县	卢氏县	义马市	灵宝市	开发区
建筑业总产值	**609345**	**316533**	**42894**	**22348**	**42641**	**44125**	**73071**	**65025**	**2707**
按登记注册类型分									
内资	609345	316533	42894	22348	42641	44125	73071	65025	2707
国有经济	268411	253558	903				1800	12150	
集体经济	8321					8321			
按所有制类型分									
公有制	330709	266645	903			8321	41239	13602	
非公有制	278636	49889	41992	22348	42641	35805	31832	51423	2707
按行业分									
房屋和土木工程建筑业	595313	316533	35982	22348	42641	44125	73056	60395	232
房屋工程建筑	186623	46737	5941	16344	31721	24255	49140	12485	
土木工程建筑	408690	269797	30040	6004	10920	19870	23917	47910	232
建筑安装业	3161		1494						1667
建筑装饰业	5293		4485						808
其他建筑业	5578		934				15	4630	

6-43 分县市建筑业企业实收资本

（2008年）　　单位:万元

	全　市	市　直	湖滨区	渑池县	陕　县	卢氏县	义马市	灵宝市	开发区
实收资本	162919	58158	37278	11924	10962	9647	18011	15497	1443
按登记注册类型分									
内资	162919	58158	37278	11924	10962	9647	18011	15497	1443
国有经济	41589	36249	627				713	4000	
集体经济	1960					1960			
按所有制类型分									
公有制	55576	41455	627			1960	6432	5103	
非公有制	107343	16703	36651	11924	10962	7687	11579	10394	1443
按行业分									
房屋和土木工程建筑业	156824	58158	32516	11924	10962	9647	17911	15397	310
房屋工程建筑	49901	15077	3000	3918	7442	4687	12960	2818	
土木工程建筑	106923	43081	29516	8006	3520	4960	4951	12579	310
建筑安装业	1181		1100						81
建筑装饰业	3802		2750						1052
其他建筑业	1112		912				100	100	

6-44 分县市建筑业企业资产合计

（2008年）　　单位:万元

	全　市	市　直	湖滨区	渑池县	陕　县	卢氏县	义马市	灵宝市	开发区
资产合计	**628467**	**399941**	**59352**	**19212**	**24192**	**35388**	**51212**	**33536**	**5635**
按登记注册类型分									
内资	628467	399941	59352	19212	24192	35388	51212	33536	5635
国有经济	348994	335226	778				7204	5786	
集体经济	4923					4923			
按所有制类型分									
公有制	390770	348424	778			4923	29418	7228	
非公有制	237697	51517	58574	19212	24192	30465	21794	26308	5635
按行业分									
房屋和土木工程建筑业	616967	399941	52508	19212	24192	35388	51109	32939	1678
房屋工程建筑	108221	33821	4657	6874	13088	10149	31533	8100	
土木工程建筑	508746	366120	47851	12339	11104	25239	19576	24838	1678
建筑安装业	4425		1793						2633
建筑装饰业	5307		3982						1325
其他建筑业	1768		1068				103	597	

6-45 分县市建筑业企业固定资产

（2008年）

单位:万元

	全 市	市 直	湖滨区	渑池县	陕 县	卢氏县	义马市	灵宝市	开发区
固定资产合计	187032	110001	19090	6528	4122	20899	12594	13493	305
按登记注册类型分									
内资	187032	110001	19090	6528	4122	20899	12594	13493	305
国有经济	101789	97856	665				610	2659	
集体经济	3284					3284			
按所有制类型分									
公有制	113972	102671	665			3284	3783	3568	
非公有制	73060	7330	18424	6528	4122	17615	8811	9925	305
按行业分									
房屋和土木工程建筑业	184307	110001	16949	6528	4122	20899	12510	13221	78
房屋工程建筑	27009	5299	2309	3036	2551	2807	8830	2178	
土木工程建筑	157298	104703	14640	3492	1571	18092	3680	11043	78
建筑安装业	572		479						93
建筑装饰业	994		859						134
其他建筑业	1159		802				84	273	

6-46 分县市建筑业企业流动资产

（2008年） 单位:万元

	全　市	市　直	湖滨区	渑池县	陕　县	卢氏县	义马市	灵宝市	开发区
流动资产合计	**389843**	**242333**	**38972**	**10416**	**20068**	**14434**	**38340**	**20042**	**5240**
按登记注册类型分									
内资	389843	242333	38972	10416	20068	14434	38340	20042	5240
国有经济	203345	193511	112				6595	3127	
集体经济	1638					1638			
按所有制类型分									
公有制	232925	201881	112			1638	25635	3659	
非公有制	156918	40452	38859	10416	20068	12795	12705	16383	5240
按行业分									
房屋和土木工程建筑业	381358	242333	34534	10416	20068	14434	38321	19718	1535
房屋工程建筑	77489	24799	2349	3838	10537	7342	22703	5923	
土木工程建筑	303869	217534	32185	6578	9531	7092	15618	13795	1535
建筑安装业	3851		1314						2538
建筑装饰业	4025		2859						1167
其他建筑业	609		266				19	324	

6-47 分县市建筑业企业负债合计

（2008年） 单位:万元

	全　市	市　直	湖滨区	渑池县	陕　县	卢氏县	义马市	灵宝市	开发区
负债合计	**371569**	**277256**	**17536**	**6746**	**13489**	**6776**	**31666**	**15091**	**3010**
按登记注册类型分									
内资	371569	277256	17536	6746	13489	6776	31666	15091	3010
国有经济	249260	241175	124				6491	1470	
集体经济	1450					1450			
按所有制类型分									
公有制	274527	248964	124			1450	22226	1764	
非公有制	97042	28292	17412	6746	13489	5326	9440	13327	3010
按行业分									
房屋和土木工程建筑业	368070	277256	15886	6746	13489	6776	31666	14850	1402
房屋工程建筑	49813	14370	1419	2328	5063	4489	17788	4355	
土木工程建筑	318257	262886	14467	4418	8426	2286	13878	10495	1402
建筑安装业	1804		459						1345
建筑装饰业	1321		1059						263
其他建筑业	374		133					241	

6-48 分县市建筑业企业工程结算收入

（2008年） 单位:万元

	全　市	市　直	湖滨区	渑池县	陕　县	卢氏县	义马市	灵宝市	开发区
工程结算收入合计	**680975**	**400160**	**41952**	**20775**	**36763**	**38979**	**73000**	**65025**	**4322**
按登记注册类型分									
内资	680975	400160	41952	20775	36763	38979	73000	65025	4322
国有经济	357238	342310	978				1800	12150	
集体经济	8434					8434			
按所有制类型分									
公有制	419850	355406	978			8434	41430	13602	
非公有制	261125	44754	40974	20775	36763	30546	31569	51423	4322
按行业分									
房屋和土木工程建筑业	665317	400160	35028	20775	36763	38979	72985	60395	232
房屋工程建筑	178487	44518	5833	15625	31721	19045	49261	12485	
土木工程建筑	486830	355642	29195	5150	5042	19935	23724	47910	232
建筑安装业	4728		1431						3297
建筑装饰业	5277		4484						793
其他建筑业	5654		1009				15	4630	

6-49 分县市建筑业企业利润总额

（2008年）　　单位:万元

	全　市	市　直	湖滨区	渑池县	陕　县	卢氏县	义马市	灵宝市	开发区
利润总额	**17290**	**3876**	**2006**	**913**	**917**	**3195**	**836**	**5023**	**524**
按登记注册类型分									
内资	17290	3876	2006	913	917	3195	836	5023	524
国有经济	3112	1972	23				28	1089	
集体经济	785					785			
按所有制类型分									
公有制	5122	2883	23			785	322	1110	
非公有制	12169	993	1984	913	917	2411	514	3914	524
按行业分									
房屋和土木工程建筑业	15682	3876	1593	913	917	3195	840	4332	16
房屋工程建筑	5708	798	405	879	750	1273	561	1043	
土木工程建筑	9974	3078	1188	34	167	1923	280	3288	16
建筑安装业	622		134						487
建筑装饰业	279		258						21
其他建筑业	708		21				-5	692	

6-50 分县市建筑业企业利税总额

（2008年）　　单位:万元

	全　市	市　直	湖滨区	渑池县	陕　县	卢氏县	义马市	灵宝市	开发区
利税总额	**41449**	**16162**	**3542**	**1741**	**2154**	**4698**	**3437**	**9017**	**698**
按登记注册类型分									
内资	41449	16162	3542	1741	2154	4698	3437	9017	698
国有经济	14242	12296	55				84	1806	
集体经济	997					997			
按所有制类型分									
公有制	18310	13644	55			997	1741	1873	
非公有制	23140	2518	3487	1741	2154	3701	1697	7144	698
按行业分									
房屋和土木工程建筑业	39185	16162	2887	1741	2154	4698	3442	8077	25
房屋工程建筑	12448	2300	655	1455	1897	2121	2262	1758	
土木工程建筑	26737	13862	2232	286	257	2577	1179	6319	25
建筑安装业	803		185						617
建筑装饰业	471		415						56
其他建筑业	991		55				-4	940	

主要统计指标解释

全社会固定资产投资 固定资产投资是社会固定资产再生产的主要手段。通过建造和购置固定资产的活动，可以扩大社会再生产的规模，提高社会生产的技术水平，调整经济结构，改变生产力的地区分布，增强国家的经济实力，提高和改善人民物质和文化生活水平。

固定资产投资额，又称固定资产投资完成额，是以货币形式表现的在一定时期内建造和购置固定资产的工作量以及与此有关的费用的总称。它是反映固定资产投资规模、结构和发展速度的综合性指标，又是观察工程进度和考核投资效果的重要依据。

全社会固定资产投资统计范围包括：基本建设单位及更新改造企、事业单位，国有其他固定资产投资单位，城镇集体经济、联营经济、股份制经济、外商投资经济、港澳台投资经济及其他经济的固定资产投资单位，各种经济类型的房地产开发单位，农村集体单位和个人投资，城镇私人建房投资。

基本建设投资 基本建设是指利用国家预算内拨款、自筹资金、国内外基本建设贷款以及其他专项资金进行的，以扩大生产能力(或新增工程效益)为主要目的的新建、扩建工程及有关的工作。具体包括以下几个方面：

1. 为经济、科技和社会发展而平地起家的新建项目；

2. 为扩大生产能力(或新增效益)而增建分厂、主要生产车间、矿井、铁路干支线、码头泊位等扩建项目；

3. 为改变生产力布局而进行的全厂性迁建项目；

4. 遭受各种灾害、毁坏严重，需要重建整个企、事业单位的恢复性项目；

5. 没有折旧资金或固定收入的行政、事业单位增建业务用房和职工宿舍的项目。

基本建设投资额是以货币表现的基本建设完成的工作量，是反映一定时期内基本建设规模和建设进度的综合性指标。它是根据工程的实际进度按预算价格(预算价格是编制施工图预算时所用的价格)计算的工作量。没有形成工程实体的建筑材料和没有开始安装的设备，不计算投资完成额。

基本建设投资完成额与基本建设财务拨款、贷款额和资本运用是含义完全不同的指标，“基本建设投资完成额”是按预算价格计算的工作量；财务拨款、货款额是银行根据国家计划拨给或贷给建设单位用于基本建设的资金；资金运用指标是建设单位实际支出的与投资项目有关的各种资金之和。

更新改造投资 更新改造是指利用企业折旧资金、国家更新改造预算拨款、企业自有资金、国内外技术改造贷款及资金，对现有企、事业单位原有设施进行技术改造(包括固定资产更新)以及相应配套的辅助性生产、生活福利设施等工程和有关的工作。更新改造投资是以货币表现的更新改造完成的工作量。更新改造具体包括以下几个方面：

1. 为了挖掘国民经济各部门潜力，提高综合经济效益，对现有企、事业单位原有车间、生产线的工艺、工程设施和技术装备进行技术改造或设备、建筑物更新，以及与生产性主体技术改造相应配套的辅助性生产、生活福利设施；

2. 为了改善原有交通运输设施、港口码头的运输条件，提高运输、装卸能力而进行的更新改造工作；

3. 为了节约能源和原材料，治理“三废”污染和综合利用原材料而对现有企、事业单位进行的技术改造工程；

4. 为了防止职业病和人身事故，对现有建筑和技术装备采取的劳动保护措施；

5. 对城市现有供热、供气、供排水和道路、桥涵等市政设施的改造；

6. 现有企、事业单位由于城市环境保护和安全生产的需要，而进行的迁建工程。

固定资产投资按构成分 固定资产投资活动按其工作内容和实现方式分为建筑工程，安装工程，设备、工具、器具购置，其他费用四个部分。

1. 建筑工程，是指各种房屋、建筑物的建造工程，又称建筑工程量。这部分投资额必须兴工动料，通过施工活动才能实现，是固定资产投资额的重要组成部分。具体包括：

①各种房屋建造工程如厂房、仓库、办公室、住宅、商店、学校、医院、俱乐部、食堂、车库、招待所的建设，包括列入房屋工程预算内的暖气、卫生、通风、照明、煤气等设备的价值及其装饰油饰工程，列入建筑工程预算内的各种管道(如蒸气、压缩空气、石油、给排水等管道)、电力、电讯电缆导线的敷设等工程。

②设备基础、支柱、操作平台、梯子、烟囱、凉水塔、水池、灰塔等建筑工程、炼焦炉、裂解炉、蒸气炉等各种窑炉的砌筑工程及金属结构工程。

③为施工而进行的建筑场地的布置，工程地质勘探，原有建筑物和障碍物的拆除，平整土地，施工临时用水、电、气、道路工程，以及完工后建筑场地的清理、环境绿化美化工作等。

④矿井的开凿，井巷掘进延伸，露天矿的剥离，石油、天然气钻井工程和铁路、公路、港口、桥梁等工程。

⑤水利工程，如水库、堤坝、灌渠以及河道整治等工程。

⑥防空、地下建筑特殊工程及其他建筑工程。

2. 安装工程，是指各种设备、装置的安装工程，又称安装工作量。具体包括：

①生产、动力、起重、运输、传动和医疗、实验等各种需要安装设备的装配，与设备相连的工作台、梯子、栏杆等装设工程，附属于被安装设备的管线敷设工程，被安装设备的绝缘、防腐、保温、油漆等工作。

②为测定安装工作质量，对单个设备、系统设备进行单机试运、系统联动无负荷试运工作(投料试运工作不包括在内)。

在安装工程中，不包括被安装设备本身的价值。

3. 设备、工具、器具购置，是指把工业企业生产的产品转为固定资产的购置活动，包括建设单位或企、事业单位购置或自制的，达到固定资产标准的设备、工具、器具的价值。新建单位及扩建单位的新建车间，按照设计或计划要求购置或自制的全部设备、工具、器具，不论是否达到固定资产标准均计入“设备、工具、器具购置”中。

4. 其他费用，是指在固定资产建造和购置过程中发生的除建筑工程、安装工程及设备、工具、器具购置以外的各种应分摊计入固定资产的费用。具体包括：旧房屋购置、基本畜禽支出、林木支出、办公生活用家具器具购置、建设单位管理费、土地征用及迁移补偿费、勘察设计费、研究实验费、可行性研究费、临时设施费、施工机构转移费、设备检验费、负荷联合试车费、土地占用、使用费、投资方向调节税、建设期应付利息、包干节余、企业债券发行费、合同公证费及工程质量监测费、国外借款手续费及承诺费、汇兑损益、调整器材调拨价格折价、坏帐损失、固定资产亏损及损失、其他。

固定资产投资按建设性质分 建设项目的性质一般分为新建、扩建、改建、迁建、恢复。基本建设按建设项目划分建设性质，更新改造、国有单位其他固定资产投资及城镇集体投资按整个企业、事业单位的建设情况确定建设性质。目前基本建设和更新改造是根据我国现行的计划管理体制区分的，所以基本建设和更新改造都可以分别按新建、扩建和改建等划分。

1. 新建　一般是指从无到有，“平地起家”新开始建设的单位。有的单位原有的基础很小、经过建设后其新增加的固定资产价值超过原有固定资产价值(原值)三倍以上的也算新建。

2. 扩建　一般是指为扩大原有产品的生产能力，在厂内或其他地点增建主要生产车间(或主要工程)、独立的生产线或总厂之下的分厂的企业；事业单位和行政单位在原单位增建业务用房(如学校增建教学用房、医院增建门诊部或病床用房，行政机关增建办公楼等)也作扩建。

3. 改建　一般是指现有企业、事业单位为了技术进步，提高产品质量，增加花色品种，促进产品升级换代，降低消耗和成本，加强资源综合利用和三废治理，以及劳保安全等，采用新技术、新工艺、新设备、新材料等对现有设施、工艺条件进行技术改造或更新(包括相应配套的辅助性生产、生活福利设施)，有的企业为充分发挥现有生产能力，进行填平补齐而增建不增加本单位主要产品能力的车间等，也属于改建。

施工项目　指报告期内曾进行建筑或安装施工活动的建设项目。包括报告期内新开工的项目，报告期以前开工跨入报告期继续施工的项目，报告期施过工并在报告期内全部建成投产或停缓建的项目。

全部建成投产项目　工业项目是指设计文件规定形成生产能力的主体工程及其相应配套的辅助设施全部建成，经负荷试运转，证明具备生产设计规定合格产品的条件，并经过验收鉴定合格或达到竣工验收标准，与生产性工程配套的生活福利设施可以满足近期正常生产的需要，正式移交生产的建设项目；非工业项目是指设计文件规定的主体工程和相应的配套工程全部建成，能够发挥设计规定的全部效益，经验收鉴定合格或达到竣工验收标准，正式移交使用的建设项目。

新增生产能力　指通过固定资产投资活动而增加的设计能力或工程效益，它是用实物形态表示的固定资产投资的成果。新增生产能力的计算，是以能独立发挥生产能力或效益的单项工程(或项目)为对象。当单项工程(或项目)建成，经有关部门鉴定合格，正式移交投入生产，即可计算新增生产能力。

新增生产能力或工程效益有以下几种表现形式：

1. 以建设项目或单项工程建成后的年产能力表示。如煤炭开采、石油开采等。

2. 以建设项目或单项工程建成后处理原料的能力表示。如选矿工程的年处理矿石能力，洗煤厂年洗原煤能力等。

3. 以新增的主要设备数量或容量表示。如发电机组容量、棉纺锭枚数等。

4. 以建筑物容积、容量、面积或长度表示。如铁路公路里程、水库容量等。

新增生产能力数量一般按设计能力计算。设计能力是指设计文件中规定的在正常情况下能够达到的生产能力，而不论投产后的实际产量如何。以设备数量、建筑物容积、面积、长度等表示的新增生产能力(或效益)，则按建成的实际数量计算。

施工和竣工房屋建筑面积　房屋建筑面积是从房屋的外墙线算起，包括房屋结构(如柱、墙)占用的面积和地下室面积。多层建筑按各自然层面积总和计算，包括房屋内的楼隔层，突出墙面的眺望间、门斗、有柱雨罩的面积。不包括突出墙面结构的构件、艺术装饰等所占的面积，如台阶等。凹阳台、挑阳台按其水平投影面积一半计算建筑面积。

施工面积，指报告期内施工的全部房屋建筑面积。包括本期新开工的面积和上期开工跨入本期继续施工的房屋面积，以及上期已停建在本期继续施工的房屋建筑面积。

竣工面积，指在报告期内房屋建筑按照设计要求已全部完工，达到住人和使用条件，经验收鉴定合格，正式移交使用单位的建筑面积。

新增固定资产　指已经建成投入生产或交付

使用的工程价值和达到固定资产标准的设备、工具、器具的投资及有关应摊入的费用。它是以价值形式表示的固定资产投资成果的综合性指标，可以综合反映不同时期、不同部门、不同地区的固定资产投资成果。

固定资产交付使用率 又称固定资产运用动用系数，是指一定时期新增固定资产与同期完成投资额的比率。其计算公式为：

固定资产交付使用率＝报告期新增固定资产／报告期固定资产投资额×100%

固定资产交付使用率是反映固定资产动用速度，衡量建设过程中宏观投资效果的综合指标。由于新增固定资产是较长时期内形成的结果，而投资则是当年完成的，因此，这一指标一般适宜于反映较长时期内固定资产的动用情况。

房地产开发投资额 又称房地产开发工作量，它是以货币表示的工作量。是指房地产开发企业和单位所开发的各种工程所完成的投资额。

土地开发投资额 是指房地产开发单位进行土地开发工程所完成的投资额，如进行场地平整、道路、给水、排水、供电、供热、通讯等工程所完成的投资额。未进行开发工程、只进行单纯的土地交易活动不作为土地开发投资统计。

商品房建设投资额 是指房地产开发单位开发建设的供出售用的商品住宅、厂房、仓库、饭店、度假村、写字楼、办公楼等房屋工程及其配套的服务设施所完成的投资额。

商品房屋销售额 是指房屋开发公司报告期售出商品房屋的实际收入。包括正式交付的商品房在建设前期预收的定金、预收的款项及结算尾数，不包括未交付的商品房所预收的款项。收取的外汇折算在其中。如果商品房是跨年度完成的，应包括以前年度所收的定金预收款。

民间固定资产投资 是根据投资主体的所有制形式对固定资产投资进行的一种分类，是相对于国有固定资产投资的一类投资。民间固定资产投资与国有、港澳台商和外商固定资产投资共同构成全社会固定资产投资。

建筑业 是国民经济中专门从事建筑安装工程施工的物质生产部门。它是以工农业产品为原料，经过建筑安装活动形成各种用途的固定资产。其主要活动包括：

1. 各种房屋、建筑物和构筑物的建造；
2. 各种线路、管道和机械设备的安装；
3. 原有房屋、建筑物和构筑物的修理；
4. 部分非标准设备的制造。

建筑业总产值 也是自行完成施工产值。是以货币表现的建筑安装企业和建筑业活动单位在一定时期内生产的建筑业产品的总和。是反映建筑业生产规模、发展速度、经营成果的重要标志，也是用以计算建筑业经济效益、劳动生产率和建筑业在国民经济中所占比重的依据。它包括建筑工程产值、设备安装工程产值、房屋构筑物修理产值及非标准设备制造产值。

建筑业增加值 是建筑业企业在报告期内以货币表现的建筑业生产经营活动的最终成果。其计算方法有两种：一是生产法，即建筑业总产出减去建筑业中间消耗后的余额；二是分配法(收入法)，即从收入的角度出发，根据生产要素在生产过程中应得到的收入份额计算，具体构成项目有固定资产折旧、劳动者报酬、生产税净额、营业盈余。本《年鉴》建筑业增加值是按分配法计算的。

独立核算企业建筑业增加值的计算公式为：

建筑业增加值＝本年提取的固定资产折旧＋本年应付工资总额＋本年应付福利费总额＋管理费用中的劳动失业保险费＋住房公积金及住房补贴＋工会经费＋差旅费×6.4%＋工程结算税金及附加＋管理费用中的税金＋营业利润

建筑业竣工产值 是以货币表现的建筑业生产所形成的成品的价值，反映建筑业的成就，是考核建筑业施工速度和经济效益的依据之一。它一般是以单位工程为对象，当该工程按照设计所规定的工程内容全部完成，达到了设计规定的交工条件，经有关部门检查验收鉴定合格的单位工程价值。

年底自有机械设备总功率 是指建筑业企业自有施工机械、生产设备、运输设备以及其他设备等列为在册固定资产的生产性机械设备年底总功率，按设定能力或查定能力计算。包括机械本身的动力和为该机械服务的单独动力设备。

实收资本 是指企业实际收到的所有投资人投入的资本，包括以货币、实物、无形资产等各种形式的投入。

1. 国家资本 指国家以各种形式对企业的实物投资、货币投资和所有权应属于国家的发明创造和技术成果等无形资产投资。

2. 法人资本 指其他法人单位以其依法可以支配的资产投资而形成的资本。

3. 个人资本 指个人或本企业内部职工以个人合法财产投入企业而形成的资本。

4. 外商资本 指外国投资者以各种形式的资产进行投资形成的资本。

5. 港澳台资本 指港澳台投资者以各种形式的资产进行投资形成的资本。

流动资产 是指可以在一年或者超过一年的一个营业周期内变现或者耗用的资产，包括现金及各种存款、短期投资、应收预付款项、存货等。

固定资产原价 指建筑业企业在建造、购置、安装、改建扩建、技术改造某项固定资产时所支出的全部货币总额。它一般包括买价、包装费、运杂费和安装费等。

利税总额 指建筑业企业实现利润与上缴税金(利前税)之和，包括利润总额、工程结算税金及附加、管理费用中的税金。

能　源

数据要览

▲2008 年能源生产总量	1431.1 万吨标准煤	比上年增长 14.9%
▲2008 年能源消费总量	992.1 万吨标准煤	比上年增长 4.7%
▲2008 年规模以上工业综合能源消费量	771.6 万吨标准煤	比上年增长 5.1%
▲2008 单位生产总值能耗	1.640 吨标准煤/万元	比上年下降 9.01%
▲2008 年单位工业增加值能耗	2.853 吨标准煤/万元	比上年下降 12.20%

能源生产总量和能源消费总量

单位：万吨标准煤

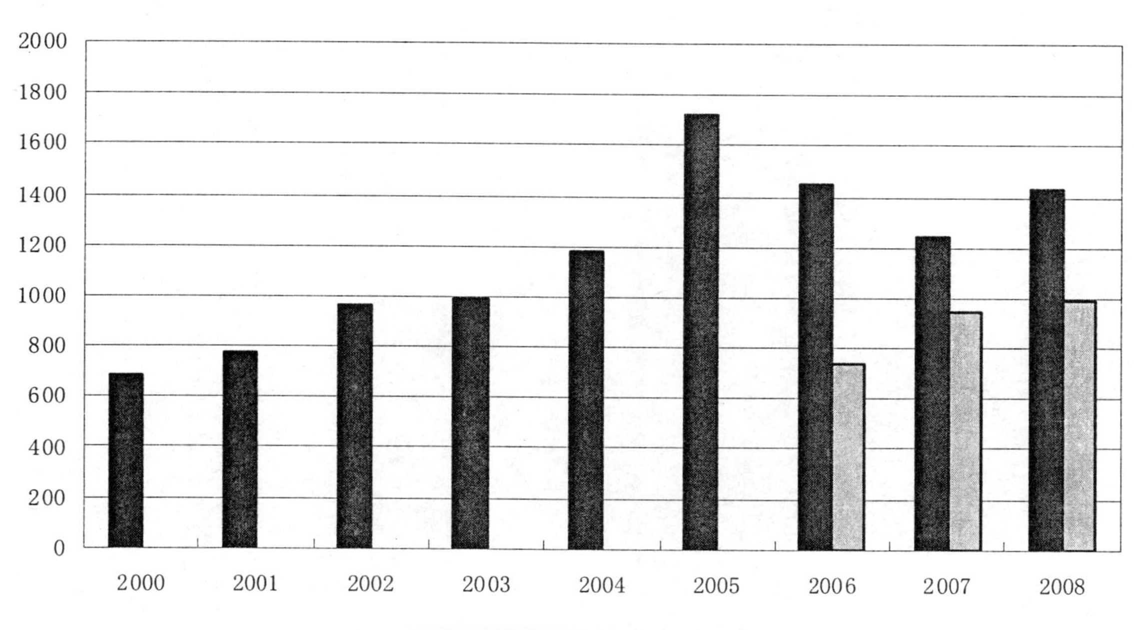

7-1 历年能源生产总量及构成

年 份	能源生产总量（吨标准煤）	原煤（吨）	水电（万千瓦时）	占能源生产总量的比重（%）	
				原 煤	电力
1970	2279501	3191000	42	100.0	0.0
1975	3909080	5272000	35468	96.3	3.7
1978	4803959	6283700	78097	93.4	6.6
1979	5716167	7521000	85128	94.0	6.0
1980	5531241	7240000	89037	93.5	6.5
1981	5681162	7411000	95912	93.2	6.8
1982	5936304	7670000	113273	92.3	7.7
1983	6646162	8631000	119069	92.8	7.2
1984	6800103	8889000	111557	93.4	6.6
1985	7803210	10273000	115150	94.0	6.0
1986	8096917	10730300	106996	94.7	5.3
1987	7680751	10190200	99478	94.8	5.2
1988	7671104	10174500	99366	94.7	5.3
1989	9356632	12377400	127588	94.5	5.5
1990	9725750	12988800	110354	95.4	4.6
1991	9688632	12939200	110436	95.4	4.6
1992	8970961	11941200	109248	95.1	4.9
1993	9050851	12046200	110458	95.1	4.9
1994	9275114	12260500	128079	94.4	5.6
1995	8930009	11850600	115130	94.8	5.2
1996	9615333	12734500	128485	94.6	5.4
1997	8296089	11151500	81825	96.0	4.0
1998	7231476	9571600	97644	94.5	5.5
1999	6486245	8368700	125862	92.2	7.8
2000	6860514	8927920	119629	93.0	7.0
2001	7730928	10173679	114819	94.0	6.0
2002	9590456	12727489	123567	94.8	5.2
2003	9912907	13185421	122416	95.0	5.0
2004	11810548	15773556	134529	95.4	4.6
2005	17160960	23280973	131525	96.9	3.1
2006	14524175	19188208	146984	95.9	4.1
2007	12460879	16352356	154025	93.7	6.3
2008	14311346	18939820	193721	94.5	5.5

7-2 分县市单位GDP能耗及降低率

（2008年）

县（市）区	单位GDP能耗 （吨标准煤/万元）	单位GDP能耗 上升或下降 （±%）
全　市	1.640	-9.01
市　直	2.241	-8.70
湖滨区	1.787	-9.00
义马市	2.518	-10.60
渑池县	2.051	-6.80
陕　县	2.085	-6.80
灵宝市	1.017	-6.70
卢氏县	1.898	-6.60

7-3 分县市单位GDP电耗及降低率

（2008年）

县（市）区	单位GDP电耗 （千瓦时/万元）	单位GDP电耗 上升或下降 （±%）
全　市	1966.51	-8.40
市　直	4493.05	21.30
湖滨区	2760.08	15.30
义马市	2141.94	-19.80
渑池县	2277.43	-14.20
陕　县	2103.60	-10.00
灵宝市	821.35	-15.60
卢氏县	1485.32	4.90

7-4 能源消费总量

单位：万吨标准煤

项　目	2007年	2008年	2008年比2007年增长（%）
总　计	**947.5**	**992.1**	**4.7**
市　直	224.9	219.0	-2.6
湖滨区	26.4	27.7	4.9
义马市	198.5	211.4	6.5
渑池县	160.7	173.9	8.2
陕　县	201.4	218.1	8.3
灵宝市	137.8	147.8	7.3
卢氏县	36.0	38.2	6.1
按行业分			
第一产业	12.0	12.3	2.5
第二产业	862.0	903.1	4.8
工　业	856.7	897.6	4.8
#规模以上工业	734.2	771.6	5.1
建筑业	5.3	5.5	3.8
第三产业	39.8	41.4	4.0
生活消费	33.7	35.3	4.7

注：表中数据按当量值计算。

7-5 规模以上工业企业综合能源消费量

单位：吨标准煤

	单位数（个）	2007年	2008年
总　计	**559**	**7341783**	**7716214**
市　直	32	2149360	2088103
#开发区	13	7628	8531
湖滨区	43	92581	101321
义马市	76	1711319	1834534
渑池县	105	1127969	1235577
陕　县	43	1717304	1834424
灵宝市	223	476710	545213
卢氏县	37	66541	75977
按部门分			
煤炭	28	725473	803769
石油石化	1	219	280
冶金	46	145396	186251
有色	208	1824439	2229486
建材	59	242275	287015
化工	28	344752	459267
轻工	56	110604	122000
烟草	1	7145	5551
纺织	11	39541	32420
医药	11	9284	11289
机械	55	32969	35740
电子	2	7462	7364
电力	18	3280548	2905443
其他	35	571676	630340
按能源消费量分			
5000吨以下	478	424011	433478
5000吨以上	81	6917772	7282736
1万以上	44	6270147	6547873
5万以上	16	5336601	5871986
10万以上	13	5236861	5676037
15万以上	12	5127833	5569752
在总计中：高耗能行业	167	6204247	5936145
在总计中：千家重点耗能企业	4	1448651	1196925

注：本表中的2007年数据为2008年报表中的同表数据，由于单位变化，与2007年公布的数据有一定出入。

7-6 规模以上工业企业分行业综合能源消费量

单位：吨标准煤

	单位数（个）	2007年	2008年
总　　计	**559**	**7341783**	**7716214**
按轻重工业分			
轻工业	72	164569	183320
重工业	487	7177214	7532894
按行业分			
采矿业	255	1148054	1272698
煤炭开采和洗选业	28	725473	803759
黑色金属矿采选业	19	36518	44305
有色金属矿采选业	186	361605	401477
非金属矿采选业	22	24459	23147
制造业	280	2465731	3027549
农副食品加工业	7	12296	13454
食品制造业	6	14033	15862
饮料制造业	13	61426	67216
烟草制品业	1	7145	5551
纺织业	9	10715	7821
纺织服装、鞋、帽制造业	1	62	54
皮革、毛皮、羽毛(绒)及其制品业	1	342	381
木材加工及木、竹、藤、草制品业	8	35731	40275
家具制造业	4	1135	2426
造纸及纸制品业	7	9348	9253
印刷业和记录媒介的复制	2	1470	1823
石油加工炼焦及核燃料加工业	1	825	280
化学原料及化学制品制造业	23	341453	455494
医药制造业	11	9284	11289
化学纤维制造业	1	28764	24545
橡胶制品业	2	2650	2873
塑料制品业	12	4301	5398
非金属矿物制品业	69	371390	383849
黑色金属冶炼及压延加工业	7	22548	45610
有色金属冶炼及压延加工业	22	1462834	1828009
金属制品业	16	26695	61757
通用设备制造业	13	3194	4166
专用设备制造业	29	14478	17608
交通运输设备制造业	2	12504	11832
电气机械及器材制造业	6	568	815
通信设备、计算机及其他电子设备制造业	2	7462	7364
仪器仪表及文化、办公用机械制造业	4	2265	1425
工艺品及其他制造业	1	814	1119
电力、煤气及水的生产和供应业	24	3727997	3415968
电力、热力的生产和供应业	18	3280548	2905444
燃气生产和供应业	2	444753	506683
水的生产和供应业	4	2696	3841

注：本表中的2007年数据为2008年报表中的同表数据，由于单位变化，与2007年公布的数据有一定出入。

7-7 规模以上工业企业分品种能源消费量

（2008年）　　　　单位：吨

	原煤	煤制品	型煤	煤粉	焦炭	其他煤气（万立方米）	汽油	煤油
总　计	**14592517**	**10258**	**68**	**10182**	**120871**	**107633**	**29281**	**1301**
市　直	6513976				304		945	250
#开发区	8162						13	1
湖滨区	83691				1018		225	40
义马市	3303881	1504	68	1436	26841	6770	2520	
渑池县	1392382				46568	5025	1514	
陕　县	3005213	8			178	95838	833	
灵宝市	264974	8746		8746	23631		22281	774
卢氏县	28400				22331		963	238
按部门分								
煤炭	1498117				6	3200	2004	
石油石化							21	
冶金	103580				45786		1010	119
有色	3265767	8754		8746	29246	95838	21803	1164
建材	290846				21280	3768	685	
化工	701240				11	2130	309	
轻工	138711						1093	
烟草	7019						59	
纺织	36412						66	1
医药	51759				104		58	
机械	13802	68	68		627		639	17
电子	2413						27	
电力	6480113					1266	1102	
其他	2002738	1436		1436	23811	1432	406	
按能源消费量分								
5000吨以下	2224992	1512	68	1436	13906	1257	21354	279
5000吨以上	12367525	8746		8746	106965	106376	7927	1023
1万以上	12195927	8746		8746	88114	104882	3519	743
5万以上	11370296				6	100931	2765	223
10万以上	10763208				6	100470	2727	223
15万以上	10639269				6	100470	2726	223
在总计中：高耗能行业	10589131	10182		10182	65261	103002	2947	799
在总计中：千家重点耗能企业	1445322				6	3200	2033	11

7-7续表 （2008年） 单位：吨

	柴油	燃料油	液化石油气	其他石油制品	热力（百万千焦）	电力（万千瓦时）	其他燃料（吨标准煤）
总　计	**62146**	**27093**	**780**	**1226**	**16978619**	**1040765**	**19608**
市　直	5504	23	667			265958	
#开发区	5					2187	
湖滨区	137					35711	
义马市	4458		11	1226	1003991	171714	19608
渑池县	1275	26930				233513	
陕　县	2168	141			15974628	161605	
灵宝市	46285		102			152772	
卢氏县	2318					19491	
按部门分							
煤炭	4204			1211	325685	80139	19608
石油石化	40					155	
冶金	2433					51156	
有色	46708	29			13410667	536202	
建材	885	26901			17109	31079	
化工	493				3198358	56184	
轻工	806		102			19894	
烟草	18					475	
纺织	46					7924	
医药	23				26800	2502	
机械	3154	23	678	15		17443	
电子						4564	
电力	2949	141				154749	
其他	388					78299	
按能源消费量分							
5000吨以下	37441		113	15	43909	161911	
5000吨以上	24704	27093	667	1211	16934710	878854	19608
1万以上	14895	27093	667	1211	16911235	800903	19608
5万以上	9621	170		1211	16300313	680350	19608
10万以上	9564	170		1211	16300313	667315	19608
15万以上	9514	170		1211	16300313	649469	19608
在总计中：高耗能行业	**7349**	**27070**			**16626134**	**713543**	
在总计中：千家重点耗能企业	4433	9		1211	325685	383860	19608

7-8 规模以上工业企业分行业分品种能源消费量

（2008年） 单位：吨

	原煤	煤制品	型煤	煤粉	焦炭	其他煤气（万立方米）	汽油	煤油
总　　计	**14592517**	**10258**	**68**	**10182**	**120871**	**107633**	**29281**	**1301**
按轻重工业分								
轻工业	232938				104		1195	1
重工业	14359579	10258	68	10182	120767	107633	28086	1300
按行业分								
采矿业	1737015	8			33620	3200	24078	484
煤炭开采和洗选业	1498117				6	3200	2004	
黑色金属矿采选业	9257				20400		719	119
有色金属矿采选业	204571	8			13214		20993	365
非金属矿采选业	25070						362	
制造业	4434985	10250	68	10182	87251	101736	4019	817
农副食品加工业	16519						60	
食品制造业	17966						120	
饮料制造业	84486						369	
烟草制品业	7019						59	
纺织业	4522						35	1
纺织服装、鞋、帽制造业							12	
皮革、毛皮、羽毛(绒)及其制品业	250							
木材加工及木、竹、藤、草制品业	47723						156	
家具制造业	1900						132	
造纸及纸制品业	7259						169	
印刷业和记录媒介的复制	2493						63	
石油加工炼焦及核燃料加工业							21	
化学原料及化学制品制造业	698931				11	2130	221	
医药制造业	51759				104		58	
化学纤维制造业	31890						19	
橡胶制品业	1800						15	
塑料制品业	1436						114	
非金属矿物制品业	344367	1436		1436	23890	3768	705	
黑色金属冶炼及压延加工业	4524				25328		88	
有色金属冶炼及压延加工业	3061196	8746		8746	16032	95838	810	799
金属制品业	31878				21259		111	
通用设备制造业	1968	30	30				156	9
专用设备制造业	10283	38	38		627		345	7
交通运输设备制造业							64	1
电气机械及器材制造业							23	
通信设备、计算机及其他电子设备制造业	2413						27	
仪器仪表及文化、办公用机械制造业	1452						59	1
工艺品及其他制造业	952						9	
电力、煤气及水的生产和供应业	8420517					2698	1184	
电力、热力的生产和供应业	6480113					1266	1102	
燃气生产和供应业	1940320					1432	23	
水的生产和供应业	83						59	

7-8续表 （2008年） 单位：吨

	柴油	燃料油	液化石油气	其他石油制品	热力（百万千焦）	电力（万千瓦时）	其他燃料（吨标准煤）
总　　计	**62146**	**27093**	**780**	**1226**	**16978619**	**1040765**	**19608**
按轻重工业分							
轻工业	626				26800	29570	
重工业	61520	27093	780	1226	16951819	1011195	19608
按行业分							
采矿业	50308			1211	325685	217453	19608
煤炭开采和洗选业	4204			1211	325685	80139	19608
黑色金属矿采选业	2205					10951	
有色金属矿采选业	43661					122756	
非金属矿采选业	238					3607	
制造业	8844	26953	780	15	16652934	633362	
农副食品加工业	3					1636	
食品制造业						2918	
饮料制造业	99					6615	
烟草制品业	18					475	
纺织业	1					4295	
纺织服装、鞋、帽制造业						30	
皮革、毛皮、羽毛(绒)及其制品业						165	
木材加工及木、竹、藤、草制品业	288					6525	
家具制造业	19					689	
造纸及纸制品业	319					3120	
印刷业和记录媒介的复制	78					490	
石油加工炼焦及核燃料加工业	40					155	
化学原料及化学制品制造业	452				3198358	54610	
医药制造业	23				26800	2502	
化学纤维制造业	45					3600	
橡胶制品业	6					1266	
塑料制品业	160		102			3097	
非金属矿物制品业	827	26901			17109	76184	
黑色金属冶炼及压延加工业	33					14400	
有色金属冶炼及压延加工业	3048	29			13410667	413446	
金属制品业	239					14651	
通用设备制造业	175					2020	
专用设备制造业	106		7	15		9262	
交通运输设备制造业	2817	23	667			5466	
电气机械及器材制造业	13		5			614	
通信设备计算机及其他电子设备制造业						4564	
仪器仪表及文化、办公用机械制造业	34					223	
工艺品及其他制造业						346	
电力、煤气及水的生产和供应业	2994	141				189950	
电力、热力的生产和供应业	2949	141				154749	
燃气生产和供应业	30					32163	
水的生产和供应业	15					3038	

7-9 主要耗能工业企业单位产品能耗情况

目　　录	计量单位			单位换算系数	2007年			2008年		
	指标单位	子项单位	母项单位		指标值	子项值	母项值	指标值	子项值	母项值
吨原煤生产综合能耗	千克标准煤/吨	吨标准煤	吨	1000	8.05	127051.95	15782852	6.34	114911.57	18124854
吨原煤生产耗电	千瓦时/吨	万千瓦时	吨	10000	22.76	35921.77	15782852	20.64	37409.7	18124854
铁矿采矿工序单位能耗	千克标准煤/吨	吨标准煤	吨	1000	4.96	1677.2	337964	5.23	1858.8	355342
单位烧碱生产综合能耗(离子膜法)	千克标准煤/吨	吨标准煤	吨	1000	402.61	16545	41094	398.83	18138	45478
单位烧碱生产耗交流电(离子膜法)	千瓦时/吨	万千瓦时	吨	10000	2208.84	9077	41094	2300.01	10460	45478
单位烧碱生产综合能耗(隔膜法30%)	千克标准煤/吨	吨标准煤	吨	1000	964.55	37249	38618	966.72	24169	25001
单位烧碱生产耗交流电(隔膜法30%)	千瓦时/吨	万千瓦时	吨	10000	2472.68	9549	38618	2472.70	6182	25001
单位合成氨生产综合能耗	千克标准煤/吨	吨标准煤	吨	1000	1599.71	260905.2	163095	1511.39	207061.29	137001
单位合成氨耗电	千瓦时/吨	万千瓦时	吨	10000	1697.91	27692	163095	1621.30	22211.93	137001
单位合成氨耗原料煤	千克标煤/吨	吨标准煤	吨	1000	1131.93	184612	163095	1133.70	155318.02	137001
单位合成氨耗标准燃料煤	千克标煤/吨	吨标准煤	吨	1000	154.11	25135.2	163095	178.43	24444.83	137001
吨水泥熟料综合能耗	千克标准煤/吨	吨标准煤	吨	1000	140.23	324877.88	2316701	133.34	400599.63	3004380
吨水泥熟料综合电耗	千瓦时/吨	万千瓦时	吨	10000	99.08	22953.34	2316701	87.38	26251.92	3004380
吨水泥熟料烧成标准煤耗	千克标准煤/吨	吨标准煤	吨	1000	119.97	277923.36	2316701	123.32	370505.55	3004380
吨水泥综合能耗	千克标准煤/吨	吨标准煤	吨	1000	118.16	506482.08	4286310	105.81	514449.52	4862039

7-9续表

目录	计量单位			单位换算系数	2007年			2008年		
	指标单位	子项单位	母项单位		指标值	子项值	母项值	指标值	子项值	母项值
吨水泥综合电耗	千瓦时/吨	万千瓦时	吨	10000	322.60	138278.43	4286310	293.73	142813.13	4862039
吨水泥标准煤耗	千克/吨	吨标准煤	吨	1000	120.91	46699.91	386238	101.87	43151.18	423597
每重量箱平板玻璃综合能耗	千克标准煤/重量箱	吨标准煤	重量箱	1000	13.61	27851.87	2046991	16.62	20975.22	1261922
每重量箱平板玻璃耗电	千瓦时/重量箱	万千瓦时	重量箱	10000	7.15	1463	2046991	7.94	1002	1261922
每重量箱平板玻璃耗燃油	千克/重量箱	吨	重量箱	1000	10.27	21020	2046991	8.93	11266.86	1261922
炼铁工序单位能耗	千克标准煤/吨	吨标准煤	吨	1000	819.07	21539	26297	702.83	22195.5	31580
单位铜冶炼综合能耗	千克标准煤/吨	吨标准煤	吨	1000	301.71	2999	9940	360.7	4398.00	12193
单位氧化铝综合能耗	千克标准煤/吨	吨标准煤	吨	1000	387.77	852573.16	2198645	405.77	1351262.95	3330161
单位电解铝综合能耗	千克标准煤/吨	吨标准煤	吨	1000	1819.04	393702.9	216434	1806.93	375371.85	207740
单位铝锭综合交流电耗	千瓦时/吨	万千瓦时	吨	10000	14692.05	317986	216434	14596.18	303221	207740
单位粗铅综合能耗	千克标准煤/吨	吨标准煤	吨	1000	522.01	14821	28392	490.99	15319	31200
单位铅冶炼综合能耗	千克标准煤/吨	吨标准煤	吨	1000	640	17626	27541	627.97	18809	29952
析出铅直流电单耗	千瓦时/吨	万千瓦时	吨	10000	229.84	633	27541	206.00	617	29952
电厂火力发电标准煤耗	克标准煤/千瓦时	吨标准煤	万千瓦时	100	343.73	5289621.34	1538891	323.90	3854757.07	1190094.9
电厂火力供电标准煤耗	克标准煤/千瓦时	吨标准煤	万千瓦时	100	371.22	5279558.34	1422228.5	350.26	3854757.07	1100547.68
发电厂用电率	%	万千瓦时	万千瓦时	100	7.04	108282.8	1538891	7.07	84086.85	1190094.9

主要统计指标解释

能源生产总量 指一定时期内全国一次能源生产量的总和。该指标是观察全国能源生产水平、规模、构成和发展速度的总量指标。一次能源生产量包括原煤、原油、天然气、水电、核能及其他动力能(如风能、地热能等)发电量，不包括低热值燃料生产量、生物质能、太阳能等的利用和由一次能源加工转换而成的二次能源产量。

能源消费总量 指一定时期内全国物质生产部门、非物质生产部门和生活消费的各种能源的总和。该指标是观察能源消费水平、构成和增长速度的总量指标。能源消费总量包括原煤和原油及其制品、天然气、电力，不包括低热值燃料、生物质能和太阳能等的利用。能源消费总量分为终端能源消费量、能源加工转换损失量和能源损失量三部分。

能源加工转换效率 指一定时期内能源经过加工、转换后，产出的各种能源产品的数量与同期内投入加工转换的各种能源数量的比率。该指标是观察能源加工转换装置和生产工艺先进与落后、管理水平高低等的重要指标。计算公式为：

能源加工转换效率=能源加工转换产出量/能源加工转换投入量×100%

单位GDP能耗 指一定时期内，一个国家或地区每生产一个单位的国内生产总值所消耗的能源。计算公式为：

单位GDP能耗=能源消耗总量/GDP

单位GDP电耗 指一定时期内，一个国家或地区每生产一个单位的国内生产总值所消耗的电力。计算公式为：

单位GDP电耗=全社会用电量/GDP

单位工业增加值能耗 指一定时期内，一个国家或地区每生产一个单位的工业增加值所消耗的能源。计算公式为：

单位工业增加值能耗=工业能源消耗量/工业增加值。

批零贸易、住宿餐饮、外经、旅游业

数据要览

◆2008 年社会消费品零售总额	1440918 万元	比上年增长 22.9%
市的零售额	790435 万元	比上年增长 23.3%
县的零售额	248261 万元	比上年增长 23.7%
县以下零售额	402222 万元	比上年增长 21.6%
◆2008 年出口总值	13067 万美元	比上年下降 26.3%
◆2008 年接待海外游客	30731 人次	比上年增长 12.2%
◆2008 年旅游外汇收入	377.79 万美元	比上年增长 12.4%
◆2008 年实际直接利用外资	23411 万美元	比上年增长 25.1%

社会消费品零售总额

单位：亿元

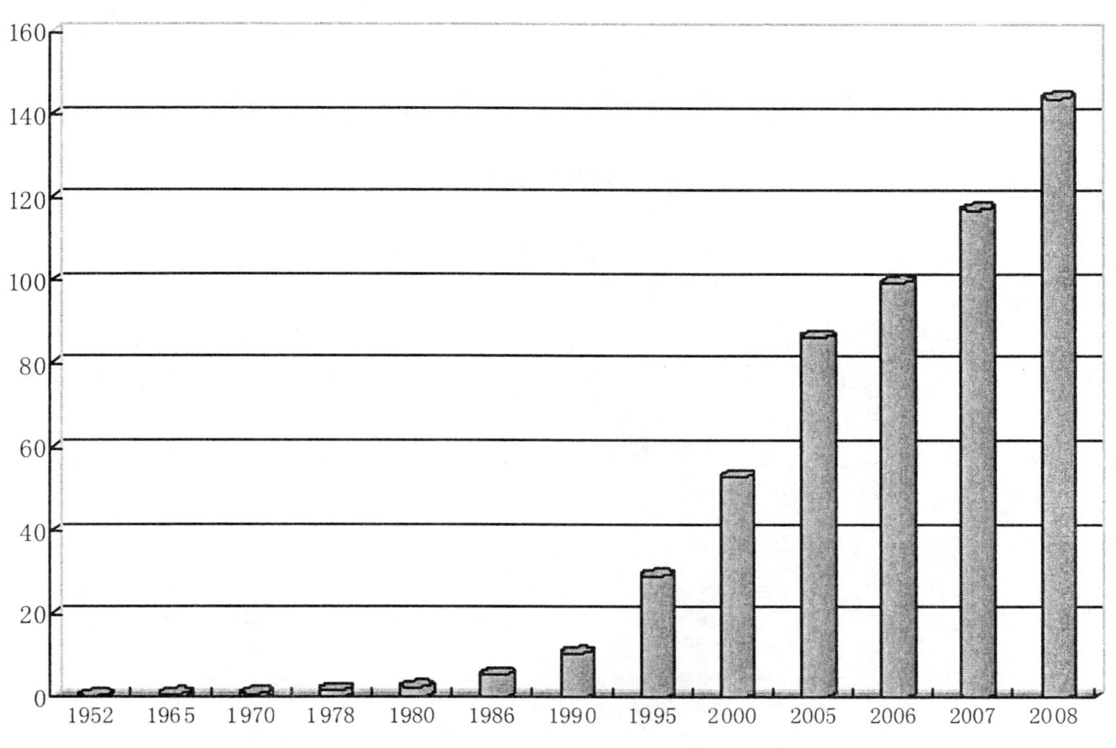

8-1 主要年份社会消费品零售总额

单位：万元

年　份	社会消费品零售总额	市	县	县以下	批发零售贸易业	住宿餐饮业	其它
1952	3799						
1957	4623						
1962	7042						
1965	7543						
1970	8966						
1975	15067						
1978	17974						
1980	**24636**	**7563**	**6740**	**10333**			
1981	27604	9174	6873	11557			
1982	30180	9401	9013	11766			
1983	32759	9836	9986	12937			
1984	39188	10636	12995	15557			
1985	**47546**	**14415**	**14292**	**18839**			
1986	54556	16595	16469	21492			
1987	65198	19973	22206	23019			
1988	92760	27703	34123	30934			
1989	106393	35413	39717	31263			
1990	**105728**	**40019**	**34905**	**30804**			
1991	120853	48653	34529	37671			
1992	148047	61782	42576	43689			
1993	186148	91311	19868	74969	136222	14710	18750
1994	243306	119247	24727	99332	168385	20340	37170
1995	**292480**	**143552**	**31197**	**117731**	**194720**	**26094**	**50440**
1996	352605	178668	51330	122607	222115	35721	62498
1997	409813	206659	63406	139748	263480	42190	68178
1998	451420	223794	56250	171376	277569	44342	90468
1999	485658	234526	63543	187589	287906	47142	105853
2000	**529932**	**256496**	**72113**	**201323**	**308991**	**53826**	**116813**
2001	579010	281507	79806	217697	338859	58516	127203
2002	639250	313573	87824	237853	378371	65998	136530
2003	703998	348066	97026	258906	613683	71117	19198
2004	755458	377941	104896	272621	652957	86486	16015
2005	**864756**	**441605**	**141673**	**281478**	**727525**	**114781**	**22450**
2006	996368	523918	173055	299395	846448	131845	18075
2007	1172731	641310	200718	330703	1000936	151950	19845
2008	1440918	790435	248261	402222	1225183	190848	24887

注：2004和2005年数据为根据第一次全国经济普查数据调整后的数据。

8-2 社会消费品零售总额及构成

指　标	2008年		2007年		绝对数增长（%）
	数值（万元）	构成（%）	数值（万元）	构成（%）	
社会消费品零售总额	1440918	100	1172731	100	22.9
批零贸易、住宿餐饮企业	521568	36.2	418460	35.7	24.6
个体批零贸易、住宿餐饮业	894463	62.1	734426	62.6	21.8
其他	24887	1.7	19845	1.7	25.4
按销售地区分					
市的零售额	790435	54.9	641310	54.7	23.3
批零贸易、住宿餐饮企业	278836	19.4	231015	19.7	20.7
个体批零贸易、住宿餐饮业	497411	34.5	399508	34.1	24.5
其他	14188	1.0	10787	0.9	31.5
县的零售额	248261	17.2	200718	17.1	23.7
批零贸易、住宿餐饮企业	122485	8.5	93498	8.0	31.0
个体批零贸易、住宿餐饮业	123015	8.5	104746	8.9	17.4
其他	2761	0.2	2474	0.2	11.6
县以下零售额	402222	27.9	330703	28.2	21.6
批零贸易、住宿餐饮企业	120247	8.3	93947	8:0	28.0
个体批零贸易、住宿餐饮业	274037	19.0	230172	19.6	19.1
其他	7938	0.6	6584	0.6	20.6
按国民经济行业分					
批发和零售贸易业	1225183	85.0	1000936	85.4	22.4
批零贸易企业	486892	33.8	391045	33.3	24.5
限额以上企业、单位	321805	22.3	256181	21.8	25.6
限额以下企业、单位	165087	11.5	134864	11.5	22.4
个体批零贸易业	738291	51.2	609891	52.0	21.1
住宿和餐饮业	190848	13.2	151950	12.9	25.6
住宿和餐饮企业	34676	2.4	27415	2.3	26.5
星级（限额）以上企业、单位	21252	1.5	15992	1.4	32.9
星级（限额）以下企业、单位	13424	0.9	11423	0.9	17.5
个体住宿餐饮业	156172	10.8	124535	10.6	25.4
其他	24887	1.8	19845	1.7	25.4

8-3 分县市社会消费品零售总额

（2008年） 单位：万元

指　　标	全　市	市　直	#开发区	湖滨区	义马市	渑池县	陕县	灵宝市	卢氏县
社会消费品零售总额	1440918	161395	54108	164146	132564	172380	148971	533388	128074
贸易、住宿餐饮企业	521568	118660	30140	30785	31797	69218	71071	127576	63947
贸易、住宿餐饮个体	894463	23915	23968	133361	100767	102546	75677	394529	62540
其他	24887	18820				616	2223	11283	1587
按销售地区分									
市的零售额	790435	149220		164146	80752		14905	331665	
贸易、住宿餐饮企业	278836	106485		30785			14482	90187	
贸易、住宿餐饮个体	497411	23915		133361	80752			235115	
其他	14188	18820					423	6363	
县的零售额	248261	12175	54108		11720	99250	50586		77770
贸易、住宿餐饮企业	122485	12175	30140		11720	58873	23772		42382
贸易、住宿餐饮个体	123015		23968			40069	25761		34568
其他	2761					308	1053		820
县以下零售额	402222				40092	73130	83480	201723	50304
贸易、住宿餐饮企业	120247				20077	10345	32817	37389	21565
贸易、住宿餐饮个体	274037				20015	62477	49916	159414	27972
其他	7938					308	747	4920	767
按国民经济行业分									
批发和零售贸易业	1225183	132394	50626	137531	101404	142502	130248	447750	111442
批零贸易企业	486892	111326	29505	24063	27057	63160	68630	122459	60946
限额以上企业	321805	96942	7963	14105	10433	47315	50794	99223	26897
限额以下企业	165087	14384	21542	9958	16624	15845	17836	23236	34049
个体批零贸易业	738291	21068	21121	113468	74347	79342	61618	325291	50496
住宿和餐饮业	190848	10181	3482	26615	31160	29262	16500	74355	15045
住宿和餐饮企业	34676	7334	635	6722	4740	6058	2441	5117	3001
星级（限额）以上企业	21252	5753		4103	2578	2937	1582	3815	1277
星级（限额）以下企业	13424	1581	635	2619	2162	3121	859	1302	1724
个体住宿餐饮业	156172	2847	2847	19893	26420	23204	14059	69238	12044
其他	24887	18820				616	2223	11283	1587

8-4 全部贸易企业商品购销存总额

（2008年） 单位：万元

指　标	法人单位（个）	年末从业人员数（人）	商品购进总额	商品销售总额	批发	零售	年末商品库存总额
总　计	**2070**	**25264**	**1014430**	**1316151**	**769789**	**546362**	**128628**
批发业	**648**	**10114**	**557396**	**814789**	**744499**	**70290**	**71532**
按登记注册类型分组							
内资企业	648	10114	557396	814789	744499	70290	71532
国有企业	35	3020	150678	220951	195883	25068	32041
国有独资公司	2	177	2183	3503	3333	170	1493
集体企业	54	686	33355	36312	31068	5244	5171
股份合作企业	3	23	490	566	537	29	93
有限责任公司	44	862	100212	108504	106862	1642	11087
其他有限责任公司	42	685	98029	105001	103529	1472	9594
股份有限公司	11	939	23709	192466	162870	29596	7220
私营企业	489	4493	245813	251716	243184	8532	15844
私营独资企业	126	1140	41732	46034	44801	1233	2248
私营合伙企业	17	353	12182	12329	9751	2579	1626
私营有限责任公司	335	2721	189918	190836	186796	4040	11804
私营股份有限公司	11	279	1979	2516	1836	680	166
其他企业	12	91	3140	4274	4095	179	76
按行业分							
农畜产品批发	18	414	12939	12110	12110		471
种子、饲料批发	10	143	972	1137	1137		25
棉、麻批发	5	245	9554	8676	8676		279
食品、饮料及烟草制品批发	65	3167	145514	218887	186377	32511	41310
米、面制品及食用油批发	6	77	5223	6738	4852	1886	4523
果品、蔬菜批发	31	687	15816	17473	11825	5647	2284
肉、禽、蛋及水产品批发	2	46	1187	1477	1477		65
盐及调味品批发	7	289	4196	5741	5501	241	568
饮料及茶叶批发	10	222	3725	4417	3737	680	683
烟草制品批发	2	1576	111772	177495	153438	24057	28283
其他食品批发	7	270	3595	5547	5547		4904
纺织、服装及日用品批发	11	82	4754	5235	4432	804	356
文化、体育用品及器材批发	2	91	2492	2438	1767	671	747
医药及医疗器材批发	11	305	18245	18483	17854	629	3316
矿产品、建材及化工产品批发	403	4834	303482	482138	451778	30360	21020
煤炭及制品批发	43	983	23235	24327	24216	111	1608
石油及制品批发	26	946	77236	246267	216516	29751	7295
非金属矿及制品批发	27	157	3898	6742	6742		165
金属及金属矿批发	109	990	106854	109687	109517	170	8022
建材批发	52	481	29738	30774	30742	32	1497
化肥批发	47	307	8496	8668	8372	296	954
其他化工产品批发	94	928	53553	55126	55126		1353
机械设备、五金交电及电子产品批发	89	622	45155	47502	44449	3053	3216
贸易经纪与代理	1	10	140	113	113		6
其他批发	48	589	24674	27883	25619	2264	1092

8-4续表　　　　　　（2008年）　　　　　　单位：万元

指　　标	法人单位（个）	年末从业人员数（人）	商品购进总额	商品销售总额	批发	零售	年末商品库存总额
零售业	1422	15150	457034	501362	25290	476072	57096
按登记注册类型分组							
内资企业	1421	15008	455316	499594	25290	474304	56627
国有企业	56	1832	73643	79056	1498	77558	6115
国有独资公司	4	188	3980	6091	73	6019	5802
集体企业	93	2230	108135	116799	15059	101740	12302
股份合作企业	4	166	518	998		998	50
联营企业	1	30	250	305		305	29
集体联营企业	1	30	250	305		305	29
有限责任公司	77	1997	86766	100212	7843	92369	13844
其他有限责任公司	73	1809	82786	94121	7770	86350	8042
股份有限公司	17	701	20729	25940	60	25880	1401
私营企业	1161	7976	164395	175427	830	174597	22654
私营独资企业	324	2938	50383	56635	72	56563	7034
私营合伙企业	22	215	3591	4253	26	4227	385
私营有限责任公司	804	4693	102334	106430	732	105698	15139
私营股份有限公司	11	130	8088	8109		8109	95
其他企业	12	76	830	858		858	232
外商投资企业	1	142	1718	1768		1768	469
中外合作经营企业	1	142	1718	1768		1768	469
按行业分							
综合零售	151	4965	159780	182961	13045	169916	19307
百货零售	67	1767	80413	91593	5791	85801	4720
超级市场零售	38	2230	48047	57883	4241	53642	10293
其他综合零售	46	968	31319	33485	3013	30473	4295
食品、饮料及烟草制品专门零售	267	2059	56164	62534	219	62316	11306
纺织、服装及日用品专门零售	226	1830	41475	46014	848	45167	5129
文化、体育用品及器材专门零售	69	555	9366	9850	29	9821	2039
医药及医疗器材专门零售	63	1051	24947	25070	4322	20748	3332
汽车、摩托车、燃料及零配件专门零售	129	1039	86187	89132	4528	84604	6746
汽车零售	31	486	71048	69699	4528	65171	4593
汽车零配件零售	14	84	868	864		864	110
摩托车及零配件零售	23	157	3969	4354		4354	841
机动车燃料零售	61	312	10303	14215		14215	1202
家用电器及电子产品专门零售	234	1921	46089	47971	2275	45697	4722
五金、家具及室内装修材料专门零售	194	1112	23647	25723	25	25698	3337
无店铺及其他零售	89	618	9380	12106		12106	1178

8-5 限额以上贸易企业商品购销存总额

（2008年）　　　　单位：万元

指　　标	法人单位（个）	年末从业人员数（人）	商品购进总额	商品销售总额			年末商品库存总额
					批发	零售	
限额以上企业	154	10471	566612	838869	494710	344159	88236
批发业	26	3750	287131	529016	470349	58667	53335
按登记注册类型分组							
内资企业	26	3750	287131	529016	470349	58667	53335
国有企业	8	2137	140946	208020	183292	24728	31340
国有独资公司	1	142	2171	2187	2017	170	112
集体企业	5	177	19580	21052	17662	3390	3789
有限责任公司	4	418	78510	82508	82337	170	7557
其他有限责任公司	3	276	76339	80321	80321		7445
股份有限公司	3	840	16908	185324	155728	29596	6928
私营企业	6	178	31187	32112	31329	784	3722
私营独资企业	1	40	1910	2100	2100		290
私营有限责任公司	5	138	29277	30012	29229	784	3432
按行业分							
农畜产品批发	1	30	4189	4214	4214		23
棉、麻批发	1	30	4189	4214	4214		23
食品、饮料及烟草制品批发	3	1817	117913	185620	160357	25263	35976
米、面制品及食用油批发	1	14	3370	3560	2354	1206	2995
烟草制品批发	1	1571	111673	177345	153288	24057	28253
其他食品批发	1	232	2871	4715	4715		4728
纺织、服装及日用品批发	1	26	1791	2239	1435	804	3
文化、体育用品及器材批发	1	86	2467	2416	1745	671	742
医药及医疗器材批发	3	158	15527	15288	14660	629	2974
西药批发	2	128	12461	12248	11620	629	2612
中药材及中成药批发	1	30	3066	3040	3040		362
矿产品、建材及化工产品批发	15	1532	137029	309511	279590	29921	13351
煤炭及制品批发	2	331	6753	6812	6812		283
石油及制品批发	5	820	65959	234856	205106	29751	6997
金属及金属矿批发	5	217	51480	54253	54082	170	5141
建材批发	1	40	1910	2100	2100		290
化肥批发	1	44	3327	3531	3531		563
其他化工产品批发	1	80	7600	7959	7959		76
机械设备、五金交电及电子产品批发	1	38	1312	2219	2219		63
农业机械批发	1	38	1312	2219	2219		63
其他批发	1	63	6903	7508	6128	1380	204

8-5续表　　(2008年)　　单位：万元

指　　标	法人单位（个）	年末从业人员数（人）	商品购进总额	商品销售总额	批发	零售	年末商品库存总额
零售业	**128**	**6721**	**279481**	**309854**	**24362**	**285492**	**34901**
按登记注册类型分组							
内资企业	127	6579	277763	308086	24362	283724	34432
国有企业	29	1383	70423	75315	1275	74041	5198
国有独资公司	3	142	3618	5746	73	5674	5767
集体企业	46	1531	100159	107652	14577	93075	10866
有限责任公司	19	1188	54989	64827	7843	56984	11452
其他有限责任公司	16	1046	51371	59081	7770	51310	5685
股份有限公司	3	590	18719	23731		23731	1220
私营企业	30	1887	33473	36561	667	35893	5697
私营独资企业	15	1170	14877	17110		17110	2586
私营合伙企业	3	113	1823	2112		2112	147
私营有限责任公司	12	604	16773	17339	667	16671	2964
外商投资企业	1	142	1718	1768		1768	469
中外合作经营企业	1	142	1718	1768		1768	469
按行业分							
综合零售	63	3695	147362	169292	12481	156810	17386
百货零售	29	1360	77510	88447	5748	82699	4265
超级市场零售	15	1789	44706	54079	4241	49838	9598
其他综合零售	19	546	25147	26766	2492	24273	3522
食品、饮料及烟草制品专门零售	14	734	39539	44054	117	43936	7988
纺织、服装及日用品专门零售	14	470	27244	29323	848	28475	2302
文化、体育用品及器材专门零售	4	195	4110	4099	29	4070	629
医药及医疗器材专门零售	6	479	19735	19434	4098	15336	2462
汽车、摩托车、燃料及零配件专门零售	5	143	18802	18385	4528	13857	1594
家用电器及电子产品专门零售	15	745	17339	18822	2260	16562	1340
五金、家具及室内装修材料专门零售	5	111	3300	4074		4074	587
无店铺及其他零售	2	149	2050	2371		2371	514

8-6 限额以下贸易企业商品购销存总额

（2008年）　　单位：万元

指　标	法人单位（个）	年末从业人员数（人）	商品购进总额	商品销售总额	批发	零售	年末商品库存总额
限额以下企业	1916	14759	446654	474332	274273	200089	40173
批发业	622	6364	269525	284968	273345	11623	18170
按登记注册类型分组							
内资企业	622	6364	269525	284968	273345	11623	18170
国有企业	27	883	9732	12932	12591	341	700
国有独资公司	1	35	12	1316	1316		1382
集体企业	47	512	13516	14960	13106	1854	1411
股份合作企业	3	23	490	566	537	29	93
有限责任公司	40	444	21702	25997	24525	1472	3530
其他有限责任公司	39	409	21690	24680	23208	1472	2149
股份有限公司	8	99	6801	7142	7142		292
私营企业	486	4327	215786	220736	212988	7748	12070
私营独资企业	127	1106	39736	43856	42623	1233	1963
私营合伙企业	17	353	12182	12329	9751	2579	1626
私营有限责任公司	331	2589	161888	162035	158778	3256	8314
私营股份有限公司	11	279	1979	2516	1836	680	166
其他企业	11	76	1499	2636	2457	179	73
按行业分							
农畜产品批发	17	384	8751	7896	7896		448
种子、饲料批发	10	143	972	1137	1137		25
棉、麻批发	4	215	5366	4462	4462		256
食品、饮料及烟草制品批发	62	1350	27439	33087	25839	7248	5334
米、面制品及食用油批发	5	63	1853	3178	2498	680	1527
果品、蔬菜批发	31	687	15816	17473	11825	5647	2284
肉、禽、蛋及水产品批发	2	46	1187	1477	1477		65
盐及调味品批发	7	289	4196	5741	5501	241	568
饮料及茶叶批发	10	222	3725	4417	3737	680	683
烟草制品批发	1	5	99	150	150		30
纺织、服装及日用品批发	10	56	2964	2997	2997		353
文化、体育用品及器材批发	1	5	25	22	22		5
医药及医疗器材批发	8	147	2718	3195	3195		342
矿产品、建材及化工产品批发	388	3302	166454	172627	172188	439	7670
煤炭及制品批发	41	652	16482	17515	17404	111	1325
石油及制品批发	21	126	11277	11411	11411		298
非金属矿及制品批发	27	157	3898	6742	6742		165
金属及金属矿批发	104	773	55374	55434	55434		2881
建材批发	51	441	27828	28674	28642	32	1207
化肥批发	46	263	5168	5137	4841	296	391
农药批发	4	37	241	317	317		64
农用薄膜批发	1	5	232	230	230		62
其他化工产品批发	93	848	45953	47167	47167		1277
机械设备、五金交电及电子产品批发	88	584	43540	44967	41915	3053	3153
贸易经纪与代理	1	10	140	113	113		6
其他批发	47	526	17496	20064	19180	884	860

8-6续表　　　　（2008年）　　　　单位：万元

指　　标	法人单位（个）	年末从业人员数（人）	商品购进总额	商品销售总额	批发	零售	年末商品库存总额
零售业	**1294**	**8395**	**177129**	**189364**	**928**	**188465**	**22004**
按登记注册类型分组							
内资企业	1294	8395	177129	189364	928	188465	22004
国有企业	27	449	3220	3741	224	3517	918
国有独资公司	1	46	362	345		345	35
集体企业	48	729	8276	9452	482	8970	1466
股份合作企业	4	166	518	998		998	50
有限责任公司	57	779	31527	33607		33607	2178
其他有限责任公司	56	733	31165	33262		33262	2144
股份有限公司	14	112	2010	2009	60	1950	181
私营企业	1138	6113	130924	138852	163	138719	17015
私营独资企业	313	1787	35819	40189	72	40147	4520
私营合伙企业	19	102	1768	2141	26	2115	238
私营有限责任公司	795	4094	85249	88413	65	88348	12162
私营股份有限公司	11	130	8088	8109		8109	95
其他企业	6	47	655	705		705	196
按行业分							
综合零售	88	1271	12417	13639	564	13106	1921
百货零售	38	408	2904	3146	43	3102	454
超级市场零售	23	441	3342	3774		3804	695
其他综合零售	27	422	6172	6720	520	6199	772
食品、饮料及烟草制品专门零售	254	1320	16645	18500	102	18398	3330
纺织、服装及日用品专门零售	212	1360	14231	16492		16492	2328
文化、体育用品及器材专门零售	65	360	5256	5751		5751	1410
医药及医疗器材专门零售	57	572	5018	5420	224	5197	381
汽车、摩托车、燃料及零配件专门零售	123	866	67135	68969		68969	4938
家用电器及电子产品专门零售	219	1176	28749	29149	15	29135	3382
五金、家具及室内装修材料专门零售	189	1001	20347	21709	25	21684	2650
无店铺及其他零售	87	469	7330	9735		9735	564

8-7 分县市批发零售企业商品销售总值

（2008年）　　单位：万元

指标	全市	市直	湖滨区	义马市	渑池县	陕县	灵宝市	卢氏县
销售总额	**1464123**	**603421**	**131182**	**59008**	**122060**	**141025**	**215447**	**156076**
按批发额、零售额分								
批发额	977231	492095	107119	31951	58900	72395	92988	95130
零售额	486892	111326	24063	27057	63160	68630	122459	60946
按行业分								
批发业								
销售额合计	1013460	504825	104488	34338	64823	89576	90759	100936
批发额	934124	482282	102262	31951	57352	69479	68994	93735
零售额	79336	22543	2226	2387	7471	20097	21765	7201
零售业								
销售额合计	450663	98596	26694	24670	57237	51449	124688	55140
批发额	43107	9813	4857		1548	2916	23994	1395
零售额	407556	88783	21837	24670	55689	48533	100694	53745
按规模分								
限额以上企业								
销售额合计	1021223	555680	32719	23537	98310	109424	168849	67225
批发额	699418	458738	18614	13104	50995	58630	69626	40328
零售额	321805	96942	14105	10433	47315	50794	99223	26897
限额以下企业								
销售额合计	442900	47741	98463	35471	23750	31601	46598	88851
批发额	277813	33357	88505	18847	7905	13765	23362	54802
零售额	165087	14384	9958	16624	15845	17836	23236	34049
按销售地区分								
市的销售总额								
销售额合计	711211	586230	131182			16524	162806	
批发额	528973	488510	107119			2217	77330	
零售额	182238	97720	24063			14307	85476	
县的销售总额								
销售额合计	559146	17191		22081	108876	54299		129875
批发额	370569	3585		13105	55931	31304		90059
零售额	188577	13606		8976	52945	22995		39816
县以下销售总额								
销售额合计	193766			36927	13184	70202	52641	26201
批发额	77689			18846	2969	38873	15658	5071
零售额	116077			18081	10215	31329	36983	21130

注：根据现行统计制度，各县市与全市限额不同，故本表分县市数与全市合计数不等。

8-8 限额以上贸易企业商品销售类值

单位：万元

指　标	销售合计		批发		零售	
	2007年	2008年	2007年	2008年	2007年	2008年
企业(单位)类值合计	**817341**	**1019705**	**561160**	**697900**	**256181**	**321805**
食品、饮料、烟酒类	236897	273995	159614	162094	77283	111901
食品类	53336	66977	1785	2899	51551	64078
肉禽蛋类	11747	14709	84	73	11663	14636
饮料类	11104	11660	57	348	11047	11312
烟酒类	172423	195358	158838	158847	13585	36511
服装、鞋帽针、纺织品类	42069	49111			42069	49111
服装类	22834	23696			22834	23696
鞋帽类	7646	8596			7646	8596
针、纺织品类	11614	16819	25		11589	16819
化妆品类	6394	6867	190	147	6204	6720
金银珠宝类	843	1095	10		833	1095
日用品类	30287	36620	1028	1734	29259	34886
洗涤用品类	5319	7102	440	497	4879	6605
儿童玩具类	895	28281			895	28281
五金、电料类	7237	8512		69	7237	8443
体育、娱乐用品类	1027	1371			1027	1371
书报、杂志类	7144	7538	1246	2202	5898	5336
电子出版物及音像制品类	312	418			312	418
家用电器及音像器材类	29440	31600	8242	6746	21198	24854
中西药品类	31739	34643	14738	15560	17001	19083
西药类	24991	26964	12671	13962	12320	13002
中草药中成药品类	6748	7675	2066	1594	4682	6081
文化、办公用品类	3372	3997	221		3151	3997
家具类	4386	4732	152	178	4234	4554
通讯器材类	6646	5189	2750		3896	5189
煤炭及制品类	12867	8238	12615	8048	252	190
石油及制品类	190864	322539	164015	289126	26849	33413
化工材料及制品类	18966	21078	18741	20414	225	664
化肥类	7741	10224	7741	10224		
金属材料类	45965	29983	45965	29983		
建筑材料类	84	20	84	20		
机电设备及零件类	6695	15354	5926	14534	769	820
农机类	28	2240	3	2225	25	15
汽车类	6013	7173			6013	7173
种子饲料类	9	11	9	11		
棉麻类	4149	4106	4114	4094	35	12
其他类	123936	145515	121500	142940	2436	2575

8-9 限额以上贸易企业商品销售数量

指　标	计量单位	销售合计		批发		零售	
		2007年	2008年	2007年	2008年	2007年	2008年
粮食	吨	89802	138311	28	59	89774	138252
食用植物油	吨	9287	45137	1236	1784	8051	43353
肉及肉制品	吨	5364	28989	70	93	5294	28896
卷烟	万支	774283	806636	657182	680300	117101	126336
酒	吨	5947	12396	2693	2401	3254	9995
白酒	吨	4262	8936	2653	2265	1609	6671
啤酒	吨	1617	3348	40	136	1577	3212
棉花	吨	2001	2864	1989	2847	12	17
布	百米	7839	8184			7839	8184
各种服装	百件	21286	24708			21286	24708
童装	百件	4596	5155			4596	5155
鞋	百双	9820	12561			9820	12561
照相机	台	542	616			542	616
数码照相机	台	99	348			99	348
彩色电视机	台	39159	32805	14996	7845	24163	24960
组合音响	台	2733	2453	127		2606	2453
摄像机	台	76	90			76	90
影碟机	台	7460	6482	573	274	6887	6208
家用电冰箱	台	19279	17829	4354	2591	14925	15238
家用洗衣机	台	20975	20667	3678	2428	17297	18239
房间空调器	台	30208	30235	17217	15084	12991	15151
微波炉	台	4753	5309	632	632	4121	4677
微型计算机	台	307	1266			307	1266
热水器	台	1681	1488	1122	751	559	737
普通电话机	部	5566	4164			5566	4164
移动电话机	部	17361	32358			17361	32358
化学肥料	吨	60766	62466	60766	62466		
化学农药	吨	534	356	534	356		
农用塑料薄膜	吨	414	383	414	383		
煤炭	吨	383583	222928	381983	219228	1600	3700
木材	立方米	90		90			
汽油	吨	55826	113707	32629	63221	23197	50486
煤油	吨	90	223	90	223		
柴油	吨	242482	284738	236129	275698	6353	9040
钢材	吨	116860	60093	116860	60093		
汽车	辆	496	570			496	570
#轿车	辆	496	570			496	570

8-10 限额以上贸易企业财务状况

（2008年）

单位：万元

指　　标	企业数（个）	年初存货	流动资产合计	应收账款	存货	流动资产年平均余额	长期投资
总　　计	**154**	**79171**	**209409**	**28587**	**79321**	**181638**	**8628**
按登记注册类型分组							
内资企业	153	78714	206726	27340	78906	178752	8628
国有企业	37	42678	112846	12328	47818	103238	5932
国有独资公司	4	6193	4776	586	1874	3088	4
集体企业	51	10215	21904	1924	7593	14753	964
有限责任公司	23	19023	40681	4853	14462	37189	859
其他有限责任公司	19	12831	35905	4267	12588	34101	855
股份有限公司	6	1860	6030	1639	2056	5484	302
私营企业	36	4937	25265	6596	6978	18088	570
私营独资企业	16	1175	4021	497	1501	3582	300
私营合伙企业	3	232	393	20	169	383	
私营有限责任公司	17	3530	20851	6079	5308	14124	270
外商投资企业	1	457	2683	1248	415	2886	
中外合作经营企业	1	457	2683	1248	415	2886	
按国民经济行业分组							
批发业	26	42671	140023	21441	52217	123071	5479
农畜产品批发	1	8	354	9	241	257	
食品、饮料及烟草制品批发	3	32505	78120	1360	42141	70111	3653
纺织、服装及日用品批发	1	23	72		55	70	
文化、体育用品及器材批发	1	140	1226	44	92	1320	205
医药及医疗器材批发	3	2455	4816	750	2579	4818	270
矿产品、建材及化工产品批发	15	7371	54911	19062	7026	46088	1330
机械设备、五金交电及电子产品批发	1	151	297	7	64	297	21
其他批发	1	18	228	209	18	110	
零售业	128	36500	69387	7147	27104	58568	3149
综合零售	63	13545	28094	2651	10660	19903	1468
百货零售	29	5768	10177	1884	1358	9647	428
超级市场零售	15	7201	16049	659	8883	8539	1010
其他综合零售	19	576	1868	109	419	1717	30
食品、饮料及烟草制品专门零售	14	17488	17127	140	9364	15632	108
纺织、服装及日用品专门零售	14	1076	5494	124	1426	5295	1005
文化、体育用品及器材专门零售	4	358	1561	131	337	1372	48
医药及医疗器材专门零售	6	1706	3923	1460	1683	3299	102
汽车摩托车燃料及零配件专门零售	5	217	4257	683	1541	4957	300
家用电器及电子产品专门零售	15	1268	4927	363	1223	4141	17
五金、家具及室内装修材料专门零售	5	350	1141	221	412	1073	100
无店铺及其他零售	2	492	2863	1372	460	2896	

8-10续表1　　　　　　　　　　　（2008年）　　　　　　　　　　　单位：万元

指　标	固定资产合计	固定资产原价	累计折旧	本年折旧	资产总计	流动负债合计	应付账款	长期负债合计
总　计	**86161**	**112380**	**26219**	**4121**	**333119**	**193399**	**25550**	**9935**
按登记注册类型分组								
内资企业	83478	109251	25773	3984	326583	192430	24880	9935
国有企业	32008	46733	14725	1918	157644	90956	11203	5439
国有独资公司	2508	3286	779	126	7398	5054	373	391
集体企业	5196	7125	1929	191	30975	27824	989	792
有限责任公司	6941	9456	2515	503	49905	41139	5377	1546
其他有限责任公司	4434	6170	1737	376	42507	36085	5004	1155
股份有限公司	21051	26491	5440	1091	43071	10498	805	1432
私营企业	18281	19445	1164	282	44988	22013	6507	727
私营独资企业	7641	8125	484	135	12023	2641	591	10
私营合伙企业	465	627	162	20	862	265	105	
私营有限责任公司	10176	10693	518	127	32103	19107	5811	717
外商投资企业	2684	3130	446	137	6535	969	669	
中外合作经营企业	2684	3130	446	137	6535	969	669	
按国民经济行业分组								
批发业	51860	69449	17589	3193	217148	114445	16341	1676
农畜产品批发					354	259		
食品、饮料及烟草制品批发	19826	29654	9827	1682	104244	52874	1428	3
纺织、服装及日用品批发	8	9	1		80	48		
文化、体育用品及器材批发	909	1244	335	51	2583	263	254	8
医药及医疗器材批发	507	558	51	11	5663	4977	2865	
矿产品、建材及化工产品批发	30479	37794	7316	1448	102418	54386	11476	1342
机械设备、五金交电及电子产品批发	82	137	54		437	340	220	323
其他批发	49	53	5		1370	1298	98	
零售业	34301	42932	8630	928	115970	78954	9209	8260
综合零售	16118	19629	3511	492	49966	40909	4174	3786
百货零售	8494	10357	1863	34	21742	18748	708	2966
超级市场零售	6220	7563	1343	454	24241	19237	3188	625
其他综合零售	1404	1709	305	5	3983	2925	278	195
食品、饮料及烟草制品专门零售	7853	9814	1962	7	25343	17296	783	2130
纺织、服装及日用品专门零售	2068	3361	1293	75	9048	5768	251	884
文化、体育用品及器材专门零售	2752	3422	670	115	5155	2329	1092	71
医药及医疗器材专门零售	623	793	169	34	4649	3081	1427	1075
汽车摩托车燃料及零配件专门零售	545	624	79	38	6148	3172	148	
家用电器及电子产品专门零售	776	1095	319	27	6080	3859	409	314
五金、家具及室内装修材料专门零售	884	1064	181	3	2865	1449	221	
无店铺及其他零售	2684	3130	446	137	6715	1091	705	

8-10续表2　　（2008年）　　单位：万元

指　　标	负债合计	所有者权益合计	实收资本	国家资本	集体资本	法人资本	个人资本	港澳台资本
总　　计	**203334**	**129784**	**80075**	**42773**	**4482**	**1891**	**26155**	**4774**
按登记注册类型分组								
内资企业	202365	124218	74771	42773	4482	1361	26155	
国有企业	96394	61250	11005	11005				
国有独资公司	5445	1953	1069	1069				
集体企业	28616	2360	4554		4215	52	288	
有限责任公司	42685	7220	10132	1835	267	189	7840	
其他有限责任公司	37240	5267	9062	766	267	189	7840	
股份有限公司	11930	31141	30587	29933		103	551	
私营企业	22740	22248	18493			1017	17476	
私营独资企业	2651	9373	5816			154	5662	
私营合伙企业	265	597	380			20	360	
私营有限责任公司	19824	12279	12297			843	11454	
外商投资企业	969	5566	5305			531		4774
中外合作经营企业	969	5566	5305			531		4774
按国民经济行业分组								
批发业	116121	101027	51834	35598	614	651	14970	
农畜产品批发	259	95	100		100			
食品、饮料及烟草制品批发	52877	51367	5795	5228	67		500	
纺织、服装及日用品批发	48	32	20		20			
文化、体育用品及器材批发	271	2312	500	500				
医药及医疗器材批发	4977	686	695	77		618		
矿产品、建材及化工产品批发	55728	46690	44459	29733	223	33	14470	
机械设备、五金交电及电子产品批发	663		60	60				
其他批发	1298	72	204		204			
零售业	87213	28757	28242	7175	3868	1240	11185	4774
综合零售	44694	5271	10181	2932	3122	207	3920	
百货零售	21713	29	4236	2432	1061	73	671	
超级市场零售	19862	4379	4629	500	1030	85	3014	
其他综合零售	3120	863	1316		1031	49	235	
食品、饮料及烟草制品专门零售	19425	5918	2469	1713		139	617	
纺织、服装及日用品专门零售	6652	2397	1706	797	151		758	
文化、体育用品及器材专门零售	2400	2755	1400	1400				
医药及医疗器材专门零售	4157	492	1164	193			971	
汽车摩托车燃料及零配件专门零售	3172	2976	2963				2963	
家用电器及电子产品专门零售	4173	1908	2253	23	291	364	1576	
五金、家具及室内装修材料专门零售	1449	1416	752	117	305		330	
无店铺及其他零售	1091	5624	5355			531	50	4774

8-10续表3　　（2008年）　　单位：万元

指　标	主营业务收入	主营业务成本	主营业务税金及附加	主营业务利润	其他业务收入	其他业务利润	营业费用
总　计	**778401**	**694540**	**3417**	**80444**	**4181**	**3792**	**24468**
按登记注册类型分组							
内资企业	775824	692531	3384	79909	3983	3760	24282
国有企业	251409	205102	862	45446	1518	1482	8025
国有独资公司	8277	7825	73	380	20	20	214
集体企业	120090	113342	933	5815	326	321	3577
有限责任公司	128778	121538	395	6845	547	489	5174
其他有限责任公司	120501	113713	323	6466	527	469	4960
股份有限公司	212649	196269	396	15984	1482	1363	4781
私营企业	62898	56281	798	5819	110	105	2725
私营独资企业	19004	15630	304	3070	36	36	1245
私营合伙企业	2112	1849	15	248			97
私营有限责任公司	41782	38802	479	2500	74	69	1383
外商投资企业	2577	2009	33	535	198	32	186
中外合作经营企业	2577	2009	33	535	198	32	186
按国民经济行业分组							
批发业	495951	430624	1224	64103	1153	1101	13807
农畜产品批发	2768	2744	1	23			2
食品、饮料及烟草制品批发	162382	118547	527	43308	488	488	7247
纺织、服装及日用品批发	2239	1791	123	325			157
文化、体育用品及器材批发	2416	1879		538	65	65	208
医药及医疗器材批发	13465	12996	4	465			201
矿产品、建材及化工产品批发	303472	283502	570	19400	566	515	5966
机械设备、五金交电及电子产品批发	2001	1957		44			27
其他批发	7208	7208			34	34	
零售业	282450	263917	2193	16341	3028	2691	10661
综合零售	155062	144174	956	9931	2258	2117	6853
百货零售	81972	80015	417	1540	1976	1894	1273
超级市场零售	47417	40328	326	6764	217	213	4555
其他综合零售	25672	23832	213	1627	66	9	1026
食品、饮料及烟草制品专门零售	37493	36662	65	765	159	159	732
纺织、服装及日用品专门零售	27884	26265	417	1203	226	200	953
文化、体育用品及器材专门零售	3484	2687	7	790	156	153	263
医药及医疗器材专门零售	18306	17249	148	909	22	22	415
汽车摩托车燃料及零配件专门零售	15950	15335	13	602			270
家用电器及电子产品专门零售	17029	15268	532	1229	5	5	798
五金、家具及室内装修材料专门零售	4074	3696	21	358	3	3	176
无店铺及其他零售	3169	2581	34	554	198	32	202

8-10续表4 （2008年） 单位：万元

指　　标	管理费用	税金	差旅费	工会经费	财务费用	利息支出	营业利润
总　　计	**30008**	**931**	**904**	**295**	**3365**	**2995**	**26395**
按登记注册类型分组							
内资企业	29662	905	885	286	3365	2995	26360
国有企业	19516	493	540	211	1532	1358	17855
国有独资公司	395	4	38	2	15	15	
集体企业	1841	65	54	27	515	452	202
有限责任公司	2012	21	66	10	655	566	
其他有限责任公司	1617	17	27	8	641	552	
股份有限公司	3998	205	92	24	411	405	8157
私营企业	2296	122	134	13	251	215	653
私营独资企业	1127	64	90	4	128	104	606
私营合伙企业	89	1	5		10	10	53
私营有限责任公司	1079	57	38	9	114	102	
外商投资企业	346	26	19	9			35
中外合作经营企业	346	26	19	9			35
按国民经济行业分组							
批发业	21804	645	677	227	790	589	28802
农畜产品批发	19		1		3	3	
食品、饮料及烟草制品批发	15894	381	426	184	274	124	20382
纺织、服装及日用品批发	162	6			5		1
文化、体育用品及器材批发	307	13	3	4			110
医药及医疗器材批发	228	18	9	2	35	19	1
矿产品、建材及化工产品批发	5126	226	238	36	484	454	8339
机械设备、五金交电及电子产品批发	35		1		12	12	
其他批发	34						
零售业	8204	286	228	69	2574	2407	
综合零售	4819	159	69	41	1781	1715	
百货零售	2341	82	18	11	1249	1243	
超级市场零售	2143	48	29	29	465	460	
其他综合零售	335	29	21	2	68	13	208
食品、饮料及烟草制品专门零售	883	8	44	6	534	448	
纺织、服装及日用品专门零售	576	36	8	1	79	75	
文化、体育用品及器材专门零售	588	44	28	5	1	1	90
医药及医疗器材专门零售	272	6	10	1	111	111	133
汽车摩托车燃料及零配件专门零售	234	1	5		39	32	60
家用电器及电子产品专门零售	366	5	30	5	40	36	30
五金、家具及室内装修材料专门零售	117	1	14	1			78
无店铺及其他零售	349	26	20	9			36

8-10续表5 （2008年） 单位：万元

指标	投资收益	补贴收入	营业外收入	利润总额	应交所得税	劳动、失业保险费	养老保险和医疗保险费
总计	**419**	**3279**	**1222**	**29625**	**4448**	**1920**	**2845**
按登记注册类型分组							
内资企业	419	3279	1212	29594	4441	1916	2793
国有企业	449	2493	971	20537	4051	1657	1840
国有独资公司		436	2	27	3	93	41
集体企业			21	212	26	31	177
有限责任公司		786	82		136	175	179
其他有限责任公司		350	80		133	82	138
股份有限公司			85	8143	95	24	441
私营企业			52	802	132	30	156
私营独资企业			38	725	78	12	
私营合伙企业			0	47	5	2	
私营有限责任公司			14	30	50	16	156
外商投资企业			10	31	7	4	52
中外合作经营企业			10	31	7	4	52
按国民经济行业分组							
批发业	449	1879	1060	30852	4295	1753	2036
农畜产品批发						10	
食品、饮料及烟草制品批发	449	1879	469	22080	4095	1610	1528
纺织、服装及日用品批发				1			
文化、体育用品及器材批发			2	112	28	8	49
医药及医疗器材批发			13	12	3	1	70
矿产品、建材及化工产品批发			577	8678	169	125	346
机械设备、五金交电及电子产品批发							25
其他批发							19
零售业		1400	163		153	167	809
综合零售		1	126		56	55	405
百货零售					7	23	218
超级市场零售		1	109		41	23	169
其他综合零售			17	227	9	9	18
食品、饮料及烟草制品专门零售		1399	1	96	6	49	146
纺织、服装及日用品专门零售	1		17		7	11	95
文化、体育用品及器材专门零售			4	90	21	7	79
医药及医疗器材专门零售				124	10	28	
汽车摩托车燃料及零配件专门零售			1	60	15	2	7
家用电器及电子产品专门零售			2	111	23	7	26
五金、家具及室内装修材料专门零售			3	81	8	4	
无店铺及其他零售			10	31	7	4	52

8-10续表6 （2008年） 单位：万元

指　　标	住房公积金和住房补贴	本年应付工资总额	主营业务应付工资总额	本年应付福利费	主营业务应付福利费	本年应交增值税	全部从业人员年平均人数（人）
总　　计	**761**	**18357**	**18272**	**1854**	**1853**	**17598**	**10106**
按登记注册类型分组							
内资企业	749	18060	17975	1825	1824	17552	9964
国有企业	636	11298	11298	1234	1232	7962	3374
国有独资公司	11	413	413	56	56	512	285
集体企业	21	1692	1677	171	171	3335	1563
有限责任公司	23	1772	1702	117	117	1174	1525
其他有限责任公司	12	1359	1289	60	60	662	1240
股份有限公司	56	1416	1416	176	176	4552	1417
私营企业	13	1882	1882	128	128	529	2085
私营独资企业		904	904	94	94	178	1192
私营合伙企业		92	92	3	3	9	118
私营有限责任公司	13	886	886	30	30	342	775
外商投资企业	12	297	297	29	29	46	142
中外合作经营企业	12	297	297	29	29	46	142
按国民经济行业分组							
批发业	685	11987	11975	1458	1458	9654	3558
农畜产品批发		27	27			4	30
食品、饮料及烟草制品批发	581	9493	9481	1168	1168	6216	1673
纺织、服装及日用品批发		19	19			2	26
文化、体育用品及器材批发	22	218	218				86
医药及医疗器材批发		176	176	4	4	39	159
矿产品、建材及化工产品批发	80	2029	2029	286	286	3393	1541
机械设备、五金交电及电子产品批发		20	20				38
其他批发	2	6	6				5
零售业	76	6370	6297	397	395	7944	6548
综合零售	36	3229	3221	294	294	6072	3581
百货零售	6	847	847	8	8	2637	1342
超级市场零售	31	1890	1884	276	276	2254	1757
其他综合零售		492	490	10	10	1181	482
食品、饮料及烟草制品专门零售	8	832	767	19	19	691	723
纺织、服装及日用品专门零售		450	450	27	25	703	490
文化、体育用品及器材专门零售	20	255	255			231	195
医药及医疗器材专门零售		531	531	3	3	28	463
汽车摩托车燃料及零配件专门零售		187	187	15	15	25	147
家用电器及电子产品专门零售		478	478	10	10	112	389
五金、家具及室内装修材料专门零售		106	106			35	111
无店铺及其他零售	12	302	302	29	29	48	149

8-11 分县市限额以上贸易企业财务状况

（2008年） 单位：万元

指　　标	全　市	市　直	湖滨区	义马市	渑池县	陕　县	灵宝市	卢氏县
企业单位个数（个）	154	31	12	14	33	12	30	22
流动资产合计	209409	129576	11672	7527	18420	20401	15003	6810
#存货	79321	54614	2971	832	8646	4328	4719	3211
固定资产原价	112380	68208	1115	3832	23765	3460	8253	3748
累计折旧	26219	18306	320	727	2535	1212	2436	683
#本年折旧	4121	3463	100	67	254	102	111	23
资产总计	333119	207463	13002	12826	40824	23751	25046	10206
负债合计	203334	116137	13098	8831	19234	21058	16760	8216
所有者权益合计	129784	91326	-95	3996	21590	2693	8285	1990
实收资本	80075	48821	4307	1535	16457	3134	3620	2201
国家资本	42773	36469		423	1865	862	2364	791
集体资本	4482	1879		58	353	104	1141	948
法人资本	1891	1494		278	49		36	35
个人资本	26155	4206	4307	777	14191	2168	79	428
港澳台商资本	4774	4774						
主营业务收入	778401	507359	29670	18246	52834	63770	84515	22009
主营业务成本	694540	442557	27019	17258	44845	61162	81891	19807
主营业务税金及附加	3417	1622	208	364	633	122	120	350
主营业务利润	80444	63179	2443	624	7356	2486	2504	1853
其他业务利润	3792	2351	54		168	349	851	20
营业费用	24468	13522	2918	418	3553	1476	1500	1081
管理费用	30008	23268	493	350	2726	1065	1510	597
#税金	931	693	25	37	70	24	53	31
差旅费	904	578	16	21	192	20	36	42
工会经费	295	252	3	2	13	4	17	4
财务费用	3365	2044	20	130	412	536	202	21
#利息支出	2995	1879	18	124	366	405	187	16
营业利润	26395	26696	-934	-274	833	-243	143	174
利润总额	29625	28039	-827	122	1278	67	504	442
应缴所得税	4448	4012	20	32	219	15	133	18
劳动、失业保险费	1920	1746	10	29	22	39	23	51
养老保险和医疗保险费	2845	2326	86	32	99	43	206	55
住房公积金和住房补贴	761	685	17	6	14	4	28	8
本年应付工资总额	18357	13007	680	428	1752	675	1024	792
本年应付福利费总额	1854	1612	6	1	110	31	68	27
本年应缴增值税	17598	12954	211	525	786	2708	373	41
全部从业人员年平均人数（人）	10106	4602	729	528	2016	503	1047	681

8-12 限额以下贸易企业财务状况

（2008年） 单位：万元

指　　标	企业数（个）	年初存货	年末存货	固定资产原价	本年折旧	营业收入	主营业务收入
总　　计	**1916**	**37689**	**36609**	**189558**	**29064**	**440479**	**440374**
按登记注册类型分组							
内资企业	1916	37689	36609	189558	29064	440479	440374
国有企业	54	2095	2203	6015	261	15561	15528
国有独资公司	2	2717	1426	1021	37	1663	1631
集体企业	96	2802	2534	5510	278	24299	24295
股份合作企业	7	66	173	1121	16	1522	1522
联营企业	1	57	146	19	1	305	305
有限责任公司	98	7284	6059	8039	262	55101	55082
其他有限责任公司	96	4568	4633	7019	226	53438	53421
股份有限公司	22	932	870	818	77	8364	8364
私营企业	1614	24067	24315	166965	28078	330445	330396
私营独资企业	434	6633	6723	33935	5212	80074	80049
私营合伙企业	36	462	1065	5091	150	13290	13290
私营有限责任公司	1122	16718	16240	125030	22124	227627	227603
私营股份有限公司	22	254	288	2909	591	9455	9455
其他企业	24	386	310	1070	91	4882	4882
按国民经济行业分组							
批发业	622	16400	15836	126191	22105	263811	263783
农畜产品批发	17	437	405	2407	883	7628	7628
食品、饮料及烟草制品批发	62	4603	3821	17194	1578	31865	31854
纺织、服装及日用品批发	10	527	488	1779	110	2803	2790
文化、体育用品及器材批发	1	10	10	30	20	20	20
医药及医疗器材批发	8	357	347	413	21	3179	3179
矿产品、建材及化工产品批发	388	5923	6668	85975	17088	158815	158811
机械设备、五金交电及电子产品批发	88	3738	3496	12344	1658	40130	40130
贸易经纪与代理	1	8	7	170	13	100	100
其他批发	47	797	593	5879	734	19271	19271
零售业	1294	21289	20774	63367	6960	176668	176591
综合零售	88	1551	1505	3703	381	13657	13637
百货零售	38	493	448	1572	202	3021	3001
超级市场零售	23	646	624	1181	107	3742	3742
其他综合零售	27	412	433	950	72	6895	6895
食品、饮料及烟草制品专门零售	253	3645	3097	10143	1465	17461	17456
纺织、服装及日用品专门零售	212	3265	3644	10365	1301	16080	16080
文化、体育用品及器材专门零售	65	1658	1509	2019	391	5201	5201
医药及医疗器材专门零售	57	853	844	3598	273	5361	5361
汽车摩托车燃料及零配件专门零售	124	3504	3911	8295	673	62867	62862
家用电器及电子产品专门零售	219	3406	3077	10389	1093	26514	26495
五金、家具及室内装修材料专门零售	189	2303	2245	9950	962	20092	20063
无店铺及其他零售	87	1107	943	4905	422	9435	9435

8-12续表1 （2008年） 单位：万元

指　　标	营业成本	主营业务成本	营业税金及附加	主营业务税金及附加	主营业务利润	其他业务利润
总　　计	**343469**	**342999**	**23915**	**23863**	**71692**	**898**
按登记注册类型分组						
内资企业	343469	342999	23915	23863	71692	898
国有企业	12732	12730	253		2242	211
国有独资公司	1510	1510	2	2	149	
集体企业	20771	20465	478		3122	252
股份合作企业	1179	1179	47	47	226	
联营企业	249	249	1		55	
有限责任公司	50816	50712	271	267	4061	58
其他有限责任公司	49305	49202	269		3912	56
股份有限公司	7418	7418	185	185	760	
私营企业	247486	247428	22336		59502	374
私营独资企业	57446	57402	5274	5273	17053	85
私营合伙企业	10071	10071	197		2730	205
私营有限责任公司	171266	171251	16784	16770	39049	84
私营股份有限公司	8704	8704	81		670	
其他企业	2818	2818	344	312	1723	
按国民经济行业分组						
批发业	204491	204485	16445	16413	41665	564
农畜产品批发	6913	6907	117		595	
食品、饮料及烟草制品批发	26156	26156	869	837	4561	121
纺织、服装及日用品批发	2393	2393	58		339	16
文化、体育用品及器材批发	18	18			2	
医药及医疗器材批发	2868	2868	23		288	
矿产品、建材及化工产品批发	114859	114859	13868	13868	29211	384
机械设备、五金交电及电子产品批发	37021	37021	532		2578	23
贸易经纪与代理	55	55	3	3	42	
其他批发	14207	14207	975		4051	20
零售业	138978	138515	7470	7450	30027	334
综合零售	11298	10998	387		2261	28
百货零售	2108	2108	176	176	717	24
超级市场零售	3003	3003	70		668	
其他综合零售	6187	5887	141	140	876	4
食品、饮料及烟草制品专门零售	12005	11988	1110		4069	28
纺织、服装及日用品专门零售	10856	10821	917	913	4294	103
文化、体育用品及器材专门零售	3650	3650	323		1229	
医药及医疗器材专门零售	3949	3949	248	248	1164	18
汽车摩托车燃料及零配件专门零售	58413	58310	561		3810	69
家用电器及电子产品专门零售	19007	18999	1854	1852	5611	51
五金、家具及室内装修材料专门零售	13679	13679	1509		4876	38
无店铺及其他零售	6122	6122	563	562	2713	

8-12续表2 （2008年） 单位：万元

指　　标	营业、管理、财务费用合计	税金	利息支出	营业利润	职工工资和福利费	本年应交增值税	资产总计
总　　计	**17334**	**948**	**1207**	**56377**	**14734**	**1761**	**196064**
按登记注册类型分组							
内资企业	17334	948	1207	56377	14734	1761	196064
国有企业	2598	38	58	209	1028	339	12885
国有独资公司	419	173	117		84	12	3175
集体企业	1466	134	73	1681	769	43	23193
股份合作企业	88	52		198	143		1754
联营企业	54		1	2	18	7	199
有限责任公司	3098	219	191	1059	1119	561	24050
其他有限责任公司	2679	45	74	1326	1036	548	20875
股份有限公司	371	3		390	233	76	3022
私营企业	9583	496	861	51190	11275	728	129036
私营独资企业	3794	194	88	13348	2875	227	34318
私营合伙企业	1055	77	553	2201	459	5	4628
私营有限责任公司	4417	217	156	35288	7589	483	87625
私营股份有限公司	317	8		353	352	13	2465
其他企业	77	7	4	1649	149		1926
按国民经济行业分组							
批发业	8809	571	978	34182	7680	936	106036
农畜产品批发	167	10	7	430	178	7	4690
食品、饮料及烟草制品批发	2021	248	246	2966	1424	166	21081
纺织、服装及日用品批发	89			266	76	5	2471
文化、体育用品及器材批发				2	8		21
医药及医疗器材批发	230	8	17	72	125	5	1357
矿产品、建材及化工产品批发	3514	214	105	26443	4648	599	54718
机械设备、五金交电及电子产品批发	1052	74	44	1530	730	150	14229
贸易经纪与代理	1			41	10		170
其他批发	1734	17	558	2433	481	5	7349
零售业	8525	377	229	22195	7054	826	89978
综合零售	782	55	24	1502	801	17	8557
百货零售	150	18	2	586	274	10	2871
超级市场零售	235	8	11	433	326	4	1853
其他综合零售	397	28	11	482	200	3	3832
食品、饮料及烟草制品专门零售	1457	82	53	3005	1163	106	12980
纺织、服装及日用品专门零售	1320	34	18	3112	1006	19	12221
文化、体育用品及器材专门零售	221	13	2	1008	312	19	4096
医药及医疗器材专门零售	330	10	3	853	451	17	4196
汽车摩托车燃料及零配件专门零售	1948	79	91	1876	995	514	16677
家用电器及电子产品专门零售	1025	41	9	4618	1082	64	15297
五金、家具及室内装修材料专门零售	1040	48	27	3874	867	41	10661
无店铺及其他零售	403	15	3	2348	379	29	5296

8-12续表3 （2008年） 单位：万元

指　　标	所有者权益合计	实收资本	国家资本	集体资本	法人资本	个人资本	港澳台资本	外商资本	全部从业人员年平均人数（人）
总　　计	**127835**	**121368**	**3921**	**5082**	**8548**	**103659**	**154**	**4**	**14626**
按登记注册类型分组									
内资企业	127835	121368	3921	5082	8548	103659	154		14626
国有企业	4076	4011	3564		296				1093
国有独资公司	642	331	275						81
集体企业	7888	7344		2928		4164			1055
股份合作企业	1234	1146				446			177
联营企业	33	25							30
有限责任公司	13309	12199	316		1275	10456			1177
其他有限责任公司	12667	11868			1219	10456			1096
股份有限公司	2023	1983			690	1288			187
私营企业	97707	93503			6035	85998	153		10759
私营独资企业	25030	22626			1735	20871	16		2921
私营合伙企业	3528	2963			478	2398			422
私营有限责任公司	67095	65949			3290	61486	137		7029
私营股份有限公司	2055	1965			532	1243			387
其他企业	1565	1158				1158			148
按国民经济行业分组									
批发业	63568	60891	2597	1844	6413	49998	35	4	6442
农畜产品批发	1835	1984	553	166		1265			167
食品、饮料及烟草制品批发	11327	10516	720	354	2986	6456			1329
纺织、服装及日用品批发	1231	1308	39		100	1169			56
文化、体育用品及器材批发	21	21				21			5
医药及医疗器材批发	441	398	43			350	5		150
矿产品、建材及化工产品批发	34901	33616	1101	884	1179	30418	30	4	3608
机械设备、五金交电及电子产品批发	9408	8870	100	245	2129	6396			597
贸易经纪与代理	170	170				170			7
其他批发	4234	4009	40	196	20	3753			523
零售业	64268	60476	1324	3238	2135	53661	119		8184
综合零售	4551	4132	56	614	10	3441	11		1101
百货零售	1632	1693	56	80		1557			312
超级市场零售	1407	1133		108		1025			469
其他综合零售	1511	1306		426	10	859	11		320
食品、饮料及烟草制品专门零售	8349	7704	675	162	57	6809	1		1344
纺织、服装及日用品专门零售	8601	8700	150	1152	5	7326	67		1326
文化、体育用品及器材专门零售	2491	2256	300	50	50	1856			353
医药及医疗器材专门零售	3025	2589	80	67		2442			584
汽车摩托车燃料及零配件专门零售	11650	11010		1000	857	9153			934
家用电器及电子产品专门零售	12116	11503		10	165	11328			1167
五金、家具及室内装修材料专门零售	8946	8348	33	94	71	8110	40		921
无店铺及其他零售	4539	4236	30	90	920	3196			454

8-13 分县市限额以下贸易企业财务状况

（2008年）　　单位：万元

指　标	全　市	市　直	湖滨区	义马市	渑池县	陕　县	灵宝市	卢氏县
企业单位个数（个）	1916	130	1132	86	134	102	215	117
年初存货	37689	6767	13957	4390	3817	2372	4494	1892
年末存货	36609	7499	12594	3157	3648	3352	4375	1985
固定资产原价	189558	5933	133384	4293	12806	13432	14671	5040
本年折旧	29064	462	26829	416	427	397	441	92
资产总计	196064	29462	68805	8936	24729	27558	27617	8958
所有者权益合计	127835	13737	57618	3971	12632	17307	17193	5377
实收资本	121368	14340	57407	2820	11957	15405	14405	5034
国家资本	3921	282	20	440	674	1384	439	682
集体资本	5082	541		113	452	629	2710	638
法人资本	8548	3369	225	82	1407	3075	30	360
个人资本	103659	10117	57051	2186	9419	10317	11225	3344
港澳台商资本	154	31	107		5			11
外商资本	4		4					
营业收入	440479	101575	206877	16435	31871	40699	28118	14904
主营业务收入	440374	101492	206877	16432	31871	40689	28118	14894
营业成本	343469	96473	141211	13256	25731	32032	22161	12604
主营业务成本	342999	96353	141211	13256	25731	32032	22161	12255
营业税金及附加	23915	291	21067	331	604	559	810	254
主营业务税金及附加	23863	291	21066	327	603	526	810	242
主营业务利润	71692	4494	44603	2846	5415	7173	5152	2010
其他业务利润	898	233	13	2	68	513	67	2
费用合计	17334	5057	2580	1606	2552	2274	1852	1412
税金	948	88	117	168	140	215	135	86
利息支出	1207	151	1	116	102	716	95	27
营业利润	56377	27	42096	1242	2843	5855	3361	954
职工工资和福利费	14734	1540	6967	546	1300	1735	2083	562
本年应缴增值税	1761	895	174	34	309	171	98	80
全部从业人员年平均人数（人）	14626	1556	6236	609	1377	1548	2455	345

8-14 限额以上住宿餐饮企业经营状况

（2008年） 单位：万元

指　　标	营业额	客房收入	餐费收入	商品销售收入	其他收入
总　　计	**33583**	**10279**	**19043**	**2798**	**1463**
住宿业	**23479**	**10024**	**10521**	**1672**	**1263**
按住宿行业中类分组					
旅游饭店	20484	8821	9090	1389	1185
一般饭店	2995	1203	1431	283	78
按登记注册类型分组					
内资企业	23479	10024	10521	1672	1263
国有企业	12017	5224	5365	909	519
集体企业	4160	1903	1712	196	349
有限责任公司	420	162	241	10	8
其他有限责任公司	420	162	241	10	8
股份有限公司	2180	890	1132	102	55
私营企业	4702	1844	2070	455	333
私营有限责任公司	3582	1445	1392	413	333
私营股份有限公司	1120	400	678	42	
按星级分组					
四星	3513	1598	1327	427	162
三星	15275	6431	6964	875	1006
二星	3660	1642	1656	278	83
其他	1032	354	574	92	12
餐饮业	**10104**	**256**	**8522**	**1126**	**200**
按餐饮行业中类分组					
正餐服务	10104	256	8522	1126	200
按登记注册类型分组					
内资企业	10104	256	8522	1126	200
国有企业	561		417		144
集体企业	497		471	26	
股份合作企业	295	136	153	7	
有限责任公司	209		209		
其他有限责任公司	209		209		
私营企业	8094	120	6837	1081	56
私营独资企业	3647	120	2860	611	56
私营合伙企业	972		874	98	
私营有限责任公司	2956		2672	283	
私营股份有限公司	520		431	89	
其他企业	449		436	13	

8-14续表 （2008年）

指　　标	法　人单位数（个）	从业人数（人）	年　末客房数（个）	年　末床位数（个）	年　末餐位数（个）	年末餐饮营业面积（平方米）
总　　计	**55**	**5296**	**3065**	**5978**	**17533**	**65552**
住宿业	**27**	**3984**	**2865**	**5598**	**10559**	**37144**
按住宿行业中类分组						
旅游饭店	21	3370	2318	4504	7954	30672
一般饭店	6	614	547	1094	2605	6472
按登记注册类型分组						
内资企业	27	3984	2865	5598	10559	37144
国有企业	11	2018	1305	2671	5612	19562
集体企业	5	917	482	889	1920	4900
有限责任公司	1	86	69	138	150	200
其他有限责任公司	1	86	69	138	150	200
股份有限公司	3	257	295	580	382	2822
私营企业	7	706	714	1320	2495	9660
私营有限责任公司	5	485	562	1000	1410	4960
私营股份有限公司	2	221	152	320	1085	4700
按星级分组						
四星	2	430	327	583	836	1900
三星	15	2509	1659	3245	5858	24863
二星	7	747	662	1372	2650	7281
其他	3	298	217	398	1215	3100
餐饮业	**28**	**1312**	**200**	**380**	**6974**	**28408**
按餐饮行业中类分组						
正餐服务	28	1312	200	380	6974	28408
按登记注册类型分组						
内资企业	28	1312	200	380	6974	28408
国有企业	1	4			120	280
集体企业	1	15			80	450
股份合作企业	1	46	110	200	300	670
有限责任公司	1	33			100	300
其他有限责任公司	1	33			100	300
私营企业	23	1149	90	180	4874	22208
私营独资企业	12	533	90	180	2078	9096
私营合伙企业	2	152			1160	4400
私营有限责任公司	8	394			1516	7312
私营股份有限公司	1	70			120	1400
其他企业	1	65			1500	4500

8-15 限额以下住宿餐饮企业经营状况

（2008年） 单位：万元

指　标	营业额	客房收入	餐费收入	商品销售收入	其他收入
总　计	**55409**	**16112**	**33707**	**3920**	**1670**
住宿业	**32122**	**15471**	**13117**	**2104**	**1431**
按住宿行业中类分组					
旅游饭店	21709	9409	9627	1469	1205
一般饭店	10413	6062	3490	635	226
按登记注册类型分组					
内资企业	32122	15471	13117	2104	1431
国有企业	12891	5585	5726	979	602
集体企业	5401	2653	2170	198	379
股份合作企业	21	14	7		
有限责任公司	608	306	271	10	21
其他有限责任公司	608	306	271	10	21
股份有限公司	2280	903	1219	102	55
私营企业	10652	5741	3723	815	373
私营独资企业	2758	1930	722	76	30
私营合伙企业	115	85	29	1	
私营有限责任公司	6660	3327	2295	696	343
私营股份有限公司	1120	400	678	42	
其他企业	270	270			
按星级分组					
四星	3513	1598	1327	427	162
三星	15676	6565	7143	943	1025
二星	3752	1672	1718	278	83
其他	9182	5636	2929	455	161
餐饮业	**23287**	**641**	**20591**	**1817**	**239**
按餐饮行业中类分组					
正餐服务	22677	641	19981	1817	239
快餐服务	240		240		
其他餐饮服务	370		370		
按登记注册类型分组					
内资企业	23287	641	20591	1817	239
国有企业	576		432		144
集体企业	497		471	26	
股份合作企业	295	136	153	7	
有限责任公司	523		523		
其他有限责任公司	523		523		
私营企业	20362	505	18016	1772	70
私营独资企业	11159	169	9888	1043	59
私营合伙企业	1280	20	1072	188	
私营有限责任公司	7274	316	6495	452	11
私营股份有限公司	650		561	89	
其他企业	1034		996	13	25

8-15续表

(2008)

指　　标	法　人 单位数 (个)	从业人数 (人)	年　末 客房数 (个)	年　末 床位数 (个)	年　末 餐位数 (个)	年末餐饮 营业面积 (平方米)
总　　计	**256**	**8863**	**6335**	**12965**	**37567**	**112934**
一、住宿业	**120**	**5684**	**5976**	**12261**	**16277**	**52454**
按住宿行业中类分组						
旅游饭店	29	3668	2754	5459	9244	34947
一般饭店	91	2016	3222	6802	7033	17507
按登记注册类型分组						
内资企业	120	5684	5976	12261	16277	52454
国有企业	16	2305	1620	3385	6662	21237
集体企业	26	1307	1302	2640	3410	6520
股份合作企业	1	10	35	70	120	400
有限责任公司	5	159	210	384	150	200
其他有限责任公司	5	159	210	384	150	200
股份有限公司	4	300	335	660	882	3272
私营企业	65	1554	2268	4716	5053	20825
私营独资企业	33	438	927	1949	1435	6010
私营合伙企业	1	28	68	126	200	140
私营有限责任公司	29	867	1121	2321	2333	9975
私营股份有限公司	2	221	152	320	1085	4700
其他企业	3	49	206	406		
按星级分组						
四星	2	430	327	583	836	1900
三星	17	2651	1852	3680	6458	27238
二星	8	792	704	1512	2850	7581
其他	93	1811	3093	6486	6133	15735
二、餐饮业	**136**	**3179**	**359**	**704**	**21290**	**60480**
按餐饮行业中类分组						
正餐服务	131	3107	359	704	20890	59579
快餐服务	3	36			100	351
其他餐饮服务	2	36			300	550
按登记注册类型分组						
内资企业	136	3179	359	704	21290	60480
国有企业	2	7			340	360
集体企业	1	15			80	450
股份合作企业	1	46	110	200	300	670
有限责任公司	4	131			830	1500
其他有限责任公司	4	131			830	1500
私营企业	122	2878	249	504	17882	52060
私营独资企业	72	1606	191	404	10666	26432
私营合伙企业	6	243	18	40	1970	6100
私营有限责任公司	42	939	40	60	5020	17998
私营股份有限公司	2	90			226	1530
其他企业	6	102			1858	5440

8-16 限额以上住宿餐饮企业财务指标

（2008年） 单位：万元

指　标	企业数（个）	流动资产合计	#存货	固定资产原价	累计折旧	#本年折旧	资产总计	负债合计	所有者权益
总　计	**55**	**13933**	**2412**	**36063**	**10909**	**1547**	**43273**	**32565**	**10707**
住宿业	**27**	**10965**	**1991**	**32688**	**10437**	**1351**	**36381**	**29184**	**7197**
按住宿行业中类分组									
旅游饭店	21	9487	1874	28877	9522	1222	31818	25027	6791
一般饭店	6	1479	117	3811	915	129	4563	4157	405
按登记注册类型分组									
内资企业	27	10965	1991	32688	10437	1351	36381	29184	7197
国有企业	11	5438	912	20035	7019	782	19018	12554	6463
集体企业	5	1329	369	2038	222	24	5404	6222	-818
有限责任公司	1	226	15	50			293	70	224
其他有限责任公司	1	226	15	50			293	70	224
股份有限公司	3	1313	96	3329	1074	101	3568	3667	-99
私营企业	7	2660	598	7236	2122	443	8098	6672	1426
私营有限责任公司	5	2106	256	5555	1993	434	5947	5529	418
私营股份有限公司	2	554	343	1681	129	10	2152	1143	1009
按星级分组									
四星	2	2097	451	3070	1087	91	4206	3504	702
三星	15	6567	1293	21181	6755	988	23763	17896	5867
二星	7	1731	200	7017	1916	231	7051	6906	145
其他	3	570	47	1420	679	40	1362	879	483
餐饮业	**28**	**2968**	**421**	**3376**	**471**	**196**	**6892**	**3381**	**3511**
按餐饮行业中类分组									
正餐服务	28	2968	421	3376	471	196	6892	3381	3511
按登记注册类型分组									
内资企业	28	2968	421	3376	471	196	6892	3381	3511
国有企业	1	45	8	47	1		92	30	62
集体企业	1	62	14	92	6		147	142	5
股份合作企业	1	15	10	3	1	1	16	49	-32
有限责任公司	1	120					120		120
其他有限责任公司	1	120					120		120
私营企业	23	2670	376	3096	457	194	6312	3161	3151
私营独资企业	12	1200	144	1889	265	91	2975	1193	1782
私营合伙企业	2	385	129	142			949	1108	-159
私营有限责任公司	8	885	70	990	180	91	1872	403	1469
私营股份有限公司	1	201	34	76	12	12	516	457	59
其他企业	1	58	13	138	6	1	205		205

8-16续表1　　（2008年）　　单位：万元

指　　标	实收资本					主营业务收入
		国有资本	集体资本	法人资本	个人资本	
总　　计	**16449**	**6269**	**3564**	**835**	**5780**	**33011**
住宿业	**12858**	**6205**	**3400**	**774**	**2479**	**22904**
按住宿行业中类分组						
旅游饭店	9399	6082	400	774	2143	20053
一般饭店	3459	123	3000		336	2851
按登记注册类型分组						
内资企业	12858	6205	3400	774	2479	22904
国有企业	6032	6032				11954
集体企业	3645	158	3400		87	3863
有限责任公司	100				100	420
其他有限责任公司	100				100	420
股份有限公司	1015	15			1000	2196
私营企业	2066			774	1292	4471
私营有限责任公司	1192				1192	3351
私营股份有限公司	874			774	100	1120
按星级分组						
四星	2057	2000			57	3513
三星	5783	3623	400	774	986	14844
二星	4682	582	3000		1100	3515
其他	336				336	1032
餐饮业	**3590**	**64**	**164**	**61**	**3301**	**10107**
按餐饮行业中类分组						
正餐服务	3590	64	164	61	3301	10107
按登记注册类型分组						
内资企业	3590	64	164	61	3301	10107
国有企业	64	64				561
集体企业	17		17			497
股份合作企业	50			50		295
有限责任公司	15		15			209
其他有限责任公司	15		15			209
私营企业	3240			11	3228	8098
私营独资企业	1674			11	1663	3646
私营合伙企业	60				60	972
私营有限责任公司	1406				1406	2960
私营股份有限公司	100				100	520
其他企业	205		132		73	449

8-16续表2　　（2008年）　　单位：万元

指　　标	主营业务成本	主营业务税金及附加	主营业务利润	其它业务利润	营业费用	管理费用	税金	旅差费	工会经费
总　　计	**16562**	**1641**	**14808**	**250**	**8132**	**6820**	**424**	**161**	**44**
住宿业	**9863**	**1218**	**11823**	**229**	**6247**	**5771**	**381**	**89**	**40**
按住宿行业中类分组									
旅游饭店	8013	1058	10982	229	5787	5399	366	81	39
一般饭店	1851	160	840		460	372	15	9	1
按登记注册类型分组									
内资企业	9863	1218	11823	229	6247	5771	381	89	40
国有企业	4896	624	6434	3	3125	3297	70	61	34
集体企业	1357	180	2326	119	1616	817	1	2	2
有限责任公司	106	15	300		141	19	15		
其他有限责任公司	106	15	300		141	19	15		
股份有限公司	1374	118	704		453	288		7	
私营企业	2132	281	2059	107	912	1350	294	20	3
私营有限责任公司	1384	202	1765	107	912	1142	294	12	2
私营股份有限公司	747	79	294			208		8	1
按星级分组									
四星	1153	181	2179		779	1396	290	4	10
三星	6226	787	7831	229	4352	3741	61	67	26
二星	1892	183	1441		853	487	17	11	3
其他	592	67	372		263	146	14	8	1
餐饮业	**6699**	**423**	**2986**	**21**	**1885**	**1049**	**44**	**72**	**4**
按餐饮行业中类分组									
正餐服务	6699	423	2986	21	1885	1049	44	72	4
按登记注册类型分组									
内资企业	6699	423	2986	21	1885	1049	44	72	4
国有企业	513	28	20		8	7			
集体企业	488	2	7			7		1	
股份合作企业	236	5	54		65	6	1	1	
有限责任公司	180	15	14			1			
其他有限责任公司	180	15	14			1			
私营企业	4992	368	2738	21	1759	958	43	55	4
私营独资企业	2186	126	1334	21	726	482	30	37	1
私营合伙企业	550	67	356		269	156	13		1
私营有限责任公司	1965	135	860		622	153		13	3
私营股份有限公司	291	40	189		142	166		5	
其他企业	290	6	153		53	70		15	

8-16续表3 （2008） 单位：万元

指　　标	财务费用	#利息支出	营业利润	利润总额	应交所得税	劳动、失业保险费	住房公积金及补贴	应付工资	应付福利费	全部从业人员年平均人数(人)
总　　计	**398**	**173**	**-291**	**-92**	**73**	**67**	**48**	**5841**	**374**	**5162**
住宿业	**350**	**168**	**-316**	**-302**	**32**	**51**	**45**	**4459**	**342**	**3843**
按住宿行业中类分组										
旅游饭店	222	39	-196	-194	32	50	32	3861	317	3226
一般饭店	128	128	-120	-109	1	1	13	598	25	617
按登记注册类型分组										
内资企业	350	168	-316	-302	32	51	45	4459	342	3843
国有企业	81	46	-65	-85	8	23	27	2342	179	1887
集体企业	144	106	-131	-113	1	16	5	997	43	933
有限责任公司			139	139	18	4		76		85
其他有限责任公司			139	139	18	4		76		85
股份有限公司			-37	-37		2	13	264	1	260
私营企业	126	15	-222	-206	4	6		781	119	677
私营有限责任公司	126	15	-308	-292	1	3		620	119	485
私营股份有限公司			86	86	4	3		162		192
按星级分组										
四星	4		-1	19	2	5		631	73	430
三星	208	30	-242	-493	5	34	32	2829	223	2369
二星	122	122	-22	222	25	11	13	730	45	741
其他	15	15	-51	-51	1	1		270	1	303
餐饮业	**48**	**5**	**25**	**211**	**41**	**16**	**4**	**1381**	**32**	**1319**
按餐饮行业中类分组										
正餐服务	48	5	25	211	41	16	4	1381	32	1319
按登记注册类型分组										
内资企业	48	5	25	211	41	16	4	1381	32	1319
国有企业	2	1	4	4	1			4		4
集体企业							4	11		15
股份合作企业			-17	-17				58	2	46
有限责任公司	2	1	12	5	1			48		33
其他有限责任公司	2	1	12	5	1			48		33
私营企业	45	3	-3	189	37	15		1206	30	1156
私营独资企业	31	1	115	175	34	8		518	20	536
私营合伙企业			-70	-64	1	1		163	2	152
私营有限责任公司	9	2	76	78	2	6		449	9	398
私营股份有限公司	4		-124					77		70
其他企业			30	30	3			55		65

8-17 分县市限额以上住宿餐饮企业财务指标

（2008年）　　　　单位：万元

指　　标	全　市	市　直	湖滨区	义马市	渑池县	陕　县	灵宝市	卢氏县
企业单位个数（个）	55	11	11	8	10	3	9	3
流动资产合计	13933	3537	1469	1969	1868	674	3690	727
存货	2412	515	252	200	201	77	829	339
固定资产原价	36063	19605	689	2671	1527	2464	6393	2715
累计折旧	10909	6841	254	521	127	154	2362	650
#本年折旧	1547	986	71	126	51	95	176	43
资产总计	43273	16632	2934	4266	3303	2988	10292	2857
负债合计	32565	12483	2193	2636	1844	2425	8750	2235
所有者权益合计	10707	4149	741	1631	1459	563	1542	622
实收资本	16449	3626	1225	785	1173	3815	4714	1112
国家资本	6269	2456		323	171	15	3017	288
集体资本	3564	90		15	149	3000	310	
法人资本	835	11						824
个人资本	5780	1069	1225	447	853	800	1387	
主营业务收入	33011	10080	4109	3528	4181	1873	7825	1414
主营业务成本	16562	4047	2388	2495	2759	1007	3037	830
主营业务税金及附加	1641	549	254	160	134	115	359	69
主营业务利润	14808	5484	1467	873	1289	751	4429	515
其他业务利润	250	250						
营业费用	8132	2803	1161	268	522	470	2564	344
管理费用	6820	2988	527	527	602	250	1716	209
税金	424	74	13	294	13		29	2
差旅费	161	56	18	31	45	6	5	1
工会经费	44	23	2	2		3	11	3
财务费用	398	184	20	8	10	112	54	9
利息支出	173	31	16	4		107	6	9
营业利润	-291	-241	-241	70	155	-81	95	-48
利润总额	-92	-499	-51	84	155	-68	102	185
应缴所得税	73	1	17	4	21		22	8
劳动、失业保险费	67	21	6	5	5		25	6
养老保险和医疗保险费	450	204	9	13	5	38	141	40
住房公积金和住房补贴	48	22		6	4	13	5	
本年应付工资总额	5841	1945	719	420	445	325	1740	246
本年应付福利费总额	374	183	3	12	20	22	111	23
全部从业人员年平均人数（人）	5162	1497	721	306	566	246	1614	212

8-18 限额以下住宿餐饮企业财务指标

（2008年） 单位：万元

指　　标	企业数（个）	年初存货	年末存货	固定资产原价	本年折旧	资产总计	所有者权益
总　　计	**201**	**616**	**1064**	**23748**	**1137**	**30167**	**11352**
住宿业	**93**	**392**	**796**	**13852**	**598**	**19730**	**2551**
按住宿行业中类分组							
旅游饭店	8	102	91	1594	33	2189	-405
一般饭店	85	291	705	12258	565	17541	2956
按登记注册类型分组							
内资企业	93	392	796	13852	598	19730	2551
国有企业	5	138	137	2964	92	3300	-5179
集体企业	21	63	101	3372	33	7613	1280
股份合作企业	1			150	1	150	150
有限责任公司	4	3	19	116	39	366	269
其他有限责任公司	4	3	19	116	39	366	269
股份有限公司	1	8	1	155		165	155
私营企业	58	181	471	6826	422	7822	5689
私营独资企业	33	73	239	4943	129	4850	4343
私营合伙企业	1		80	70		236	180
私营有限责任公司	24	108	151	1814	293	2736	1165
其他企业	3		69	270	11	314	187
按星级分组							
三星	2	76	64	458	29	727	-1718
二星	1	1	1	23		52	51
其他	90	315	732	13371	569	18951	4219
餐饮业	**108**	**224**	**268**	**9896**	**539**	**10437**	**8801**
按餐饮行业中类分组							
正餐服务	103	209	232	9196	528	9737	8283
快餐服务	3	5	5	150	2	130	130
其他餐饮服务	2	10	30	550	10	570	388
按登记注册类型分组							
内资企业	108	224	268	9896	539	10437	8801
国有企业	1	1	1	5		5	5
有限责任公司	3			372	28	539	373
其他有限责任公司	3			372	28	539	373
私营企业	99	216	256	9349	475	9697	8228
私营独资企业	60	151	178	7029	268	7309	6300
私营合伙企业	4	10	12	245	1	272	242
私营有限责任公司	34	55	66	2065	206	2046	1616
私营股份有限公司	1			10	1	70	70
其他企业	5	8	11	170	36	195	195

8-18续表1　　（2008年）　　单位：万元

指　　标	实收资本					营业收入
		国有资本	集体资本	法人资本	个人资本	
总　　计	**14566**	**557**	**1938**	**655**	**11416**	**21748**
住宿业	**7519**	**552**	**1938**	**300**	**4729**	**8654**
按住宿行业中类分组						
旅游饭店	691	78		172	441	1212
一般饭店	6828	474	1938	128	4288	7442
按登记注册类型分组						
内资企业	7519	552	1938	300	4729	8654
国有企业	699	535	136	28		875
集体企业	1457		1442		15	1230
股份合作企业	150			150		21
有限责任公司	291	17	10		264	201
其他有限责任公司	291	17	10		264	201
股份有限公司	100				100	100
私营企业	4634		350	122	4162	5948
私营独资企业	3289		350	122	2817	2745
私营合伙企业	120				120	115
私营有限责任公司	1225				1225	3088
其他企业	187				187	280
按星级分组						
三星	60	38		22		388
二星	50				50	92
其他	7409	514	1938	278	4679	8174
餐饮业	**7047**	**5**		**355**	**6687**	**13094**
按餐饮行业中类分组						
正餐服务	6697	5		355	6337	12484
快餐服务	130				130	240
其他餐饮服务	220				220	370
按登记注册类型分组						
内资企业	7047	5		355	6687	13094
国有企业	5	5				15
有限责任公司	373				373	311
其他有限责任公司	373				373	311
私营企业	6499			355	6144	12182
私营独资企业	4603			50	4553	7426
私营合伙企业	222				222	308
私营有限责任公司	1604			305	1299	4318
私营股份有限公司	70				70	130
其他企业	170				170	586

8-18续表2 （2008年） 单位：万元

指标	营业收入	主营业务收入	营业成本	主营业务成本	营业税金及附加	主营业务税金及附加	主营业务利润	其它业务利润
总计		**21604**	**12803**	**12662**	**3001**	**2989**	**5792**	**191**
住宿业		**8585**	**4736**	**4635**	**1053**	**1044**	**2745**	**152**
按住宿行业中类分组								
旅游饭店		1212	803	803	41	41	368	
一般饭店		7372	3933	3832	1012	1003	2377	152
按登记注册类型分组								
内资企业		8585	4736	4635	1053	1044	2745	152
国有企业		875	289	256	53	45	464	102
集体企业		1176	686	618	49	48	456	43
股份合作企业		21	17	17	2	2	2	
有限责任公司		187	92	92	8	8	89	7
其他有限责任公司		187	92	92	8	8	89	7
股份有限公司		100	52	52	6	6	42	
私营企业		5946	3551	3550	760	760	1637	
私营独资企业		2745	1960	1960	158	158	627	
私营合伙企业		114	12	11	9	9	94	
私营有限责任公司		3088	1579	1579	593	593	915	
其他企业		280	50	50	175	175	55	
按星级分组								
三星		388	201	201	14	14	172	
二星		92	64	64	5	5	23	
其他		8105	4471	4369	1034	1025	2550	152
餐饮业		**13019**	**8067**	**8027**	**1948**	**1945**	**3047**	**39**
按餐饮行业中类分组								
正餐服务		12409	7717	7677	1794	1791	2941	39
快餐服务		240	55	55	140	140	45	
其他餐饮服务		370	295	295	14	14	61	
按登记注册类型分组								
内资企业		13019	8067	8027	1948	1945	3047	39
国有企业		15	8	8	1	1	7	
有限责任公司		311	181	181	23	23	108	
其他有限责任公司		311	181	181	23	23	108	
私营企业		12107	7482	7441	1849	1846	2819	39
私营独资企业		7426	5066	5066	517	517	1842	
私营合伙企业		308	155	155	47	47	106	14
私营有限责任公司		4243	2170	2130	1274	1272	841	25
私营股份有限公司		130	90	90	10	10	30	
其他企业		586	397	397	76	76	113	

指　标	费用合计	#税金	利息支出	营业利润	应付福利费	全部从业人员年平均人数(人)
总　计	**4639**	**206**	**121**	**1359**	**3317**	**3569**
住宿业	**2709**	**137**	**80**	**218**	**1586**	**1708**
按住宿行业中类分组						
旅游饭店	490	19		-122	326	333
一般饭店	2219	118	80	340	1260	1375
按登记注册类型分组						
内资企业	2709	137	80	218	1586	1708
国有企业	1036	29		-470	283	323
集体企业	423	16	20	100	312	382
股份合作企业	2				8	9
有限责任公司	94		5	7	54	55
其他有限责任公司	94		5	7	54	55
股份有限公司	27	6		16	28	43
私营企业	1100	87	56	537	831	854
私营独资企业	322	18	7	305	393	444
私营合伙企业	40			54	31	28
私营有限责任公司	738	69	50	178	407	382
其他企业	27			28	71	42
按星级分组						
三星	363			-191	195	180
二星	31		2	-8	24	43
其他	2314	137	78	417	1367	1485
餐饮业	**1931**	**70**	**41**	**1141**	**1731**	**1861**
按餐饮行业中类分组						
正餐服务	1869	65	41	1096	1633	1790
快餐服务	35	2		10	68	35
其他餐饮服务	26	3		35	30	36
按登记注册类型分组						
内资企业	1931	70	41	1141	1731	1861
国有企业	5			3	2	3
有限责任公司	176		24	-68	90	95
其他有限责任公司	176		24	-68	90	95
私营企业	1722	69	17	1122	1585	1726
私营独资企业	1093	60	10	750	939	1122
私营合伙企业	82		6	24	93	91
私营有限责任公司	537	9	1	329	548	493
私营股份有限公司	10			20	5	20
其他企业	29	1		84	54	37

8-19 分县市限额以下住宿餐饮企业财务指标

（2008年）　　单位：万元

指　　标	全　市	市　直	湖滨区	义马市	渑池县	陕　县	灵宝市	卢氏县
企业单位个数（个）	201	19	68	21	21	15	39	18
年初存货	616	222	36	23	60	87	119	70
年末存货	1064	311	173	24	81	140	246	90
固定资产原价	23748	4917	2969	2058	2080	1279	9342	1103
本年折旧	1137	357	374	267	51	7	72	8
资产总计	30167	6180	3142	1176	2770	6171	9287	1442
所有者权益合计	11352	-4401	2758	1176	2351	1092	7161	1216
实收资本	14566	1704	2756	565	2095	1175	5268	1002
国家资本	557	512						45
集体资本	1938	27				241	1641	29
法人资本	655	333		22			150	150
个人资本	11416	832	2756	543	2095	934	3478	779
营业收入	21748	2625	7674	2536	3136	1429	3318	1030
主营业务收入	21604	2534	7674	2536	3136	1376	3318	1030
营业成本	12803	1157	3883	1737	2346	644	2456	580
主营业务成本	12662	1081	3883	1737	2346	578	2456	580
营业税金及附加	3001	160	2477	50	50	40	174	50
主营业务税金及附加	2989	157	2477	50	50	31	174	50
主营业务利润	5792	1271	1314	749	741	631	688	400
其他业务利润	191	32				158		
费用合计	4639	1802	737	478	443	432	402	346
税金	206	70	19	20	29	26	39	3
利息支出	121	79			6	23	5	8
营业利润	1359	-470	577	271	298	344	286	54
职工工资和福利费	3317	718	835	218	303	302	700	241
全部从业人员年平均人数（人）	3569	703	688	267	364	363	872	312

8-20 分县市个体贸易住宿餐饮业商品销售总额

单位：万元

指　　标	2008年				2007年			
	营业收入	销售总额	批发	零售	营业收入	销售总额	批发	零售
全　　市	**171853**	**1035065**	**296774**	**894463**	**134204**	**849412**	**215558**	**734426**
批发零售业合计		1035065	296774	738291		837451	215558	610325
批发业小计		327869	275617	52252		238623	190709	47033
市		68847	29834	39013		65628	28354	36589
县		4497	2446	2051		3665	2140	1525
县以下		254525	243337	11188		169330	160215	8919
零售业小计		707196	21157	686039		598828	24849	563292
市		388779	20357	368422		350453	21446	322881
县		86759	95	86664		88257	255	88002
县以下		231658	705	230953		160118	3148	152409
住宿餐饮业小计	171853			156172	134204			124101
市	99157			89976	82748			76489
县	38409			34300	22363			19592
县以下	34287			31896	29093			28020
开发区	**2902**	**27584**	**3616**	**23968**	**2211**	**17778**	**2711**	**17278**
批发零售业合计		24737	3616	21121		17778	2711	15067
批发业小计		4969	767	4202		3846	564	3282
市		4969	767	4202		3846	564	3282
县								
县以下								
零售业小计		19768	2849	16919		13932	2147	11785
市		19768	2849	16919		13932	2147	11785
县								
县以下								
住宿餐饮业小计	2902			2847		2211		2211
市	2902			2847		2211		2211
县								
县以下								
湖滨区	**20282**	**126149**	**12681**	**133361**	**16450**	**103519**	**6864**	**112809**
批发零售业合计		126149	12681	113468		103519	6864	96655
批发业小计		23392	7409	15983		17130	3860	13270
市		23392	7409	15983		17130	3860	13270
县								
县以下								
零售业小计		102757	5272	97485		86389	3004	83385
市		102757	5272	97485		86389	3004	83385
县								
县以下								
住宿餐饮业小计	20282			19893	16450			16154
市	20282			19893	16450			16154
县								
县以下								

8-20续表1

单位：万元

指　　标	2008年				2007年			
	营业收入	销售总额	批发	零售	营业收入	销售总额	批发	零售
义马市	**32632**	**163303**	**88956**	**100767**	**29337**	**126819**	**68235**	**82579**
批发零售业合计		163303	88956	74347		126819	68235	58584
批发业小计		92922	88956	3966		71140	68235	2905
市		11727	10506	1221		11115	9975	1140
县								
县以下		81195	78450	2745		60025	58260	1765
零售业小计		70381		70381		55679		55679
市		54607		54607		43809		43809
县								
县以下		15774		15774		11870		11870
住宿餐饮业小计	32632			26420	29337			23995
市	31136			24924	27104			23106
县								
县以下	1496			1496	889			889
渑池县	**24238**	**109797**	**7251**	**102546**	**18113**	**73956**	**5918**	**86151**
批发零售业合计		86593	7251	79342		73956	5918	68038
批发业小计		9355	7204	2151		7855	5907	1948
市								
县		6163	4012	2151		5479	3604	1875
县以下		3192	3192			2376	2303	73
零售业小计		77238	47	77191		66101	11	66090
市								
县		21179		21179		19660		19660
县以下		56059	47	56012		46441	11	46430
住宿餐饮业小计	24238			23204	18113			18113
市								
县	17544			16739	14239			14239
县以下	6694			6465	3874			3874
陕　县	**15902**	**66046**	**4428**	**75677**	**12981**	**57345**	**3851**	**65241**
批发零售业合计		66046	4428	61618		57345	3851	53494
批发业小计		6337	4428	1909		4057	3486	571
市								
县		470	470			634	634	
县以下		5867	3958	1909		3423	2852	571
零售业小计		59709		59709		53288	365	52923
市								
县		7929		7929		11646		11646
县以下		51780		51780		41642	365	41277
住宿餐饮业小计	15902			14059	12981			11747
市								
县	3821			2233	3917			2789
县以下	12081			11826	9064			8958

8-20续表2

单位：万元

指　　标	2008年				2007年			
	营业收入	销售总额	批发	零售	营业收入	销售总额	批发	零售
灵宝市	**73027**	**356090**	**30799**	**394529**	**57785**	**298293**	**24325**	**321906**
批发零售业合计		356090	30799	325291		290693	24325	266368
批发业小计		63357	30799	32558		52957	24325	25562
市		26159	14312	11847		24861	13465	10176
县								
县以下		37198	16487	20711		28096	10860	15386
零售业小计		292733		292733		237736		240806
市		177775		177775		150768		151988
县								
县以下		114958		114958		86968		88818
住宿餐饮业小计	73027			69238	57785			55538
市	46938			45493	35886			34631
县								
县以下	26089			23745	21899			20907
卢氏县	**15493**	**55857**	**5361**	**62540**	**9754**	**51283**	**4822**	**55068**
批发零售业合计		55857	5361	50496		51283	4822	46461
批发业小计		7100	3350	3750		5278	3275	2003
市								
县						1020	525	495
县以下		7100	3350	3750		4258	2750	1508
零售业小计		48757	2011	46746		46005	1547	44458
市								
县		27439	1096	26343		26280	1181	25099
县以下		21318	915	20403		19725	366	19359
住宿餐饮业小计	15493			12044	9754			8607
市								
县	10291			8225	7026			6288
县以下	5202			3819	2728			2319

8-21 全市全社会出口总值

单位：万美元

指　　标	2007年		2008年		2008年比2007年增长（%）
	绝对数	构成（%）	绝对数	构成（%）	
全　市	**17718**	**100.0**	**13067**	**100.0**	**-26.3**
市　直	5568	31.4	2392	18.3	-57.0
开发区	1467	8.3	1081	8.3	-26.3
湖滨区	1333	7.5	488	3.7	-63.4
义马市	1046	5.9	1681	12.9	60.7
渑池县	1843	10.4	2513	19.2	36.4
陕　县	673	3.8	853	6.5	26.7
灵宝市	5754	32.5	4044	30.9	-29.7
卢氏县	33	0.2	15	0.2	-54.5
按出口企业类型分					
国有企业	4656	26.3	2650	20.3	-43.1
外商投资企业	6420	36.2	4745	36.3	-26.1
其他企业	6642	37.5	5672	43.4	-14.6
按出口贸易方式分					
一般贸易	15046	84.9	12876	98.5	-14.4
进料加工贸易	2407	13.6	191	1.5	-92.1
来料加工装配贸易					
保税仓库进出境货物	265	1.5			
按出口重点商品分					
# 铝锭	3552	20	900	6.9	-74.7
果汁	8342	47.1	5590	42.8	-33.0
刚玉砂	1494	8.4	1972	15.1	32.0
机电产品	1960	11.1	1491	11.4	-23.9
高新技术产品	1393	7.9	938	7.2	-32.7

注：本表数据均为海关提供数。

8-22 分县市进出口总值

（2008年）　　单位：万美元

指　　标	进出口总值	出口总值	进口总值
全　市	**15173**	**13067**	**2106**
市　直	3651	2392	1259
开发区	1082	1081	1
湖滨区	520	488	32
义马市	1734	1681	53
渑池县	2514	2513	1
陕　县	853	853	
灵宝市	4804	4044	760
卢氏县	15	15	

注：本表中直接出口数和直接进口数为海关提供数。

8-23 分县市分年度出口总值

单位：万美元

年　　份	全　市	市　直	湖滨区	义马市	渑池县	陕　县	灵宝市	卢氏县
1998	760	525	125	45	18	20	24	3
1999	1538	751	532	47	110	43	46	9
2000	**2264**	**1281**	**251**	**185**	**174**	**23**	**311**	**39**
2001	3737	1314	352	314	1033	24	682	18
2002	7105	3169	617	620	2213	65	421	
2003	9523	3069	1807	916	2478	172	1081	
2004	12104	3385	1612	1673	3716	271	1447	
2005	**11495**	**5336**	**1312**	**1371**	**1333**	**372**	**1755**	**16**
2006	15199	5592	1717	1510	2005	569	3780	26
2007	17718	7036	1333	1046	1843	673	5754	33
2008	13067	3473	488	1681	2513	853	4044	15

注：本表数据为海关提供数，市直数据包含开发区。

8-24 进出口商品构成

单位：万美元

指　　标	2007年			2008年		
	进出口总值	出口总值	进口总值	进出口总值	出口总值	进口总值
初级产品	**742**	**742**		**2827**	**1082**	**1745**
食品及活动物	728	728		1075	1075	
蔬菜及水果	728	728		1075	1075	
非食用原料	14	14		1752	7	1745
软木及木材	1	1				
天然肥料及矿物	13	13		7	7	
金属矿砂及金属废料				1745		1745
工业制品	**9851**	**8834**	**1017**	**7501**	**7142**	**359**
化学成品及有关产品	2673	2596	77	3459	3399	60
有机化学品	1	1		591	591	
无机化学品	1383	1383		2016	1984	32
医药品	510	510		111	111	
染料及着色料				1		1
非初级形状的塑料	8		8	1	1	
初级形状的塑料	69		69	27		27
其他化学原料及产品	156	156		712	712	
按原料分类的制成品	4083	4073	10	1454	1411	43
橡胶制品	4		4	32	1	31
软木及制品	82	82		56	56	
纸浆、纸及纸板制品	1	1		245	245	
纺纱、织物及有关产品	132	132		55	55	
非金属矿物制品	159	158	1	126	126	
钢铁	5	1	4	8		8
有色金属	3686	3686		901	901	
金属制品	14	13	1	31	27	4
机械及运输设备	2775	1945	830	1663	1453	210
动力机械及设备	1		1	23	20	3
特种工业专用机械	40	22	18	57	57	
金工机械				103		103
通用工业机械设备及零件	654		654	125	23	102
工业机械设备及零件	97		97			
办公机械自动数据处理设备				1		1
电力机械器具及电气零件	172	125	47	188	187	1
陆路车辆	1811	1798	13	1166	1166	
杂项制品	320	220	100	925	879	46
旅行用品、手提包及类似品				172	172	
服装及衣着附件	47	47		71	71	
鞋靴	14	14		19	19	
专业科学及仪器装置	102	2	100	48	2	46
杂项制品	157	157		615	615	

8-25 按国别(地区)分的对外贸易进出口总值

单位：万美元

国别（地区）	2007年			2008年		
	进出口总值	出口总值	进口总值	进出口总值	出口总值	进口总值
合 计	**18737**	**17718**	**1019**	**15173**	**13067**	**2106**
亚洲	**6638**	**6519**	**119**	**3369**	**3182**	**187**
香港	1013	1013		130	130	
日本	895	880	15	774	774	
韩国	3306	3306		1063	1043	20
台湾	75	75		168	65	103
印度	73	73		136	136	
马来西亚	126	57	69	74	47	27
泰国	26	26		80	43	37
印度尼西亚	28	28		82	82	
巴基斯坦	13	13		21	21	
新加坡	84	49	35	131	131	
以色列	228	228		38	38	
伊朗	8	8		9	9	
土耳其	486	486		258	258	
孟加拉国	123	123		138	138	
黎巴嫩	9	9		13	13	
阿联酋	40	40		6	6	
沙特阿拉伯	30	30		11	11	
哈萨克斯坦	55	55		57	57	
吉尔吉斯斯坦				6	6	
乌兹别克斯坦				16	16	
菲律宾	5	5		41	41	
越南	3	3		86	86	
蒙古				18	18	
阿曼				10	10	
斯里兰卡	12	12		2	2	
尼泊尔				1	1	
非洲	**545**	**545**		**511**	**511**	
贝宁	9	9				
埃及	94	94		17	17	
毛里求斯	2	2		9	9	
南非	262	262		383	383	
尼日利亚	49	49		97	97	
坦桑尼亚	15	15				
喀麦隆	15	15				
多哥	12	12				
肯尼亚	87	87				
苏丹				5	5	
欧洲	**7247**	**6609**	**638**	**4480**	**4326**	**154**
欧盟	6097	5459	638	3827	3676	151
比利时	100	86	14	106	100	6
丹麦	24	2	22	23	23	
英国	143	123	20	266	266	
德国	1953	1701	252	954	913	41

8-25续表 单位：万美元

指标	2007年			2008年		
	进出口总值	出口总值	进口总值	进出口总值	出口总值	进口总值
荷兰	2824	2556	268	2126	2059	67
法国	14	9	5	141	136	5
意大利	194	165	29	109	106	3
希腊	16	16		5	5	
葡萄牙	3	3		2	2	
西班牙	172	145	27	53	53	
芬兰	13	12	1	34	6	28
瑞典	12	12		7	7	
马耳他	1	1		1	1	
波兰	575	575		58	58	
爱沙尼亚	16	16		17	17	
拉脱维亚	13	13		30	30	
立陶宛	25	25				
斯洛文尼亚				6	6	
匈牙利				5	5	
捷克共和国				8	8	
爱尔兰				1		1
挪威	19	19		13	13	
保加利亚	2	2		21	21	
罗马尼亚	1	1		6	6	
俄罗斯	1114	1114		419	419	
乌克兰	12	12		56	56	
克罗地亚				9	9	
黑山				1	1	
瑞士				3		3
拉丁美洲	**166**	**166**		**1800**	**1516**	**284**
阿根廷	8	8		24	24	
玻利维亚				284		284
巴西	97	97		242	242	
智利	4	4		72	72	
哥伦比亚	6	6		6	6	
多米尼加	7	7				
牙买加	12	12		506	506	
墨西哥	14	14		622	622	
巴拿马	4	4		15	15	
秘鲁	1	1		11	11	
波多黎各	4	4		2	2	
萨乐瓦多	2	2		10	10	
委内瑞拉	7	7		6	6	
北美洲	**3867**	**3608**	**259**	**3334**	**3278**	**56**
加拿大	64	62	2	193	192	1
美国	3803	3546	257	3141	3086	55
大洋洲	**274**	**271**	**3**	**1679**	**254**	**1425**
澳大利亚	242	239	3	1663	238	1425
新喀里多尼				1	1	
新西兰	32	32		15	15	

8-26 外贸出口主要商品总值及数量

（2008年） 金额单位：美元

指　标	单位	数量	金额	2007年金额	2008年比2007年增长（%）
蔬菜	吨	112	12532	81897	-84.7
鲜蔬菜	吨	112	12532	31980	-60.8
鲜或冷藏的大蒜	吨	112	12532	31980	-60.8
鲜、干水果及坚果	吨	2941	1751666	1922431	-8.9
鲜苹果	吨	2918	1600129	1640399	-2.5
核桃仁	吨	23	151537	282032	-46.3
蘑菇罐头	吨	134	130764		
芦笋罐头	吨	117	170325	1092303	-84.4
果汁	千克	37263	47960476	83222697	-42.4
人造刚玉	吨	32039	19249172	13821740	39.3
医药品	吨	243	1108039	5099186	-78.3
抗菌素（制剂除外）	吨	230	325024	418088	-22.3
中式成药	吨	8	762125	4577866	-83.4
橡胶及其制品	-		9948	1100	804.4
纸及纸板（未切成形的）	吨		179	35911	-99.5
其他纺织制成品	-		513633	847071	-39.4
人造短纤纱线（缝纫线除外）	吨	7	27424	95393	-71.3
棉机织物	米			1319996	-100.0
棉浴巾	条	210636	266092	473764	-43.8
玻璃制品	-		111454	436800	-74.5
陶瓷产品	吨	2513	1122390	370164	203.2
珍珠、宝石及半宝石	千克	381	71339	131168	-45.6
未锻造的铝及铝材	吨	3051	9006728	36848926	-75.6
未锻造的铝（包括铝合金）	吨	3051	9004357	36848233	-75.6
铝材	吨		2371	693	242.1
手用或机用工具	吨		258700	295563	-12.5
纺织机械	-		145020	220468	-34.2
电动机及发电机	台	4	2909		
变压器	个	21	8205		
通断及保护电路装置	-		23013		
二级管及类似半导体器件	个	2	339		
汽车零件	-		11658663	18183101	-35.9
家具	-		5992	15567	-61.5

注：本表数据均为海关提供数。

8-27 外贸进口主要商品总值及数量

（2008年）　　　　金额单位：美元

指　　标	单位	数量	金额	2007年金额	2008年比2007年增长（%）
橡胶及其制品	-		307480	38931	689.8
铅矿砂	吨	8087	4723077		
氧化铝	吨	20001	9890495		
聚合物油漆及清漆	吨	1	10950		
初级形状的塑料	吨	153	271537	692951	-60.8
初级形状的聚乙烯	吨	153	271537	692951	-60.8
陶瓷制品	吨			4728	-100.0
钢材	吨	3	79442	49581	60.2
钢铁板材	吨	3	31032	25748	20.5
钢铁制标准坚固件	吨		40348	940	4192.3
非家用型水的过滤、净化机器	台	4	1096		
食品加工机械	-			5494	-100.0
金属加工机床	台	12	1028000		
阀门	套	48	352129	2613738	-86.5
自动数据处理设备及其部件	台	1	11357	970800	-98.8
数字式自动数据处理设备	台			970800	-100.0
输入或输出部件	台	1	11357		
电动机及发电机	台	4	7140	284	2414.1
旋转式电力设备的零件	吨			3751	-100.0
变压、整流、电感器及零件	-			100000	-100.0
未录的磁带及类似品	-		5409		
电阻器及其零件	吨		868		
通断及保护电路装置及零件	-		3271	91834	-96.4
集成电路及微电子组件	个	2	11869	2290	418.3
汽车和汽车底盘	辆			125490	-100.0
四轮驱动轻型越野车（包括整套散件）	辆			125490	-100.0
汽车零件	-		1352		
计算检测分析自控仪器及器具	-		456843	1011614	-54.8
印刷品	吨	1	2127		
塑料制品	吨		26	550	-95.3
机电产品	-		2660528	9327228	71.5

注：本表数据均为海关提供数。

8-28 全市实际利用外资额

（1988—2008年）　　单位：万美元

年　份	客商直接投资实际到资	第一产业	第二产业	第三产业	对外借款实际到资	客商其他投资实际到资
1988	127		127			
1989	10		10			
1990	12		12		194	
1991	97	12	85			
1992	47	11	36			
1993	521		378	143	8	
1994	660		57	603	1730	300
1995	1115	74	990	51	1193	233
1996	1560	1	1233	326	2221	
1997	4410		4410		234	
1998	2418		2418		1683	
1999	994	200	794		769	
2000	282	210	72		81	
2001	1895	36	1859		15	
2002	2120		2110	10	1152	
2003	4199		3622	577	191	
2004	5758		5758			
2005	7208		7208			
2006	13824	210	13314	300		
2007	18707		18707			
2008	23411		23411			

8-29 分县市外商和港澳台商直接投资

（2008年）　　单位：个、万美元

指　标	新签协议情况		客商实际投入资金			年末实有企业个数	#已建成投产（开业）企业数
	合同个数	客商投资额	合计	现金	实物		
全　市	8	37048	23411	23411		43	33
市　直	1	17110	1329	1329		12	9
开发区			502	502		3	3
湖滨区	1	2500	1365	1365		3	3
义马市	1	898	2410	2410		4	1
渑池县	1	7644	8500	8500		4	3
陕　县	1	2150	2780	2780		8	7
灵宝市	3	6746	6525	6525		9	7
卢氏县							

8-30 外商和港澳台商直接投资

（1988—2008年）　　单位：个、万美元

年　份	新签协议情况		客商实际投入资金	年末实有企业个数	#已建成投产（开业）企业数			
	合同个数	客商投资额				第一产业	第二产业	第三产业
1988	2	195	127	1				
1989	1	30	10	2				
1990			12	2				
1991	5	130	97	8	5	1	4	
1992	20	903	47	27	8	1	7	
1993	43	3825	521	65	15	1	13	1
1994	35	1606	660	96	21	1	16	4
1995	23	931	1115	113	33	1	25	7
1996	8	4389	1560	118	45	1	34	10
1997	15	6351	4410	116	57	2	45	10
1998	7	4715	2418	119	57	2	45	10
1999	8	358	994	122	61	3	48	10
2000	10	1920	282	128	64	3	51	10
2001	11	2583	1895	136	66	3	53	10
2002	12	5372	2120	147	72	3	55	14
2003	13	16969	4199	152	78	3	61	14
2004	13	6274	5758	154	78	3	64	11
2005	13	7008	7208	167	78	3	64	11
2006	11	20678	13824	44	37	1	33	3
2007	10	29589	18707	47	39	1	35	3
2008	8	37048	23411	43	33		31	2

8-31 外商和港澳台商投资企业实际利用外资

（2008年） 单位：万美元

企业类型及企业（项目）名称	客商地区（国别）	国民经济行业	项目总投资	注册资本	客商实际投入资金
总　　计			**106083**	**32278**	**23411**
中外合作企业			**3357**	**2550**	**1877**
三门峡和达实业有限公司（合作）	香港	果汁生产供应业	2000	2000	1327
三门峡天丰化工有限公司	香港	有机化学原料制造	1357	550	550
中外合资企业			**45335**	**6835**	**12177**
东方希望（三门峡）铝业有限公司	英属维尔京群岛	有色金属冶炼业	29738	2488	8500
灵宝宝励浩食品 工业有限责任公 司	西班牙	蔬菜、水果罐头制造	3500	1780	125
河南开祥精细化工有限公司	香港	化学产品制造业	9200	767	1284
三门峡捷马电化有限公司	香港	化学原料及化学制品制造业	2497	1500	2230
三门峡恒飞实业有限公司	香港	照明灯具制造	400	300	38
独资企业			57391	**22893**	**9357**
义马锦江能源综合利用有限公司	香港	电力生产供应业	11750	3624	1126
三门峡欧美士制桶有限公司	约旦	塑料制品业	500	400	502
开曼铝业（三门峡）有限公司	英国	有色金属冶炼业	37141	12369	1329
灵宝中皇尾矿利用有限公司	香港	有色金属冶炼业	8000	6500	6400

8-32 历年接待海外旅游者人数

（1986—2008年）

年　份	旅游外宾（人次）	外国人	港澳台同胞
1986	1072	785	287
1987	2366	2098	268
1988	1669	1310	359
1989	1248	1144	104
1990	2126	1372	705
1991	2331	1580	735
1992	3005	1296	1701
1993	3598	1853	1686
1994	3807	2145	1642
1995	4575	2865	1629
1996	4960	3773	1041
1997	5709	3446	2224
1998	5460	2620	2779
1999	6342	2570	3772
2000	7134	2230	4904
2001	8957	2983	5974
2002	11079	4125	6954
2003	9941	3834	6107
2004	11319	3625	7694
2005	17940	8963	8977
2006	23814	10233	13581
2007	27386	9481	17905
2008	30731	8540	22191

注：旅游外宾包括过夜的和不过夜的。

8-33 全市旅游人数及收入情况

指　　标	计量单位	2007年	2008年	2008年为2007年 %
旅游接待总人数	**万人次**	**537.33**	**707.44**	**131.7**
海外旅游者人数	万人次	2.74	3.07	112.2
国内旅游者人数	万人次	534.59	704.37	137.8
旅游业综合收入	**亿元**	**36.75**	**46.41**	**126.3**
旅游业直接收入	**亿元**	**9.21**	**12.35**	**134.1**
#国内旅游收入	亿元	8.97	11.81	131.7
旅游外汇收入	万美元	336.23	377.79	112.4

8-34 旅游事业情况

指　　标	计量单位	2007年	2008年	2008年为2007年 %
接待旅游外宾	**人次**	**27386**	**30731**	**112.2**
外国人	人次	9481	8540	92.7
港澳同胞	人次	8574	13571	158.3
台湾同胞	人次	9331	8620	92.4
旅游设施				
涉外宾馆、饭店	个	23	23	100
房间	个	2218	2200	99.2
床位	张	4155	4200	101.1

注：本表数据由市旅游局提供。

主要统计指标解释

社会消费品零售总额 指批发和零售业、住宿和餐饮业、新闻出版业、邮政业和其他服务业等，售予城乡居民用于生活消费的商品和社会集团用于公共消费的商品之总量。社会消费品零售总额包括：

一、批发和零售业企业（单位）：

1. 售予城乡居民的各种生活消费品；

2. 售予入境旅游的外国人、华侨、港澳台同胞的各类商品；

3. 售予行政事业单位、社会团体、军队和武警等机构的商品，以及以零售方式售予各类企业的商品。具体包括：用于非生产和社会交往的办公用品，如通讯设备、计算器具和设备、电讯网络设备、文印设备、音像视听器材和设备、纸张、本册、文具及装订文印材料、家具、日用电器、针纺织品、清洁卫生用品、文体用品、奖品、纪念品、礼品等；供内部人员乘坐的交通工具和燃料；用于办公设施修缮的各类配件、材料、工具等；用于取暖和防暑降温的设备、燃料、材料及食品等；专用于教学的用品和设备；非营利医疗机构的中、西药品、中药材和医疗设备器材；非专用的劳动保护用品；不对外营业的内部食堂用的餐具、炊具、设备、清洁卫生工具和食品、燃料等；军队、武警用于其人员生活的衣着品和个人用品；其他各类非生产性设备和用品。

二、住宿和餐饮业出售的主食、菜肴、烟酒饮料和其他商品。

三、新闻出版业、邮政业售予城乡居民、企事业单位、军队和武警等机构的书报杂志、音像制品、邮品等。

四、其他服务业出售的食品、烟酒饮料、服装鞋帽、日常生活用品、医药保健用品、艺术品、工艺美术品、玩具、殡葬用品以及其他消费品。

批发和零售业商品购、销、存总额 指各种登记注册类型的批发、零售业企业(单位)以本企业(单位)为总体的，从国内、国外市场购进的商品总量，销售和出口的商品总量、库存商品总量等情况。该指标可以反映商品流转过程中商品的购进、销售、库存之间的比例关系和存在的问题。

商品购进总额 指从本企业(单位)以外的单位和个人购进(包括从境外直接进口)作为转卖或加工后转卖的商品总额。它反映批发和零售业从国内、国外市场上购进商品的总量。商品购进总额包括：(1)从工农业生产者购进的商品；(2)从出版社、报社的出版发行部门购进的图书、杂志和报纸；(3)从各种登记注册类型的批发和零售企业(单位)购进的商品；(4)从其他单位购进的商品，如从机关、团体、企业等单位购进的剩余物资，从餐饮业、服务业购进的商品，从海关、市场管理部门购进的缉私和没收的商品，从居民手中收购的废旧商品等；(5)从国(境)外直接进口的商品。不包括企业(单位)为自身经营用和未通过买卖行为而收入的商品以及销售退回、商品升溢等。

商品销售总额 指对本企业(单位)以外的单位和个人出售(包括对境外直接出口)的商品总额。它反映批发和零售业在国内市场上销售商品以及出口商品的总量。商品销售总额包括：(1)售给城乡居民和社会集团消费用的商品；(2)售给工业、农业、建筑业、运输邮电业、批发和零售业、住宿和餐饮业、服务业等作为生产、经营使用的商品；(3)售给批发和零售业作为转卖或加工后转卖的商品；(4)对国(境)外直接出口的商品。不包括出售本企业(单位)自用的废旧包装用品；未通过买卖行为付出的商品；经本单位介绍，由买卖双方直接结算，本单位只收取手续费的业务；购货退出的商品以及商品损耗和损失等。

年末库存总额 指报告期末各种登记注册类型的批发和零售企业(单位)已取得所有权的商品。它反映批发和零售企业(单位)的商品库存情况和对市场商品供应的保证程度。期末库存包括：(1)存放在批发和零售业经营单位(如门市部、批发站、经营处)仓库、货场、货柜和货架中的商品；(2)挑选、整理、包装中的商品；(3)已记入购进而尚未运到本单位的商品，即发货单或银行承兑凭证已到而货未到的部分；(4)寄放他处的商品，如因购货方拒绝承付而暂时存放在购货方的商品和已办完加工成品收回手续而未提回的商品；(5)委托其他单位代销(未作销售或调出)尚未售出的商品；(6)代其他单位购进尚未交付的商品。不包括所有权不属于本单位的商品、拨付除批发和零售业以外的其他行业所属独立核算加工厂等加工生产尚未收回成品的商品、代国家物资储备部门保管的商品等。

库存总额采用的计算价格是： 农副产品采购单位按购进价计算；批发单位按进货价计算；零售单位按核算价格计算，即按什么价格核算就按什么价格计算。

住宿和餐饮业经营情况

1. 营业额：指住宿和餐饮业法人企业、产业活动单位在经营活动中，因提供服务或销售商品等取得的收入。包括：客房收入、餐费收入、商品销售收入和其他收入。

2. 客房收入：指住宿和餐饮法人企业、产业活动单位在经营活动中因提供住宿服务取得的客房收入。

3. 餐费收入：指住宿和餐饮法人企业、产业活动单位因为顾客提供就餐服务取得的餐费收入。包括：经烹饪、调制加工后出售的各种食品，如主食、炒菜、凉拌菜等的收入。

4. 商品销售收入：指住宿和餐饮法人企业、产业活动单位伴随服务而出售商品所取得的收入。

5. 其他收入：指营业收入中除客房收入、餐费收入、商品销售收入以外的其他收入。包括娱乐、健身和商务服务等。

进出口总额 海关进出口总额指实际进出我国国境的货物总金额。包括对外贸易实际进出口货物，来料加工装配进出口货物，国家间、联合国及国际组织无偿援助物资和赠送品，华侨、港澳台同胞和外籍华人捐赠品，租赁期满归承租人所有的租赁货物，进料加工进出口货物，边境地方贸易及边境地区小额贸易进出口货物(边民互市贸易除外)，中外合资企业、中外合作经营企业、外商独资经营企业进出口货物和公用物品，到、离岸价格在规定限额以上的进出口货样和广告品(无商业价值、无使用价值和免费提供出口的除外)，从保税仓库提取在中国境内销售的进口货物，以及其他进出口货物。进出口总额用以观察一个国家在对外贸易方面的总规模。我国规定出口货物按离岸价格统计，进口货物按到岸价格统计。

利用外资 指我国各级政府、部门、企业和其他经济组织通过对外借款、吸收外商直接投资以及用其他方式筹措的境外现汇、设备、技术等。

外商直接投资 指外国企业和经济组织或个人(包括华侨、港澳台胞以及我国在境外注册的企业)按我国有关政策、法规，用现汇、实物、技术等在我国境内开办外商独资企业、与我国境内的企业或经济组织共同举办中外合资经营企业、合作经营企业或合作开发资源的投资(包括外商投资收益的再投资)，以及经政府有关部门批准的项目投资总额内企业从境外借入的资金。

外商其他投资　指除对外借款和外商直接投资以外的各种利用外资的形式。包括企业在境内外股票市场公开发行的以外币计价的股票（目前主要是在香港证券市场发行的H股和在境内证券市场发行的B股）发行价总额，国际租赁进口设备的应付款，补偿贸易中外商提供的进口设备、技术、物料的价款，加工装配贸易中外商提供的进口设备、物料的价款。

对外承包工程　指各对外承包公司以招标议标承包方式承揽的下列业务：⑴承包国外工程建设项目，⑵承包我国对外经援项目，⑶承包我国驻外机构的工程建设项目，⑷承包我国境内利用外资进行建设的工程项目，⑸与外国承包公司合营或联合承包工程项目时我国公司分包部分，⑹对外承包兼营的房屋开发业务。对外承包工程的营业额是以货币表现的本期内完成的对外承包工程的工作量，包括以前年度签订的合同和本年度新签订的合同在报告期内完成的工作量。

对外劳务合作　指以收取工资的形式向业主或承包商提供技术和劳动服务的活动。我国对外承包公司在境外开办的合营企业，中国公司同时又提供劳务的，其劳务部分也纳入劳务合作统计。劳务合作营业额按报告期内向雇主提交的结算数(包括工资、加班费和奖金等)统计。

旅游人数　包括入境国际旅游者人数、出境居民人数和国内旅游者人数。

⑴入境国际旅游者人数：指来中国参观、访问、旅行、探亲、访友、休养、考察、参加会议和从事经济、科技、文化、教育、宗教等活动的外国人、华侨、港澳同胞和台湾同胞的人数。不包括外国在我国的常驻机构，如使领馆、通讯社、企业办事处的工作人员；来我国常住的外国专家、留学生以及在岸逗留不过夜人员。

⑵出境居民人数：指大陆居民因公务活动或私人事务短期出境的人数。公务活动出境居民人数包括在国际交通工具上的中国服务员工，因私出境居民人数不包括在国际交通工具上的中国服务员工。

⑶国内旅游者人数：指我国大陆居民和在我国常住 1 年以上的外国人、华侨、港澳台同胞离开常住地在境内其他地方的旅游设施内至少停留一夜，最长不超过 6 个月的人数。

国际旅游(外汇)收入　指入境旅游的外国人、华侨、港澳同胞和台湾同胞在中国大陆旅游过程中发生的一切旅游支出，对于国家来说就是国际旅游(外汇)收入。

涉外饭店　指经有关部门批准，允许接待外国人、华侨、港澳同胞和台湾同胞的饭店。

9

部分服务业

9-1 服务业企业分行业主要统计指标

（2008年）

	单位数 （个）	从业人员平均人数 （人）	固定资产原价 （万元）	营业收入 （万元）	营业成本 （万元）
总　计	**1322**	**25642**	**504499**	**413173**	**268731**
交通运输、仓储和邮政业	154	8450	106475	198001	155023
信息传输、计算机服务和软件业	181	2184	271777	100744	48930
批发和零售业					
住宿和餐饮业					
金融业	19	278	2241	5330	2464
房地产业					
租赁和商务服务业	406	6199	54472	52439	30152
科学研究、技术服务和地质勘查业	136	1468	13369	10917	5019
水利、环境和公共设施管理业	49	695	25019	5446	2614
居民服务和其他服务业	226	3386	12752	20140	11391
教育	88	1011	5156	3993	2533
卫生、社会保障和社会福利业	31	1601	10110	12004	8508
文化、体育和娱乐业	32	370	3128	4161	2098

9-1续表　　（2008年）

	营业税金及附加 （万元）	营业费用 管理费用 财务费用 合计（万元）	营业利润 （万元）	职工工资和福利费 （万元）	所有者权益合计 （万元）
总　计	**8577**	**65029**	**63792**	**52954**	**415604**
交通运输、仓储和邮政业	3549	17608	23260	14501	76184
信息传输、计算机服务和软件业	2858	23070	16805	7143	113157
批发和零售业					
住宿和餐饮业					
金融业	73	790	2003	1071	11347
房地产业					
租赁和商务服务业	1073	12883	8795	11589	158163
科学研究、技术服务和地质勘查业	399	3372	2234	2810	13704
水利、环境和公共设施管理业	150	1673	1037	1193	19896
居民服务和其他服务业	310	2525	5950	9285	8650
教育	35	682	752	1238	4491
卫生、社会保障和社会福利业	53	1842	1547	3326	8157
文化、体育和娱乐业	78	583	1410	799	1855

9-2 分县市服务业企业主要统计指标

（2008年）

	单位数（个）	从业人员平均人数（人）	固定资产原价（万元）	本年固定资产折旧（万元）	营业收入（万元）	#主营业务收入（万元）
全 市	1322	25642	504499	34636	413173	410923
市 直	60	4648	286680	22609	136112	134875
湖滨区	715	8149	61972	5770	90624	90614
渑池县	103	1188	9629	314	7864	7863
陕 县	103	4052	35444	2500	106115	105503
卢氏县	47	461	13248	275	5957	5936
义马市	78	886	4554	357	6091	5772
灵宝市	216	6258	92973	2811	60412	60361

9-2续表

（2008年）

	营业成本（万元）	营业税金及附加（万元）	营业费用管理费用财务费用合计（万元）	营业利润（万元）	职工工资和福利费（万元）	所有者权益合计（万元）
全 市	268731	8577	65029	63792	52954	415604
市 直	77395	3344	34831	12893	11995	207180
湖滨区	44246	2152	11060	33185	20901	65557
渑池县	5189	304	1211	1230	1415	9962
陕 县	87465	1416	8113	9140	7074	27403
卢氏县	2557	168	1452	1797	1014	10005
义马市	4319	147	796	786	1578	5108
灵宝市	47561	1046	7567	4761	8977	90390

9-3 行政事业单位分行业主要统计指标

（2008年）

	单位数（个）	从业人员（人）	固定资产原价（万元）	本年收入（万元）	#财政拨款（万元）
总　计	**1700**	**75512**	**696636**	**592613**	**435065**
交通运输、仓储和邮政业	22	1521	10366	28151	20527
信息传输、计算机服务和软件业	9	182	3206	945	185
金融业	8	333	20118	12238	1355
房地产业	5	108	787	3617	290
租赁和商务服务业	57	802	3957	3973	2859
科学研究、技术服务和地质勘查业	176	2809	17040	16224	12347
水利、环境和公共设施管理业	64	2829	46064	23227	16490
居民服务和其他服务业	11	110	2645	702	240
教育	315	27310	189685	137864	105818
卫生、社会保障和社会福利业	242	8770	89805	69942	12553
文化、体育和娱乐业	103	1664	28197	9399	4342
公共管理和社会组织	688	29074	284766	286332	258060

9-3续表　（2008年）

	本年支出（万元）	#工资福利支出（万元）	#商品和服务支出（万元）	#对个人和家庭的补助（万元）	经营税金（万元）
总　计	**561863**	**205874**	**188961**	**65400**	**508**
交通运输、仓储和邮政业	19714	3511	4693	266	58
信息传输、计算机服务和软件业	763	335	392	4	22
金融业	12483	2286	2427	269	
房地产业	2061	244	270	4	1
租赁和商务服务业	4176	1577	1241	966	23
科学研究、技术服务和地质勘查业	16572	5813	4619	3583	28
水利、环境和公共设施管理业	19722	8754	5387	1634	22
居民服务和其他服务业	587	294	235	21	
教育	135473	69128	26154	20605	3
卫生、社会保障和社会福利业	66836	22228	36656	3480	19
文化、体育和娱乐业	8675	3805	2706	612	90
公共管理和社会组织	274802	87899	104181	33956	243

9-4 分县市行政事业单位主要统计指标

（2008年）

县（市、区）	单位数（个）	从业人员（人）	固定资产原价（万元）	本年收入（万元）	#财政拨款（万元）
全　市	**1700**	**75512**	**696636**	**592613**	**435065**
市　直	275	13356	197843	159554	108169
湖滨区	178	6791	54484	46149	31249
渑池县	204	11329	86459	92463	75362
陕　县	247	9958	58659	69680	59687
卢氏县	324	9484	46005	59839	41967
义马市	142	3848	21256	32642	29709
灵宝市	330	20746	231930	132287	88924

9-4续表

（2008年）

县（市、区）	本年支出(万元)	#工资福利支出(万元)	#商品和服务支出(万元)	#对个人和家庭的补助(万元)	经营税金(万元)
全　市	**561863**	**205874**	**188961**	**65400**	**508**
市　直	152172	42951	49924	11475	301
湖滨区	43643	18329	9601	4849	37
渑池县	91080	35318	35682	11985	2
陕　县	65915	24986	23331	8842	32
卢氏县	54150	20125	17217	6610	72
义马市	33132	10710	15796	2946	22
灵宝市	121771	53455	37410	18692	42

9-5 社团及其他单位分行业主要统计指标

（2008年）

	单位数（个）	从业人员（人）	固定资产原价（万元）	本年收入（万元）	#提供服务收入（万元）
总　　计	1787	11394	143132	31245	8807
交通运输、仓储和邮政业					
信息传输、计算机服务和软件业					
金融业					
租赁和商务服务业	9	56	160	293	247
科学研究、技术服务和地质勘查业	6	59	795	270	247
水利、环境和公共设施管理业	1	20	260	40	40
居民服务和其他服务业					
教育	18	367	4376	1269	1243
卫生、社会保障和社会福利业	126	632	9022	2375	421
文化、体育和娱乐业	6	86	7705	118	82
公共管理和社会组织	1621	10174	120815	26881	6528

9-5续表

（2008年）

	#政府补助收入（万元）	本年费用合计（万元）	#业务活动成本（万元）	#管理费用（万元）	净资产变动额（万元）
总　　计	8120	26621	15062	6887	5256
交通运输、仓储和邮政业					
信息传输、计算机服务和软件业					
金融业					
租赁和商务服务业		277	96	52	25
科学研究、技术服务和地质勘查业	5	360	142	217	-18
水利、环境和公共设施管理业		138	138		
居民服务和其他服务业					
教育	21	1292	699	588	101
卫生、社会保障和社会福利业	471	2118	1447	331	18
文化、体育和娱乐业		1340	1322	17	
公共管理和社会组织	7623	21096	11219	5684	5131

9-6 分县市社会团体单位主要统计指标

（2008年）

县（市、区）	单位数（个）	从业人员（万人）	固定资产原价（万元）	本年收入（万元）	#提供服务收入（万元）
全　市	1787	11394	143132	31245	8807
市　直	45	293	2346	1194	377
湖滨区	206	1222	47252	4334	1520
渑池县	260	2105	12582	1431	240
陕　县	323	1886	22392	4093	1083
卢氏县	388	2457	7105	1672	652
义马市	70	390	2538	1062	302
灵宝市	495	3041	48917	17459	4633

9-6续表

（2008年）

县（市、区）	#政府补助收入（万元）	本年费用合计（万元）	#业务活动成本（万元）	#管理费用（万元）	净资产变动额（万元）
全　市	8120	26621	15062	6887	5256
市　直	378	1154	631	439	25
湖滨区	30	8735	8011	253	1
渑池县	775	1746	642	994	
陕　县	2651	2595	86	1707	135
卢氏县	711	1567	531	840	352
义马市	660	683	409	143	6
灵宝市	2916	10142	4753	2512	4737

9-7 个体服务业分行业主要统计指标

（2008年）

行 业	个体经营户数（户）	有营业执照（户）	已办理税务登记（户）	期末从业人员数（人）	有营业执照（人）	已办理税务登记（人）
总 计	34755	8389	8739	65409	19919	20721
交通运输、仓储和邮政业	19063	365	1174	32172	720	2267
信息传输、计算机服务和软件业	180	148	139	462	405	390
金融业	5	2	2	8	5	5
房地产业	58	38	37	125	93	91
租赁和商务服务业	1850	1051	1003	3595	2362	2282
科学研究、技术服务和地质勘查业	80	68	68	186	164	164
水利、环境和公共设施管理业						
居民服务和其他服务业	10009	5874	5452	20699	13807	13047
教育	413	135	130	1285	599	603
卫生、社会保障和社会福利业	2500	439	489	5438	922	1074
文化、体育和娱乐业	597	269	245	1439	842	798

9-8 个体服务业分县市主要统计指标

（2008年）

县（市、区）	个体经营户数（户）	有营业执照（户）	已办理税务登记（户）	期末从业人员数（人）	有营业执照（人）	已办理税务登记（人）
总 计	34755	8389	8739	65409	19919	20721
湖滨区	9105	1788	1632	14412	4464	4238
渑池县	6821	842	623	12654	1973	1475
陕 县	4504	559	1116	10362	1432	2789
卢氏县	3675	748	1071	5035	1398	1802
义马市	2594	806	670	4351	1617	1427
灵宝市	8056	3646	3627	18595	9035	8990

主要统计指标解释

服务业企业 指实际存在的从事服务业活动并执行企业会计制度的法人单位，包括：交通运输、仓储和邮政业，信息传输、计算机服务和软件业，金融业，租赁和商务服务业，科学研究、技术服务和地质勘查业，水利、环境和公共设施管理业，居民服务和企业服务业，教育，卫生、社会保障和社会福利业，文化、体育和娱乐业等国民经济行业。

行政事业单位 指在县及县级以上机构编制管理部门登记注册，并执行行政、事业单位会计制度的所有国民经济行业的法人单位。

社会团体及其他单位 指在县及县级以上民政、司法、教育、卫生、宗教管理等部门登记注册，并执行民间非盈利组织会计制度或者其他非企业会计制度的所有国民经济行业的法人单位，包括社会团体单位、民办非企业单位、基金会、社区居委会、村委会及其他组织机构。

个体经营户 指实际存在的从事服务业活动的个体经营户，包括：交通运输、仓储和邮政业，信息传输、计算机服务和软件业，房地产业，租赁和商务服务业，科学研究、技术服务和地质勘查业，水利、环境和公共设施管理业，居民服务和其他服务业，教育，卫生、社会保障和社会福利业，文化、体育和娱乐业等国民经济行业。

财政、税务、金融、保险

数据要览

◆ 2008年地方财政收入	481063万元	比上年增长29.3%
◆2008年地方财政支出	793198万元	比上年增长31.0%
◆2008年末金融机构各项存款余额	421.86亿元	比上年增长19.0%
◆2008年末金融机构各项贷款余额	214.42亿元	比上年增长11.2%
◆2008年末城乡居民储蓄存款余额	294.49亿元	比上年增长19.4%

国家银行存贷款余额

单位：亿元

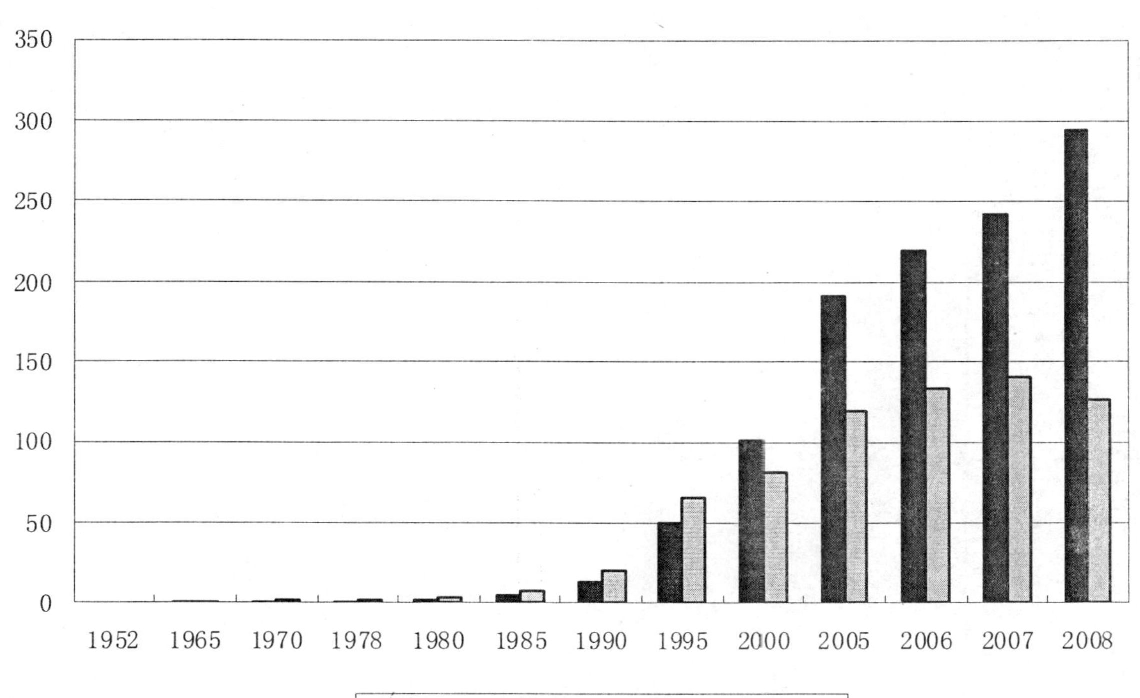

10-1 主要年份财政收支

年　　份	财政收入	#市本级	比重（%）	财政支出	#市本级	比重（%）
1952	944			365		
1957	1231			609		
1962	1470			1311		
1965	1789			1411		
1970	2781			2741		
1975	4545			2484		
1976	3884			2588		
1977	5196			2793		
1978	6359			3724		
1979	6280			4465		
1980	6960			4085		
1981	7598			4480		
1982	7849			5405		
1983	7738			6123		
1984	7787			6705		
1985	9192			9808		
1986	9756	4860	49.8	16068	7170	44.6
1987	11558	5124	44.3	16629	5540	33.3
1988	14930	6264	42	18698	6208	33.2
1989	16969	6174	36.4	22155	6955	31.4
1990	17988	6061	33.7	23397	7447	31.8

10-1续表

单位：万元

年　　份	财政收入	#市本级	比重（%）	财政支出	#市本级	比重（%）
1991	19550	6120	31.3	23397	7319	29.4
1992	22066	6128	27.8	28923	8626	29.8
1993	30388	8539	28.1	35307	9792	27.7
1994	(39523)					
1994	24833	6252	25.2	42747	14179	33.2
1995	34627	7723	22.3	53807	17289	32.1
1996	44366	8816	19.9	64662	20996	32.5
1997	58546	15743	26.9	85127	30892	36.3
1998	67495	18130	26.9	90838	30214	33.3
1999	77434	20561	26.6	106882	33939	31.8
2000	88025	23245	26.4	124863	41378	33.1
2001	91384	25354	27.7	136701	44645	32.7
2002	82941	26922	32.5	172147	51293	29.8
2003	94571	30896	32.7	191779	59949	31.3
2004	131977	38154	28.9	251344	74020	29.4
2005	180765	43371	24.0	339269	80036	23.6
2006	232557	50221	21.6	410040	105641	25.8
2007	372078	116336	31.3	605519	160718	26.5
2008	481063	111464	23.2	793198	187526	23.6

注：财政收入1993年以前为分税制前老口径，1994年以后为分税制后新口径，括号内为老口径。

10-2 分县市地方财政收入

（2008年） 单位：万元

指　　标	全　市	市本级	开发区	湖滨区	义马市	渑池县	陕　县	灵宝市	卢氏县
收入总计	**481063**	**111464**	**6009**	**24695**	**58585**	**94048**	**57611**	**107494**	**21157**
一般预算收入	**366956**	**80158**	**6008**	**24618**	**41018**	**76518**	**50018**	**70018**	**18600**
增值税	86542	21236	1815	2859	13910	26774	10495	7356	2097
营业税	57135	9994	2065	9023	7245	5844	8766	10716	3482
企业所得税	32159	8845	341	1849	1960	7463	1897	8667	1137
个人所得税	12013	2490	155	732	1484	1959	1311	2738	1144
资源税	35217			391	2479	11614	9220	10237	1276
城市维护建设税	17003	3863	278	1069	5114	2640	1397	2336	306
房产税	5770	791	186	1614	600	546	287	1444	302
印花税	2745	412	53	580	318	681	267	340	94
城镇土地使用税	12043	1222	360	2772	1136	1911	841	3550	251
土地增值税	1645	514	100	730	71	95	28	16	91
车船税	1151	10	49	606	17	307	28	87	47
耕地占用税	9101	714		158	150	3801	1428	2609	241
契税	14918	3548		237	2379	3548	3876	1200	130
烟叶税	8685			29	68	1848	1398	2063	3279
专项收入	17395	5751	288	498	2450	2394	2293	2708	1013
行政事业性收费收入	15225	6143	20	328	466	529	4221	2424	1094
罚没收入	19795	8233	127	1120	1063	2863	1688	2988	1713
国有资本经营收入	11765	716			56	1502	511	8500	480
国有资源有偿使用	6391	5651	171	23	52	199	66	39	190
其他收入	258	25							233
政府性基金收入合计	**114107**	**31306**	**1**	**77**	**17567**	**17530**	**7593**	**37476**	**2557**
养路费收入	2243	2243							
散装水泥专项资金收入	67	62							5
新型墙体材料专项基金收入	389	205			22	43	31	29	59
文化事业建设费收入	67	28	1	10	5	9	5	3	6
育林基金收入	534	126		2	3	35	133		235
森林植被恢复费	624	603					19		2
地方水利建设基金收入	69	69							
水资源补偿费收入									
残疾人就业保障金收入	830	274		65	165	119	87	67	53
政府住房基金收入	315	295					20		
城市公用事业附加收入	2436	154				1200	50	898	134
国有土地使用权出让金收入	99853	25419			16799	15624	6138	33952	1921
国有土地收益基金收入	3568	1118			386	357	222	1391	94
农业土地开发资金收入	3090	710			187	143	888	1136	26
其他政府性基金收入	22								22

10-3 地方财政收入

指　　标	2007年		2008年		2008年为
	绝对数（万元）	比重（%）	绝对数（万元）	比重（%）	2007年%
收入总计	**372078**	**100.0**	**481063**	**100.0**	**129.3**
一般预算收入合计	**293586**	**78.9**	**366956**	**76.3**	**125.0**
增值税	69923	18.8	86542	18.0	123.8
营业税	45969	12.4	57135	11.9	124.3
企业所得税	27769	7.5	32159	6.7	115.8
个人所得税	12972	3.5	12013	2.5	92.6
资源税	26846	7.2	35217	7.3	131.2
城市维护建设税	15061	4.0	17003	3.5	112.9
房产税	5123	1.4	5770	1.2	112.6
印花税	2365	0.6	2745	0.6	116.1
城镇土地使用税	4727	1.3	12043	2.5	254.8
土地增值税	761	0.2	1645	0.3	216.2
车船税	713	0.2	1151	0.2	161.4
耕地占用税	4838	1.3	9101	1.9	188.1
契税	7789	2.1	14918	3.1	191.5
烟叶税	4459	1.2	8685	1.8	194.8
专项收入	14127	3.8	17395	3.6	123.1
行政事业性收费收入	15839	4.3	15225	3.2	96.1
罚没收入	15060	4.0	19795	4.1	131.4
国有资本经营收入	16876	4.5	11765	2.4	69.7
国有资源有偿使用	1212	0.3	6391	1.3	527.3
其他收入	1157	0.3	258	0.1	22.3
政府性基金收入合计	**78492**	**21.1**	**114107**	**23.7**	**145.4**

10-4 分县市财政支出

（2008年） 单位：万元

指　　标	全　市	市本级	开发区	湖滨区	义马市	渑池县	陕　县	灵宝市	卢氏县
支出总计	793198	187526	10008	40757	62529	132955	100361	183365	75697
一般预算支出合计	653823	151314	6251	30472	56497	116545	88826	138990	64928
一般公共服务	116321	22903	1850	9014	9567	22156	13140	28133	9558
公共安全	42693	17544	105	2099	3486	5486	4391	6438	3144
教育	125686	15530	865	4407	11072	24459	19947	33303	16103
科学技术	10738	974	140	875	1722	2339	892	3124	672
文化体育与传媒	15519	2540	1	239	3116	2774	4196	1693	960
社会保障和就业	59515	18882	129	5639	2426	5659	11796	7559	7425
医疗卫生	39096	7096	130	1500	4103	5894	5343	10246	4784
环境保护	45958	6460	128	462	5664	12172	8760	6579	5733
城乡社区事务	48314	19844	1129	1393	5124	5987	5198	8099	1540
农林水事务	75425	5875	447	3026	2801	18418	10508	26264	8086
交通运输	18654	9657		205	949	2862	1156	1498	2327
工业商业金融等事务	24682	8609	32	597	3080	3467	1734	4984	2179
其他支出	31222	15400	1295	1016	3387	4872	1765	1070	2417
政府性基金支出	139375	36212	3757	10285	6032	16410	11535	44375	10769
一般公共服务	695	91		106	13	126	87	221	51
文化体育与传媒	233	62	2	17	12	22	78	15	25
社会保障和就业	694	261		44	165	40	81	50	53
城乡社区事务	97846	22835	3450	9238	5484	13689	7422	31770	3958
农林水事务	16225	1502	305	704	167	720	2303	9631	893
交通运输	22850	11115		176	169	1724	1538	2566	5562
工业商业金融等事务	828	346			22	89	26	122	223
其他支出	4								4

10-5 财政支出

指　　标	2007年		2008年		2008年为2007年%
	绝对数（万元）	比重（%）	绝对数（万元）	比重（%）	
支出合计	**605519**	**100.0**	**793198**	**100.0**	**131.0**
一般预算支出合计	**512502**	**84.6**	**653823**	**82.4**	**127.6**
一般公共服务	91704	15.1	116321	14.7	126.8
国防	21				
公共安全	32959	5.4	42693	5.4	129.5
教育	97958	16.2	125686	15.8	128.3
科学技术	6495	1.1	10738	1.4	165.3
文化体育与传媒	7438	1.2	15519	2.0	208.6
社会保障与就业	67779	11.2	59515	7.5	87.8
医疗卫生	26974	4.5	39096	4.9	144.9
环境保护	21862	3.6	45958	5.8	210.2
城乡社区事务	39184	6.5	48314	6.1	123.3
农林水事务	45299	7.5	75425	9.5	166.5
交通运输	7062	1.2	18654	2.4	264.1
工业商业金融等事务	25835	4.3	24682	3.1	95.5
其他支出	41932	6.9	31222	3.9	74.5
政府性基金支出合计	**93017**	**15.4**	**139375**	**17.6**	**149.8**

10-6 分县市预算外财政专户收支情况

（2008年）　　单位：万元

指　标	全　市	市本级	开发区	湖滨区	义马市	渑池县	陕　县	灵宝市	卢氏县
收入合计	**48454**	**19307**	**18**	**1772**	**2395**	**3601**	**1150**	**15577**	**4634**
行政事业性收费收入	39006	19050	5	1629	2338	3075	1118	7650	4141
国有资源有偿使用收入	296	257	3	23	9		4		
利息收入	159	120	3	23	9		4		
其他收入	9152		10	120	48	526	28	7927	493
捐赠收入	1202			106		317	18	761	
乡镇自筹收入	5775							5775	
其他收入	2175		10	14	48	209	10	1391	493
支出合计	**47473**	**18120**	**198**	**1631**	**1849**	**3682**	**1130**	**15538**	**5325**
一般公共服务	9401	903	162	233	693	140	29	6133	1108
公共安全	413	220		79				67	47
教育	22712	11419		364	123	2263	926	5652	1965
科学技术	30	28		2					
文化体育与传媒	1214	456				56		699	3
社会保障和就业	1041	250			314	123	68	268	18
医疗卫生	585	210	12	200	12	23		100	28
环境保护	451	47			181	219		4	
城乡社区事务	2883	872	24	512	408	233	50	664	120
农林水事务	1326	3		126	15	132		964	86
交通运输	3528	3240		12	19	95	19	126	17
工业商业金融等事务	1099	386		2	64		24	31	592
其他支出	2790	86		101	20	398	14	830	1341

10-7 国税系统分经济类型税收收入

（2008年）　　　　单位：万元

指　　标	合 计	# 国有经济	# 集体经济	# 个体经济	# 股　份制经济	# 港澳台投资经济	# 外商投资经济
税收合计	**421055**	**86732**	**4091**	**37084**	**146325**	**10779**	**131674**
增值税	348782	75064	3985	19918	134152	10613	101183
消费税	806		12	18	769		
企业所得税	53536	11436	92		11190	164	30479
个人所得税	4658		2	4658			
车辆购置税	13273	232		12490	214	2	12

10-8 地税系统分经济类型税收收入

（2008年）　　　　单位：万元

指　　标	合 计	# 国有经济	# 集体经济	# 个体经济	# 股　份制经济	# 港澳台投资经济	# 外商投资经济
税收合计	**212451**	**52733**	**9033**	**29619**	**110211**	**2957**	**4191**
营业税	57134	9222	2757	8111	32035	2213	1252
企业所得税	45685	14160	2456		28413		
个人所得税	25371	5975	841	9202	7620	362	662
资源税	35217	2984	1688	10647	19603		
城市维护建设税	17002	6187	699	719	9058		
房产和城市房地产税	5769	1893	179	277	3095	154	140
印花税	2746	420	140	115	1345	79	609
城镇土地使用税	12044	2763	92	179	7326	147	1495
土地增值税	1645	286	26	25	1276		31
车船使用和牌照税	1153	158	155	344	440	2	2
烟叶税	8685	8685					

10-9 主要年份国家银行各项存贷款及金融机构居民储蓄存款年底余额

单位：万元

年 份	各项存款合计	#企业存款	#农村存款	各项贷款合计	#短期贷款	#工业贷款	#农业贷款	城乡居民储蓄存款年底余额	#城镇居民
1952	277			101				67	59
1957	1865			4054				773	338
1962	4697			11161				638	389
1965	3572			8617				901	559
1970	7496			12951				1067	762
1975	10041			18190				2113	1423
1978	11410			23310				3376	1761
1980	**18245**			**32365**				**5993**	**3320**
1981	18876	8582	2642	37851	36045	12801	8	7540	4181
1982	19748	9106	2843	40647	35995	11643	12	9235	5213
1983	22911	8519	3035	47390	41814	13805	2329	11617	6721
1984	30393	12413	3015	59750	50585	20811	4474	15326	9553
1985	**41633**	**14514**	**4932**	**71472**	**58988**	**21976**	**4696**	**20211**	**12898**
1986	59737	24058	5626	93711	72284	30058	6766	28420	17642
1987	75936	27914	10816	109570	84976	34631	5866	45995	27244
1988	90254	31455	11503	133868	99864	38280	7377	61309	36255
1989	107427	31748	12335	158023	115448	46005	8826	81278	51344
1990	**139963**	**40787**	**12818**	**199919**	**140138**	**58448**	**11061**	**114306**	**74002**

10-9续表　　单位：万元

年　份	各项存款合计	#企业存款	#农村存款	各项贷款合计	#短期贷款	#工业贷款	#农业贷款	城乡居民储蓄存款年底余额	#城镇居民
1991	176232	47950	18923	244076	165908	68179	13629	148153	96297
1992	221212	58984	21724	301355	189127	74267	16566	205447	140918
1993	240497	55570	34647	390594	222797	87881	17946	269008	190120
1994	368662	97536	2817	500763	257810	99830	9708	410314	290211
1995	**496018**	**139485**	**4216**	**651307**	**320044**	**119383**	**11892**	**537925**	**375097**
1996	628078	182164	3179	814277	410756	163961	15616	667726	468104
1997	673852	202229	3163	882939	457222	206645	24949	776476	532776
1998	778304	191206	5148	926148	575357	241278	26308	908189	639090
1999	895055	210371	2717	839639	590246	242206	25022	1011952	727988
2000	**1004159**	**237881**	**3093**	**815865**	**547583**	**258482**	**17895**	**1108231**	**751893**
2001	1119814	225403	2396	882126	557822	251536	17227	1219751	857742
2002	1284750	260698	4464	1007726	669918	346023	25452	1360883	978650
2003	1408100	308274	5047	1140562	715448	403324	24984	1542151	1114208
2004	1598440	350878	3795	1273100	828554	515626	34961	1727047	1264186
2005	**1907276**	**423630**	**4456**	**1186500**	**664728**	**413728**	**33652**	**1990380**	**1447201**
2006	2190369	545493	752	1326772	707445	445930	5232	2276127	1635495
2007	2420242	592530	703	1406061	706758	412567	6664	2465912	1750002
2008	2950660	658324	814	1257802	547989	341983	4284	2944861	2113218

10-10 主要年份金融机构综合信贷收支情况

（年底数） 单位：万元

指　　标	1990年	1995年	2000年	2005年	2006年	2007年	2008年
资金来源总计	**370802**	**935104**	**1403099**	**2323784**	**2833479**	**3263274**	**3940668**
各项存款	192914	735091	1343377	2719069	3176403	3545655	4218554
企业存款	42619	147427	244996	515664	623464	661909	720162
财政存款	-4299	4727	7182	27797	51895	101930	154413
机关团体部队存款	7450	7557	31578	77349	78478	92090	159751
储蓄存款	117423	537925	1108231	1990380	2276127	2465912	2944861
农村存款	15905	11855	17011	40382	49766	73655	65786
委托存款	3155	16382	-91492	-74	26	25	16
其他存款	10661	9218	25871	67572	96646	150133	173566
债券	634	244	1	2	2		
证券业务存款		2814					
呆账准备金		2731	6980				
所有者权益	11511	50162	-53859	20651	9546	99239	131363
其他	165743	144062	106599	-478513	-352472	-381620	-277886
资金运用总计	**370802**	**935104**	**1403099**	**2323784**	**2833479**	**3263274**	**3940668**
各项贷款	247631	821594	1153795	1767205	1988200	2152914	2144242
工业贷款	59213	131134	272296	460341	509202	468011	417814
商业贷款	71128	155134	200017	135803	165481	175867	85600
建筑业贷款	3374	8154	14564	10015	7495	6264	12675
个体工商业贷款	2528	4380	657	11437	12614	12256	12330
乡镇企业贷款	15734	54823	65471	56871	27210	23959	18825
三资企业贷款		4162	3901	5771	4900	4875	4335
农业贷款	40943	78099	211238	394207	406885	448874	415537
中长期贷款	44547	199047	283267	522097	639150	645299	779159
信托贷款	6423	4677					
其他贷款	3741	181984	102384	170663	215263	367509	397916
有价证券及投资	2028	56924	13802	34839	54673	213889	275908
外汇占款	1		10				
金银占款	18410	33108	93590				
其他	102732	23478	141902	521739	790606	896471	1520518

10-11 各县（市）区金融机构综合信贷收支情况

（2008年底）　　单位：万元

指　　标	全　市	市　区	义马市	渑池县	陕　县	灵宝市	卢氏县
资金来源总计	**3940668**	**1177745**	**542763**	**427514**	**411970**	**1099203**	**281473**
各项存款	4218554	1415542	553415	458242	433140	1061981	296234
企业存款	720162	289051	172722	46335	55416	132933	23705
财政存款	154413	69183	10211	17811	17233	14483	25492
机关团体存款	159751	73095	12585	42669	16560	9674	5168
储蓄存款	2944861	880629	308713	331584	321380	869682	232873
农业存款	65786	15751	8874	9169	15414	12992	3586
委托存款	16	16					
其他存款	173566	87819	40311	10674	7136	22217	5409
应付及暂收款	102002	46387	8941	10534	9472	20046	6622
同业往来	3485	2			33	3450	
各项准备	141078	86993	3902	7882	27145	12529	2627
所有者权益	131363	8808	21444	12460	12108	64222	12321
其他	-655813	-379988	-44939	-61604	-69928	-63023	-36331
资金运用总计	**3940668**	**1177745**	**542763**	**427514**	**411970**	**1099203**	**281473**
各项贷款	2144242	769353	281581	151480	355430	497470	88928
工业贷款	417814	211447	18261	45387	13509	129210	
商业贷款	85600	18962	3712	9445	35681	10760	7040
建筑业贷款	12675	12475				200	
农业贷款	415537	63323	22028	53890	84330	122046	69920
乡镇企业贷款	18825	391	4799	1264	10039	2252	80
三资企业贷款	4385					4385	
私营及个体贷款	12330	5940	326	3557	595	958	954
其他短期贷款	160715	93944	1541	2951	3856	56474	1949
中长期贷款	779159	232116	226344	29018	199991	87255	4435
票据融资	234468	128120	4570	5969	7329	83930	4550
各项垫款	2733	2733					
有价证券及投资	275908	88746	12712	31045	50743	57052	35610
应收及预付款	18742	10823	2566	1482	1018	2476	377
同业往来	5000	5000					
系统内资金往来	1397954	252152	242805	239766		511248	151983
固定资产	74538	42567	1148	1481	3383	24061	1898
库存现金	24284	9104	1952	2261	1395	6896	2676

10-12 金融机构现金收支

单位：万元

指　　标	2007年		2008年		2008年为2007年%
	绝对数	比重（%）	绝对数	比重（%）	
收入总计	**15710313**	**100.0**	**12212685**	**100.0**	77.7
商品销售收入	721600	4.6	625079	5.1	86.6
服务业收入	421412	2.7	396342	3.2	94.1
行政税费收入	76000	0.5	59835	0.5	78.7
城乡个体经营收入	253185	1.6	256979	2.1	101.5
储蓄存款收入	12575504	80.0	9975476	81.7	79.3
其他金融机构存款收入	10149	0.1	5012	0.0	49.4
居民归还贷款收入	304070	1.9	296602	2.4	97.5
汇兑收入	605744	3.9	9821	0.1	1.6
有价证券收入	2106	0.0	10511	0.1	499.1
其他收入	740544	4.7	577028	4.7	77.9
支出总计	**16011892**	**100.0**	**12514022**	**100.0**	78.2
工资性支出	472634	3.0	524408	4.2	111.0
农副产品采购支出	214489	1.3	169463	1.4	79.0
工矿及其他采购支出	655907	4.1	382247	3.1	58.3
行政企业管理费支出	530157	3.3	434560	3.5	82.0
城乡个体经营支出	374017	2.3	380491	3.0	101.7
储蓄存款支出	12373651	77.3	9964540	79.6	80.5
其他金融机构存款支出	2999	0.0	10570	0.1	352.5
居民归还贷款支出	293794	1.8	197685	1.6	67.3
汇兑支出	98009	0.6	2026	0.0	2.1
有价证券支出	5559	0.0	951	0.0	17.1
其他支出	990676	6.2	447080	3.6	45.1

10-13 主要年份国家银行综合信贷收支情况

（年底数）　　单位：万元

指　标	1990年	1995年	2000年	2005年	2006年	2007年	2008年
资金来源总计	**322963**	**738345**	**1041873**	**1552334**	**1931340**	**2015354**	**2506583**
各项存款	139963	496018	1004159	1907276	2190369	2420242	2950660
企业存款	40787	139485	237881	423630	545493	592530	658324
财政存款	-4299	4727	7148	27225	51895	101930	154413
机关团体部队存款	7450	7557	31399	74888	75645	85752	154574
储蓄存款	74002	337858	699724	1309774	1437070	1522755	1846610
农业存款	12818	4216	3093	4456	752	703	814
信托存款	1389	783					
其他存款	7816	1392	24914	66806	79513	116572	135926
债券	634	244	8	2	2		
证券业务存款		2814					
所有者权益		13400	-39224	-28859	-51966	-9828	14262
同业往来	7925	73075	19987	468	1680		1140
其他	174441	152794	56943	-288693	-208745	-395060	-459478
资金运用总计	**322963**	**738345**	**1041873**	**1552334**	**1931340**	**2015354**	**2506583**
各项贷款	199919	651307	815865	1186500	1326772	1406061	1257802
工业贷款	58448	119383	258482	413728	445930	412567	341983
商业贷款	70140	143334	192257	135342	163718	173974	83020
建筑业贷款	3374	8154	14564	7396	7295	5916	9039
个体工商业贷款	710	133	437	4700	557	155	7775
乡镇企业贷款	7465	13003	15010	23560			
三资企业贷款		4162	3901	5771	4900	4875	4385
农业贷款	11061	11892	17895	33652	5232	6664	4284
中长期贷款	44547	199047	257177	501944	586141	580149	664460
信托贷款	1919	336					
其他贷款	2255	151863	56142	52939	112999	221761	142855
有价证券及投资	1900	37950	41143	5025	4814	8582	7422
外汇占款	8		10				
金银占款	18410	33108	93590				
库存现金	2015	10579	15900	15019	14289	18333	14985
同业往来	5703	24115	1065	-62256			5000
其他	95008	-18714	74300		585465	582378	1221374

10-14 国有商业银行存贷款余额

（年底数）　　单位：万元

指　　标	2007年		2008年		2008年为2007年%
	绝对数	比重（%）	绝对数	比重（%）	
各项存款合计	**1991934**	**100.0**	**2425109**	**100.0**	**121.7**
企业存款	581503	29.2	642572	26.5	110.5
活期存款	466201	23.4	502025	20.7	107.7
定期存款	115302	5.8	140547	5.8	121.9
机关团体存款	85249	4.3	154574	6.4	181.3
储蓄存款	1212777	60.9	1495595	61.7	123.3
农业存款	703	0.0	814	0.0	115.8
其他存款	111702	5.6	131554	5.4	117.8
各项贷款合计	**1230974**	**100.0**	**1113802**	**100.0**	**90.5**
短期贷款	536271	43.6	420588	37.8	78.4
工业贷款	412566	33.5	341983	30.7	82.9
商业贷款	38059	3.1	11296	1.0	29.7
建筑业贷款	5916	0.5	9039	0.8	152.8
农业贷款	5306	0.4	500	0.0	9.4
三资企业贷款	4875	0.4	4385	0.4	89.9
私营企业及个体贷款	24	0.0	2656	0.2	11066.7
其他短期贷款	69524	5.6	50729	4.6	73.0
中长期贷款	575549	46.8	647860	58.2	112.6
票据融资	114728	9.3	42620	3.8	37.1
各项垫款	4426	0.4	2733	0.2	61.7

10-15 分专业银行各项存贷款余额

（2008年底） 单位：万元

指　　标	人民银行	工商银行	建设银行	农业银行	农业发展银　　行	中国银行	邮政储蓄银　　行
各项存款合计	137091	471088	652050	823440	17713	478531	353410
企业存款		88992	133991	263213	13358	156375	2395
活期存款		83292	116182	196628	12018	105922	2395
定期存款		5700	17809	66585	1340	50453	
财政存款	137091						
机关团体部队存款		42388	47722	44524		19940	
储蓄存款		296083	408266	505401		285845	351015
活期存款		117281	187543	204145		112560	139790
定期存款		178801	220723	301256		173285	211225
农业存款		120	329			365	
其他存款		43505	61742	10301	4356	16006	
各项贷款合计		274791	342435	290881	133904	205695	10096
短期贷款		130734	111760	61975	117304	116120	10096
工业贷款		95322	98600	54989		93072	
商业贷款		5323	200	3273	71724	2500	
建筑业贷款		239	5500			3300	
农业贷款				500			3784
三资企业贷款		4385					
私营企业及个体贷款			316	2340			5119
其他短期贷款		25465	7144	872	45580	17248	1193
中期流动资金贷款							
中长期贷款		141324	196318	228906	16600	81312	
基本建设贷款		101875	116672	123423		45050	
其他中长期贷款		39449	79646	105483	16600	36262	
票据融资			34357			8263	
各项垫款		2733					

10-16 城市信用社信贷收支情况

（年底数）　　单位：万元

指　　标	2007年		2008年		2008年为2007年%
	绝对数	比重（%）	绝对数	比重（%）	
资金来源总计	**312709**	**100.0**	**364960**	**100.0**	**116.7**
存款合计	297500	95.1	330700	90.6	111.2
企业存款	53258	17.0	51935	14.2	97.5
城镇储蓄存款	227247	72.7	266608	73.1	117.3
活期储蓄存款	38899	12.4	46360	12.7	119.2
定期储蓄存款	188348	60.2	220248	60.3	116.9
农业存款			3		
其他存款	16995	5.4	12154	3.3	71.5
应付及暂收款	11114	3.6	9084	2.5	81.7
同业往来	615	0.2	2328	0.6	378.5
各项准备	4740	1.5	9559	2.6	201.7
所有者权益	14542	4.7	19818	5.4	136.3
其他	-15802	-5.1	-6529	-1.8	41.3
资金运用总计	**312709**	**100.0**	**364960**	**100.0**	**116.7**
各项贷款	204201	65.3	213089	58.4	104.4
工业贷款	55444	17.7	75831	20.8	136.8
商业贷款	1893	0.6	2580	0.7	136.3
建筑业贷款	348	0.1	3636	1.0	7.6
其他短期贷款	85200	27.2	57255	15.7	67.2
中长期贷款	33890	10.8	17702	4.9	52.2
票据融资	27426	8.8	56085	15.4	204.5
有价证券及投资	11000	3.5	41794	11.5	379.9
应收及预付款	210	0.1	2371	0.6	1129.0
买入返售资产	19700	6.3	5000	1.4	25.4
缴存准备金存款	57048	18.2	63764	17.5	111.8
同业往来	17684	5.7	36752	10.1	207.8
库存现金	2866	0.9	2190	0.6	76.4

10-17 农村信用社信贷收支情况

（年底数）　　单位：万元

指　　标	2007年		2008年		2008年为2007年%
	绝对数	比重（%）	绝对数	比重（%）	
资金来源总计	935211	100.0	1069125	100.0	114.3
各项存款	827913	88.5	937194	87.7	113.2
企业存款	16121	1.7	9903	0.9	61.4
机关团体存款	6338	0.7	5177	0.5	81.7
储蓄存款	715910	76.6	831643	77.8	116.2
农业存款	72952	7.8	64969	6.1	89.1
其他存款	16592	1.8	25502	2.4	153.7
代理财政性存款	2765	0.3	2085	0.2	75.4
应付及暂收款	28520	3.0	39365	3.7	138.0
卖出回购资产	112518	12.0	47258	4.4	42.0
向中央银行借款			4000	0.4	
同业往来			17		
委托存款及委托投资	6		8		133.3
代理金融机构委托贷款基金	302		115		38.1
各项准备	16340	1.7	32863	3.1	201.1
所有者权益	94525	10.1	97283	9.1	102.9
其他	-147678	-15.8	-91063	-8.5	61.7
资金运用总计	935211	100.0	1069125	100.0	114.3
各项贷款	542652	58.0	673351	63.0	124.1
短期贷款	489894	52.4	440591	41.2	89.9
中长期贷款	31260	3.3	96997	9.1	310.3
票据融资	21498	2.3	135763	12.7	631.5
有价证券及投资	194307	20.8	226692	21.2	116.7
应收及预付款	2578	0.3	1392	0.1	54.0
买入返售资产	4862	0.5	4000	0.4	82.3
缴存央行准备金	129316	13.8	138990	13.0	107.5
存放央行特种存款	25323	2.7	4751	0.4	18.8
缴存中央银行财政性存款	3091	0.3	804	0.1	26.0
同业往来	22512	2.4	11939	1.1	53.0
代理金融机构贷款	297		97		32.7
库存现金	10273	1.1	7109	0.7	69.2

10-18 城乡居民储蓄存款年底余额

单位：万元

指　　标	2007年		2008年		2008年为2007年%
	绝对数	比重（%）	绝对数	比重（%）	
总　　计	**2465912**	**100.0**	**2944861**	**100.0**	**119.4**
城镇居民储蓄	1750002	71.0	2113218	71.8	120.8
活期储蓄	700595	28.4	807680	27.4	115.3
定期储蓄	1049407	42.6	1305538	44.3	124.4
农村居民储蓄	715910	29.0	831643	28.2	116.2
活期储蓄	201485	8.2	223577	7.6	111.0
定期储蓄	514425	20.9	608066	20.6	118.2

10-19 分县（市）区城乡居民储蓄存款年底余额

单位：万元

县（市）区	2007年			2008年		
	合　计	城镇居民	农村居民	合　计	城镇居民	农村居民
全　市	**2465912**	**1750002**	**715910**	**2944861**	**2113218**	**831643**
市　区	717183	631388	85795	880629	778358	102271
义马市	243183	209142	34041	308713	259784	48929
渑池县	274877	193926	80951	331584	231917	99667
陕　县	277901	158473	119428	321380	185528	135852
灵宝市	759053	450394	308659	869682	535524	334158
卢氏县	193715	106679	87036	232873	122107	110766

10-20 各县(市)人寿保险业务主要指标

（2008年）

项　　目	单位	全　市	市　区	义马市	渑池县	陕　县	灵宝市	卢氏县
一、承保人数	人	143305	31267	7909	19658	20457	45032	18982
二、保费收入	万元	69073	19478	6832	11130	8606	17517	5510
#短期	万元	3305	1193	186	391	413	816	306
三、保险业务支出	万元	23914	7894	2126	2881	3538	6343	1132
#满期给付	万元	12540	4794	1267	1451	936	3734	358
赔款	万元	3859	1931	235	331	335	689	338
四、给付人数	人	15349	4922	1305	1637	2105	4025	1355
五、解除合同金额	万元	4251	1489	404	628	524	1035	171
六、给付率	%	23.74	34.53	21.98	16.01	14.77	25.25	12.63
七、人均保费收入	万元	209.31	274.34	359.58	292.89	391.18	372.7	204.07

10-21 各县(市)财产保险业务主要指标

（2008年）

项　　目	单位	全　市	市　区	义马市	渑池县	陕　县	灵宝市	卢氏县
一、承保额	亿元	1116	429	83	70	75	175	284
二、保险业务收入	万元	12208	6526	1186	1034	933	1716	813
保费收入	万元	12208	6526	1186	1034	933	1716	813
#运输工具险	万元	8931	5252	779	896	540	980	484
企业财产险	万元	1580	683	333	78	240	191	55
家庭财产险	万元	70	44	2	3	7	5	9
三、保险业务支出	万元	6532	3381	707	638	454	834	518
赔款	万元	6532	3381	707	638	454	834	518
四、已决赔款件数	件	15537	7390	1708	2025	683	2678	1053
五、未决赔款件数	件	3228	1031	502	614	231	522	328
六、赔付率	%	53.5	51.8	59.6	61.7	48.7	48.6	63.7
七、人均保费收入	万元	75.36	64.61	91.23	79.54	84.82	122.57	81.30

主要统计指标解释

财政收入　是国家通过财政各个环节筹集的财政资金的总称，它是保证国家行使其职能不可缺少的财力。主要包括：各项税收、企业收入、专款收入、其他收入、国家能源交通重点基金收入及国家预算调节基金。

1. 各项税收　是国家按法律规定对经济单位和个人无偿征收的实物和货币，是财政收入的主要来源。我国现行的税收主要有工商税收类、包括增值税、营业税、消费税、所得税、城市维护建设税、房产税、车船税、资源税、印花税、投资方向调节税等；农牧业税和耕地占用税类；企业所得税类和个人所得税类等。

2. 企业收入　包括各部门所属国有企业及事业单位上交国家的利润和事业收入。

财政支出　是国家政权为行使其职能，对筹集的财政资金进行有计划的分配使用的名称。国家财政总支出，体现政府的活动范围和方向，反映财政资金的分配关系，财政总支出主要包括基本建设支出、企业挖潜改造资金、流动资金类、科技三项费用、工交商部门事业费、支援农村生产支出和各项农业事业费、文教科学卫生事业费、抚恤和社会救济费、国防费、行政管理费及其他支出等。

1. 基本建设支出　是指国家预算内的基本建设拨款，不包括国家预算外自筹的各种基本建设资金。基本建设基金分为经营性的和非经营性的两部分。各专业投资公司对经营性建设项目执行基本建设基金贷款，各主管部门对非经营性建设项目执行基本建设基金拨款。

2. 流动资金类　是指国家预算增拨各部门所属国有企业的流动资金和增拨银行的信贷资金。

3. 企业挖潜改造资金　是指国家预算安排用于企业挖潜、革新、改造方面的资金。企业用于挖潜、革新、改造方面的资金，主要来自企业的更新改造资金、大修理基金等自有资金及银行贷款，国家预算安排的挖潜、革新、改造资金主要用于支持重点行业的技术改造。

4. 文教、科学、卫生事业费　是指国家预算用于科学、文化、教育、卫生、公费医疗、体育、通讯和广播、地震、海洋、文物、计划生育等方面的事业费。

预算外资金　是指不纳入国家财政预算，由各地方、各事业行政单位，按国家规定范围自行筹集和使用的资金。它是国家财政预算内资金的补充财力。其收入来源，主要包括地方财政机关掌握使用的自筹资金，如工商税附加、农业税附加、城市公用事业附加等。事业行政单位自收自支和以收抵支未纳入预算管理的各项资金，如养路费、学杂费等。这些资金一般都有特定用途，主要是：基本建设或更新改造固定资产投资，支付养路费、城市维护费，职工福利和奖励支出，补充事业、行政经费，上交财政能源交通重点建设基金、预算调节基金和其他支出等。预算外资金的使用，也要纳入计划管理的轨道，不得擅自扩大使用范围。

财政用于农业的支出　指国家财政预算内资金安排用于农业的各项投资支出。包括：（1）对农垦、农业、畜牧、林业、农机管理、水利、水产、气象等部门的各项事业经费和基本建设、流动资金、科技三项费用等专项拨款；（2）支援农村集体（户）的各项生产支出，如小型农田水利和水土保持补助费、扶持农村经济困难的乡镇企业、农业生产队（组、户）改善生产基本条件的资金和农村开荒补助费、农村草场和畜禽保护补助费、农村造林和林木保护补助费、农村水产补助费、农业发展和发展粮食生产专项资金支出等；（3）农村社会救济费。

存款 企业、机关、团体或居民根据可以收回的原则，把货币资金存入银行或其他信用机构保管并取得一定利息的一种信用活动形式。分为财政存款、机关团体部队存款、城乡居民储蓄存款、农村存款、信托存款和其他存款等科目。

贷款 银行或其他信用机构根据必须归还的原则，按一定利率，为企业、个人等提供资金的一种信用活动形式。我国金融机构贷款分短期贷款、农业贷款、中长期贷款、信托贷款和其他贷款等科目。

城乡居民储蓄存款年底余额 包括城镇居民储蓄和农户储蓄两部分的年底余额，不包括工矿企业、部队、机关团体等集团存款。

城镇居民储蓄年底余额是指各国家银行的城镇居民储蓄、城市信用社居民储蓄及邮政储蓄等。

农户储蓄是指在农村信用社的农户储蓄。

承保额 又叫保险额。它是保险人对被保险人负担损失补偿或约定给付的金额，它是保险合同上的最高责任额，也是计算保费的依据。

保费 被保险人按其得到保险利益的保障程度（保险金额）的一定比率向保险人缴付的费用。

赔款 保险人对财产保险和保险事故给予的经济补偿或对人身保险的保险事故给付的保险金。分为已决赔款和未决赔款。

社会事业

数据要览

◆2008 年各类普通学校在校学生	36.73 万人	比上年下降 3.5%
中等专业学校	2.18 万人	比上年增长 15.3%
普通中学	15.95 万人	比上年下降 7.3%
小学	18.60 万人	比上年下降 2.0%
◆2008 年卫生技术人员	8417 人	与上年增长 3.2%
◆2008 年卫生机构病床数	7590 张	比上年增长 11.0%
◆2008 年每万人拥有医生数	15.44 人	比上年增长 2.0%

每万人拥有医生数

单位：人

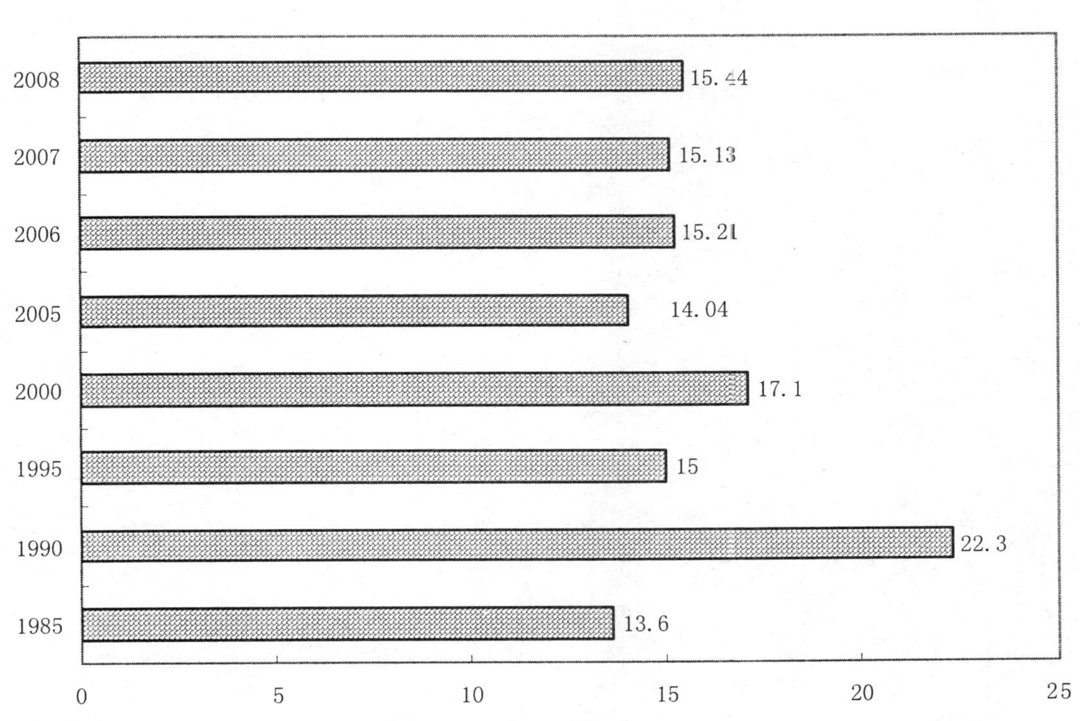

11-1 文化及相关产业增加值和人员数

分　类	增加值（万元）			从业人员（人）		
	2007年	2008年	增长%	2007年	2008年	增长%
合　计	**59187**	**96046**	**62.28**	**12069**	**16401**	**35.89**
核心层小计	13496	17482	29.53	3442	4141	20.31
新闻服务						
出版发行和版权服务	8853	12101	36.69	1452	1855	27.75
广播、电视、电影服务	3172	3289	3.69	835	872	4.43
文化艺术服务	1471	2092	42.22	1155	1414	22.42
外围层小计	10290	29193	183.70	2737	6418	134.49
网络文化服务	22	5619	25440.91	25	924	3596.00
文化休闲娱乐服务	7800	16402	110.28	2100	3821	81.95
其他文化服务	2468	7172	190.60	612	1673	173.37
相关层小计	35401	49371	39.46	5890	5842	-0.81
文化用品、设备及相关文化产品的生产	13881	21895	57.73	2021	2714	34.29
文化用品、设备及相关文化产品的销售	21520	27476	27.68	3869	3128	-19.15

注：本表中增加值的增长速度为名义增长速度。

11-2 艺术表演团体基本情况

（2008年）

	年末从业人员（人）	演出次数（场）	# 到农村演出	观众人次（千人次）	本年收入（千元）	#财政补助	演出收入	总支出（千元）	# 工资
合　计	**317**	**1347**	**1264**	**1342**	**6516**	**4021**	**2282**	**6544**	**3175**
三门峡市豫剧团	69	197	174	295	2524	1536	862	2552	989
义马市豫剧团	51	60	60	55	100	60	40	100	100
渑池县曲剧团	65	310	260	80	1363	915	410	1363	360
陕县蒲剧团	48	300	290	450	1000	700	300	1000	750
灵宝市蒲剧团	53	360	360	400	1010	520	480	1010	636
卢氏县艺术团	31	120	120	62	519	290	190	519	340

11-3 县以上文化部门剧场、影剧院基本情况

（2008年）

	年末从业人员（人）	座席数（个）	演出场次（场）	观众人次（千人次）	本年收入（千元）	# 艺术演出	电影	总支出（千元）	# 工资
合　计	**120**	**4925**	**370**	**170**	**590**	**179**	**37**	**574**	**404**
三门峡影剧院	15				120			115	80
义马市影剧院	8	950	107	35	70	50	20	70	70
渑池县影剧院	22	1248	206	123	196	98	12	196	117
陕州影剧院	11	200			36			36	36
灵宝市影剧院	39	1127			10			10	10
卢氏县人民会堂	25	1400	57	12	158	31	5	147	91

11-4 公共图书馆基本情况

（2008年）

	年末从业人员（人）	本年新购图书（册）	公用房建筑面积（平方米）	阅览室坐席数（个）	# 少儿阅览席	发放借书证数（个）	书架单层长度（米）
合　　计	**81**	**9853**	**20277**	**1450**	**366**	**27438**	**19514**
三门峡市图书馆	26	3120	10684	570	66	18618	9520
义马市图书馆	2		60	20		160	160
渑池县图书馆	12	1833	2700	300	120	1000	3500
陕县图书馆	20	1400	2800	120	60	1960	2370
灵宝图书馆	10	3500	2500	300	60	4200	1500
卢氏县图书馆	11		1533	140	60	1500	1364

11-4续表

（2008年）

	总藏量（册、件）	#古籍	视听文献	开架书刊	图书流通人次（千人次）	图书外借册次（千册次）	本年收入合计（千元）	本年支出合计（千元）
合　　计	**660152**	**20601**	**2180**	**291610**	**397**	**440**	**4579**	**4385**
三门峡市图书馆	298900		1350	109000	129	208	1906	1719
义马市图书馆	10000	382		8000	3	3	61	71
渑池县图书馆	86601	2398	320		150	100	519	519
陕县图书馆	119860	2190	410	103400	11	10	653	653
灵宝图书馆	65530	13000		29250	98	93	1000	980
卢氏县图书馆	79261	2631	100	41960	6	26	440	443

11-5 群众艺术馆、文化馆基本情况

（2008年）

	年末从业人员（人）	举办展览次数（次）	组织文娱活动（次）	举办训练班（次）	培训人数（人）	藏书（册）	公用建筑面积（平方米）	本年收入（千元）	# 财政补贴
合计	92	62	97	101	5640	200	10806	4583	4504
三门峡市群艺馆	17	8	9	6	180			1246	1246
湖滨区文化馆	7	3	11	13	600	200	1170	178	169
义马市文化馆	7	12	18	24	800		1200	157	157
渑池县文化馆	17	20	20	36	3000		2700	844	844
陕县文化馆	17	15	20	12	500		3300	606	606
灵宝市文化馆	13	1	15	7	260		1596	485	415
卢氏县文化馆	14	3	4	3	300		840	1067	1067

11-5续表

（2008年）

	本年支出（千元）	#工资	#社会保障费	#业务费	固定资产原值（千元）	由本馆指导的单位基本情况（个）			
						馆办老年大学	文化户（户）	农村集镇文化中心	群众业余演出团体
合计	3742	1788			6234	2	41	35	64
三门峡市群艺馆	896	410			333				
湖滨区文化馆	178	113			180	1	3	5	1
义马市文化馆	157	112			48				
渑池县文化馆	844	322			2128	1			1
陕县文化馆	606	353			2590		20	13	48
灵宝市文化馆	594	221			940		18	17	11
卢氏县文化馆	467	257			15				3

11-6 博物馆基本情况

（2008年）

	年末从业人员（人）	文物藏品（件）	#一级品	#二级品	#三级品	举办陈列展览（个）	参观人次（千人次）	#未成年人参观人次	承担的课题项目（个）
合　计	136	5864	141	451	1256	11	255	111	
三门峡市博物馆	40	4993	26	279	1099	4	80	60	
三门峡市文物陈列馆	7					1	7	1	
三门峡市虢国博物馆	53	871	115	172	157	2	45	6	
渑池县博物馆	10					2	66	15	
灵宝市博物馆	20					1	36	11	
八路军渑池兵站纪念馆	6					1	21	18	

11-6续表

（2008年）

	固定资产原值（千元）	公用房建筑面积（平方米）	#展览用房	#文物库房	本年收入（千元）	#财政拨款	#事业收入	本年支出（千元）	#工资
合　计	7550	19553	12567	2304	6190	4198	1433	5301	2349
三门峡市博物馆	3418	5944	4200	1504	1704	1545	39	1306	785
三门峡市文物陈列馆	145	324	300		327	327		237	121
三门峡市虢国博物馆	266	6000	5200	800	2605	813	1353	2214	1061
渑池县博物馆	3200	2880	1280		1090	1090		1090	87
灵宝市博物馆	521	3500	1230		364	323	41	354	195
八路军渑池兵站纪念馆		905	357		100	100		100	100

11-7 文物保护管理基本情况

（2008年）

	年末从业人员（人）	文物藏品（件）	#一级品	#二级品	#三级品	举办展览（个）	参观人次（千人次）	考古发掘项目（个）
合　　计	54	17357	2	212	4196			
三门峡市文物钻探管理办公室	5							
义马市文物保护管理委员会	2	1200			120			
义马市鸿庆寺石窟保护所	2							
渑池县文物保护管理委员会	13	2470			334			
陕县文物保护管理委员会	7	2754		14	354			
灵宝市文物保护管理委员会	12	7356	1	175	2786			
卢氏县文物保护管理委员会	7	3577	1	23	602			
灵宝市铸鼎原文物保护管理委员会	6							

11-7续表

（2008年）

	固定资产原值（千元）	公用房建筑面积（平方米）	#展览用房	#文物库房	本年收入（千元）	#财政拨款	本年支出（千元）	#工资
合　　计	2568	2625	435	970	2773	2638	2465	1029
三门峡市文物钻探管理办公室					177	177	177	111
义马市文物保护管理委员会					138	138	138	38
义马市鸿庆寺石窟保护所					158	158	158	18
渑池县文物保护管理委员会	114	320		160	523	523	523	248
陕县文物保护管理委员会	166	800		260	351	351	351	140
灵宝市文物保护管理委员会	2088	1200	435	400	678	670	541	289
卢氏县文物保护管理委员会	200	305		150	540	513	369	129
灵宝市铸鼎原文物保护管理委员会					208	108	208	56

11-8 分县市广播电视事业基本情况

（2008年）

项　　目	计量单位	全　市	市　区	义马市	渑池县	陕　县	灵宝市	卢氏县
广播电视机构								
市县广播电台	个	6	1	1	1	1	1	1
市县电视台	个	6	1	1	1	1	1	1
广播电视有线传输情况								
有线广播电视电视传输网络	公里	4959	999	195	1600	360	630	1175
有线广播电视用户	万户	21.16	6.61	1.42	2.3	2.3	5.78	2.75
农村有线广播电视用户	万户	3.86		0.30	1.14	0.81	0.79	0.80
系统内电视发射情况								
发射台数（一千瓦以上）	座	6	1	1	1	1	1	1
发射机（一千瓦以上）	部	18	4	1	3	2	4	4
发射机功率（一千瓦以上）	千瓦	15.70	3.10	1.00	3.00	1.30	4.00	3.30
卫星电视地面站	座							
电视综合覆盖人口	万人	215.21	30.34	14.15	32.63	31.59	72.57	33.93
电视综合人口覆盖率	%	96.55	100.00	100.00	97.26	90.59	98.73	98.73
有线电视入户率	%	21.11	77.13	26.38	20.57	21.92	26.81	23.48

11-9 主要年份各类普通学校数、教职工人数

年　份	各类普通学校		中等专业学校		普通中学		小　学	
	学校数（所）	教职工人数（人）	学校数（所）	教职工人数（人）	学校数（所）	教职工人数（人）	学校数（所）	教职工人数（人）
1952	1453	3477	4	91	6	189	1443	3197
1957	1635	4963	1	45	37	806	1597	4112
1962	2217	6960	1	52	32	926	2184	5982
1965	2262	7400	1	67	33	904	2228	6429
1970	3039	11112	1	44	546	2845	2492	8223
1975	3727	17609	1	98	562	6047	3164	11464
1978	3775	22471	1	134	784	9959	2990	12378
1980	**2720**	**23991**	**1**	**235**	**426**	**10634**	**2293**	**13122**
1981	1803	23340	5	221	328	9655	1470	13464
1982	1771	21708	1	220	367	8487	1403	13001
1983	1913	21895	1	215	341	8406	1571	13274
1984	1793	21340	2	225	342	8258	1449	12857
1985	**1761**	**21377**	**1**	**184**	**328**	**8242**	**1432**	**12951**
1986	1719	21590	1	154	332	8650	1386	12786
1987	1696	21896	2	179	306	8979	1388	12738
1988	1712	22159	2	248	291	9034	1419	12877
1989	1673	21712	1	194	290	8813	1382	12705
1990	**1610**	**21665**	**1**	**205**	**274**	**8872**	**1335**	**12588**
1991	1567	18269	1	197	231	8359	1335	9713
1992	1559	18196	1	211	221	8224	1337	9761
1993	1543	18100	2	244	214	8000	1327	9856
1994	1509	18809	2	269	202	8037	1305	10503
1995	**1480**	**19240**	**2**	**279**	**190**	**7997**	**1288**	**10964**
1996	1485	20133	3	296	188	8270	1294	11567
1997	1488	20853	3	313	182	8635	1303	11905
1998	1466	22228	3	694	174	8827	1289	12707
1999	1480	25338	2	504	174	9268	1284	13100
2000	**1480**	**26220**	**2**	**443**	**171**	**9991**	**1288**	**13474**
2001	1595	26380	2	433	185	10467	1318	13138
2002	1403	24226	2	450	191	10568	1210	13126
2003	1369	24217	2	299	190	11310	1177	12608
2004	1328	23737	2	344	187	11527	1139	11866
2005	**1245**	**23700**	**4**	**542**	**176**	**11727**	**1065**	**11431**
2006	1089	22976	2	365	170	11456	917	11155
2007	1045	23879	8	1068	161	11522	876	11289
2008	927	23853	8	1072	144	11639	775	11142

11-10 主要年份各类普通学校在校学生数

单位：人

年　份	各类普通学校在校学生	中等专业学校	普通中学	小　学
1952	101483	1033	3562	96888
1957	130787	494	10902	119391
1962	147011	372	10073	136566
1965	172393	240	11316	160837
1970	254063	239	48009	205815
1975	378207	510	89876	287821
1978	407274	674	136000	270600
1980	**384416**	**1316**	**122000**	**261100**
1981	366870	970	107200	258700
1982	350709	909	97000	252800
1983	331665	965	95600	235100
1984	324942	1142	98300	225500
1985	**317737**	**1115**	**100922**	**215700**
1986	308305	1224	104687	202394
1987	299498	1398	108411	189689
1988	289482	1733	104285	183464
1989	279270	1579	100114	177577
1990	**273721**	**1668**	**98616**	**173437**
1991	271424	1741	97143	172540
1992	267771	1797	91334	174640
1993	272981	1890	87055	184036
1994	288693	2103	87913	198677
1995	**309182**	**2445**	**91182**	**215555**
1996	334362	2979	95827	235556
1997	355198	4605	99829	250764
1998	373111	6074	106785	260252
1999	403020	6839	122095	261086
2000	**406769**	**5355**	**141093**	**248061**
2001	433268	3761	154053	230979
2002	412234	3873	172807	235554
2003	403880	5811	173807	224262
2004	400230	7443	180348	212439
2005	**388745**	**8011**	**182703**	**198031**
2006	373648	7951	175684	190013
2007	380807	18943	172026	189838
2008	367323	21842	159470	186011

11-11 各级学校教育事业基本情况

（2008年）

指　　标	学校数（所）	学生数（人）			教职工人数（人）	
		毕业生数	招生数	在校生	合　计	# 专任教师
总　计	**1138**	**124143**	**127165**	**432317**	**28591**	**24385**
市　区	109	18005	25608	81265	5259	4175
义马市	46	8788	7450	24729	2187	1684
渑池县	217	13979	16128	60710	4080	3427
陕　县	146	19343	16223	59183	3851	3479
灵宝市	339	45719	41459	141690	9321	8134
卢氏县	281	18309	20297	64740	3893	3486
按各级学校分组						
三门峡职业技术学院	1	1822	4669	11350	685	568
中等职业教育	20	11309	14438	32394	1815	1277
普通中等专业学校	8	5295	9130	21842	1072	808
成人中等专业学校	6	262	310	636	173	136
职业高中	6	5752	4998	9916	570	333
技工学校	（5）					
基础教育	1117	111012	108058	388573	26091	22540
普通中学	144	66299	51180	159470	11639	9949
普通高中	24	23708	19574	55351	3863	3305
普通初中	120	42591	31606	104119	7776	6644
小学	775	33424	31463	186011	11142	10488
幼儿教育	195	11268	25345	42859	3253	2057
特殊教育	3	21	70	233	57	46

注：标注“（）”符号项系为该数字不计入合计。

11-12 分县市普通中学基本情况

（2008年）

项　　目	计量单位	全　市	市　区	义马市	渑池县	陕　县	灵宝市	卢氏县
学校数	所	144	16	9	26	17	47	29
高中	所	24	4	2	2	3	10	3
初中	所	120	12	7	24	14	37	26
班数	个	2716	326	148	348	367	1037	490
高中	个	880	131	58	99	120	340	132
初中	个	1836	195	90	249	247	697	358
毕业生数	人	66299	7600	4026	8175	9565	25751	11182
高中	人	23708	3295	1384	2907	2899	9430	3793
初中	人	42591	4305	2642	5268	6666	16321	7389
招生数	人	51180	7100	3022	6018	7112	19790	8138
高中	人	19574	2534	1264	2037	2341	8054	3344
初中	人	31606	4566	1758	3981	4771	11736	4794
在校学生数	人	159470	18820	8461	21212	20906	61885	28186
高中	人	55351	7413	4066	6605	7764	21197	8306
初中	人	104119	11407	4395	14607	13142	40688	19880
教职工人数	人	11639	1451	728	1744	1625	4347	1744
高中	人	3863	523	238	349	610	1572	571
#专任教师	人	3305	429	189	296	519	1368	504
初中	人	7776	928	490	1395	1015	2775	1173
#专任教师	人	6644	719	379	1094	924	2475	1053
每万人拥有在校高中学生	人	248	244	287	197	223	288	228
每万人拥有在校初中学生	人	467	376	311	435	377	554	545

11-13 分县市小学基本情况

（2008年）

项　　目	计量单位	全　市	市　区	义马市	渑池县	陕　县	灵宝市	卢氏县
学校数	所	775	54	20	178	110	205	208
班数	个	5334	626	266	951	929	1569	993
毕业生数	人	33424	4334	2345	4510	6484	11775	3976
招生数	人	31463	4875	1885	5434	4278	10122	4869
在校学生数	人	186011	28300	11361	33188	30268	55848	27046
教职工人数	人	11142	1627	771	1979	1682	3352	1731
#专任教师	人	10488	1492	713	1795	1601	3244	1643
每万人拥有在校小学生	人	835	933	803	989	868	760	741

11-14 分县市学龄儿童入学率、小学生巩固率、毕业率

（2008年）

项　　目	计量单位	全　市	市　区	义马市	渑池县	陕　县	灵宝市	卢氏县
校内外学龄人口总数	人	176500	27622	10488	31312	29313	53377	24388
在校学龄人口数	人	176500	27622	10488	31312	29313	53377	24388
入学率	%	100.00	100.00	100.00	100.00	100.00	100.00	100.00
该年级入一年级时学生数	人	34447	4204	2881	5473	6982	9728	5179
六年级在校学生	人	26335	4484	1697	4563	5799	9792	
巩固率	%	93.17	107.16	65.64	99.31	82.91	98.04	95.31
小学毕业生数	人	33424	4334	2345	4510	6484	11775	3976
小学毕业班学生	人	31271	4484	1697	4563	5799	9792	4936

11-15 分县市幼儿教育和职业中学基本情况

（2008年）

项　　目	计量单位	全　市	市　区	义马市	渑池县	陕　县	灵宝市	卢氏县
幼儿教育情况								
幼儿园个数	所	195	29	14	11	17	85	39
幼儿教育班数	个	1527	229	91	117	219	557	314
在园幼儿数	人	42859	7081	2693	3384	5479	16585	7637
教职工人数	人	3253	772	291	221	315	1402	252
#专任教师	人	2057	486	174	139	247	852	159
职业中学情况								
学校数	所	20	8	3	2	2	1	4
普通中专	所	8	5			1	1	1
成人中专	所	6	1	2	1	1		1
职业高中	所	6	2	1	1			2
毕业生数	人	11309	3309	1677	805	1536	3696	286
普通中专	人	5295	2691			1536	782	286
成人中专	人	310	116	98	96			
职业高中	人	5752	566	1677	595		2914	
招生数	人	14438	5411	1116	1586	1360	4019	946
普通中专	人	9130	4705			1360	2296	769
成人中专	人	310	116	98	96			
职业高中	人	4998	590	1018	1490		1723	177
在校学生数	人	32394	15660	2214	2926	2530	7282	1782
普通中专	人	21842	13410			2530	4385	1517
成人中专	人	636	273	98	265			
职业高中	人	9916	1977	2116	2661		2897	265
教职工人数	人	1815	704	397	136	229	199	150
普通中专	人	1072	577			203	199	93
成人中专	人	173	25	66	28	26		28
职业高中	人	570	102	331	108			29
#专任教师	人	1277	469	229	103	188	175	113
普通中专	人	808	389			173	175	71
成人中专	人	136	21	66	12	15		22
职业高中	人	333	59	163	91			20

11-16 分县市体育事业基本情况

（2008年）

项　　目	计量单位	全　市	市　直	湖滨区	义马市	渑池县	陕　县	灵宝市	卢氏县
体育局系统职工人数	人	181	73	4	4	10	5	79	6
#地市级	人	30	30						
#体育运动学校	人	43	43						
普通业余体校	人	20			7			12	1
各级体育局专职教练员	人	30	15		1	5		8	1
#普通业余体校	人	19		2	3	5		6	3
等级运动员人数	人	74	74						
等级裁判员	人								
普通业余体校机构	个	5	1		1	1		1	1
普通业余体校在校学生	人	434	126	23	54	106		86	39
传统项目布局学校	个	111	40	8	10	4	6	23	20
举办运动会次数	次	170	20	14	12	38	15	40	31
参加运动会人数	千人次	548	140	6	25	32	5	310	30

11-17 主要年份卫生事业主要指标

年份	卫生机构（个）	# 医院	病床数（张）	卫生人员（人）	# 卫生技术人员	# 医生
1952	69		76	1002	168	
1957	401		130	2302	328	
1962	623		1685	3392	2963	
1965	631		1672	3528	3019	
1970	144		1819	2363	1943	
1975	191		2723	3555	2849	
1978	230		3542	4150	3392	
1980	**248**	**105**	**4243**	**5799**	**4829**	
1981	252	108	4439	6144	5057	
1982	261	110	4600	6266	5263	
1983	268	109	4805	6854	5736	
1984	272	111	5357	7177	5995	
1985	**276**	**109**	**5508**	**7057**	**5854**	
1986	279	113	5634	7259	5984	
1987	269	109	5933	7307	6115	2434
1988	267	108	5916	7700	6457	2647
1989	268	107	5876	7870	6595	3136
1990	**254**	**110**	**6143**	**8082**	**6754**	**4379**
1991	253	110	6018	8416	7062	3024
1992	258	111	6219	8831	7339	3024
1993	233	116	6053	8915	7384	3076
1994	233	120	6339	9280	7735	3211
1995	**234**	**120**	**6458**	**9342**	**7618**	**3199**
1996	235	41	6634	9476	7837	3300
1997	236	41	6504	9029	7830	3329
1998	334	41	6632	8845	7555	3135
1999	635	41	6626	10064	8344	3705
2000	**341**	**41**	**6690**	**9663**	**7945**	**3723**
2001	335	41	6740	9486	7794	3400
2002	335	41	6740	9596	7894	3418
2003	630	53	5820	9839	7797	3098
2004	610	51	6304	9778	8059	2877
2005	**592**	**46**	**6382**	**9811**	**7913**	**3115**
2006	320	47	6562	10222	8503	3377
2007	431	47	6839	10233	8153	3373
2008	445	47	7590	10499	8417	3449

注：从1996年起医院数中不包括卫生院。从2003年起，卫生机构包括诊所、医务室和社区卫生服务站；医生人数是指执业医师与执业助理医师之和。

11-18 卫生机构、床位、人员数

（2008年） 单位：人

分类	机构数（个）	床位数（张）	#医院	#卫生院	卫生人员总数	卫生技术人员	#执业医师	#执业助理医师	#注册护士
总计	445	7590	5280	2055	10499	8417	2627	822	2756
按经济类型分									
国有	147	7349	5039	2055	9559	7615	2261	725	2583
集体	8	40	40		79	63	18	21	6
联营	2	30	30		54	44	13	1	4
私营	285	85	85		642	566	309	68	109
其他	3	86	86		165	129	26	7	54
按设置主办单位分									
政府办	124	5393	3083	2055	6978	5515	1635	604	1697
#卫生部门	119	5178	2933	2055	6875	5469	1623	602	1683
社会办	35	2062	2062		2806	2280	668	148	940
个人办	286	135	135		715	622	324	70	119

11-18续表 （2008年） 单位：人

分类	卫生技术人员				其他技术人员	管理人员	工勤技能人员
	# 药师士	#技师（士）	检验师	# 其他			
总计	538	516	337	1158	561	653	868
按经济类型分							
国有	510	496	325	1040	521	611	812
集体	4	5	3	9	4	6	6
联营	3	1	1	22	1	8	1
私营	11	4	3	65	26	13	37
其他	10	10	5	22	9	15	12
按设置主办单位分							
政府办	364	375	244	840	441	435	587
#卫生部门	362	370	242	829	431	421	554
社会办	158	135	88	231	93	192	241
其他	16	6	5	87	27	26	40

11-19 医院、妇幼保健院分级情况

（2008年）

	医院数（个）	综合医院	中医医院	中西医结合医院	民族医院	专科医院	妇幼保健院（个）
总　计	47	36	4			7	5
二级	14	10	4				
二级甲等	9	5	4				
二级乙等	3	3					
未评等次	2	2					
一级	15	12				3	
一级甲等	9	8				1	
一级乙等	2	2					
未评等次	4	2				2	
其他	18	14				4	5

11-20 分县市婚姻登记基本情况

（2008年）

	计量单位	全　市	市　区	义马市	渑池县	陕　县	灵宝市	卢氏县
内地居民登记结婚数	对	17055	2791	1813	2192	2181	5143	2935
初婚人数	人	31879	4726	3421	3990	3873	10125	5744
再婚人数	人	2247	872	205	394	489	161	126
#恢复结婚	对	53	5	20	24	3	0	1
女	人	1197	450	123	216	273	77	58
内地居民登记离婚数	对	2086	650	131	273	268	550	214

11-21 分县市老年福利机构情况

（2008年）

	计量单位	全　市	市　区	义马市	渑池县	陕　县	灵宝市	卢氏县
老年福利机构	个	71	7	2	15	13	15	19
老年福利机构年末职工人数	人	396	75	8	53	68	135	57
#女性	人	219	44	6	20	38	92	19
年末床位数	张	3624	370	78	592	496	1058	1030
#光荣间床位	张	148	20	5	9	17	40	57
年末在院人数	人	3214	287	67	487	471	881	1021
#老人	人	2841	115	64	412	433	821	996
女性	人	352	77	8	71	53	114	29
优抚对象	人	136	6	2	41	10	39	38
“三无”对象	人	2986	189	65	446	461	842	983
年在院总人天数	千人天	1000	85	21	177	105	275	337

11-22 殡葬事业情况

（2008年）

	年末职工人数（人）	火化炉（台）	全年处理遗体数（人）	固定资产原值（万元）
合　　计	**108**	**8**	**2338**	**2467.6**
三门峡市殡葬管理所	5			12
三门峡市殡仪馆	24	2	1415	1138
三门峡市公墓管理处	10			35.5
义马市殡管所	4			1
渑池县火葬场	14	2	418	132.9
陕县殡仪馆	4			1
灵宝市殡仪馆	32	2	366	931.2
卢氏县殡仪馆	15	2	139	216

11-23 全市优抚对象基本情况

	单位	2000年	2001年	2002年	2003年	2004年	2005年	2006年	2007年	2008年
重点优抚对象										
革命伤残人员	人	1044	985	986	970	983	933	992	1057	1194
军烈属人员	人	14942	13669							
在乡复员军人	人	3615	3427	3391	3293	3297	3068	2691	2589	2552
革命伤残人员	人	1044	985	986	970	983	933	1041	1121	1119
特等	人	1	1	1	1	1				
一等	人	20	21	19	20	20		1	3	3
二等	人	299	290	290	286	284		2	4	5
三等	人	724	673	676	663	678		21	21	20
享受定期抚恤金人数	人	386	367	370	363	387	360	341	340	329
#烈士家属	人	207	193	193	159	176	185	174	168	153
#享受定期补助人数	人	4079	3905	3893	3820	3836	3694	3482	6264	6198
优待烈军属	户	2931	2164	2281	2140	1965	1811	1473	1507	1278
#优待军属	户	2007	1586	1715	1423	1324	1053	1266	1284	1257

11-24 技术贸易机构及人员

（2008年） 单位：人

	机构数（个）	从事技术贸易活动人员	# 专职人员	科技人员	# 高级职称	# 中级职称	# 初级职称
总　　计	**20**	**665**	**181**	**838**	**93**	**318**	**427**
国有单位	6	161	56	150	36	76	38
股份有限公司	6	273	99	614	36	222	356
私　　营	1	110	5	18	5	2	11
有限责任公司							
其　　他	7	121	21	56	16	18	22

11-25 各类技术合同情况

（2008年） 单位：万元

	合同数（个）	合同成交金额	# 技术贸易额	技术合同预测经济效益		
				调查的合同数（个）	预计新增收入	预计新增产值
总　　计	**26**	**590**	**590**	**1**	**1040**	**570**
技术开发合同	6	205	205			
技术转让合同	20	385	385	1	1040	570
技术服务合同						

11-26 城市公用事业基本情况

项　　目	计量单位	2007年	2008年	2008年为 2007年 %
土地面积	平方公里	198	198	100.0
建成区面积	平方公里	74.0	75.8	102.4
市内园林绿地面积	公顷	1460	1478	101.2
公共绿地面积	公顷	491	503	102.4
公园面积	公顷	393	445	113.2
人均城市道路面积	平方米	10.91	10.93	100.2
人均公园绿地面积	平方米	9.26	9.59	103.6
水厂综合生产能力（包括自备水源）	万吨/日	23.49	23.49	100.0
#地下水	万吨/日	14.99	14.99	100.0
年末供水管道总长度	公里	343	346	100.9
全年供水总量	万吨	4407	4284	97.2
#生活用水量	万吨	1532	1593.5	104.0
生活用水人口	万人	50.19	49.78	99.2
年末实有公共汽车营运车辆	辆	324	386	119.1
运营线路网长度	公里	311	197	63.3
全年公交客运总量	万人次	4389	4534	103.3
年末实有出租汽车数	辆	936	958	102.4
液化石油气供气总量	吨	4089	3938.13	96.3
#家庭用量	吨	3111	3510.76	112.8
家庭用液化石油气用气户数	户	48000	44609	92.9
年末实有铺装道路长度	公里	290	291.7	100.6
年末实有铺装道路面积	万平方米	579	585	101.0
道路照明灯盏数	千盏	9	11.7	130.0
城市排水管道总长度	公里	318	338	106.3

11-27 分县市“三废”排放及处理利用情况

（2008年）

项　　目	单　位	全　市	市　区	义马市	渑池县	陕　县	灵宝市	卢氏县
工业废水排放总量	万吨	3260.62	843.40	600.07	160.95	686.04	814.98	155.18
#处理排放达标量	万吨	2858.88	663.60	557.53	108.47	611.83	780.28	137.18
#工业废水污染物去除量								
氰化物	吨	37.7					37.7	
氨氮	吨	895.6	7.3	422.8	1.07	461.6	2.9	
#工业废水污染物排放量								
铅	吨	3.19				0.06	3.12	
氰化物	吨	9.53	0.02				9.52	
氨氮	吨	615.19	50.72	58.38	1.44	246.51	249.05	9.10
工业重复用水量	万吨	170730	79640	57538	4738	24462	4250	102
废水治理设施数	套	245	34	30	34	80	55	12
工业废气排放总量	万标立方	14400362	6215894	2041081	2377009	3257404	462494	46480
#二氧化硫去除量	吨	404388	102972	17022	13943	13518	256933	
二氧化硫排放量	吨	133513	41559	25806	20325	40047	2745	3031
#排放达标量	吨	96835	38457	20111	11907	24617	514	1229
#烟尘去除量	吨	3160705	1374428	922113	372340	487771	3336	717
烟尘排放量	吨	66861	19819	15873	14206	14493	589	1881
#排放达标量	吨	64263	19344	15866	14096	12544	562	1851
#工业粉尘去除量	吨	361068	102938	2678	178989	67282	8910	271
工业粉尘排放量	吨	28139	1350	148	17269	7577	870	925
#排放达标量	吨	10188	1347	148	1523	5614	870	686
工业废气治理设施数	套	634	161	50	147	207	64	5
工业固体废物产生量	万吨	1074.28	335.79	82.29	250.80	95.49	260.45	49.45
工业固体废物综合利用量	万吨	429.39	125.34	76.04	91.00	75.88	12.93	48.20
工业固体废物储存量	万吨	521.31	89.27	10.94	143.54	28.79	247.5	1.3
工业固体废物处置量	万吨	140.91	121.18	2.84	16.26	0.62		
“三废”综合利用产品产值	万元	19695.5	205.9	6435.4	3520.9	21.7	9431.6	80
工业锅炉数	台	164	41	33	29	31	27	3
工业炉窑数	台	463	313	15	28	78	12	17
工业用水总量	万吨	179540	82617	59559	5975	25835	5158	395
企业专职环保人数	人	448	69	62	35	64	165	53

11-28 分县市工业“三废”处理率

（2008年） 单位：%

项　　目	全　市	市　区	义马市	渑池县	陕　县	灵宝市	卢氏县
工业废水排放达标率	87.68	78.68	92.91	67.39	89.18	95.74	88.40
工业废水重复用水率	95.09	96.40	96.61	79.30	94.68	82.38	25.82
工业二氧化硫去除率	75.18	65.77	39.75	61.16	25.24	98.94	0.00
工业废气烟尘去除率	97.93	98.17	98.31	97.36	97.11	84.99	27.60
工业废气粉尘去除率	92.77	98.71	94.74	91.20	89.88	91.10	22.65
工业废气二氧化硫排放达标率	78.01	87.51	80.77	46.81	65.87	98.22	79.62
工业废气烟尘排放达标率	96.11	98.39	99.96	97.55	86.55	95.37	98.40
工业废气粉尘排放达标率	36.21	99.77	100.00	8.82	74.10	100.00	74.07
工业固体废物综合利用率	39.34	37.33	84.66	36.28	72.06	4.96	97.47
工业固体废物储存率	5.16	0.30	13.29	6.81	13.23	5.47	2.53
工业固体废物处置率	56.48	58.49	3.45	63.29	17.57	89.57	0.00
工业锅炉烟尘排放达标率	98.68	100.00	100.00	100.00	100.00	92.59	100.00
工业炉窑烟尘排放达标率	95.25	100.00	100.00	100.00	84.62	100.00	41.18
工业锅炉二氧化硫排放达标率	60.53	71.79	51.52	39.13	40.74	88.89	100.00
工业炉窑二氧化硫排放达标率	87.90	96.81	33.33	67.86	82.05	100.00	23.53

11-29 污染治理情况

项　　目	单　位	2007年	2008年	2008年为2007年%
本年治理三废施工项目	**个**	**38**	**38**	**100.0**
#治理废水	个	20	17	85.0
治理废气	个	14	17	121.4
治理固体废物	个		1	
治理噪声	个	2	1	50.0
燃料燃烧废气治理项目	个	1		
其他治理项目	个	1	2	200.0
治理污染本年完成投资	**万元**	**11939.6**	**14735.4**	**123.4**
#治理废水	万元	7192.6	5402.5	75.1
治理废气	万元	1456.5	4460.1	306.2
治理固体废物	万元		4500.0	
治理噪声	万元	189	126.8	67.1
燃料燃烧废气治理项目	万元	1.5		
其他治理项目	万元	3100	246	7.9

11-30 律师、公证、调解工作基本情况

（2008年）

项　　目	单　位	数　量	项　　目	单　位	数　量
律师工作			公证收费	万元	51.48
律师事务所	个	21	国内	万元	49.65
律师	人	167	#民事经济	万元	49.28
专职律师	人	167	涉外	万元	1.82
兼职律师	人		民事公证受理	件	13816
特邀律师	人		民事公证出证	件	13816
律师助理、行政人员	人	50	#收养	件	42
担任法律顾问	家	218	遗嘱	件	308
代理诉讼事务	件	2173	产权	件	16
代理非诉讼事务	件	1140	**人民调解工作**		
调解纠纷	件	233	已建调解委员会	个	1414
协办公证	件	79	#村民调委会	个	1294
见证	件	46	居民调委会	个	120
代写法律事务文件	件	831	调解管理机构	个	85
解答法律咨询	人次	6907	调解管理人员	人	185
办理法律援助事务	件	569	调解人员	人	8050
公证工作			调委会分类		
公证处	个	8	一类	个	
公证人员数	人	60	二类	个	
实际办证数	件	22187	调解纠纷		
国内	件	20668	调解纠纷总数	件	5578
涉外	件	1519	调解成功总数	件	5457

11-31 刑事案件综合情况

（2008年） 单位：起

	合计	几类主要案件									盗窃	抢夺	诈骗	毒品犯罪	其他
		小计	放火	爆炸	劫持	杀人	伤害	强奸	绑架	抢劫					
刑事案件发案数	7557	738	1	1		23	172	87	6	448	5363	305	328	10	813
按发案地域分															
城　区	4246	353				8	71	43	4	227	3123	214	208	6	342
郊　区	146	12				2	4	5		1	93	3	13		25
乡　镇	2645	286				12	78	34	1	161	1798	83	98	4	376
其　他	520	87	1	1		1	19	5	1	59	349	5	9		70
刑事案件破案数	4953	639	1			23	142	81	5	387	3315	259	67	10	663
#破获外省区市案件	1123	217				2	4	1		210	723	51	42	12	78
刑事案件受害人情况															
死亡（人）	129	37				23	12			2					92
受伤（人）	243	141				5	121	5		10					102
其他（人）	3088	155					7	28	2	118	2509	141	168		115
财物损失总价值（万元）	3042	143	1			1				141	1975	56	460		408

11-32 每万人口刑事犯罪数量

单位：起

	2007年	2008年	2008年为2007年%
合　计	40.3	33.2	82.4
湖滨公安分局、开发区公安分局	81.7	80.8	98.9
义马市公安局	45.4	41.2	90.7
渑池县公安局	41.9	32.5	77.6
陕县公安局	24.5	22.7	92.7
灵宝市公安局	32.2	25.4	78.9
卢氏县公安局	29	16.6	57.2

11-33 道路交通事故情况

（2008年）

	事故起数（起）	伤亡人数合计（人）			直接经济损失（万元）	万人死亡率
			死亡人数	受伤人数		
合　计	315	511	114	397	237.86	0.5
市　区	15	22	13	9	0.77	0.45
义马市	54	55	1	54	2.19	0.05
渑池县	64	114	28	86	10.35	0.79
陕　县	59	117	13	104	12.95	0.38
灵宝市	34	57	27	30	4.07	0.37
卢氏县	53	68	5	63	6.67	0.13
高速大队	36	78	27	51	200.86	

11-34 火灾综合情况

（2008年）

	起　数（起）	死亡人数（人）	受伤人数（人）	损　失			重大火灾	
				直接损失（万元）	烧毁建筑（平方米）	受灾户数（户）	起　数（起）	直接损失（万元）
合　计	41			78.24	2543.9	31	1	41
市　区	9			11.68	1400	11		
义马市	15			19.9	557	10		
渑池县	5			2.27	186	2		
陕　县	4			2.75	140	4		
灵宝市	3			0.45	85	1		
卢氏县	5			41.19	175.9	3	1	41

11-35 规模以上工业企业科技活动概况

指　　标	单　位	2007年	2008年
企业基本情况			
单位数	个	528	635
#有科技活动的单位数	个	44	46
从业人员年平均人数	人	162143	164113
年末固定资产原价	万元	4880560	5617089
#生产经营用机器设备原价	万元	2774641	2795943
#微电子控制机器设备原价	万元	389182	418217
科技活动人员情况			
从事科技活动人员合计	人	3547	5826
#参加科技项目人员	人	2689	4016
科学家和工程师	人	2090	2941
#高中级技术职称人员	人	1166	1207
R&D人员	人	1198	1535
科技活动经费情况			
当年科技活动经费筹集总额	万元	33914	41785
#企业资金	万元	32612	36803
金融机构贷款	万元	686	3605
政府资金	万元	289	1265
其他资金	万元	327	113
当年科技活动经费支出总额	万元	37238	37253
内部支出	万元	35932	35391
#经常费支出	万元	33586	32358
#劳务费	万元	4044	6000
科研基建支出	万元	2346	3034

11-35续表

指　　标	单　位	2007年	2008年
科技成果情况			
专利申请数	件	26	169
#发明专利申请数	件	16	19
拥有发明专利数	件	15	26
科技项目情况			
科技项目数	项	153	240
#新产品开发项目数	项	33	63
R&D项目数	项	66	93
参加项目人员	人	2267	3188
项目经费内部支出	万元	31543	30549
科技活动机构情况			
企业办科技机构数	个	26	33
机构从事科技活动人员	人	934	1024
#博士毕业	人	16	35
硕士毕业	人	44	69
机构科技经费内部支出	万元	10535	10344
仪器设备	万元	4467	4425
其他科技活动情况			
技术改造经费支出	万元	48153	97412
技术引进经费支出	万元	2213	100
用于消化吸收的经费支出	万元	200	71
购买国内技术支出	万元	1341	1511

11-36 规模以上工业企业基本情况

（2008年）　　　　单位：万元

指　　标	单位数（个）	有科技活动的单位数	从业人员年平均人数（人）	年末固定资产原价	生产经营用机器设备原价	微电子控制机器设备原价
总　　计	**635**	**46**	**164113**	**5617089**	**2795943**	**418217**
按企业规模分组						
大型企业	5	5	50671	1258428	411067	21182
中型企业	87	24	50810	3106361	1687088	385675
小型企业	543	17	62632	1252300	697788	11360
按登记注册类型分组						
内资企业	616	40	154039	4424149	2189543	192082
国有企业	11	1	5899	140434	44127	2237
集体企业	138		18354	341884	190888	596
有限责任公司	99	17	38813	2130909	1307237	169434
国有独资公司	4	3	4634	480853	191411	88767
其他有限责任公司	95	14	34179	1650056	1115826	80667
股份有限公司	4	3	42840	1016896	265281	1028
私营企业	364	19	48133	794026	382010	18787
私营独资企业	97		8874	135092	64467	128
私营合伙企业	12		2351	23629	7756	860
私营有限责任公司	253	19	36394	613784	296421	17799
私营股份有限公司	2		514	21521	13366	
港、澳、台商投资企业	8	3	5168	165408	121455	32103
合资经营企业(港或澳、台资)	5	1	2728	97705	61791	30674
港、澳、台商独资经营企业	2	1	434	8154	531	6
港、澳、台商投资股份有限公司	1	1	2006	59549	59133	1423
外商投资企业	11	3	4906	1027532	484945	194032
中外合资经营企业	6	2	3096	451030	154329	4820
外资企业	4	1	1460	555708	319784	189212
外商投资股份有限公司	1		350	20794	10832	
按隶属关系分组						
中央属	14	8	11863	1144063	782370	58282
省属	7	2	41132	1305622	462729	87356
市属	10	3	5822	115850	36606	3041
县属	46	7	23392	684282	313674	24337
其他	558	26	81904	2367272	1200564	245201
按地区分组						
三门峡市	635	46	164113	5617089	2795943	418217
市辖区	31	17	15765	1166476	762459	69928
湖滨区	55	6	4959	54640	35240	274
渑池县	110	2	22500	694648	369972	22249
陕　县	74	12	15497	1059567	529486	213668
卢氏县	40		5965	68458	19730	146
义马市	76	3	53169	1598469	669139	92699
灵宝市	249	6	46258	974831	409917	19253

11-36续表 （2008年） 单位：万元

指 标	单位数（个）	有科技活动的单位数	从业人员年平均人数（人）	年末固定资产原价	生产经营用机器设备原价	微电子控制机器设备原价
按工业行业大类分组						
采矿业	266	2	84163	1738006	606304	2368
煤炭开采和洗选业	34	1	45255	1043872	271007	728
黑色金属矿采选业	23		3347	39381	11150	63
有色金属矿采选业	187	1	32734	623693	309802	1535
非金属矿采选业	22		2827	31060	14345	42
制造业	350	39	71743	2248560	1167034	300037
农副食品加工业	11		1207	11425	8140	1
食品制造业	6		831	32248	4422	2
饮料制造业	15	4	3551	90434	36790	13910
烟草制品业	1		479	15425	8593	1783
纺织业	10	2	2209	4541	3559	15
纺织服装、鞋、帽制造业	1		272	2484	1130	
木材加工及木、竹、藤、棕、草制品业	7		1605	20187	11835	3
家具制造业	4		561	8061	2309	32
造纸及纸制品业	10	1	844	19530	12738	3939
印刷业和记录媒介的复制	3		236	6868	652	
石油加工、炼焦及核燃料加工业	3		472	12206	9926	4266
化学原料及化学制品制造业	22	6	5904	108758	65069	919
医药制造业	13	1	1670	25903	18423	9
化学纤维制造业	1		960	10965	4858	590
橡胶制品业	2		324	4253	2725	3
塑料制品业	13		1739	54019	38304	1
非金属矿物制品业	102	6	12201	272122	140583	3926
黑色金属冶炼及压延加工业	5		617	18086	11870	2
有色金属冶炼及压延加工业	29	8	20634	1303245	656421	238184
金属制品业	17		1816	41654	17035	24
通用设备制造业	25	4	2847	38050	17249	1011
专用设备制造业	33	4	7011	70007	40974	513
交通运输设备制造业	2	1	1459	49523	36358	30208
电气机械及器材制造业	4		607	10614	7191	
通信设备、计算机及其他电子设备制造业	4		314	3579	2489	10
仪器仪表及文化、办公用机械制造业	6	2	1113	7815	7180	508
工艺品及其他制造业	1		250	6558	211	128
电力、燃气及水的生产和供应业	19	5	8207	1630523	1022605	115762
电力、热力的生产和供应业	13	3	5698	1320994	830824	28325
燃气生产和供应业	2	1	1506	276877	176052	87309
水的生产和供应业	4	1	1003	32652	15729	128

11-37 规模以上工业企业科技活动人员情况

（2008年）　　单位：人

指　标	科技活动人员	参加科技项目人员	科学家和工程师	高中级技术职称人员	R&D人员
总　计	**5826**	**4016**	**2941**	**1207**	**1535**
按企业规模分组					
大型企业	3441	2232	1831	623	836
中型企业	1920	1387	743	446	574
小型企业	465	397	367	138	125
按登记注册类型分组					
内资企业	5260	3650	2687	1051	1383
国有企业	9	8	7	7	
有限责任公司	1553	1256	799	264	512
国有独资公司	102	76	41	32	70
其他有限责任公司	1451	1180	758	232	442
股份有限公司	3057	1858	1514	558	602
私营企业	641	528	367	222	269
私营有限责任公司	641	528	367	222	269
港、澳、台商投资企业	387	278	174	97	100
合资经营企业(港或澳、台资)	210	123	84	49	
港、澳、台商独资经营企业	60	55	55	18	
港、澳、台商投资股份有限公司	117	100	35	30	100
外商投资企业	179	88	80	59	52
中外合资经营企业	174	85	77	56	49
外资企业	5	3	3	3	3
按隶属关系分组					
中央	302	250	163	118	95
省属	2845	1724	1405	462	467
市属	192	86	75	44	80
县属	1248	1032	665	193	472
其他	1239	924	633	390	421

11-37续表　　(2008年)　　单位：人

指　　标	科技活动人　　员	参加科技项目人员	科学家和工 程 师	高中级技术职称人员	R&D人员
按地区分组					
三门峡市	5826	4016	2941	1207	1535
市　直	1026	726	469	345	384
湖滨区	241	236	236	47	48
渑池县	42	42	37	14	37
陕　县	582	381	264	100	256
义马市	3131	2010	1444	491	467
灵宝市	804	621	491	210	343
按工业行业大类分组					
采矿业	2835	1704	1418	468	441
煤炭开采和洗选业	2795	1682	1397	454	425
有色金属矿采选业	40	22	21	14	16
制造业	2841	2184	1440	680	1016
饮料制造业	362	265	258	82	47
纺织业	103	91	15	10	
造纸及纸制品业	305	193	130	16	193
化学原料及化学制品制造业	412	389	110	71	17
医药制造业	42	37	20	18	4
非金属矿物制品业	134	87	57	39	29
有色金属冶炼及压延加工业	747	611	500	214	467
通用设备制造业	219	173	90	64	112
专用设备制造业	143	134	105	86	66
交通运输设备制造业	210	123	84	49	
仪器仪表及文化、办公用机械制造业	164	81	71	31	81
电力、燃气及水的生产和供应业	150	128	83	59	78
电力、热力的生产和供应业	59	56	34	32	12
燃气生产和供应业	50	42	8	8	42
水的生产和供应业	41	30	41	19	24

11-38 规模以上工业企业科技活动经费筹集情况

（2008年）　　单位：万元

指　　标	科技经费筹集总额	企业资金	金融机构贷　款	政府资金	其他资金
总　　计	41785	36803	3605	1265	113
按企业规模分组					
大型企业	24177	24092	60	20	5
中型企业	15520	10909	3500	1011	100
小型企业	2088	1802	45	234	8
按登记注册类型分组					
内资企业	38768	34116	3605	935	113
国有企业	17	17			
有限责任公司	14686	10471	3500	616	100
国有独资公司	4817	915	3500	403	
其他有限责任公司	9869	9556		213	100
股份有限公司	20803	20717	60	20	6
私营企业	3262	2911	45	299	7
私营有限责任公司	3262	2911	45	299	7
港、澳、台商投资企业	1662	1632		30	
合资经营企业(港或澳、台资)	420	420			
港、澳、台商独资经营企业	896	866		30	
港、澳、台商投资股份有限公司	346	346			
外商投资企业	1355	1055		300	
中外合资经营企业	1254	954		300	
外资企业	101	101			
按隶属关系分组					
中央属	3876	3877			
省属	19074	18988	60	20	6
市属	4581	678	3500	403	
县属	7535	7260		175	100
其他	6719	6000	45	667	7

指　　标	科技经费筹集总额	企业资金	金融机构贷　　款	政府资金	其他资金
按地区分组					
三门峡市	41785	36803	3605	1265	113
市　直	9415	5458	3500	458	
湖滨区	1524	1420	25	79	
渑池县	1195	1195			
陕　县	2447	1912	20	408	107
义马市	21044	20958	60	20	6
灵宝市	6160	5860		300	
按工业行业大类分组					
采矿业	22383	18394	3560	423	6
煤炭开采和洗选业	18330	18244	60	20	6
有色金属矿采选业	4053	150	3500	403	
制造业	16522	15546	45	825	107
饮料制造业	2149	1818		330	
纺织业	62	62			
造纸及纸制品业	723	448		175	100
化学原料及化学制品制造业	2762	2620	20	123	
医药制造业	132	132			
非金属矿物制品业	778	776			2
有色金属冶炼及压延加工业	6920	6920			
通用设备制造业	870	755		110	5
专用设备制造业	1028	991		38	
交通运输设备制造业	420	420			
仪器仪表及文化、办公用机械制造业	678	604	25	49	
电力、燃气及水的生产和供应业	2880	2863		17	
电力、热力的生产和供应业	1686	1686			
燃气生产和供应业	744	744			
水的生产和供应业	450	433		17	

11-39 规模以上工业企业科技活动经费支出情况

（2008年） 单位：万元

指　　标	科技经费支出总额	内部支出	经常费支出	劳务费	科研基建支出
总　　计	**37253**	**35391**	**32358**	**6000**	**3034**
按企业规模分组					
大型企业	18451	17109	16677	3255	432
中型企业	16216	15815	13424	2213	2391
小型企业	2586	2467	2257	532	211
按登记注册类型分组					
内资企业	33238	31487	29451	5161	2036
国有企业	17	17	17	2	
有限责任公司	14018	13485	11851	1967	1635
国有独资公司	3407	3367	3367	98	
其他有限责任公司	10611	10118	8484	1869	1635
股份有限公司	15501	14386	14385	2491	
私营企业	3702	3599	3198	701	401
私营有限责任公司	3702	3599	3198	701	401
港、澳、台商投资企业	1662	1652	1652	577	
合资经营企业(港或澳、台资)	420	410	410	130	
港、澳、台商独资经营企业	896	896	896	150	
港、澳、台商投资股份有限公司	346	346	346	297	
外商投资企业	2353	2252	1255	262	998
中外合资经营企业	2252	2151	1154	209	998
外资企业	101	101	101	53	
按隶属关系分组					
中央属	3669	3521	3520	503	1
省属	14605	13652	13653	2133	
市属	3171	3131	3131	232	
县属	7652	7144	5510	1424	1634
其他	8156	7943	6544	1708	1399

指　　标	科技经费支出总额	内部支出	经常费支出	劳务费	科研基建支出
按地区分组					
三门峡市	37253	35391	32358	6000	3034
市　直	7983	7915	7724	1284	191
湖滨区	1610	1528	1498	387	30
渑池县	1208	1133	1120	166	13
陕　县	2712	2655	2244	596	411
义马市	17630	16595	15623	2413	972
灵宝市	6110	5565	4149	1154	1417
按工业行业大类分组					
采矿业	16504	15512	15512	2119	
煤炭开采和洗选业	13861	12909	12909	2078	
有色金属矿采选业	2643	2603	2603	41	
制造业	17689	16819	13966	3735	2854
饮料制造业	3377	3336	2351	523	985
纺织业	62	62	62	43	
造纸及纸制品业	723	723	723	268	
化学原料及化学制品制造业	3904	3758	2527	403	1232
医药制造业	354	354	354	52	
非金属矿物制品业	979	979	798	138	181
有色金属冶炼及压延加工业	5288	4765	4319	1286	446
通用设备制造业	880	750	740	225	10
专用设备制造业	1024	1024	1024	444	
交通运输设备制造业	420	410	410	130	
仪器仪表及文化、办公用机械制造业	678	658	658	223	
电力、燃气及水的生产和供应业	3060	3060	2880	146	180
电力、热力的生产和供应业	1686	1686	1686	57	
燃气生产和供应业	744	744	744	54	
水的生产和供应业	630	630	450	35	180

11-40 规模以上工业企业新产品产出和专利情况

（2008年）　　单位：万元

指　　标	新产品产　值	新产品销　售收　入	出　口	专　利申请数（件）	发明专利申 请 数	拥有发明专 利 数（件）
总　　计	**94562**	**102339**	**1378**	**169**	**19**	**26**
按企业规模分组						
大型企业		35797		154	7	2
中型企业	76569	54123	1203	10	9	22
小型企业	17993	12419	175	5	3	2
按登记注册类型分组						
内资企业	70632	95314	1378	165	15	11
有限责任公司	19092	39425	1202	51	12	8
国有独资公司				2	2	
其他有限责任公司	19092	39425	1202	49	10	8
股份有限公司	1538	19430		109	1	1
私营企业	50002	36459	176	5	2	2
私营有限责任公司	50002	36459	176	5	2	2
港、澳、台商投资企业				3	3	3
港、澳、台商独资经营企业				3	3	3
外商投资企业	23930	7025		1	1	12
中外合资经营企业	23308	6000		1	1	12
外资企业	622	1025				
按隶属关系分组						
中央属	16189	16189	1202	2	2	2
省属		18435		106		
市属	1537	3975		2	2	
县属	2791	20143		50	9	7
其他	74045	43597	176	9	6	17

11-40续表　　　　（2008年）　　　　单位：万元

指　　标	新产品产　值	新产品销　售收　入	出　口	专　利申请数（件）	发明专利申请数	拥有发明专利数（件）
按地区分组						
三门峡市	94562	102339	1378	169	19	26
市　直	30662	23453		5	4	2
湖滨区	3400	3500	150	6	4	3
渑池县	10308					
陕　县	18065	14476	26	3	3	7
义马市	1330	19755		106		
灵宝市	30797	41155	1202	49	8	14
按工业行业大类分组						
采矿业		18435		108	2	
煤炭开采和洗选业		18435		106		
有色金属矿采选业				2	2	
制造业	94522	83864	1378	61	17	26
饮料制造业	13032	6028		5	5	15
纺织业	9524	2857				
造纸及纸制品业	1461	1461		1	1	5
化学原料及化学制品制造业	2095	2229	26	2	2	2
医药制造业	1575	1575				
非金属矿物制品业	13272	11581				
有色金属冶炼及压延加工业	11230	18628		50	9	4
通用设备制造业	19083	16888	1352	1		
专用设备制造业	19113	19113				
仪器仪表及文化、办公用机械制造业	4137	3504		2		
电力、燃气及水的生产和供应业	40	40				
水的生产和供应业	40	40				

11-41 规模以上工业企业科技项目情况

（2008年） 单位：项

指　　标	科　技 项目数	新产品 开　发 项目数	R&D项目数	参加项目 人　　员 （人）	项目经费 内部支出 （万元）
总　　计	240	63	93	3188	30549
按企业规模分组					
大型企业	144	17	53	1636	16656
中型企业	65	24	25	1167	11820
小型企业	31	22	15	385	2073
按登记注册类型分组					
内资企业	220	54	80	2898	27966
国有企业	1			4	11
有限责任公司	46	12	16	1190	10856
国有独资公司	5	1	4	73	2755
其他有限责任公司	41	11	12	1117	8101
股份有限公司	131	16	44	1246	14099
私营企业	42	26	20	458	3000
私营有限责任公司	42	26	20	458	3000
港、澳、台商投资企业	12	4	8	202	1329
合资经营企业(港或澳、台资)	2	2		53	87
港、澳、台商独资经营企业	2	2		55	896
港、澳、台商投资股份有限公司	8		8	94	346
外商投资企业	8	5	5	88	1254
中外合资经营企业	7	4	4	85	1153
外资企业	1	1	1	3	101
按隶属关系分组					
中央属	26	5	9	204	3353
省属	122	16	35	1136	13100
市属	7	1	6	59	2787
县属	20	4	10	1032	5355
其他	65	37	33	757	5954

11-41续表　　　　　　　　　　　　（2008年）　　　　　　　　　　　　单位：项

指　标	科　技 项目数	新产品 开　发 项目数	R&D项目数	参加项目 人　员 （人）	项目经费 内部支出 （万元）
按地区分组					
三门峡市	240	63	93	3188	30549
市　直	58	14	30	502	6800
湖滨区	7	7	2	236	1417
渑池县	6		5	40	1119
陕　县	19	12	8	369	2015
义马市	123	16	35	1422	15070
灵宝市	27	14	13	619	4128
按工业行业大类分组					
采矿业	122	16	34	1113	15412
煤炭开采和洗选业	120	16	33	1094	12887
有色金属矿采选业	2		1	19	2525
制造业	97	45	49	1960	12824
饮料制造业	10	8	3	265	2331
纺织业	5	1		91	62
造纸及纸制品业	2	2	2	193	584
化学原料及化学制品制造业	10	6	1	377	2429
医药制造业	6	5	1	35	354
非金属矿物制品业	10	3	3	87	798
有色金属冶炼及压延加工业	32	4	26	603	4257
通用设备制造业	7	7	4	123	715
专用设备制造业	8	6	4	76	815
交通运输设备制造业	2	2		53	87
仪器仪表及文化、办公用机械制造业	5	1	5	57	392
电力、燃气及水的生产和供应业	21	2	10	115	2313
电力、热力的生产和供应业	12	1	1	49	1651
燃气生产和供应业	2		2	42	212
水的生产和供应业	7	1	7	24	450

11-42 规模以上工业企业办科技活动机构情况

（2008年） 单位：万元

指　　标	企业办科技机构数（个）	机构从事科技活动人员（人）	博士毕业	硕士毕业	机构科技经费内部支出	仪器设备
总　计	**33**	**1024**	**35**	**69**	**10344**	**4425**
按企业规模分组						
大型企业	6	363	12	39	3043	2055
中型企业	16	490	13	19	5918	1965
小型企业	11	171	10	11	1383	405
按登记注册类型分组						
内资企业	29	776	25	54	8469	3136
有限责任公司	10	218	5	8	4430	1144
国有独资公司	1	16			2513	52
其他有限责任公司	9	202	5	8	1917	1092
股份有限公司	4	261	10	35	1994	1345
私营企业	15	297	10	11	2045	647
私营有限责任公司	15	297	10	11	2045	647
港、澳、台商投资企业	2	77	3	6	726	300
港、澳、台商独资经营企业	1	15	3	2	380	20
港、澳、台商投资股份有限公司	1	62		4	346	280
外商投资企业	2	171	7	9	1149	989
中外合资经营企业	2	171	7	9	1149	989
按隶属关系分组						
中央属	2	56		3	260	188
省属	2	76	9	4	783	720
市属	2	65			2720	355
县属	8	282	6	36	2661	1226
其他	19	545	20	26	3920	1936

11-42续表　　　　　　　　　　　（2008年）　　　　　　　　　　单位：万元

指　　标	企业办科技机构数（个）	机构从事科技活动人员（人）	博士毕业（人）	硕士毕业（人）	机构科技经费内部支出	仪器设备
按地区分组						
三门峡市	33	1024	35	69	10344	4425
市　直	8	275	2	9	4297	1134
湖滨区	5	56	3	3	628	147
渑池县	2	42			26	202
陕　县	11	161	11	11	1129	322
义马市	2	76	9	4	783	720
灵宝市	5	414	10	42	3481	1900
按工业行业大类分组						
采矿业	3	92	9	4	3296	772
煤炭开采和洗选业	2	76	9	4	783	720
有色金属矿采选业	1	16			2513	52
制造业	29	908	24	63	6598	3473
饮料制造业	4	209	10	11	1669	861
纺织业	1	20			42	22
造纸及纸制品业	1	48	3	5	578	67
化学原料及化学制品制造业	5	60	8	6	397	53
医药制造业	1	42		2	354	10
非金属矿物制品业	6	60			192	209
有色金属冶炼及压延加工业	7	315	3	38	2585	1757
通用设备制造业	1	22			34	46
专用设备制造业	1	63			455	65
仪器仪表及文化、办公用机械制造业	2	69		1	292	373
电力、燃气及水的生产和供应业	1	24	2	2	450	180
水的生产和供应业	1	24	2	2	450	180

11-43 规模以上工业企业其他科技活动情况

（2008年）　　单位：万元

指　　标	技术改造经费支出	技术引进经费支出	用于消化吸收的经费支出	购买国内技术经费支出
总　　计	**97412**	**100**	**71**	**1511**
按企业规模分组				
大型企业	63902			930
中型企业	32718	100	61	581
小型企业	792		10	
按登记注册类型分组				
内资企业	89524	100	45	1296
集体企业	226			
有限责任公司	22039	100	35	1296
国有独资公司	746			
其他有限责任公司	21293	100	35	1296
股份有限公司	63500			
私营企业	3759		10	
私营独资企业	36			
私营有限责任公司	3723		10	
港、澳、台商投资企业	1016			
合资经营企业(港或澳、台资)	220			
港、澳、台商独资经营企业	450			
港、澳、台商投资股份有限公司	346			
外商投资企业	6872		26	215
中外合资经营企业	6872		26	215
按隶属关系分组				
中央属	19024	100	30	1120
省属	64244			
市属	2			
县属	2232		6	168
其他	11910		35	223

11-43续表　　(2008年)　　单位：万元

指　　标	技术改造经费支出	技术引进经费支出	用于消化吸收的经费支出	购买国内技术经费支出
按地区分组				
三门峡市	97412	100	71	1511
市　直	19491			198
湖滨区	472		10	
渑池县	6055			1130
陕　县	4487		6	70
义马市	64389			
灵宝市	2518	100	55	113
按工业行业大类分组				
采矿业	64658			98
煤炭开采和洗选业	63500			
有色金属矿采选业	1158			98
制造业	31057	100	71	1413
农副食品加工业	27			
食品制造业	10			
饮料制造业	1321		25	15
纺织业	42			
造纸及纸制品业	662			50
印刷业和记录媒介的复制	11			
石油加工、炼焦及核燃料加工业	10			
化学原料及化学制品制造业	625		6	20
塑料制品业	19			
非金属矿物制品业	3121			
黑色金属冶炼及压延加工业	13			
有色金属冶炼及压延加工业	24180			1320
金属制品业	43			
通用设备制造业	689	100	40	
专用设备制造业	52			8
交通运输设备制造业	220			
仪器仪表及文化、办公用机械制造业	12			
电力、燃气及水的生产和供应业	1697			
电力、热力的生产和供应业	903			
燃气生产和供应业	744			
水的生产和供应业	50			

11-44 大中型工业企业科技活动情况

指标	单位	2007年	2008年
企业基本情况			
单位数	个	59	92
#有科技活动的单位数	个	27	29
从业人员年平均人数	人	101094	101481
年末固定资产原价	万元	3738229	4364789
#生产经营用机器设备原价	万元	1888652	2098155
#微电子控制机器设备原价	万元	369708	406857
科技活动人员情况			
从事科技活动人员合计	人	3103	5361
#参加科技项目人员	人	2340	3619
科学家和工程师	人	1760	2574
#高中级技术职称人员	人	1051	1069
R&D人员	人	1120	1410
科技活动经费情况			
当年科技活动经费筹集总额	万元	32347	39697
#企业资金	万元	31244	35001
金融机构贷款	万元	680	3560
政府资金	万元	214	1031
其他资金	万元	209	105
当年科技活动经费支出总额	万元	34754	34667
内部支出	万元	33605	32924
#经常费支出	万元	32043	30101
#劳务费	万元	3669	5468
科研基建支出	万元	1563	2823
科技成果情况			
专利申请数	件	21	164
#发明专利申请数	件	13	16
拥有发明专利数	件	9	24
科技项目情况			
科技项目数	项	131	209
#新产品开发项目数	项	21	41
R&D项目数	项	60	78
参加项目人员	人	1948	2803
项目经费内部支出	万元	30037	28476
科技活动机构情况			
企业办科技机构数	个	18	22
机构从事科技活动人员	人	800	853
#博士毕业	人	15	25
硕士毕业	人	34	58
机构科技经费内部支出	万元	10164	8961
仪器设备	万元	4296	4020
其他科技活动情况			
技术改造经费支出	万元	47903	96620
技术引进经费支出	万元	2213	100
用于消化吸收的经费支出	万元	200	61
购买国内技术支出	万元	1333	1511

主要统计指标解释

文化事业机构 指从事专业文化工作和为专业文化工作服务的单独核算、独立建制的单位。不包括文化主管部门直属单位举办的其他行业和各部门的业余文化组织。

艺术表演团体 指从事戏曲、音乐、舞蹈、杂技等专业艺术表演，有独立帐户，实行单独核算的团体，不包括半工半艺、半农半艺的业余剧团。

电影放映单位 指具有放映机器设备、固定或不固定的放映场所与专职或兼职的放映技术人员，经文化行政部门登记批准，经常为一定的观众对象映出电影的机构。包括经批准对外开放进行营业，并与电影发行放映管理机构分帐的专业放映单位或军委系统租片单位在内。

电影观众人数 指各类型放映单位及军委系统租片单位映出的观众人数。一个观众连续看了一部长片或短片专场规定的短片，为二人次。

艺术表演观众人数 指售票、包场演出或民族地区免费演出的艺术表演观众人次数。不包括彩排审查和内部观摩演出的观众人次数。

等级运动员人数 指经考核正式批准授予等级运动员称号的人数。运动员等级分为国际级运动健将、运动健将、一级运动员、二级运动员、三级运动员、少年运动员。

等级裁判员人数 指经考核正式批准授予等级裁判员称号的人数。裁判员等级分为国际裁判、国家级裁判、一级裁判、二级裁判、三级裁判。

体育场 指有 400 米跑道(中心含足球场)，有固定道牙，跑道 6 条以上，并有固定看台的室外田径场地。以看台容纳观众人数分：甲级 25000 人以上，乙级 15000－25000 人，丙级 5000－15000 人，丁级 5000 人以下。

体育馆 指有固定看台可供篮球、排球、羽毛球、乒乓球、体操等项目训练比赛活动的室内运动场地，以看台容纳观众人数分：甲级 6000 人以上，乙级 4000－6000 人，丙级 2000－4000 人，丁级 2000 人以下。

普通高等学校 指按照国家规定的审批程序批准举办，通过全国统一招生考试，招收高中毕业生和具有同等学历者，实施高等教育，培养高等专门人才的学校。包括大学、专门学院、专科学校和短期职业大学。

成人高等学校 指按照国家规定的审批程序批准举办，招收在职高中毕业或同等学历者，利用多种形式对成人实施高等教育，培训相当普通高等学校专科或本科毕业水平的专门人才的学校。包括广播电视大学、职工高等学校、农民高等学校、干部管理学院、教育学院、独立函授学院以及普通高等学校举办的函授、夜大学等。

医院 指名称为医院，设有固定床位能收容病人住院并能为病人提供医疗、护理服务的医疗机构。包括县及县以上医院、农村乡(镇)卫生院、其他医院三部分。按所属性质分为卫生部门、工业及其他部门、集体单位三类。其中县及县以上医院按业务性质分为综合医院和专科医院。

卫生技术人员 指由卫生事业机构支付工资的全部固定职工和合同制职工中现任职务为卫生技术工作的专业人员。包括中医师、西医师、中西医结合高级医师、护师、中药师、西药师、检验师、其他技师、中医士、西医士、护士、助产士、中药剂士、西药剂士、检验士、其他技士、其他中医、护理员、中药剂员、西药剂员、检验员、其他初级卫生技术人员等。

医生 指经卫生部门审查合格，从事医疗工作的专业人员。分为中医医生和西医医生。包括卫生技术人员中的中医师、西医师、中西结合高级医师、中医士、西医士和其他中医。

技术开发机构 指主要从事提供国际、国内第一次出现的新产品、工艺、材料、方法等和为新的技术成果应用提供完整的技术规范设计图纸、样品和操作规程的机构。

从事科技活动人员 指企业在报告期，从事科技活动的时间(不包括加班时间)占全年工作时间10%及以上的工程技术人员、管理人员、工人及其他人员。从事科技活动的时间占全年工作时间的比例在10%以下的人员不统计。从事科技活动人员合计中的各类分组人员均为从事科技活动的时间占全年工作时间的比例在10%及以上人员的实际人数。

工程技术人员 指在国民经济各行业从事工程技术工作的自然科学技术的专业人员，包括高级工程师、工程师、助理工程师、技术员和未定职称的技术人员。

高中级职称人员 指企业从业人员中具有高级职称和中级职称的人员数。

高级职称：指高级工程师，正、副教授，正、副研究员，高级统计师，高级会计师，高级经济师，以及相当于这一级的其他技术职务的人员。

中级职称：指工程师、讲师、助理研究员、技师、统计师、会计师、经济师，以及相当于这一级的其他技术职务的人员。

科技经费筹集总额 指报告年内调查单位从各种渠道筹集到的科技经费(含科研基建费)总额。具体包括企业自筹资金、银行贷款、上级拨款和其他。

科技经费支出总额 指报告年内企业用于科技活动的全部实际支出。包括劳务费、科研业务费、科研管理费、非基建投资购建的固定资产、科研基建支出以及其他用于科技活动的支出总额。不包括生产性活动支出及归还贷款支出。

研究与发展经费支出 指报告年内企业用于研究与发展活动的经费内部支出。具体包括研究与发展项目(课题)经费支出、从事研究与发展项目(课题)的科技人员与管理人员劳务费以及其他非研究与发展项目(课题)经费而用于研究与发展活动的各项经费支出。

技术改造经费支出 指因本企业进行技术改造而发生的费用支出。技术改造是指企业在坚持科学技术进步的前提下,将科学技术成果应用于企业生产的各个领域(产品、设备、工艺等)，用先进的技术改造落后的技术，用先进的工艺、设备代替落后的工艺、设备，实现以内涵为主的扩大再生产，从而提高产品质量，促进产品更新换代、节约能源、降低消耗，全面提高综合经济效益。在技术改造经费支出中，属于研究与发展活动支出的经费，除了计入技术改造经费支出外，还要计入本企业研究与发展经费中。

技术引进经费支出 指企业在报告年内用于购买国外技术，包括购买设计、流程、配方、图纸、工艺专利等技术资料的费用，以及引进国外的关键设备、仪器、样机所支付的经费。

用于消化吸收的经费支出 指企业在报告年内，对国外引进项目进行消化吸收所支出的经费总额，包括：人员培训费、测绘费、参加消化吸收工作的人员的工资、工装、工艺开发费、必备的配套设备费、翻版费等。引进技术的消化吸收，指对引进 技术的掌握、应用、复制而开展的工作，以及在此基础上的创新。通过这项工作，能够具备掌握引进技术和自我开发能力。消化吸收经费中属于研究与发展活动的经费除计入本项经费支出外，还应计入本企业研究与发展经费。

购买国内技术支出 指本企业在报告年内，为发展本企业的生产而购买国内(企业外单位)技术成果的经费支出，包括购买设计图纸、工艺、配方、关键设备等所支付的经费额。

律师工作者 指受聘参加法律顾问处工作，担任法律顾问、刑(民)事代理人、刑事辩护人，办理非诉讼事件、解答法律询问、代写法律事务文书等主要律师业务的专职法律工作者和兼职律师。

公证人员 指在国家公证机关依法办理公证事务的司法人员。包括公证员、助理公证员和在公证处工作的其他人员。

办理公证文书 指公证处年内办结的公证文书件数。公证文书系按司法部规定或批准的格式制作。包括国内公证和涉外公证两部分。其中国内公证分为经济合同公证和民事法律关系公证两大类。

调解人员 指在人民调解委员会担负调解民间一般民事纠纷和轻微违法行为所引起的纠纷的工作人员。包括调解委员会的委员和调解小组的调解员。

调解民间纠纷 指调解委员会依照法律规定，根据自愿原则，用说服教育的方法调解民间发生的有关民事权利和义务的争执，促成当事双方达成协议和谅解，解决纠纷。包括婚姻家庭纠纷，财产权益纠纷等 ，不包括法院受理调解的民事案件数。

废水排放总量 统计范围为有供水系统(自来水和自备水)的单位；包括由公用自来水厂和社会单位自备水源供水的单位和居民全年排放的生产废水和生活污水总量。生产废水指企、事业单位在生产、科研过程中向外环境排放的所有排放口的废水量总和。生活污水指城镇居民区和企、事业单位职工集中居住区排放的污水量。

工业废水排放量 指经过企业厂区所有排放口排到企业外部的工业废水总量，包括外排的直接冷却水和矿区超标排放的有毒有害矿井地下水和与工业废水混排的厂区生活污水，但不包括外排的间接冷却水(清污不分流间接冷却水的应计算在内)。

工业废水排放达标量 指全面达到国家地方排放标准的外排工业废水量(包括经过处理和未经处理的)，但不包括虽经处理仍未达到国家排放标准的工业废水。国家尚未正式颁布标准的，以地方制定的标准为准。

工业废水处理量 指报告期内经过各种水处理装置净化处理后的外排工业废水量(包括虽经处理仍未达到国家或地方标准的外排工业废水量)，计算时，如遇有车间和厂排放口均有处理设施，并对同一废水分级处理时，不应重复计算废水处理量。

废气排放总量 指燃烧和生产工艺过程中排放的各种废气总量，以标准状态下每年万标立方米表示。

净化处理的废气量 指生产工艺过程中排放的废气经过各种处理装置净化、处理的量。

工业粉尘排放量 指生产工艺过程中排放的固体微粒重量。

工业粉尘回收量 指经过各种回收处理装置回收的工业粉尘和尘泥量(包括干法和湿法)，不包括电厂的烟尘。

工业固体废物产生量 指工矿企业、事业单位在生产(试验)过程中产生的工业固体废弃物总量，不包括矿山开采的剥离废石和掘进废石(煤矸石除外)。

工业固体废物综合利用量 指已用作农业肥料、造田、生产建筑材料，以及其他方式综合利用的工业固体废物量(不包括填埋和焚烧量)。利用量由原产固体废物的单位统计。

工业固体废物综合利用率 指当年已综合利用的工业固体废物量(包括利用往年的)与当年工业固体废物产生量(包括综合利用往年堆存量)之比，计算公式为：工业固体废物综合利用率＝已综合利用的工业固体废物量／(工业固体废物产生量＋综合利用往年堆存量)×100%。

“三废”综合利用产品产值 指企业利用“三废”作为主要原料生产和回收利用的产品产值。

“三废”综合利用利润 指企业利用“三废”作为主要原料生产和回收利用的产品出售后所得的利润额。

企事业污染治理资金 指企事业单位当年实际完成的各项治理资金。

城乡人民生活和物价

12

三门峡统计年鉴

2009

数据要览

◆ 2008年城镇居民人均可支配收入	12391.76元	比上年增长15.7%
◆ 2008年城镇居民人均消费支出	8933.16元	比上年增长 11.6%
◆ 2008年农民人均纯收入	4680.46元	比上年增长16.1%
◆ 2008年农民人均生活消费支出	3319.4元	比上年增长17.5%

农民人均纯收入

单位：元

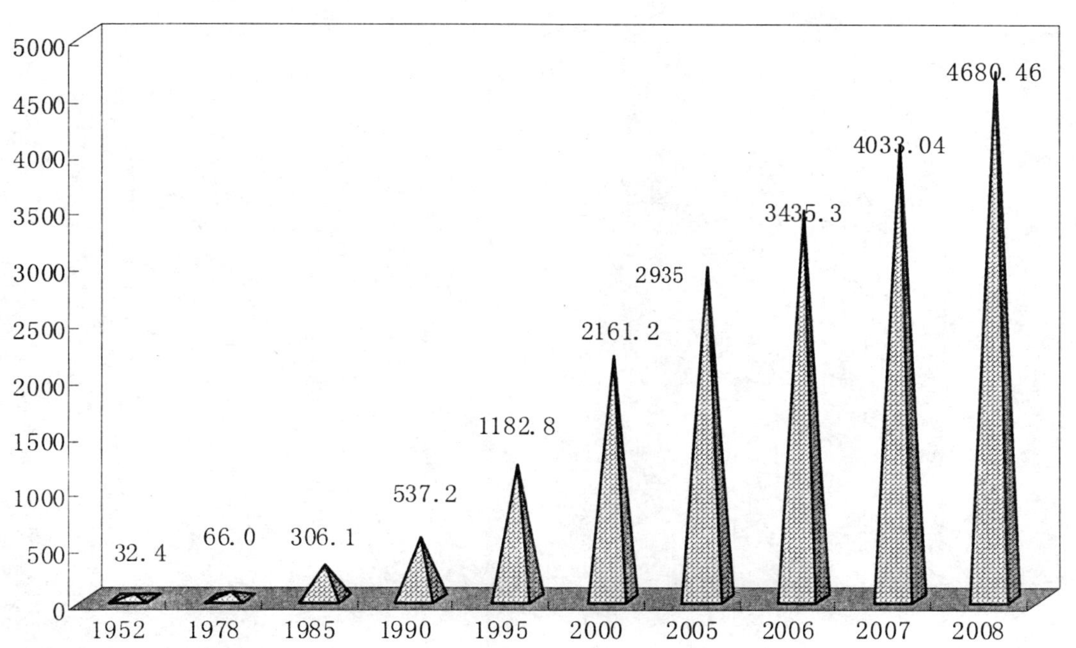

12-1 历年全市城镇居民家庭人均收支及恩格尔系数

（1991-2008年）

年　份	人均可支配收入（元）	人均消费性支出（元）	#食品支出（元）	恩格尔系数（%）	人均居住面积（平方米）
1991		1148.92	586.12	51.01	12.21
1992	1659.13	1323.38	674.33	50.96	12.23
1993	1997.57	1546.58	747.78	48.35	12.53
1994	2725.47	2085.05	990.92	47.52	12.17
1995	3460.43	2663.35	1253.88	47.08	12.61
1996	3949.20	3024.79	1336.73	44.19	12.79
1997	4473.74	3627.26	1512.54	41.70	13.16
1998	4529.32	3484.25	1419.56	40.74	13.07
1999	4883.82	3810.91	1430.09	37.53	13.40
2000	5245.11	4158.34	1397.86	33.62	14.60
2001	5572.69	4240.60	1327.35	31.30	14.77
2002	6230.67	4657.24	1499.24	32.19	20.25
2003	6696.09	4786.60	1568.03	32.76	20.97
2004	7232.25	5094.59	1719.85	33.76	21.60
2005	8071.40	5762.10	1850.10	32.11	23.42
2006	9072.06	6307.00	2026.21	32.13	30.15
2007	10710.25	8007.63	2429.02	30.33	30.20
2008	12391.76	8933.16	2891.59	32.37	32.02

注：从2002年起，居住面积变为使用面积；2006年起，使用面积变成现住房总建筑面积。

12-2 历年市区居民家庭人均收支及恩格尔系数

（1988-2008年）

年　份	人均可支配收入（元）	人均消费性支出（元）	#食品支出（元）	恩格尔系数（%）	人均居住面积（平方米）
1988		1012.01			8.69
1989		1055.42			8.80
1990		1167.02			9.10
1991		1374.23			8.56
1992	1926.14	1542.00	777.90	50.45	8.56
1993	2321.05	1756.02	855.59	48.72	8.67
1994	3213.65	2549.36	1145.27	44.92	8.64
1995	4057.83	3232.33	1396.37	43.20	9.08
1996	4673.92	3597.91	1475.58	41.01	9.16
1997	5130.44	4250.69	1753.94	41.26	9.47
1998	5161.33	4003.95	1602.29	40.02	9.62
1999	5518.46	4721.57	1629.42	34.51	9.82
2000	5831.23	4827.53	1535.82	31.81	10.17
2001	6085.55	4552.78	1468.70	32.26	10.53
2002	6596.82	5160.58	1650.90	31.99	18.66
2003	6959.94	5190.60	1672.51	32.22	19.23
2004	7383.83	5576.57	1880.85	33.73	19.97
2005	8142.55	6056.25	2051.12	33.87	18.76
2006	9173.28	6857.44	2268.65	33.08	25.28
2007	10835.94	8906.22	2718.57	30.52	25.83
2008	12530.68	9665.82	3155.99	32.65	29.65

注：从2002年起，居住面积变为使用面积；2006年起，使用面积变成现住房总建筑面积。

12-3 分县市城镇居民家庭人口就业情况

（2008年）

项　　目	计量单位	全　市	市　区	义马市	渑池县	灵宝市	卢氏县
家庭人口数	户/人	2.82	2.69	2.88	3.28	2.89	3.00
#有收入者人数	户/人	1.99	2.01	1.75	2.09	1.94	2.12
就业人口数	户/人	1.51	1.37	1.53	1.98	1.62	1.80
国有经济单位职工人数	户/人	1.17	1.03	1.32	1.64	1.04	1.66
城镇集体经济单位职工人数	户/人	0.04	0.02	0.00	0.14	0.10	0.04
其它经济类型单位职工人数	户/人	0.13	0.17	0.02	0.06	0.15	0.00
城镇个体或私营企业主人数	户/人	0.07	0.08	0.08	0.06	0.05	0.06
城镇个体或私营企业被雇人数	户/人	0.08	0.06	0.10	0.08	0.21	0.04
离退休再就业人数	户/人	0.00	0.00	0.00	0.00	0.04	0.00
其它就业人数	户/人	0.01	0.01	0.00	0.00	0.02	0.00
离退休人数	户/人	0.42	0.58	0.22	0.10	0.20	0.28
其它有收入者人数	户/人	0.05	0.06	0.00	0.01	0.12	0.04
#无收入者人数	户/人	0.84	0.68	1.14	1.20	0.95	0.89
在外就学人数	户/人	0.17	0.17	0.27	0.00	0.25	0.32
非家庭人口在家用餐	人次	4.41	5.66	1.61	2.48	4.24	0.45
家庭人口在外用餐	人次	19.58	21.53	7.41	11.83	32.10	18.39
负担系数	人/就业者	1.87	1.97	1.89	1.66	1.78	1.67

12-4 分县市城镇居民家庭住房情况

（2008年）

项　　目	计量单位	全 市	市 区	义马市	渑池县	灵宝市	卢氏县
现住房总建筑面积	平方米	32.02	29.65	27.67	40.04	33.91	42.42
房屋产权(合计)	%	100.00	100.00	100.00	100.00	100.00	100.00
租赁公房	%	5.01	3.00	20.00		8.00	
租赁私房	%	2.82	3.00	2.00	2.00	4.00	2.00
原有私房	%	4.92		2.00	18.00	6.00	44.00
房改私房	%	50.67	75.00	40.00	4.00		6.00
商品房	%	34.17	15.00	36.00	76.00	82.00	48.00
其他	%	2.41	4.00				
装修状况(合计)	%	100.00	100.00	100.00	100.00	100.00	100.00
#有装修	%	57.22	58.00	54.00	80.00	36.00	32.00
饮水情况(合计)	%	100.00	100.00	100.00	100.00	100.00	100.00
自来水	%	52.76	33.00	76.00	72.00	98.00	100.00
矿泉水	%	15.29	24.00		6.00		
纯净水	%	31.19	43.00	24.00	18.00		
井、河水	%	0.76			4.00	2.00	
用水情况(合计)	%	100.00	100.00	100.00	100.00	100.00	100.00
独用自来水	%	98.27	99.00	94.00	100.00	96.00	100.00
公用自来水	%	1.50	1.00	4.00		4.00	
井、河水	%	0.23		2.00			
卫生设备(合计)	%	100.00	100.00	100.00	100.00	100.00	100.00
无卫生设备	%						
有厕所浴室	%	61.86	58.00	56.00	88.00	52.00	76.00
有厕所无浴室	%	33.93	40.00	28.00	10.00	40.00	24.00
公用	%	4.21	2.00	16.00	2.00	8.00	
取暖设备(合计)	%	100.00	100.00	100.00	100.00	100.00	100.00
空调设备	%	4.42	3.00	2.00		10.00	36.00
暖气	%	58.81	62.00	72.00	86.00	10.00	6.00
其他	%	36.77	35.00	26.00	14.00	80.00	58.00
炊用燃料使用情况(合计)	%	100.00	100.00	100.00	100.00	100.00	100.00
煤炭	%	11.19	5.00	16.00	2.00	54.00	6.00
罐装液化石油气	%	68.88	75.00	48.00	88.00	30.00	78.00
管道液化石油气	%						
管道煤气	%	4.01		32.00	2.00		
管道天然气	%	4.44	6.00		6.00		
柴油	%						
其他燃料	%	11.48	14.00	4.00	2.00	16.00	16.00

12-5 分县市城镇居民家庭平均每人现金收支情况

（2008年）　　　　　　　　　　　　　　　　单位：元/人

项　　目	全　市	市　区	义马市	渑池县	灵宝市	卢氏县
家庭总收入	**13412.99**	**13491.63**	**14015.37**	**13391.61**	**13020.43**	**11582.77**
#可支配收入	**12391.76**	**12530.68**	**12006.18**	**12890.22**	**12267.98**	**10902.40**
#最高、最低收入组可支配收入之比	6.35	7.27	6.06	3.76	9.38	4.41
工资性收入	10335.57	9884.71	11560.93	11461.52	10045.09	9466.05
工资及补贴收入	10086.15	9607.96	11433.85	11433.28	9505.20	9166.51
其他劳动收入	249.41	276.76	127.08	28.23	539.89	299.53
经营净收入	544.44	461.75	536.80	904.27	584.61	207.33
财产性收入	144.31	7.27	314.06	280.55	473.97	160.32
利息收入	15.91	0.60	24.44	12.20	74.52	65.80
股息与红利收入	44.47	6.68	122.60	117.68	59.62	21.85
保险收益	1.66		13.89			
其它投资收入	20.58		101.39	48.78	7.07	
转移性收入	2388.67	3137.90	1603.58	745.27	1916.76	1749.07
养老金或离退休金	2116.74	2936.65	1068.05	672.65	1241.01	1574.30
社会救济收入	34.88	15.76	91.06		136.12	
辞退金						
赔偿收入	0.23				2.08	
保险收入	9.99	14.88			13.11	
#失业保险金	8.54	14.88				
赡养收入	42.14	68.84		0.61	13.86	26.00
捐赠收入	116.36	84.69	131.46	35.55	377.12	128.77
提取住房公积金	12.42		104.17			
记帐补贴	30.80	11.50	33.00	36.46	124.78	20.00
出售财物收入	**12.47**	**0.97**	**0.28**	**63.04**	**17.24**	**0.27**
出售住房收入						
出售其他物品收入	12.47	0.97	0.28	63.04	17.24	0.27
借贷收入	**3008.93**	**3574.27**	**1503.47**	**1290.85**	**3994.92**	**3484.20**
提取储蓄存款	2683.93	3163.10	1379.17	1260.37	3543.29	2973.87
借入款	211.88	262.33	118.06		344.89	241.00
收回借出款	17.34			30.49	106.73	20.00
收回储蓄性保险本						
兑售有价证券	0.75		6.25			
收回投资本金						
住房贷款	85.45	148.84				

12-5续表　　　　　　　　　　（2008年）　　　　　　　　　　单位：元/人

项　　目	全　市	市　区	义马市	渑池县	灵宝市	卢氏县
家庭总支出	12218.88	13214.37	11550.32	9950.97	10965.89	12345.43
#消费支出	8933.16	9665.82	7917.46	7673.41	8503.74	7555.57
#服务性消费支出	2331.37	2535.12	1881.34	1989.28	2345.25	2052.40
食品	2891.59	3155.99	2688.41	2182.07	2918.55	2416.31
衣着	1204.91	1164.70	1226.19	1323.45	1211.83	1231.60
家庭设备用品及服务	609.66	683.11	351.40	622.83	536.57	468.60
医疗保健	641.81	755.16	515.44	343.55	662.85	508.41
交通和通信	939.65	819.24	1354.75	1014.23	1064.76	785.65
教育文化娱乐服务	1171.66	1310.54	853.55	1019.66	1062.10	1023.21
居住	1180.16	1476.20	744.25	860.04	704.80	788.87
杂项商品和服务	293.73	300.88	183.46	307.58	342.27	332.91
购房与建房支出	573.78	755.35	465.28	194.86		1400.00
购房	573.78	755.35	465.28	194.86		1400.00
建房						
转移性支出	1766.31	1866.26	1220.77	1608.52	1779.71	2576.32
交纳的个人收入税	27.64	39.88	32.85	1.84	2.18	7.66
捐赠支出	969.45	935.51	814.26	1195.50	724.41	1728.23
购买彩票	5.44	0.03	29.17	1.56	15.33	0.47
赡养支出	689.02	848.68	273.03	191.70	979.37	810.71
#在外就学子女费用	560.90	698.13	223.72	97.79	794.14	795.53
各种非储蓄性保险支出	36.25	8.19	4.44	185.24	15.53	
#车辆保险支出	1.88			1.83	14.49	
其他转移性支出	38.51	33.97	67.02	32.70	42.90	29.25
财产性支出	24.59	17.38	3.48	11.08	56.96	160.83
非生产性利息支出	14.12	15.70	3.45	10.47	4.61	65.78
其他	10.47	1.67	0.03	0.61	52.34	95.05
社会保障支出	921.03	909.57	1943.33	463.09	625.48	652.71
个人交纳的养老基金	325.14	324.78	741.07	86.92	228.62	297.26
个人交纳的住房公积金	405.27	391.23	906.83	231.78	250.96	215.22
个人交纳的医疗基金	158.65	162.43	213.60	134.04	128.57	119.06
个人交纳的失业基金	30.83	31.12	72.64	9.98	17.33	21.17
其他社会保障支出	1.15		9.19	0.37		
借贷支出	4139.40	3798.30	3578.90	4705.21	6111.98	2998.26
#存入储蓄款	3703.39	3400.89	3082.18	4325.00	5530.24	2361.33

12-6 分县市城镇居民家庭平均每人消费支出情况

（2008年） 单位：元/人

项　　目	全　市	市　区	义马市	渑池县	灵宝市	卢氏县
消费支出	**8933.16**	**9665.82**	**7917.46**	**7673.41**	**8503.74**	**7555.57**
#服务性消费支出	2331.37	2535.12	1881.34	1989.28	2345.25	2052.40
食品	**2891.59**	**3155.99**	**2688.41**	**2182.07**	**2918.55**	**2416.31**
粮油类	467.94	514.29	498.88	288.34	466.06	424.39
#粮食	295.06	327.62	292.88	194.15	286.63	255.12
油脂类	94.80	101.81	113.74	59.51	91.98	84.65
肉禽蛋水产品类	601.70	691.24	554.27	473.93	435.51	413.36
蔬菜类	301.71	333.47	336.37	221.16	240.45	226.76
调味品	40.28	43.52	39.56	32.17	37.82	34.61
糖烟酒饮料类	301.13	337.15	227.14	182.24	331.31	395.64
干鲜瓜果类	191.35	212.55	190.89	154.73	162.31	110.10
糕点.奶及奶制品	196.97	172.81	256.75	278.88	177.53	90.93
其他食品	61.18	78.17	41.80	38.66	26.67	58.98
饮食服务	729.31	772.79	542.74	511.96	1040.89	661.54
#在外饮食	728.38	771.82	540.12	511.96	1040.61	660.69
衣着	**1204.91**	**1164.70**	**1226.19**	**1323.45**	**1211.83**	**1231.60**
#服装	104.51	104.11	93.09	128.94	89.03	119.68
衣着材料	4.81	4.45	2.28	0.45	11.76	15.92
鞋类	90.83	88.02	92.62	121.41	67.38	89.10
家庭设备用品及服务	**609.66**	**683.11**	**351.40**	**622.83**	**536.57**	**468.60**
耐用消费品	398.57	477.36	196.56	389.16	268.17	260.33
室内装饰品	11.53	6.09	2.12	24.53	31.64	10.76
床上用品	32.09	28.44	26.10	26.09	57.36	57.47
家庭日用杂品	149.29	160.37	117.97	136.82	151.07	127.07
家具材料	2.28	0.08		14.10		
家庭服务	15.91	10.77	8.66	32.13	28.34	12.96

12-6续表 （2008年） 单位：元/人

项目	全市	市区	义马市	渑池县	灵宝市	卢氏县
医疗保健	**641.81**	**755.16**	**515.44**	**343.55**	**662.85**	**508.41**
#保健器具	2.12	3.28		0.02	1.56	1.47
药品费	400.49	492.29	194.34	215.43	412.61	395.73
滋补保健品	14.90	21.10	10.89	3.41	8.62	
医疗费	222.47	237.93	306.56	121.00	236.12	109.48
交通和通讯	**939.65**	**819.24**	**1354.75**	**1014.23**	**1064.76**	**785.65**
交通	388.41	291.02	855.27	443.53	359.62	250.84
#家庭交通工具	161.40	57.70	727.08	213.84	46.38	69.05
交通费	135.27	163.82	93.21	58.37	150.82	111.30
通信	551.24	528.23	499.48	570.70	705.15	534.81
通信工具	97.18	81.32	82.81	92.44	214.66	62.00
通信服务	454.05	446.91	416.67	478.26	490.49	472.81
#电信费	450.19	444.32	413.27	470.27	486.10	466.96
教育文化娱乐服务	**1171.66**	**1310.54**	**853.55**	**1019.66**	**1062.10**	**1023.21**
文化娱乐用品	340.87	421.62	119.66	192.06	388.21	297.81
文化娱乐服务	268.74	291.48	217.35	254.35	223.10	278.19
#团体旅游	159.77	199.82	145.21	52.90	112.19	182.73
教育	562.05	597.43	516.54	573.25	450.79	447.21
#教育费用	528.47	567.40	412.58	566.62	427.03	439.65
居住	**1180.16**	**1476.20**	**744.25**	**860.04**	**704.80**	**788.87**
住房	358.59	518.49	170.46	172.59	37.77	237.93
水电燃料及其他	777.64	910.84	549.57	634.82	620.45	533.37
居住服务费	43.93	46.88	24.22	52.64	46.58	17.56
#物业管理费	15.68	17.26	3.78	26.98	9.55	
其它商品和服务	**293.73**	**300.88**	**183.46**	**307.58**	**342.27**	**332.91**

12-7 分县市城镇居民家庭平均每人食品消费量

（2008年） 单位：千克/人

项　　目	全　市	市　区	义马市	渑池县	灵宝市	卢氏县
大米	16.64	20.23	16.98	8.58	10.93	11.45
面粉	29.58	29.77	43.65	16.80	30.13	33.98
食用植物油	6.81	7.21	7.99	4.11	7.22	7.10
猪肉	10.32	12.48	8.62	6.13	7.04	10.01
牛肉	0.21	0.21	0.02	0.05	0.51	0.49
羊肉	0.42	0.58	0.42	0.01	0.23	0.13
鸡	1.37	1.36	2.35	0.83	1.38	0.62
鸭	0.05	0.09		0.01		
鲜蛋	10.68	10.75	13.14	9.70	9.40	9.71
鱼	2.38	3.10	2.28	0.85	1.57	0.65
虾	0.17	0.21	0.16	0.03	0.18	0.03
鲜菜	133.10	146.71	145.27	91.02	114.96	117.11
白酒	1.36	1.59	0.84	0.19	1.86	2.84
果酒	0.14	0.09	0.14	0.05	0.58	0.11
啤酒	2.82	2.72	2.99	3.00	2.58	3.71
鲜果	40.16	47.96	33.68	34.96	20.54	21.38
鲜瓜	16.58	17.33	19.66	7.55	24.00	11.70
糕点	4.65	4.55	5.67	5.03	4.04	3.19
鲜乳品	11.10	13.21	8.56	10.82	7.15	0.01
奶粉	0.35	0.30	0.28	0.61	0.25	0.35
酸奶	6.84	4.92	10.47	14.39	4.47	

12-8 分县市城镇居民家庭主要耐用消费品每百户拥有情况

（2008年底）

项　　目	计量单位	全　市	市　区	义马市	渑池县	灵宝市	卢氏县
摩托车	辆	37.69	36.00	12.00	60.00	36.00	70.00
助力车	辆	16.93	17.00	4.00	14.00	38.00	6.00
家用汽车	辆	4.38	2.00	2.00	20.00	2.00	
洗衣机	台	98.94	100.00	96.00	102.00	92.00	100.00
电冰箱	台	90.53	97.00	84.00	86.00	72.00	76.00
彩色电视机	台	124.02	123.00	116.00	128.00	126.00	146.00
家用电脑	台	58.11	62.00	42.00	58.00	52.00	64.00
组合音响	套	14.15	13.00	14.00	10.00	22.00	26.00
摄像机	架	5.46	6.00	4.00	8.00	2.00	2.00
照相机	架	35.80	42.00	28.00	28.00	20.00	34.00
钢琴	架	0.49			2.00	2.00	
其它中高档乐器	件	4.75	6.00		2.00	6.00	6.00
微波炉	台	36.03	42.00	14.00	38.00	26.00	30.00
空调器	台	98.46	104.00	48.00	132.00	84.00	86.00
淋浴热水器	台	60.88	59.00	56.00	88.00	44.00	56.00
消毒碗柜	台	3.01	2.00		8.00	6.00	2.00
洗碗机	台						
健身器材	套	3.78	5.00		4.00		6.00
固定电话	部	66.43	66.00	90.00	48.00	66.00	68.00
移动电话	部	185.24	184.00	144.00	222.00	172.00	240.00
接入互联网的移动电话	部	8.78	1.00	6.00	48.00	8.00	2.00
接入有线电视网络的电视机	台	113.15	118.00	100.00	110.00	106.00	108.00
接入互联网的计算机	台	53.23	58.00	36.00	54.00	44.00	54.00

12-9 按收入等级分的城镇居民家庭平均每人全年消费性支出

（2008年）　　单位：元

项　　目	总平均	最低收入户	更低户	低收入户	较低收入户
消费支出	**8933.16**	**4234.62**	**3496.82**	**5208.69**	**6291.72**
服务性消费支出	2331.37	1006.92	812.55	1163.64	1650.70
食品	2891.59	1826.53	1514.09	2113.24	2451.32
粮食	295.06	353.71	372.80	301.64	294.20
油脂类	94.80	145.90	164.55	122.23	86.03
肉禽蛋水产品	601.70	355.23	255.55	551.55	526.10
蔬菜类	301.71	249.20	221.87	236.18	270.42
糖烟酒饮料类	301.13	151.68	84.92	191.52	221.14
干鲜瓜果类	191.35	89.16	70.37	131.63	148.33
糕点、奶及奶制品	196.97	74.86	42.89	153.59	164.07
饮食服务	729.31	268.61	183.66	279.08	592.86
衣着	1204.91	428.69	391.10	633.23	788.97
服装	915.26	313.77	287.91	443.33	594.94
居住	1180.16	659.29	476.19	617.19	638.64
住房	358.59	26.48	12.72	23.47	69.63
水电燃料及其它	777.64	609.50	449.01	573.35	543.03
居住服务费	43.93	23.31	14.46	20.36	25.97
家庭设备用品及服务	609.66	94.83	64.70	197.25	372.51
耐用消费品	398.57	19.73	14.22	54.25	217.20
室内装饰品	11.53	0.13	0.25	0.02	2.76
床上用品	32.09	4.53	4.47	22.19	17.93
家庭日用杂品	149.29	66.61	40.00	115.67	120.19
家具材料	2.28				1.20
家庭服务	15.91	3.83	5.77	5.13	13.23
医疗保健	641.81	519.00	438.87	463.63	462.18
药品费	400.49	281.10	225.83	278.22	304.33
医疗费	222.47	235.76	209.00	183.66	121.53
交通和通讯	939.65	322.98	282.94	546.55	558.34
交通	388.41	119.33	90.05	164.37	171.22
通信	551.24	203.65	192.89	382.18	387.12
教育文化娱乐服务	1171.66	322.51	266.13	544.43	785.51
文化娱乐用品	340.87	29.63	27.69	169.31	149.88
文化娱乐服务	268.74	41.14	26.63	136.11	138.95
教育	562.05	251.74	211.81	239.01	496.68
其它商品和服务	293.73	60.79	62.81	93.17	234.26

12-9续表　　（2008年）　　单位：元

项　　目	中间收入户	较高收入户	高收入户	最高收入户	更高户
消费支出	**8644.65**	**10461.14**	**12486.60**	**17439.07**	**19666.21**
服务性消费支出	2315.47	3107.64	2741.20	4486.44	4444.99
食品	2840.27	3498.34	3439.80	4134.28	4676.54
粮食	247.91	282.26	284.87	346.50	311.33
油脂类	81.72	88.05	53.72	96.58	106.16
肉禽蛋水产品	615.99	697.38	672.28	775.34	858.37
蔬菜类	287.49	345.77	325.70	409.17	405.44
糖烟酒饮料类	335.25	363.22	369.08	489.23	666.03
干鲜瓜果类	192.52	245.75	197.60	332.94	384.04
糕点、奶及奶制品	233.52	258.15	193.72	252.24	290.47
饮食服务	659.39	991.82	1176.96	1205.33	1438.92
衣着	1423.49	1383.88	1869.45	2115.94	2444.71
服装	1069.01	1045.51	1500.59	1634.49	1890.57
居住	1075.09	1101.87	1342.94	3609.13	2748.31
住房	206.44	229.96	259.92	2281.29	1155.90
水电燃料及其它	809.52	817.83	1038.92	1248.75	1474.70
居住服务费	59.13	54.08	44.11	79.09	117.71
家庭设备用品及服务	488.43	620.69	1103.03	1841.21	2366.78
耐用消费品	208.26	386.77	837.78	1521.67	2017.73
室内装饰品	26.12	15.37	3.39	27.09	50.15
床上用品	42.56	33.53	70.76	41.37	38.11
家庭日用杂品	178.10	170.29	177.62	210.37	229.00
家具材料		0.42	0.48	19.10	
家庭服务	33.40	14.30	13.00	21.61	31.78
医疗保健	583.63	922.42	631.69	855.21	805.67
药品费	339.78	588.82	422.30	556.09	622.49
医疗费	212.66	319.58	207.88	267.96	163.34
交通和通讯	788.35	1087.67	1411.62	2304.36	3302.09
交通	260.07	381.48	571.81	1420.91	2297.47
通信	528.28	706.19	839.81	883.45	1004.62
教育文化娱乐服务	1194.00	1519.83	1951.04	2079.11	2653.95
文化娱乐用品	187.34	209.46	1287.25	898.14	1333.26
文化娱乐服务	205.88	352.62	269.29	851.20	1265.79
教育	800.78	957.75	394.50	329.78	54.91
其它商品和服务	251.39	326.43	737.02	499.82	668.16

12-10 按收入等级分的城镇居民家庭平均每人现金收入情况

（2008年）　　　　单位：元

项　　目	总平均	最低收入户	更低户	低收入户	较低收入户
家庭总收入	13412.99	4806.95	4075.66	6757.48	9574.90
#可支配收入	12391.76	4214.77	3522.42	6234.06	8855.40
工资性收入	10335.57	3566.38	2589.10	4689.45	6818.26
工资及补贴收入	10086.15	2793.94	1287.70	4622.57	6318.59
其它劳动收入	249.41	772.44	1301.41	66.88	499.67
经营性收入	544.44	204.68	385.13	589.42	828.54
财产性收入	144.31	2.45		47.81	1.59
利息收入	15.91	2.45		2.99	
股息与红利收入	44.47			22.17	
保险收益	1.66			12.97	
其它投资收入	20.58			6.09	0.46
出租房屋收入	61.11			0.60	
其它财产性收入	0.58			2.99	1.13
转移性收入	2388.67	1033.45	1101.43	1430.80	1926.51
养老金或离退休金	2116.74	786.04	772.69	1339.75	1507.08
社会救济收入	34.88	158.69	275.37	26.05	73.38
赔偿收入	0.23				
保险收入	9.99				47.74
赡养收入	42.14			5.98	25.73
捐赠收入	116.36	36.75	20.97	29.49	196.28
记帐补贴	30.80	24.59	32.40	26.87	34.05
出售财物收入	12.47			0.34	11.96
借贷收入	3008.93	1227.57	866.82	1578.03	1736.00
提取储蓄存款	2683.93	1013.64	657.45	1452.36	1628.90
借入款	211.88	177.66	141.13	98.73	72.04
收回借出款	17.34	36.27	68.24	20.91	0.10
收回储蓄性保险本					
其它借贷收入					

12-10续表 （2008年） 单位：元

项　　目	中间收入户	较高收入户	高收入户	最高收入户	更高户
家庭总收入	**12192.09**	**15507.23**	**21118.63**	**28598.48**	**31779.21**
#可支配收入	**11334.26**	**14422.82**	**19494.96**	**26760.88**	**29648.00**
工资性收入	10617.64	11959.60	16061.15	21793.98	22676.40
工资及补贴收入	10604.60	11813.77	15907.52	21588.58	22442.93
其它劳动收入	13.04	145.82	153.64	205.40	233.47
经营性收入	84.66	553.08	873.71	856.74	1655.28
财产性收入	66.77	186.46	291.96	587.75	386.16
利息收入	9.33	7.64	43.56	78.10	104.46
股息与红利收入	19.70	82.14	101.95	113.12	106.65
保险收益					
其它投资收入		19.95		154.27	
出租房屋收入	37.73	76.72	146.45	242.26	175.05
其它财产性收入					
转移性收入	1423.02	2808.10	3891.80	5360.01	7061.37
养老金或离退休金	1279.26	2486.45	3796.75	4800.43	6142.66
社会救济收入	6.76				
赔偿收入		1.10			
保险收入		6.95			
赡养收入		169.88		15.10	29.17
捐赠收入	58.59	96.17	58.71	369.38	651.24
记帐补贴	35.98	29.89	25.15	34.42	29.85
出售财物收入	**0.36**	**0.60**	**104.28**	**3.06**	**5.91**
借贷收入	**1734.75**	**2418.01**	**3999.96**	**11580.58**	**13369.28**
提取储蓄存款	1614.04	2390.79	3868.62	9337.34	10684.27
借入款	94.31	19.95	73.76	1374.61	2655.84
收回借出款	26.40	3.68	30.26	22.71	29.17
收回储蓄性保险本					
其它借贷收入					

12-11 按收入等级分的城镇居民家庭平均每人全年购买的主要商品

（2008年）

项　　目	计量单位	总平均	最低收入户		低收入户	较低收入户
				更低户		
大米	千克/人	16.64	29.18	32.61	15.19	14.74
面粉	千克/人	29.58	52.37	73.30	37.09	28.52
食用植物油	千克/人	6.81	11.69	13.64	9.22	6.23
猪肉	千克/人	10.32	7.34	5.53	9.42	9.36
牛肉	千克/人	0.21	0.10		0.12	0.50
羊肉	千克/人	0.42	0.28	0.25	0.43	0.32
鸡	千克/人	1.37	0.70	0.34	1.15	1.57
鸭	千克/人	0.05				0.03
鲜蛋	千克/人	10.68	9.27	8.33	12.20	10.31
鱼	千克/人	2.38	1.50	0.89	2.21	2.47
虾	千克/人	0.17	0.04	0.02	0.14	0.08
鲜菜	千克/人	133.10	121.92	111.59	112.56	125.78
白酒	千克/人	1.36	0.75	0.34	1.84	1.83
果酒	千克/人	0.14	0.02	0.04	0.08	0.08
啤酒	千克/人	2.82	1.99	0.64	2.96	2.85
鲜果	千克/人	40.16	22.35	13.53	32.50	32.16
鲜瓜	千克/人	16.58	11.05	12.93	11.54	16.93
糕点	千克/人	4.65	1.80	1.54	3.02	4.21
鲜乳品	千克/人	11.10	4.33	2.97	11.15	8.17
奶粉	千克/人	0.35	0.25	0.04	0.80	0.20
酸奶	千克/人	6.84	3.10	1.11	4.11	6.22
服装	件/人	8.76	4.64	3.95	6.90	7.47

12-11续表　　　　　　　　　　　　　　　　　（2008年）

项　　目	计量单位	中间收入户	较高收入户	高收入户	最高收入户	更高户
大米	千克/人	13.46	12.10	18.71	21.53	24.68
面粉	千克/人	20.58	23.59	26.01	29.39	20.91
食用植物油	千克/人	5.65	5.94	3.82	6.23	6.73
猪肉	千克/人	10.64	10.88	12.42	12.66	14.69
牛肉	千克/人	0.12	0.15	0.16	0.24	0.26
羊肉	千克/人	0.30	0.57	0.39	0.62	0.58
鸡	千克/人	1.07	1.74	1.98	1.20	1.30
鸭	千克/人	0.04	0.16		0.07	0.11
鲜蛋	千克/人	9.86	11.20	10.85	11.21	10.75
鱼	千克/人	2.41	2.51	2.36	3.10	3.96
虾	千克/人	0.18	0.25	0.22	0.26	0.41
鲜菜	千克/人	123.45	142.66	139.59	175.76	169.50
白酒	千克/人	0.87	1.33	1.80	1.10	1.66
果酒	千克/人	0.22	0.15	0.08	0.39	0.10
啤酒	千克/人	3.85	2.87	2.67	1.63	1.67
鲜果	千克/人	40.71	50.66	41.55	59.27	64.70
鲜瓜	千克/人	16.26	16.86	17.98	26.93	33.15
糕点	千克/人	5.97	4.87	5.51	6.90	7.50
鲜乳品	千克/人	10.04	15.75	10.30	16.64	22.10
奶粉	千克/人	0.39	0.44	0.18	0.03	0.02
酸奶	千克/人	9.08	10.43	4.69	5.98	6.04
服装	件/人	10.02	10.69	9.86	10.53	10.96

12-12 历年城镇居民家庭平均每人全年购买的主要商品数量

商品名称	2001年	2002年	2003年	2004年	2005年	2006年	2007年	2008年
大米(千克)	16.06	18.44	17.45	17.80	14.70	15.61	15.30	16.64
面粉(千克)	38.68	33.00	34.75	35.37	24.67	24.03	26.87	29.58
食用植物油(千克)	6.66	7.00	7.90	7.82	6.31	6.09	7.20	6.81
猪肉(千克)	10.85	13.30	13.53	12.20	12.69	13.11	10.36	10.32
牛肉(千克)	0.18	0.15	0.14	0.33	0.46	0.34	0.41	0.21
羊肉（千克）	0.43	0.64	0.86	0.96	0.85	0.78	0.76	0.42
鸡(千克)	1.71	1.90	1.90	1.57	1.69	1.32	1.83	1.37
鸭（千克）			0.03	0.03	0.06	0.03	0.07	0.05
鲜蛋(千克)	11.65	11.55	12.13	11.17	10.98	10.70	12.23	10.68
鱼(千克)	2.26	3.12	2.97	2.80	2.53	2.40	2.62	2.38
鲜菜(千克)	94.07	120.45	116.45	130.37	117.81	120.38	133.53	133.10
白酒(千克)	1.68	2.00	1.66	1.59	1.19	1.35	0.76	1.36
啤酒(千克)	3.58	3.31	3.14	2.70	2.37	2.54	2.59	2.82
果酒(千克)	0.22	0.41	0.30	0.25	0.17	0.25	0.15	0.14
茶叶(千克)	0.06	0.06	0.05	0.05	0.05	0.04	0.05	0.10
鲜果(千克)	24.72	27.87	28.72	31.80	30.51	33.08	40.88	40.16
鲜瓜（千克）	26.11	25.73	21.97	20.38	24.91	27.92	18.21	16.58
鲜奶(千克)	4.57	8.60	10.73	11.24	12.06	12.21	14.35	11.10
服装(件)	8.29	9.06	8.35	8.55	9.59	9.11	11.77	8.76

12-13 历年城镇居民家庭平均每百户年末主要耐用消费品拥有量

商品名称	2001年	2002年	2003年	2004年	2005年	2006年	2007年	2008年
成套家具(套)		78.31	78.56	76.62	72.05	72.05		
摩托车(辆)	28.91	33.66	34.69	33.72	41.21	41.30	40.44	37.69
自行车(辆)	142.17	139.53	136.79	138.29	85.27	84.59		
助力车(辆)		0.73	1.93	2.17	1.55	3.75	9.43	16.93
家用汽车(辆)					1.75	1.75	2.45	4.38
洗衣机(台)	95.60	97.39	98.47	98.56	97.38	98.15	97.84	98.94
电风扇(台)	168.16	176.07	174.54	174.15	139.26	143.30		
电冰箱(台)	77.68	86.82	87.33	88.55	92.74	92.98	96.26	90.53
冰柜(台)	5.18	6.33	4.86	5.60	2.50	2.50		
彩色电视机(台)	114.67	118.06	117.85	118.24	126.80	126.56	127.19	124.02
影碟机(台)	37.14	44.26	47.16	47.11	67.81	67.81		
录音机(台)	48.68	56.34	59.25	57.24	38.57	39.13		
录放像机(台)	8.19	11.26	12.26	11.53	11.21	10.48		
家用电脑(台)	4.28	10.30	12.20	15.35	33.39	37.54	43.16	58.11
组合音响(套)	15.75	17.85	18.26	16.56	15.07	13.60	13.57	14.15
摄像机(架)	0.33	0.09	0.82	0.82	4.44	3.71	3.79	5.46
照相机(架)	29.67	39.81	41.25	41.72	46.98	48.03	47.87	35.80
钢琴(架)	1.09	1.00	1.47	1.70	3.38	3.65	3.65	0.49
其他中高档乐器(件)	3.19	9.01	11.18	10.76	9.20	8.47	8.19	4.75
微波炉(台)	5.78	12.84	11.10	14.36	29.17	32.19	32.87	36.03
空调器(台)	29.67	43.17	48.47	56.46	80.59	84.87	86.01	98.46
电炊具(台)	62.23	79.17	82.77	85.79	88.58	94.88		
淋浴热水器(台)	22.01	33.46	35.30	38.94	45.72	49.56	55.00	60.88
抽油烟机(台)	46.80	56.82	58.15	60.09	60.37	61.43		
吸尘器(台)	2.02	4.23	4.47	4.47	5.12	5.12		
健身器(件)	1.93	3.20	3.66	3.66	11.31	7.41	6.75	3.78
普通电话(部)	86.54	99.67	99.18	98.53	88.10	84.44	81.58	66.43
移动电话(台)	9.43	39.10	57.48	72.71	140.50	153.52	159.20	185.24

12-14 按收入等级分的城镇居民每百户年末主要耐用消费品拥有量

（2008年末）

项　　目	总平均	最低收入户	更低户	低收入户	较低收入户
摩托车（辆）	37.69	10.79		46.27	49.50
助力车（辆）	16.93	20.76	38.25	14.55	6.14
家用汽车（辆）	4.38				
洗衣机（台）	98.94	86.09	74.37	94.49	98.29
电冰箱（台）	90.53	81.24	73.13	85.84	80.29
彩色电视机（台）	124.02	102.67	103.68	122.02	115.56
家用电脑（台）	58.11	18.11	20.60	43.14	47.85
组合音响（套）	14.15	2.84		6.17	9.67
摄像机（架）	5.46				3.58
照相机（架）	35.80	6.26		11.01	21.24
钢琴（架）	0.49				1.28
其他中高档乐器（件）	4.75				7.17
微波炉（台）	36.03	11.85	10.30	17.84	18.03
空调器（台）	98.46	35.81	24.27	64.28	80.49
淋浴热水器（台）	60.88	29.71	20.60	33.30	49.30
消毒碗柜（台）	3.01				
健身器材（套）	3.78				
普通电话（部）	66.43	69.38	78.17	57.49	66.89
移动电话（部）	185.24	124.06	121.87	157.08	176.14

12-14续表　　（2008年末）

项　目	中间收入户	较高收入户	高收入户	最高收入户	更高户
摩托车（辆）	40.25	40.65	37.38	29.19	11.91
助力车（辆）	21.01	20.59	4.74	28.88	32.60
家用汽车（辆）	6.06	8.29	7.70	6.28	7.37
洗衣机（台）	98.80	100.35	105.68	107.06	108.78
电冰箱（台）	87.53	96.47	105.68	98.26	100.00
彩色电视机（台）	126.28	125.16	119.26	154.77	166.30
家用电脑（台）	53.29	72.55	82.35	82.56	96.04
组合音响（套）	10.92	13.11	33.60	26.87	36.57
摄像机（架）	1.51	8.46	7.33	16.79	30.30
照相机（架）	31.59	44.01	55.78	78.66	87.26
钢琴（架）			2.57		
其他中高档乐器（件）	10.23	2.95	2.71	6.60	11.91
微波炉（台）	30.93	38.20	73.94	68.94	87.55
空调器（台）	97.40	112.68	123.00	164.73	164.87
淋浴热水器（台）	61.52	85.42	67.23	81.29	87.82
消毒碗柜（台）	1.51	4.35	2.03	13.20	11.91
健身器材（套）	3.76	5.90	12.18	4.87	8.78
普通电话（部）	66.70	70.74	61.55	67.81	78.75
移动电话（部）	189.97	205.73	197.60	224.50	220.96

12-15 历年城镇居民家庭就业情况

项　　目	2001年	2002年	2003年	2004年	2005年	2006年	2007年	2008年
家庭人口数(人/户)	3.19	2.99	2.97	2.93	2.90	2.89	2.85	2.82
有收入者人数(人/户)	2.17	2.04	2.03	2.00	2.05	2.06	2.02	1.99
就业人口数(人/户)	1.80	1.60	1.54	1.47	1.62	1.62	1.58	1.51
国有经济单位(人/户)	1.51	1.37	1.33	1.27	1.45	1.45	1.28	1.17
城镇集体经济单位(人/户)	0.11	0.06	0.04	0.05	0.02	0.02	0.01	0.04
其他各种经济类型单位(人/户)	0.05	0.05	0.06	0.05	0.06	0.05	0.15	0.13
城镇个体经营者(人/户)	0.05	0.04	0.03	0.04	0.05	0.04	0.04	0.07
城镇个体被雇人员(人/户)	0.03	0.01	0.01	0.03	0.01	0.02	0.04	0.08
离退休再就业人员(人/户)	0.03	0.05	0.05	0.03	0.02	0.02	0.02	
其他就业人员(人/户)	0.03	0.02	0.02	0.01		0.02	0.03	0.01
离退休人数(人/户)	0.35	0.40	0.42	0.47	0.37	0.38	0.42	0.42
其他有收入者人数(人/户)	0.02	0.05	0.07	0.07	0.06	0.06	0.03	0.05
无收入者人数(人/户)	1.02	0.95	0.94	0.92	0.85	0.83	0.83	0.84
非家庭人口在家用餐人次数（人次/户）		10.52	11.41	8.98	5.32	3.20	2.67	4.41
家庭人口在外用餐人次数（人次/户）		18.03	21.16	19.37	19.28	18.03	16.18	19.58
负担系数（人/就业者）	1.77	1.87	1.93	1.99	1.79	1.78	1.80	1.87

12-16 按收入等级分的城镇居民家庭生活基本情况

（2008年）

项　　目	总平均	最低收入户	更低户	低收入户	较低收入户
家庭人口数(人/户)	2.82	2.83	2.77	3.29	3.00
有收入者人数(人/户)	1.99	1.31	1.32	1.83	2.02
就业人口数(人/户)	1.51	0.79	0.66	1.36	1.52
国有经济单位职工人数(人/户)	1.17	0.46	0.28	0.64	0.95
城镇集体经济单位职工人数(人/户)	0.04	0.03	0.04		0.08
其它经济类型单位职工人数(人/户)	0.13	0.17	0.10	0.46	0.19
城镇个体或私营企业主人数(人/户)	0.07	0.13	0.24	0.12	0.16
城镇个体或私营企业被雇人数(人/户)	0.08	0.01		0.14	0.14
离退休再就业人数(人/户)					
其它就业人数(人/户)	0.01				
离退休人数(人/户)	0.42	0.22	0.18	0.43	0.42
其它有收入者人数(人/户)	0.05	0.30	0.49	0.04	0.08
无收入者人数(人/户)	0.84	1.52	1.45	1.46	0.98
在外就学人数(人/户)	0.17	0.05	0.09	0.25	0.24
非家庭人口在家用餐(人次/户)	4.41	0.05	0.07	3.07	1.53
家庭人口在外用餐(人次/户)	19.58	17.00	17.15	13.13	22.06

12-16续表　　　　　　　　　　　　　　　　　（2008年）

项　目	中间收入户	较高收入户	高收入户	最高收入户	更高户
家庭人口数(人/户)	2.87	2.87	2.50	2.30	2.15
有收入者人数(人/户)	2.02	2.13	2.21	2.18	2.11
就业人口数(人/户)	1.73	1.58	1.64	1.71	1.64
国有经济单位职工人数(人/户)	1.40	1.39	1.51	1.57	1.43
城镇集体经济单位职工人数(人/户)	0.07	0.04	0.03	0.02	
其它经济类型单位职工人数(人/户)	0.07	0.02	0.05	0.06	0.11
城镇个体或私营企业主人数(人/户)	0.01	0.04	0.06	0.02	0.04
城镇个体或私营企业被雇人数(人/户)	0.17	0.06			
离退休再就业人数(人/户)				0.04	0.06
其它就业人数(人/户)		0.03			
离退休人数(人/户)	0.28	0.55	0.56	0.47	0.46
其它有收入者人数(人/户)	0.01	0.01			
无收入者人数(人/户)	0.85	0.74	0.29	0.12	0.04
在外就学人数(人/户)	0.06	0.10	0.21	0.36	0.38
非家庭人口在家用餐(人次/户)	0.97	9.80	4.13	9.67	13.60
家庭人口在外用餐(人次/户)	17.56	19.69	22.26	24.64	26.33

12-17 主要年份农民人均主要指标

年份	总收入（元）	纯收入（元）	现金收入（元）	总支出（元）	#生活消费支出（元）	恩格尔系数（%）	年末住房面积（平方米）
1952		32.4					
1957		36.0					
1962		26.2					
1965		35.9					
1970		41.2					
1975		51.5					
1978		66.0					
1980	**192.9**	**169.3**		**174.1**	**145.6**	**53.8**	**10.0**
1981	255.3	238.4		223.5	182.6	50.3	11.6
1982	247.1	224.7		214.9	171.9	56.8	10.3
1983	252.4	207.0		253.4	190.0	56.4	9.3
1984	317.9	252.6		295.9	182.3	60.0	10.0
1985	**399.0**	**306.1**	**341.2**	**374.7**	**250.7**	**54.7**	**12.4**
1986	456.5	309.2	421.0	459.3	294.0	53.5	12.8
1987	515.6	384.8	466.6	457.2	296.1	53.1	13.5
1988	583.2	431.4	551.3	548.1	377.7	48.4	14.0
1989	660.5	485.4	587.9	609.1	428.3	47.3	14.3
1990	**730.8**	**537.2**	**634.7**	**690.7**	**487.0**	**48.6**	**15.8**
1991	747.7	540.1	718.7	718.1	493.5	52.3	15.7
1992	832.0	601.0	748.5	781.6	521.6	53.3	16.3
1993	1002.1	735.5	754.2	920.1	625.1	51.2	16.2
1994	1254.5	926.9	1020.5	1219.7	819.1	54.4	17.5
1995	**1521.7**	**1182.8**	**1208.4**	**1371.2**	**970.6**	**57.3**	**17.6**
1996	1922.1	1500.9	1571.0	1760.0	1212.5	53.5	19.6
1997	2061.4	1674.6	1866.6	1588.3	1138.7	51.8	19.9
1998	2348.6	1908.6	1913.0	1674.9	1184.1	50.0	20.6
1999	2511.2	2021.0	2239.1	1915.5	1286.0	46.4	20.5
2000	**2759.4**	**2161.2**	**2051.0**	**2000.2**	**1299.0**	**41.6**	**27.2**
2001	2669.6	2020.0	2033.1	2156.2	1457.4	45.3	27.3
2002	2781.8	2113.1	2133.2	2209.2	1505.3	45.4	27.8
2003	2962.8	2246.8	2341.6	2343.3	1560.4	43.0	28.4
2004	3469.3	2567.5	2709.4	2802.5	1774.8	46.8	28.8
2005	**3951.7**	**2935.0**	**3284.3**	**3294.0**	**2030.0**	**43.4**	**29.2**
2006	4621.4	3435.3	3821.2	4026.9	2357.5	42.4	30.7
2007	5308.4	4033.0	4571.9	4342.0	2824.2	40.2	31.4
2008	6326.3	4680.5	5433.8	5421.5	3319.4	37.8	32.3

注：农民人均收支中自产自用部分1989年以前按1985年价格计算，1990年以后按当年价格计算。

12-18 分县市农村调查户基本情况

（2008年）

指　　标	计量单位	合　计	湖滨区	义马市	渑池县	陕　县	灵宝市	卢氏县
调查户数	户	510	50	40	100	120	120	80
调查户常住人口	人	2029	178	152	404	443	517	335
6岁及以下	人	78	2	6	10	15	21	24
7-15岁	人	185	14	13	26	40	55	37
16-18岁	人	141	13	13	23	32	42	18
19-22岁	人	197	26	14	30	38	50	39
23-25岁	人	109	10	14	23	22	27	13
26-30岁	人	151	12	9	46	28	37	19
31-40岁	人	319	20	27	76	67	78	51
41-50岁	人	384	48	30	52	91	97	66
51-60岁	人	290	22	22	68	76	71	31
60岁以上	人	175	11	4	50	34	39	37
在校学生人数	人	372	33	33	57	84	95	70
#7-15岁在校学生人数	人	185	14	13	26	40	55	37
享受农村最低生活保障的人数	人	16		4		4	5	3
参加农村养老保险的人数	人	6		3		3		
参加城镇养老保险的人数	人	3		2		1		
参加商业养老保险的人数	人	2		2				
参加农村新型合作医疗的人数	人	1948	148	142	392	423	515	328
参加商业医疗保险的人数	人	17	11			2	4	
参加城镇医疗保险的人数	人	37	16			16	1	4
整半劳动力人数	人	1478	135	109	319	332	353	230
#整劳动力	人	1027	99	75	210	209	267	167
劳动力文化程度								
不识字或识字很少	人	42			1	17	9	15
小学程度人数	人	263	9	14	70	64	56	50
初中程度人数	人	841	87	44	171	187	233	119
高中程度人数	人	250	29	40	64	49	35	33
中专程度人数	人	49	8	5	5	9	14	8
大专及以上人数	人	33	2	6	8	6	6	5

12-18续表 （2008年）

指　　标	计量单位	合　计	湖滨区	义马市	渑池县	陕　县	灵宝市	卢氏县
劳动力接受培训情况								
受过专业培训的人数	人	535	39	29	1	70	338	58
未受过专业培训的人数	人	943	96	80	318	262	15	172
就业劳动力人数	人	1468	125	109	319	332	353	230
#整劳动力	人	1021	93	75	210	209	267	167
劳动力就业行业分布情况								
农业	人	1041	45	52	260	238	266	180
林业	人	4	3			1		
牧业	人	5	1	2			2	
渔业	人							
采矿业	人	58		5	34	8	4	7
制造业	人	61	10	11		9	27	4
电力煤气及水的生产供应业	人	6		4		2		
建筑业	人	30	4	5		10	3	8
交通运输仓储及邮电通讯业	人	37	22	5	1	4	4	1
批发和零售贸易业	人	42	10			14	13	5
住宿和餐饮业	人	27	4			6	4	13
居民服务和其他服务业	人	28	4	6		7	4	7
教育	人	17	1	4	1	5	3	3
卫生、社会保障和社会福利业	人	10		2		4	2	2
文化、体育和娱乐业	人	1		1				
其他	人	101	21	12	23	24	21	
年末土地经营情况								
耕地面积	公顷	207.0	12.1	5.2	60.9	43.9	55.8	29.1
#有效灌溉面积	公顷	22.7	2.4	1.4		4.9	14.0	
山地面积	公顷	40.0	0.2		4.3	15.7	7.8	12.1
园地面积	公顷	34.5	2.0	0.2		12.7	19.4	0.1
牧草地面积	公顷	1.0						1.0
养殖水面面积	公顷	3.2	2.7			0.5		

12-19 分县市农民家庭居住情况

（2008年）

指　　标	计量单位	全　市	湖滨区	义马市	渑池县	陕　县	灵宝市	卢氏县
期末人均住房情况								
住房面积	平方米	32.3	31.8	47.2	34.7	29.5	35.1	25.5
#租用住房面积	平方米	0.1	2.4	0.2				
住房价值	元	8029.7	10766.9	9965.1	8356.4	9715.6	8708.9	4053.9
住房类型								
楼房面积	平方米	5.3	10.1	18.5	6.5	4.3	3.9	5.0
砖瓦平房面积	平方米	22.4	16.6	23.6	28.2	23.5	25.8	11.3
其他	平方米	4.6	5.2	5.2		1.7	5.4	9.3
住房结构								
钢筋混泥土结构面积	平方米	18.1	19.0	29.5	14.1	8.5	26.3	12.3
砖木结构面积	平方米	10.7	10.6	15.4	20.6	20.2	5.2	4.2
其他	平方米	3.5	2.3	2.4		0.9	3.5	9.1
期内新建(购)住房情况								
新建(购)住房面积	平方米	1.0			0.3	1.4	1.5	0.8
新建(购)住房价值	元	370.0			148.5	591.4	520.3	223.9
平均每百户居住条件								
住房卫生设备使用情况								
使用水冲式厕所的户数	户	3.9	12.0	15.0				10.0
使用旱厕的户数	户	95.5	88.0	82.5	100.0	100.0	100.0	87.5
无厕所的户数	户	0.6		2.5				2.5
取暖设备使用情况								
#使用空调的户数	户	0.4	2.0			0.8		
使用暖气的户数	户	2.2	12.0			4.2		
使用火炕的户数	户	0.8	0.0			3.3		
使用其他取暖设备的户数	户	29.0	56.0	25.0	100.0	8.3		
炊事使用的主要能源								
使用沼气的户数	户	6.9	8.0	10.0		18.3	4.2	
使用其他燃气的户数	户	11.0	34.0	55.0		13.3	0.8	
使用电的户数	户	4.9	12.0			11.7	4.2	
使用煤炭的户数	户	52.7	46.0	35.0	100.0	46.7	63.3	
使用柴草的户数	户	24.5				10.0	27.5	100.0
饮用水来源情况								
饮用自来水的户数	户	47.1	70.0	62.5	30.0	75.0		75.0
饮用深井水的户数	户	38.2	30.0	25.0	70.0	16.7	58.4	12.5
饮用浅井水的户数	户	4.9		12.5		8.3	8.3	
饮用江河湖泊水的户数	户	9.8					33.3	12.5
饮用其他水源的户数	户							
住宅外道路路面状况								
水泥或柏油路面的户数	户	61.0	68.0	75.0	40.0	46.7	100.0	38.7
沙石或石板等硬质路面的户数	户	16.5	4.0	20.0	40.0	5.8		33.8
其他路面的户数	户	22.5	28.0	5.0	20.0	47.5		27.5

12-20 分县市农民家庭平均每人纯收入情况

（2008年）　　　　单位：元

指　　标	全　市	湖滨区	义马市	渑池县	陕　县	灵宝市	卢氏县
农民人均纯收入	**4680.5**	**4942.5**	**5874.0**	**5200.0**	**4191.7**	**5452.2**	**3115.6**
按来源分							
工资性收入	1629.9	1971.3	3178.9	1847.3	1626.1	1518.5	1357.6
在非企业组织中劳动得到	194.6	47.5	592.3	116.7	194.7	225.8	181.0
在本乡在域内劳动得到	908.4	1224.5	1951.4	1165.5	1039.4	813.5	532.9
外出从业得到	526.9	699.3	635.2	565.1	392.0	479.2	643.7
家庭经营纯收入	2770.2	2606.2	2211.9	3238.5	2217.9	3648.9	1486.1
第一产业纯收入	2152.8	1148.7	773.3	2646.2	1739.5	2891.5	1296.1
农业收入	1852.3	675.7	544.0	2176.8	1514.1	2580.5	1106.7
林业收入	43.3	63.1	-7.4	-1.0	6.1	46.3	108.9
牧业收入	256.9	409.9	236.7	470.4	217.5	264.7	80.6
渔业收入	0.3				1.7		-0.1
第二产业纯收入	121.9	77.4	400.7		22.5	296.4	-29.8
工业收入	83.0	43.4	336.0		-54.0	224.7	-4.1
建筑业收入	38.9	34.0	64.7		76.5	71.7	-25.7
第三产业纯收入	495.5	1380.1	1037.9	592.3	455.9	461.0	219.8
交通、运输、邮电业收入	252.8	1016.1	776.1	339.5	169.8	204.7	77.9
批零贸易业、饮食业收入	180.6	312.2	223.3	54.5	267.4	208.4	123.3
社会服务业收入	9.0	42.7	22.0		0.1	15.3	1.9
文教卫生业收入	15.6			-0.3	16.7	26.2	13.9
其他收入	37.5	9.1	16.5	198.6	1.9	6.4	2.8
财产性纯收入	79.1	229.5	348.8	19.5	158.5	43.1	21.5
#集体分配股息和红利	9.2	47.2	13.8			17.0	
其他股息和红利	16.3		10.2	4.9	85.3	1.0	
租金	25.7	181.4	158.9		19.0	19.3	7.0
土地征用补偿	15.7		117.8		50.6		17.9
转移性纯收入	201.3	135.5	134.4	94.7	189.2	241.7	250.4
#家庭非常住人口寄回带回	2.2				10.7		1.8
离退休金、养老金	17.3	57.5		3.2	14.1	2.0	53.2
救济金	6.8		2.8		18.1	5.8	6.8
报销医疗费	3.1				3.8	2.0	8.4
退耕还林还草补贴	26.9	21.4	18.7		23.3	34.4	40.5
粮食直接补贴收入	55.0	56.6	64.1	66.6	67.4	38.8	63.5
良种补贴	8.0		0.7		13.8	14.7	0.1
按性质分							
生产性收入	4375.5	4534.8	5368.8	5086.1	3827.3	5125.9	2827.9
非生产性收入	305.0	407.7	505.2	113.9	364.4	326.3	287.7

12-21 分县市农民家庭平均每人总收入情况

（2008年） 单位：元

指　　标	全　市	湖滨区	义马市	渑池县	陕　县	灵宝市	卢氏县
全年总收入	**6326.32**	**6691.46**	**7501.05**	**6849.18**	**5332.08**	**7757.29**	**3921.63**
工资性收入	1629.90	1971.27	3178.88	1847.40	1626.14	1518.51	1357.59
在非企业组织中劳动得到	194.57	47.53	592.33	116.73	194.67	225.78	181.03
在本乡在域内劳动得到	908.39	1224.47	1951.42	1165.47	1039.45	813.50	532.91
外出从业得到	526.95	699.28	635.20	565.20	392.02	479.16	643.70
家庭经营收入	4382.60	4355.13	3787.68	4839.81	3355.65	5918.80	2211.94
第一产业收入	3315.85	2136.22	1381.80	3596.87	2529.10	4759.85	1732.40
农业收入	2672.42	1189.08	906.40	2785.47	2185.71	3904.82	1421.11
#农产品收入	2562.81	1149.28	692.72	2411.29	2064.75	3887.27	1365.09
林业收入	52.03	71.80	1.25		16.11	62.30	109.32
牧业收入	591.03	875.34	474.09	811.41	325.10	792.73	202.03
渔业收入	0.38				2.17		
第二产业收入	196.65	189.12	595.91		118.13	394.70	
工业收入	133.30	139.40	476.30			297.49	
建筑业收入	63.28	49.66	119.61		118.13	97.16	
第三产业收入	870.15	2029.78	1810.03	1242.94	708.48	764.31	479.48
交通、运输、邮电业收入	482.41	1431.83	1104.71	854.63	341.96	407.30	109.55
批零贸易业、饮食业收入	297.99	537.10	666.17	109.77	345.82	279.86	339.56
社会服务业收入	19.10	50.00	22.30			37.14	8.87
文教卫生业收入	19.00				18.80	32.33	17.34
其他收入	51.72	10.85	16.78	278.54	1.92	7.74	4.15
财产性收入	79.06	229.56	348.80	19.48	158.48	43.12	21.51
#集体分配股息和红利	9.23	47.19	13.82			17.03	
其他股息和红利	16.31		10.20	4.88	85.33	0.97	
租金	25.70	181.40	158.95		19.03	19.34	6.99
土地征用补偿	15.74		117.76		50.58		17.91
转移性收入	234.70	135.50	185.70	142.50	191.80	276.86	330.60
#家庭非常住人口寄回带回	2.22				10.72		1.79
城市亲友赠送	5.79		14.93		20.32	4.84	
农村亲友赠送	33.38		51.34	47.87	2.60	35.17	80.15
退耕还林还草补贴收入	26.86	21.44	18.74		23.25	34.44	40.54
粮食直接补贴收入	54.98	56.56	64.08	66.63	67.36	38.78	63.48

12-22 分县市农民家庭平均每人总支出情况

（2008年） 单位：元

指　　标	全　市	湖滨区	义马市	渑池县	陕　县	灵宝市	卢氏县
全年总支出	**5421.5**	**6527.7**	**5713.9**	**4745.0**	**4839.7**	**6865.9**	**3424.7**
家庭经营费用支出	1434.4	1469.8	1405.8	1484.2	875.7	2106.1	585.8
第一产业生产	1088.2	888.2	506.1	916.5	694.7	1776.9	386.1
农业生产	755.4	443.2	270.4	582.6	579.2	1248.9	266.6
林业生产	8.7	8.7	8.7	1.0	10.0	16.0	0.3
牧业生产	324.1	436.3	227.0	332.9	105.5	512.0	119.0
渔业生产							0.2
第二产业生产	57.6	72.4	186.4		37.8	95.4	29.8
工业生产	34.1	56.7	131.5			70.5	4.1
建筑业生产	23.5	15.7	54.9		37.8	24.9	25.7
第三产业生产	288.6	509.2	713.3	567.7	143.2	233.8	169.9
交通运输邮电业生产	171.4	280.2	279.5	434.6	67.0	159.4	22.8
批零贸易餐饮业生产	97.2	222.2	433.1	52.8	74.2	62.7	140.3
社会服务业生产	4.6	5.1	0.4			10.3	2.1
文教卫生业生产	1.6			0.3	2.0	1.4	3.4
其他行业生产	13.8	1.7	0.3	80.0			1.3
购置生产用固定资产支出	422.8	1183.8	164.5	302.2	669.3	480.6	46.4
建造生产性固定资产雇工支出	3.6			19.8			1.5
税费支出	0.9	9.7			1.6		0.7
第一产业税	0.1						0.5
第三产业税	0.3				1.6		
其他各种收费	0.5	9.7					0.2
生活消费支出	3319.4	3813.6	4013.2	2910.1	3131.7	3871.0	2559.0
财产性支出	8.4	8.5				20.8	0.1
转移性支出	232.0	42.3	130.4	28.7	161.4	387.4	231.2
#寄给或带给家庭非常住人口	68.2	1.2			31.7	165.3	
赠送农村亲友	102.4	21.2	85.2	23.8	49.4	117.9	207.2
赠送城市亲友	6.3		5.1		34.4		0.8

12-23 分县市农民家庭平均每人生活消费支出

（2008年） 单位：元

指 标	全 市	湖滨区	义马市	渑池县	陕 县	灵宝市	卢氏县
全年生活消费支出	**3319.4**	**3813.6**	**4013.2**	**2910.1**	**3131.7**	**3871.0**	**2559.0**
#服务性支出	1083.3	1158.7	1013.5	651.5	1014.9	1395.5	903.5
食品	1255.3	1393.4	1410.5	1182.4	1202.1	1382.3	1065.6
食品消费品支出	952.8	1264.5	950.0	1009.3	1146.7	906.4	747.5
食品消费服务性支出	302.5	128.9	460.5	173.1	55.4	475.9	318.1
#在外饮食	292.9	89.6	458.4	168.3	48.6	467.2	306.7
衣着	284.6	354.2	436.8	387.4	289.1	278.6	167.7
衣着消费品支出	284.0	353.3	436.0	387.2	288.6	277.6	167.2
衣着消费服务性支出	0.6	0.9	0.8	0.2	0.5	1.0	0.5
居住	628.8	640.6	687.4	524.0	476.5	776.3	558.1
居住消费品支出	448.1	301.0	594.7	428.7	361.4	515.6	428.3
居住消费服务性支出	180.7	339.6	92.7	95.3	115.1	260.7	129.8
家庭设备、用品及服务	135.6	206.8	346.2	126.3	82.4	169.9	77.0
家庭设备用品消费品支出	132.6	195.5	339.8	125.8	81.7	165.8	74.3
家庭设备用品服务性消费支出	3.0	11.3	6.4	0.5	0.7	4.1	2.7
交通和通讯	410.5	569.7	568.0	277.6	320.4	563.9	247.3
交通和通讯用品支出	233.7	420.3	413.5	149.8	133.4	338.4	120.1
交通和通讯服务消费支出	176.8	149.4	154.5	127.8	187.0	225.5	127.2
文教娱乐用品及服务	292.5	454.0	315.9	161.9	519.9	271.2	200.6
文教娱乐用品	49.3	81.6	66.9	82.8	51.8	46.0	14.9
教育服务消费	225.8	369.6	199.7	65.8	464.6	195.4	177.2
文体娱乐服务	17.4	2.8	49.3	13.3	3.5	29.8	8.5
医疗保健	260.1	182.0	92.4	187.0	152.8	379.0	232.8
医疗保健用品	114.0	31.8	47.4	49.0	38.7	201.3	98.7
医疗保健服务消费支出	146.1	150.2	45.0	138.0	114.1	177.7	134.1
其他商品及服务	52.0	12.9	156.0	63.5	88.5	49.8	9.9
其他商品支出	21.6	7.0	151.2	26.1	14.5	24.3	4.4
其他消费服务支出	30.4	5.9	4.8	37.4	74.0	25.5	5.5

12-24 分县市农民家庭平均每人现金收支情况

（2008年） 单位：元

指　　标	全　市	湖滨区	义马市	渑池县	陕　县	灵宝市	卢氏县
年内现金收入	5433.8	6301.1	7076.9	5521.1	4738.0	6621.3	3309.9
工资性收入	1627.3	1956.4	3178.9	1847.3	1621.1	1518.2	1353.4
在非企业组织中劳动得到	193.1	47.5	592.3	116.7	189.7	225.4	178.8
在本乡地域内劳动得到	908.0	1223.6	1951.4	1165.5	1039.4	813.6	531.0
外出从业得到	526.2	685.3	635.2	565.1	392.0	479.2	643.6
家庭经营现金收入	3503.5	3979.6	3376.2	3526.3	2767.4	4787.8	1599.1
第一产业现金收入	2437.3	1773.1	970.3	2283.4	1940.8	3628.9	1119.6
农业现金收入	1813.2	856.1	495.5	1472.2	1599.2	2791.5	861.6
#出售农产品收入	1703.8	821.9	281.8	1098.0	1478.2	2774.0	805.6
林业现金收入	35.7	71.8	1.2		14.4	47.3	57.9
牧业现金收入	588.0	845.2	473.6	811.2	325.0	790.1	200.1
渔业现金收入	0.4				2.2		
第二产业现金收入	196.6	187.4	595.9		118.1	394.6	
工业现金收入	133.4	139.4	476.3			297.5	
建筑业现金收入	63.2	48.0	119.6		118.1	97.1	
第三产业现金收入	869.6	2019.1	1810.0	1242.9	708.5	764.3	479.5
交通、运输、邮电业收入	482.4	1431.9	1104.7	854.6	342.0	407.3	109.6
批零贸易业、饮食业收入	298.0	537.1	666.2	109.8	345.8	279.9	339.6
社会服务业收入	19.0	50.0	22.3			37.1	8.9
文教卫生业收入	19.0				18.8	32.3	17.3
其他收入	51.2	0.1	16.8	278.5	1.9	7.7	4.1
财产性收入	70.4	229.6	344.3	4.9	158.5	43.1	26.8
#集体分配股息和红利	9.2	47.2	13.8			17.0	
其他股息和红利	16.3		10.2	4.9	85.3	1.0	
租金	25.7	181.4	158.9		19.0	19.3	7.0
土地征用补偿	15.7		117.8		50.6		17.9
转移性收入	232.6	135.5	177.5	142.6	191.0	272.2	330.6
#家庭非常住人口寄回带回	2.2				10.7		1.8
城市亲友赠送	5.8		14.9		20.3	4.8	
农村亲友赠送收入	31.3		43.2	47.9	1.8	30.5	80.1
离退休金、养老金	17.3	57.5		3.2	14.1	2.0	53.2
救济金	6.8		2.8		18.1	5.8	6.8

12-24续表1　　（2008年）　　单位：元

指　　标	全　市	湖滨区	义马市	渑池县	陕　县	灵宝市	卢氏县
报销医疗费	3.1				3.8	2.0	8.4
退耕还林还草补贴	26.9	21.4	18.7		23.3	34.4	40.5
粮食直接补贴收入	55.0	56.6	64.1	66.6	67.4	38.8	63.5
良种补贴	8.0		0.7		13.8	14.7	0.1
非收入现金所得	**903.1**	**1568.7**	**476.3**	**850.3**	**223.3**	**1311.0**	**658.7**
非借贷性现金所得	121.3	323.8	170.4	22.9	125.4	156.4	75.7
#出售财物	42.6	302.5	21.5	0.2	6.2	67.0	1.1
婚.丧.嫁.娶礼金	46.7		85.5		99.0	54.7	31.4
借贷性现金所得	781.8	1244.9	305.9	827.4	97.9	1154.6	583.0
#银行、信用社贷款	37.8		6.6		22.6	26.1	118.3
借入款	227.8	606.7	174.3		62.8	379.9	186.0
收回借出款	91.6	402.4	108.6	22.9	0.1	63.2	201.4
取回存款	420.3	235.7	16.4	804.5	12.4	685.3	56.7
年内现金支出	**5075.7**	**6215.8**	**5507.6**	**4152.8**	**4638.0**	**6606.0**	**2968.9**
生产费用支出	1847.7	2650.1	1570.1	1806.3	1529.1	2576.3	602.5
家庭经营费用支出	1421.3	1466.3	1405.6	1484.2	859.8	2095.7	554.6
第一产业生产	1075.0	884.7	505.9	916.5	678.8	1766.6	354.9
农业生产	753.2	439.8	270.2	582.6	579.1	1247.2	260.1
林业生产	8.7	8.8	8.7	1.0	10.0	16.0	0.3
牧业生产	313.1	436.1	227.0	332.9	89.7	503.4	94.4
渔业生产							0.1
第二产业生产	57.7	72.4	186.4		37.8	95.4	29.8
工业生产	34.2	56.7	131.5			70.5	4.1
建筑业生产	23.5	15.7	54.9		37.8	24.9	25.7
第三产业生产	288.6	509.2	713.3	567.7	143.2	233.7	169.9
交通运输邮电业生产	171.4	280.2	279.5	434.6	67.0	159.4	22.8
批零贸易餐饮业生产	97.2	222.2	433.1	52.8	74.2	62.7	140.3
社会服务业生产	4.6	5.1	0.4			10.2	2.1
文教卫生业生产	1.6			0.3	2.0	1.4	3.4
其他行业生产	13.8	1.7	0.3	80.0			1.3
购置生产性固定资产支出	422.8	1183.8	164.5	302.3	669.3	480.6	46.4
#购买建筑生产用建筑物材料	35.2	168.6		109.2	10.2	16.2	2.7

指　　标	全　市	湖滨区	义马市	渑池县	陕　县	灵宝市	卢氏县
购买役畜.产品畜	20.6				29.6	19.9	39.4
购买农林牧渔业机械	46.9	138.8			7.7	99.5	4.1
购买运输机械	294.1	876.4	164.5	193.1	620.8	276.8	
建造生产性固定资产雇工支出	3.6			19.8			1.5
税费支出	0.8	9.7			1.7		0.2
生活消费支出	2987.0	3505.3	3807.1	2317.9	2947.2	3621.4	2134.9
食品	936.2	1085.1	1204.4	590.2	1017.7	1136.9	699.8
衣着	283.5	354.2	436.8	387.4	289.1	275.5	167.7
居住	617.1	640.6	687.4	524.0	476.5	776.3	499.8
家庭设备、用品及服务	135.2	206.8	346.2	126.3	82.3	168.7	77.0
交通和通讯	410.5	569.7	568.0	277.6	320.4	563.9	247.3
文教娱乐用品及服务	292.4	454.0	315.9	161.9	519.9	271.2	200.6
医疗保健	260.1	182.0	92.4	187.0	152.8	379.1	232.8
其他商品和服务	52.0	12.9	156.0	63.5	88.5	49.8	9.9
财产性支出	8.4	8.5				20.9	0.1
转移性支出	231.8	42.2	130.4	28.6	160.0	387.4	231.2
#寄给和带给家庭非常住人口	68.2	1.2			31.7	165.3	
赠送农村亲友支出	102.2	21.2	85.2	23.8	48.6	117.9	207.2
非消费性现金支出	**1415.1**	**627.8**	**1041.2**	**2730.9**	**276.9**	**1903.4**	**632.7**
非借贷性支出	184.5	112.6	336.8	190.3	223.1	247.9	23.2
#婚丧嫁娶支出	180.5	112.1	335.8	190.2	220.8	240.4	19.5
储蓄、借贷性支出	1230.6	515.2	704.4	2540.6	53.8	1655.5	609.5
#归还银行、信用社贷款	38.2		111.2			57.6	65.7
借出款	41.7	1.7			8.1	44.1	117.0
归还借款	119.9	89.9	165.3		45.6	161.2	207.6
存款	1022.0	423.6	427.6	2540.6		1371.4	216.4
期末金融资产余额	**4090.2**	**7676.4**	**4423.4**	**9337.5**	**3786.9**	**3081.8**	**937.7**
#手存现金	744.7	1942.1	907.0	246.2	258.6	1325.5	160.7
存款余额	3323.4	5734.3	3516.4	9091.3	3528.3	1698.3	777.0
期末债务余额	**425.0**	**70.2**			**336.3**	**644.9**	**589.9**
#银行、信用社贷款	202.2				209.9	274.6	306.9
个人借（欠）款	210.8	70.2			74.5	370.3	268.1

12-25 分县市农民家庭平均每人粮食收支情况

（2008年）　　　　单位：千克

指　　标	全　市	湖滨区	义马市	渑池县	陕　县	灵宝市	卢氏县
年初粮食结存(原粮)	**439.7**	**376.8**	**407.9**	**1044.1**	**373.5**	**283.6**	**307.7**
年内粮食收入合计	**637.4**	**640.5**	**342.7**	**1056.1**	**484.6**	**635.2**	**466.5**
家庭经营生产的	483.3	357.3	230.5	821.5	408.1	468.0	363.6
谷物	458.0	342.8	190.2	787.6	373.1	456.3	327.6
#小麦	260.3	195.2	120.1	662.5	230.9	170.3	157.0
玉米	197.3	145.6	70.1	125.0	140.8	285.9	170.6
薯类	4.4	4.5	16.2	3.5	4.7	4.8	2.4
豆类	20.9	10.0	24.1	30.4	30.3	6.9	33.6
购入	140.7	283.2	112.2	234.6	76.2	167.2	36.7
谷物	139.2	275.9	110.6	234.5	74.6	165.7	35.3
#小麦	84.4	75.8	60.1	204.0	55.3	84.0	16.3
玉米	37.6	173.2	31.5	19.6	9.4	56.7	7.7
薯类	0.4	2.5	0.3	0.1	0.3	0.3	0.7
豆类	1.1	4.8	1.3		1.3	1.2	0.7
收回借出粮	13.3						66.2
其他粮食收入	0.1				0.3		
年内粮食支出合计	**429.7**	**629.0**	**319.9**	**515.5**	**310.6**	**452.9**	**382.9**
主食用粮	224.9	273.5	204.8	224.1	183.8	218.6	263.8
谷物	221.2	265.8	202.2	218.7	181.7	216.1	258.5
#小麦	186.6	202.5	151.9	183.3	160.2	184.8	216.3
玉米	20.5	36.5	31.2	24.8	11.9	13.5	32.0
薯类	1.1	2.6	0.8	1.4	0.7	0.8	1.5
豆类	2.6	5.1	1.8	4.0	1.4	1.7	3.8
出售	120.4	171.6	74.1	67.9	103.3	163.6	91.1
谷物	112.4	158.4	73.3	62.9	98.6	160.4	69.2
#小麦	32.3	49.1	27.3	35.4	62.9	31.5	1.2
玉米	80.0	108.9	46.0	27.4	35.2	128.8	67.9
薯类	1.3	4.4		0.5	2.0	1.5	
豆类	6.7	8.8	0.8	4.5	2.7	1.7	21.9
种籽	9.5	8.7	10.1	13.3	4.5	10.7	8.5
饲料	74.9	175.2	30.9	210.2	19.0	60.0	19.5
年末粮食结存滚存计算数	647.4	388.3	430.7	1584.7	547.5	465.9	391.3
年末粮食结存实际调查数	554.4	387.5	415.3	1492.1	377.5	350.2	373.7
谷物	520.1	358.9	339.3	1436.5	317.7	340.3	337.6
#小麦	341.8	269.9	232.0	1206.7	229.2	109.3	191.3
玉米	176.7	88.3	68.4	229.9	87.2	230.6	145.5
薯类	14.3	21.3	62.2	19.3	28.8	7.1	2.6
豆类	20.0	7.3	13.8	36.3	31.0	2.8	33.5

12-26 分县市农民家庭平均每人农产品出售情况

（2008年）

指　　标	计量单位	全　市	湖滨区	义马市	渑池县	陕　县	灵宝市	卢氏县
农业	**元**	**1703.8**	**821.9**	**281.8**	**1098.0**	**1478.2**	**2774.0**	**805.6**
出售谷物	千克	112.4	158.4	73.3	62.9	98.6	160.4	69.2
	元	171.2	236.0	109.7	96.2	156.4	245.4	98.9
#小麦	千克	32.3	49.1	27.3	35.4	62.9	31.5	1.2
	元	50.3	66.3	42.3	54.8	102.7	48.5	1.6
玉米	千克	80.0	108.9	46.0	27.4	35.2	128.8	67.9
	元	120.7	169.2	67.4	41.2	53.1	196.8	97.2
其他谷物数量	千克	0.1	0.4		0.1	0.5	0.1	0.1
	元	0.2	0.5		0.2	0.6	0.1	0.1
出售薯类	千克	1.2	4.4		0.5	2.0	1.5	
	元	3.8	12.1		2.6	9.3	2.9	0.2
#红薯	千克	1.2	4.4		0.5	2.0	1.5	
	元	3.8	12.1		2.6	9.3	2.9	0.2
出售豆类	千克	6.7	8.8	0.8	4.5	2.7	1.7	21.9
	元	18.7	26.6	3.1	19.5	11.2	5.7	49.3
#大豆	千克	5.4		0.8	3.3	1.6	1.7	19.6
	元	14.1		3.1	12.9	6.4	5.7	42.9
出售棉花	千克	2.9					7.7	
	元	17.1					45.1	
出售油料	千克	4.1	9.4	0.1	8.3	0.4	5.3	0.9
	元	20.4	35.0	0.4	39.4	1.7	29.2	3.6
#花生	千克	2.3	9.0	0.1	7.5	0.3	0.9	0.9
	元	10.9	31.5	0.4	36.7	1.1	5.8	3.6
芝麻	千克		0.4		0.1			
	元	0.3	3.5		0.9			
油菜籽	千克	0.8			0.7	0.1	1.6	
	元	3.1			1.8	0.6	7.0	
出售烟叶	千克	46.9		6.4	53.0	36.0	67.1	30.5
	元	599.8		66.8	722.5	421.3	856.3	393.9
出售蔬菜	千克	152.7	341.7	68.0	24.7	98.4	286.7	17.8
	元	252.5	350.3	96.0	198.8	204.4	295.5	255.5
出售花卉、园艺	元	6.0	6.7			0.7	14.5	
出售瓜类	千克	20.2			16.3	10.7	41.2	
	元	28.5			18.1	7.3	63.7	

12-26续表 （2008年）

指　标	计量单位	全　市	湖滨区	义马市	渑池县	陕　县	灵宝市	卢氏县
出售水果	千克	409.3	116.6			354.7	901.1	0.3
	元	580.3	148.6			657.1	1209.1	0.2
#苹果	千克	385.1	75.0			256.3	888.1	
	元	554.8	97.9			555.5	1195.2	
桃	千克	16.6	28.9			87.0	0.1	
	元	18.0	36.8			92.7	0.1	
出售中药材	千克	0.4	1.4			0.1	0.3	0.9
	元	1.7	6.3			0.7	1.4	3.7
出售其他种植业	元	0.4				2.0	0.1	
出售农作物副产品	千克	6.1	0.1	1.2	0.4	8.9	11.6	0.3
	元	3.4	0.3	5.8	0.9	6.1	5.1	0.3
林业	**元**	**35.7**	**71.8**			**14.4**	**47.3**	**58.0**
牧业	**元**	**586.6**	**845.2**	**473.6**	**805.3**	**323.5**	**789.5**	**200.1**
#出售肉猪及猪肉	千克	25.9	53.6	27.7	45.1	3.8	34.8	4.9
	元	433.2	726.2	470.2	773.7	83.0	588.7	80.6
出售菜羊及羊肉	千克	0.1				0.6	0.1	
	元	1.8				6.4	1.7	
出售肉牛及牛肉	千克	2.3				1.8	4.3	1.9
	元	48.6				48.8	82.7	43.4
出售家禽	千克	0.6		0.1		3.2	0.1	0.0
	元	6.2		0.8		32.8	1.0	0.4
出售蛋类	千克	0.1		0.2	0.2		0.1	0.1
	元	0.7		1.3	1.5		0.8	0.7
#鸡蛋	千克	0.1		0.2	0.2		0.1	0.1
	元	0.7		1.3	1.5		0.8	0.7
出售仔畜禽和小动物	元	92.7	114.5	1.3	30.1	143.3	113.9	68.6
#仔猪	只	0.2	0.1		0.1	0.3	0.2	0.2
	元	83.2	36.4		25.9	115.1	113.9	68.6
仔、幼鸡	只	4.5	88.8					
	元	3.9	78.1					
渔业	**元**	**0.4**				**2.2**		
#鱼类	千克					0.3		
	元	0.4				2.2		

12-27 分县市农民家庭全年平均每人购买商品情况

（2008年）

指　　标	计量单位	全　市	湖滨区	义马市	渑池县	陕　县	灵宝市	卢氏县
购买生活消费品	**元**	**1903.8**	**2346.5**	**2793.6**	**1666.4**	**1932.3**	**2225.9**	**1231.4**
食品类	元	633.8	956.1	744.0	417.1	962.3	661.1	381.7
购买谷物	千克	64.2	94.6	69.7	11.0	62.3	102.4	29.7
	元	114.9	219.5	114.4	28.4	99.9	178.9	52.8
购买薯类	千克	0.4	2.5	0.2	0.1	0.3	0.3	0.7
	元	3.1	12.2	3.6	0.4	2.3	2.2	5.4
购买豆类	千克	1.1	4.8	1.3		1.3	1.2	0.7
	元	3.4	11.2	5.1		2.8	4.7	2.1
购买食用油	千克	6.6	16.6	5.9	4.8	5.4	5.9	8.2
	元	73.4	130.8	75.6	60.6	60.9	66.7	92.8
购买蔬菜及制品	元	69.3	154.1	67.1	64.5	72.8	74.9	38.8
#购买蔬菜	千克	42.3	107.5	40.9	32.7	48.8	45.6	22.1
	元	68.2	151.5	64.4	63.9	71.5	73.8	37.9
购买肉.禽.蛋.奶及制品	元	124.2	153.3	213.4	121.6	121.5	144.1	71.4
#购买猪肉	千克	3.3	5.6	5.0	3.3	2.5	3.4	3.0
	元	72.0	90.6	112.1	85.2	58.4	76.1	54.7
购买牛羊肉	千克	0.1	0.5	0.3		0.1	0.1	0.1
	元	3.1	12.7	8.4	0.5	5.0	2.5	1.7
购买鸡	千克	0.3	1.1	0.4	0.2	0.1	0.5	0.1
	元	4.1	12.0	5.5	3.0	1.2	6.4	0.7
购买蛋类	千克	3.2	4.8	5.3	2.8	4.4	3.1	1.8
	元	20.4	28.9	34.6	18.8	27.6	20.0	12.1
购买鲜奶	千克	0.2	0.2	0.5		0.6	0.1	
	元	0.7	1.0	2.3		2.5	0.4	
购买水产品及制品	元	2.9	8.6	4.6	2.3	3.9	3.1	0.5
购买烟、酒	元	79.8	93.7	124.2	88.7	48.2	92.5	66.1
#购买卷烟	盒	21.2	20.7	28.5	23.4	11.8	24.9	19.8
	元	65.8	73.9	110.1	80.8	40.6	75.0	49.5
购买酒类	千克	2.8	3.3	1.8	1.3	1.9	3.5	3.3
	元	13.8	18.4	14.1	7.9	7.6	17.2	16.3
购买茶叶、饮料	元	5.7	1.3	9.0	2.3	6.1	6.7	6.8
购买其他种类食品	元	157.1	171.4	127.0	48.3	543.9	87.3	45.0
#购买水果	千克	3.8	10.8	7.7	3.5	4.4	3.0	2.7
	元	9.7	29.2	25.5	10.5	9.9	7.2	6.4
衣着类	元	282.8	353.3	435.9	387.2	288.6	274.5	167.2
#购买服装	件	3.6	3.6	3.8	5.9	2.7	3.4	3.0
	元	214.3	258.4	332.9	305.0	209.0	207.8	127.9
居住类	元	436.4	300.9	594.7	428.7	361.4	515.6	370.0
#购买建筑生活用房材料	元	276.2	188.9	175.6	174.5	169.2	390.9	273.0
#购买水泥	千克	203.8	347.1	113.5	61.9	77.5	237.6	344.5
	元	63.4	110.1	28.2	18.2	20.7	81.8	96.4
购买钢材	千克	11.9		1.9	5.4	0.2	21.8	13.2
	元	46.8		8.9	23.2	0.9	89.3	43.1

12-27续表 （2008年）

指　　标	计量单位	全　市	湖滨区	义马市	渑池县	陕　县	灵宝市	卢氏县
购买砖	块	285.8	170.2	236.8	69.3	319.9	363.6	325.7
	元	67.9	47.8	63.5	19.8	84.3	86.5	64.2
购买生活用燃料	元	70.0	56.2	98.5	105.9	109.1	66.0	13.1
购买生活用水	吨	2.6	6.7	2.3	1.0	5.8	2.5	0.5
	元	5.1	10.1	3.3	1.7	10.7	5.8	0.6
购买生活用电	千瓦时	91.6	169.1	156.2	79.0	91.4	94.6	67.8
	元	53.4	118.3	85.7	44.8	52.9	54.4	38.2
家用设备和日用品	元	132.1	195.5	339.9	125.8	81.6	164.6	74.4
交通、通讯工具和用品	元	233.7	420.3	413.6	149.8	133.4	338.4	120.1
文教娱乐用品	元	49.3	81.6	66.9	82.8	51.8	46.0	14.9
医疗卫生保健用品	元	114.1	31.8	47.4	49.0	38.7	201.4	98.7
其他杂项商品	元	21.6	7.0	151.2	26.0	14.5	24.3	4.4
购买生产资料	**元**	**1113.7**	**1339.0**	**1116.0**	**1101.4**	**529.7**	**1713.1**	**423.0**
#购买农业用种籽	千克	12.1	7.9	42.3	13.7	7.9	15.5	4.6
	元	34.9	23.7	57.6	40.1	26.9	44.2	19.2
购买农业用饲料	千克	6.9	114.5	2.4		0.4	1.8	1.6
	元	8.4	136.7	3.4		0.7	2.3	1.9
购买农业用其他生产资料	元	555.6	213.3	143.2	338.7	377.8	991.9	210.6
#购买化肥	千克	142.9	77.3	50.2	92.6	112.2	230.9	75.1
	元	307.8	137.6	119.0	208.3	241.6	518.7	119.2
购买农药	元	60.2	19.4	6.9	6.8	51.2	128.0	2.6
购买薄膜	千克	1.1	5.0	1.0	0.3	0.2	1.9	0.2
	元	11.6	23.2	7.9	4.5	2.7	22.5	2.4
购买燃料	千克	9.8	1.9	0.9	18.0	21.2	7.7	0.5
	元	43.1	12.9	5.1	105.9	42.3	44.0	2.6
购买林业用其他生产资料	元	6.3	8.7	8.3	0.7	9.8	10.0	0.3
购买牧业用饲料	千克	125.1	213.7	92.4	235.6	32.3	162.6	24.8
	元	228.0	342.0	135.2	270.5	57.7	379.5	38.5
购买牧业用其他生产资料	元	77.1	83.7	67.7	56.1	24.5	114.9	50.7
购买工业生产用原料	元	27.4	33.6	42.8			64.6	
购买交通运输业邮电业燃料	千克	20.9	41.9	33.2	63.3	4.9	15.6	2.3
	元	123.8	245.3	193.8	372.7	30.6	94.9	11.3
购买批零贸易业用原料	元	38.9	221.9	433.1				76.9
购买生产用电	**千瓦时**	**17.6**	**2.9**	**8.0**	**2.4**	**1.9**	**39.5**	7.3
	元	12.2	2.9	5.0	1.7	1.9	26.4	6.7
#农业生产用电	千瓦时	11.4	1.2	2.8	0.0	1.8	27.6	2.6
	元	7.9	1.2	1.6	0.0	1.8	18.5	2.6
工业生产用电	千瓦时	4.2		4.9			8.2	4.7
	元	3.0		3.3			5.6	4.1
购买生产性固定资产情况	**元**	**422.8**	**1183.8**	**164.5**	**302.2**	**669.3**	**480.6**	**46.4**
#购买汽车	元	278.0	719.1	164.5	193.1	620.8	255.3	

12-28 分县市农民家庭平均每人主要食品消费量

（2008年） 单位：千克

指标	全市	湖滨区	义马市	渑池县	陕县	灵宝市	卢氏县
粮食（原粮）	224.9	273.5	204.8	224.1	183.8	218.6	263.8
谷物	221.2	265.8	202.2	218.6	181.7	216.1	258.5
#小麦	186.6	202.5	151.9	183.3	160.2	184.8	216.3
稻谷	9.7	19.8	18.1	9.7	6.7	9.7	8.4
玉米	20.5	36.5	31.2	24.8	11.9	13.5	32.0
薯类	1.1	2.6	0.8	1.4	0.7	0.8	1.5
豆类	2.6	5.1	1.8	4.1	1.4	1.7	3.8
油脂类	6.7	16.6	5.9	4.8	5.6	5.9	8.2
植物油	6.6	16.6	5.9	4.8	5.6	5.9	8.1
动物油	0.1						0.1
烟叶		0.2	0.5			0.1	
豆制品	2.1	1.7	0.7	0.6	5.6	2.0	0.7
蔬菜及菜制品	89.1	125.8	59.9	97.9	58.3	105.4	72.5
瓜类	5.6	4.4	3.7	3.4	7.0	8.7	1.0
水果类	12.7	15.4	7.7	3.5	11.8	22.2	3.0
茶叶						0.1	0.1
坚果	0.6	0.2	0.5	0.2	0.2	1.3	0.2
肉禽及其制品	4.5	10.1	7.0	3.7	3.3	5.2	3.3
猪肉	3.4	7.7	5.0	3.3	2.5	3.4	3.1
牛肉	0.1	0.4	0.2		0.1	0.1	0.1
羊肉	0.1	0.1	0.1				
家禽	0.4	1.4	0.5	0.2	0.1	0.7	0.1
其他肉禽及制品	0.5	0.5	1.2	0.2	0.6	1.0	
蛋类及蛋制品	3.3	4.9	5.6	2.9	4.4	3.3	1.9
奶及奶制品	2.3	1.5	5.4	1.0	6.8	1.9	0.1
水产品	0.3	1.2	0.7	0.2	0.4	0.3	
#鱼类	0.2	1.1	0.6	0.2	0.3	0.2	
食糖	0.7	1.6	0.6	0.2	1.1	0.8	0.5
酒	2.8	3.3	1.8	1.3	1.9	3.6	3.3
#白酒	0.7	1.2	0.3	0.1	0.1	0.9	1.1
啤酒	2.0	2.1	1.5	1.1	1.7	2.4	2.2

12-29 分县市农民家庭平均每百户年末主要耐用消费品拥有量

（2008年）

指　　标	计量单位	全　市	湖滨区	义马市	渑池县	陕　县	灵宝市	卢氏县
耐用消费品拥有情况								
洗衣机	台	73.5	96.0	97.5	80.0	74.2	75.0	36.3
电冰箱	台	31.6	62.0	35.0	23.0	30.0	40.0	11.3
空调机	台	9.4	28.0	12.5		10.0	14.2	
抽油烟机	台	6.1	26.0	17.5		5.8	3.3	
吸尘器	台	0.4			1.0	0.8		
微波炉	台	13.5	28.0	27.5	2.0	15.8	16.7	3.8
热水器	台	7.8	10.0	37.5		5.0	6.7	7.5
#太阳能热水器	台	5.7	10.0	15.0		4.2	5.8	7.5
自行车	辆	47.5	96.0	60.0	24.0	31.7	64.2	38.8
#电动自行车	辆	5.5	12.0	15.0		7.5	5.8	
摩托车	辆	65.5	74.0	72.5	70.0	54.2	70.8	60.0
汽车(生活用)	辆	3.1	4.0	15.0	2.0	3.3	1.7	
固定电话机	部	53.9	90.0	90.0	65.0	22.5	51.7	50.0
移动电话	部	128.2	98.0	157.5	79.0	148.3	179.2	87.5
#接入互联网的	部	6.3		42.5			12.5	
彩色电视机	台	109.0	108.0	102.5	126.0	100.0	125.0	81.3
#接入有线电视网的	台	58.8	52.0	57.5	91.0	48.3	40.8	66.3
黑白电视机	台	4.9			11.0	3.3	1.7	10.0
#接入有线电视网的	台	1.6				0.8		8.8
摄像机	台	1.6	8.0		4.0			
影碟机	台	32.4	24.0	55.0	42.0	10.8	55.8	11.3
照相机	架	5.9	10.0	15.0	2.0	5.8	8.3	
家用计算机	台	5.1	8.0	15.0	1.0	5.8	6.7	
#接入互联网的	台	4.1	8.0	10.0		5.0	5.8	
中高档乐器	件	0.6	2.0			0.8	0.8	

12-30 分县市农民家庭平均每百户年末拥有生产用固定资产数

（2008年）

指 标	计量单位	全 市	湖滨区	义马市	渑池县	陕 县	灵宝市	卢氏县
房屋及建筑物	平方米	1012.7	1300.0	1225.0		354.2	1461.7	2307.5
汽车	辆	4.3	18.0	7.5	5.0	2.5	1.7	
大中型拖拉机	台	5.5		10.0	7.0	11.7	2.5	
小型和手扶拖拉机	台	19.0	16.0	20.0	23.0	20.8	20.0	11.3
动力三轮车	辆	20.0	4.0	5.0		18.3	58.3	7.5
机动脱粒机	台	2.2	4.0	2.5		4.2	0.8	2.5
收割机	台	2.5	4.0	15.0	1.0	2.5	0.8	
农用动力机械	台	6.5	14.0	10.0		9.2	8.3	1.3
胶轮大车	架	2.5				10.8		
水泵	台	14.5	14.0	40.0	12.0	6.7	13.3	18.8
役畜	头	11.4	2.0	2.5	3.0	6.7	18.3	28.8
产品畜	头	29.2	26.0	102.5	58.0		23.3	11.3

12-31 分县市农民家庭平均每人年末拥有生产性固定资产原值

（2008年） 单位：元

指 标	全 市	湖滨区	义马市	渑池县	陕 县	灵宝市	卢氏县
合 计	**2657.2**	**4041.0**	**2548.8**	**1756.3**	**3906.2**	**2457.6**	**2090.7**
农业	966.3	992.7	1381.1	390.6	1385.6	1131.6	705.7
林业	0.3						1.5
牧业	149.1	418.0	154.6	120.7	30.7	239.8	35.8
渔业	1.2				6.8		
采矿业	197.1				809.3		
制造业	42.2	505.6	131.6			34.2	
电力煤气与水的生产与供应	4.2	84.3					
建筑业	12.9				57.5	7.7	
交通运输业、仓储和邮政业	869.2	1967.4	736.8	1207.9	1577.9	648.0	134.3
批发和零售贸易业	65.3	39.3	144.7	37.1	38.4	92.8	55.2
住宿和餐饮业	232.6					38.7	1085.1
居民服务与其他服务业	82.4	33.7				174.1	73.1
卫生、社会保障和福利业	3.7					9.7	
文化、体育和娱乐业	23.4					61.7	
其他	7.3					19.3	

12-32 全市农村劳动力就业、外出及转移情况

（2008年）

指　　标	计量单位	数　量	指　　标	计量单位	数　量
当年农村劳动力就业总人数	万人	94.4	到中部地区	万人	14.4
就业的产业分布			#外省	万人	4.4
第一产业	万人	68.1	到西部地区	万人	0.9
第二产业	万人	10.0	其他	万人	
第三产业	万人	16.3	外出劳动力平均外出时间	月	5.7
就业地点			外出劳动力年平均总收入	元	6067.8
乡内	万人	86.1	**当年劳动力转移情况**		
县内乡外	万人	2.0	劳动力转移人数	万人	25.8
省内县外	万人	2.8	第一产业	万人	0.1
国内省外	万人	3.5	第二产业	万人	9.5
国外	万人		第三产业	万人	16.2
年平均从业时间	月	9.0	地域转移	万人	10.8
#从事农业的时间	月	5.9	按去向分		
本地企业职工人数	万人	3.4	东部地区	万人	2.5
当年外出从业劳动力情况			中部地区	万人	7.6
外出从业的劳动力人数	万人	18.1	#外省	万人	3.6
举家外出住户的劳动力人数	万人	1.9	西部地区	万人	0.7
常住户外出从业劳动力人数	万人	16.3	其他地区	万人	
#从业6个月以上	万人	8.6	按产业分		
外出劳动力就业的产业分布			第一产业	万人	0.1
第一产业	万人	0.1	第二产业	万人	4.3
第二产业	万人	6.4	第三产业	万人	6.4
第三产业	万人	11.6	行业转移人数（乡内）	万人	15.0
外出劳动力地区分布			转移到第二产业的劳动力人数	万人	5.3
到东部地区	万人	2.8	转移到第三产业的劳动力人数	万人	9.7

12-33 按收入等级分组的农民家庭平均每人纯收入

（2008年）　　　　单位：元

指　　标	20% 低收入户	20% 中低收入户	20% 中等收入户	20% 中高收入户	20% 高收入户
全年纯收入	**1847.0**	**3093.1**	**4129.3**	**5594.0**	**9451.3**
工资性收入	1086.6	1509.9	1699.7	2094.5	2704.8
在非企业组织中劳动得到收入	18.4	67.5	167.6	348.7	281.1
在本乡在域内劳动得到收入	928.1	958.9	991.0	1149.6	1308.1
#在企业中劳动得到收入	590.2	411.4	508.3	602.5	336.8
常住人口外出从业得到收入	140.1	483.5	541.1	596.2	1115.6
家庭经营纯收入	497.9	1367.7	2155.3	3213.7	6358.6
第一产业纯收入	648.8	1187.7	1728.0	2574.0	3637.2
农业收入	644.3	926.8	1442.9	2038.4	2917.3
林业收入	17.5	16.3	17.6	81.4	28.0
牧业收入	-15.0	244.7	267.5	454.2	691.9
渔业收入	2.0	-0.1			
第二产业纯收入	-91.2	4.4	-7.2	19.4	381.3
工业收入	-79.4	-2.8	23.6	11.6	175.0
建筑业收入	-11.8	7.2	-30.8	7.8	206.3
第三产业纯收入	-59.7	175.6	434.5	620.3	2340.1
交通、运输、邮电业收入	-104.4	16.8	297.3	325.6	1559.8
批零贸易业、饮食业收入	43.9	123.6	67.4	192.7	547.1
社会服务业收入	-2.8	13.7	36.7	0.2	-1.8
文教卫生业收入		18.3	26.9		-4.5
其他收入	3.6	3.2	6.2	101.8	239.5
财产性收入	168.7	64.6	110.7	59.1	190.2
#集体分配股息和红利	2.8	3.8	28.1	2.1	11.9
其他股息和红利	88.5	2.4	4.6	16.8	0.4
租金	57.2	36.9	53.6	11.6	58.0
土地征用补偿	7.3	10.2	5.6	18.0	75.1
转移性收入	93.8	150.9	163.6	226.7	197.7
#家庭非常住人口寄回带回	6.5			2.4	6.8
离退休金.养老金	0.4	30.8	11.8	5.1	68.8
报销医疗费	4.1		4.3	3.4	
退耕还林还草补贴收入	12.1	5.6	14.9	47.8	19.5
粮食直接补贴收入	48.3	56.4	65.0	75.9	71.0

12-34 按收入等级分组的农民家庭平均每人生活消费支出

（2008年）　　单位：元

指　标	20% 低收入户	20% 中低收入户	20% 中等收入户	20% 中高收入户	20% 高收入户
全年生活消费支出	**2218.6**	**2368.9**	**3167.0**	**3479.9**	**5137.5**
#服务性支出	688.1	609.1	997.2	1056.2	1485.9
食品	979.7	1063.9	1250.7	1313.1	1642.3
食品消费品支出	835.5	907.4	1053.0	1074.8	1394.3
食品消费服务性支出	144.2	156.5	197.7	238.3	248.0
#在外饮食	136.2	138.5	187.2	227.8	234.7
衣着	202.6	280.5	342.1	359.4	434.7
衣着消费品支出	202.5	280.2	340.7	358.9	434.4
衣着消费服务性支出	0.1	0.3	1.4	0.5	0.3
居住	264.9	322.3	569.2	558.2	1235.6
居住消费品支出	182.0	251.9	296.5	441.7	962.5
居住消费服务性支出	82.9	70.4	272.7	116.5	273.1
家庭设备、用品及服务	84.2	78.8	112.4	147.1	273.6
家庭设备用品消费品支出	83.4	73.7	109.0	146.2	267.5
家庭设备用品服务性消费支出	0.8	5.1	3.4	0.9	6.1
交通和通讯	244.7	228.2	388.5	374.7	658.7
交通和通讯用品支出	145.2	125.5	250.7	209.6	355.9
交通和通讯服务消费支出	99.5	102.7	137.8	165.1	302.8
#交通消费服务支出	24.4	25.5	34.5	54.0	160.4
通讯消费服务支出	75.1	77.2	103.3	111.1	142.4
文教娱乐用品及服务	244.0	263.4	305.8	429.0	414.4
文教娱乐用品	27.0	58.8	50.3	86.3	90.7
教育服务消费	212.2	191.6	240.8	326.4	315.9
文体娱乐服务	4.8	13.0	14.7	16.3	7.8
医疗保健	134.0	113.3	166.3	252.4	342.8
医疗保健用品	40.3	55.4	54.8	88.5	82.1
#医疗卫生用品	39.0	55.1	54.2	88.0	81.7
医疗保健服务消费支出	93.7	57.9	111.5	163.9	260.7
#医疗费	92.1	57.2	110.5	157.7	255.6
其他商品及服务	64.5	18.5	32.0	46.0	135.4
其他商品支出	14.6	7.0	14.7	17.6	64.3
其他消费服务支出	49.9	11.5	17.3	28.4	71.1

12-35 居民消费、农产品成交价格指数

（1986-2008年，以上年价格为100）

年 份	居民消费价格指数			城市农贸市场农产品成交价格指数
	全 市	城 市	农 村	
1986		108.4		
1987		107.8		
1988		119.9		
1989		114.4		
1990		102.8	102.8	
1991		105.4	101.2	99.5
1992		109.9	104.4	102.5
1993		113.0	110.9	105.0
1994	122.1	123.9	120.9	125.8
1995	116.8	118.7	114.8	122.9
1996	109.0	110.1	108.1	103.3
1997	104.2	103.5	104.4	89.0
1998	97.9	98.8	97.4	90.2
1999	96.4	95.3	96.8	86.4
2000	98.6	98.4	98.7	92.7
2001	100.3	99.7	100.6	
2002	98.9	98.1	99.3	
2003	101.7	102.3	101.4	
2004	105.3	104.8	105.4	
2005	101.9	101.3	102.5	
2006	101.1	101.1	101.3	
2007	106.2	106.2	105.9	
2008	106.5	105.9	107.4	

注：城市物价指数为市区数。

12-36 商品零售、农业生产资料价格指数

（1986-2008年，以上年价格为100）

年　份	商品零售价格指数			全市农业生产资料价格指数
	全　市	城　市	农　村	
1986		106.5		
1987		108.0		
1988		120.3		
1989		114.5		
1990		102.5	101.9	100.6
1991		105.2	100.7	101.6
1992		109.7	103.5	100.8
1993		110.5	109.2	107.5
1994	119.0	117.5	119.8	116.7
1995	115.0	113.4	115.8	123.2
1996	107.4	107.6	107.0	108.3
1997	101.4	100.9	101.8	99.9
1998	96.8	97.3	96.6	96.4
1999	95.9	95.0	96.1	95.1
2000	97.7	97.9	97.6	99.0
2001	99.5	99.4	99.6	99.3
2002	98.6	97.5	98.8	99.1
2003	101.2	101.1	101.2	102.5
2004	105.0	104.8	105.0	110.4
2005	101.5	101.4	101.6	108.5
2006	101.0	100.8	101.2	99.5
2007	104.7	104.3	105.4	105.7
2008	108.3	108.3	108.4	117.0

注：城市物价指数为市区数。

12-37 分县市居民消费价格指数

（2008年，以上年为100）

项　　目	全　市	市　区	湖滨区	义马市	渑池县	陕　县	灵宝市	卢氏县
居民消费价格总指数	**106.5**	**105.9**	**106.1**	**105.3**	**106.3**	**107.8**	**109.2**	**106.2**
非食品价格指数	102.7	102.0	103.0	102.0	103.4	104.7	104.9	102.3
服务项目价格指数	103.1	103.4	102.6	101.3	103.0	101.0	103.1	102.8
扣除鲜菜鲜果总指数	106.4	105.9	106.1	105.3	105.9	107.5	108.8	105.9
消费品价格指数	107.5	106.7	106.8	106.1	107.1	109.3	110.6	107.1
一、食品	**114.4**	**113.9**	**113.3**	**113.4**	**113.2**	**114.3**	**119.0**	**115.2**
粮食	105.7	105.3	105.2	107.8	106.6	104.0	107.7	107.6
淀粉	140.6	153.5	100.0	111.5	101.3	100.0	102.5	125.2
干豆类及豆制品	132.8	132.3	146.6	146.8	118.1	124.1	142.5	131.3
油脂	136.1	146.5	134.9	119.8	105.4	132.3	125.5	121.7
肉禽及其制品	123.7	123.4	122.8	109.5	131.6	122.9	128.8	123.7
食用畜肉及副产品	125.0	123.6	124.7	109.1	137.6	124.7	132.6	129.2
禽	112.6	111.7	111.3	114.2	110.7	104.7	116.8	113.9
加工肉禽	123.3	125.9	120.6	100.2	120.2	123.6	113.8	113.1
蛋	104.4	101.2	103.1	108.2	107.3	113.7	102.8	120.9
水产品	122.4	124.4	114.9	111.9	116.4	119.4	123.3	104.5
鱼	127.1	130.4	118.9	111.9	120.3	117.3	125.8	104.3
其它水产品	113.4	114.0	100.0	111.7	100.0	126.8	109.5	106.7
菜	110.4	107.9	105.0	109.7	112.4	112.5	119.0	118.8
调味品	106.4	108.2	100.0	106.2	100.0	102.9	107.1	106.6
糖	101.3	101.3	99.6	100.5	98.4	105.2	102.0	100.5
茶及饮料	103.0	103.5	102.4	101.5	100.0	100.9	103.0	100.8
茶　叶	102.0	103.6	100.0	100.0	100.0	100.1	96.9	100.0
饮　料	103.3	103.4	103.4	102.0	100.0	101.2	105.8	101.1
干鲜瓜果	108.0	108.3	107.8	102.2	116.9	111.0	111.4	117.3
糕点饼干面包	107.5	107.3	100.0	116.8	101.1	100.0	114.6	104.1
液体乳及乳制品	112.4	112.8	102.7	103.9	105.0	112.0	112.6	101.1
在外用膳食品	107.9	106.1	109.1	126.1	106.6	107.1	117.7	110.9
其它食品	108.7	108.7	100.0	115.6	103.7	104.6	116.4	108.9

12-37续表1 （2008年，以上年为100）

项目	全市	市区	湖滨区	义马市	渑池县	陕县	灵宝	卢氏县
二、烟酒及用品	**101.5**	**101.3**	**100.2**	**100.0**	**100.5**	**100.9**	**103.8**	**101.0**
烟草	100.1	100.0	100.0	100.0	100.0	100.1	100.0	99.4
酒	104.4	104.0	100.4	100.0	101.4	102.2	109.5	103.8
吸烟、饮酒用品	99.2	98.5	100.0	100.0	100.0	100.0	101.2	100.0
三、衣着	**97.3**	**95.7**	**100.2**	**97.1**	**101.0**	**103.9**	**101.6**	**100.5**
服装	96.7	95.1	100.3	95.5	101.6	105.6	100.1	100.2
男式服装	97.5	96.7	100.7	93.4	100.3	104.6	98.0	100.8
女式服装	95.1	93.3	100.0	95.1	103.4	103.7	100.2	99.8
儿童服装	101.0	99.2	100.0	99.2	100.0	110.9	102.7	100.0
衣着材料	100.9	101.6	100.0	101.9	100.0	100.0	100.3	102.2
鞋袜帽	98.1	96.3	100.0	99.9	100.0	100.4	106.3	100.6
鞋	97.9	96.1	100.0	99.8	100.0	100.4	108.2	100.6
袜子	98.9	100.0	100.0	100.0	100.0	100.0	93.8	100.0
帽子	101.1	99.4	100.0	100.0	100.0	100.0	105.1	100.0
衣着加工服务费	108.5	118.7	100.0	113.3	100.0	100.0	101.6	100.0
四、家庭设备用品及维修服务	**102.6**	**102.8**	**100.3**	**104.0**	**101.1**	**103.6**	**105.7**	**101.1**
耐用消费品	103.3	104.7	100.0	101.5	100.0	107.1	101.3	100.4
家具	104.8	109.1	100.0	100.8	100.0	107.1	100.0	100.0
家庭设备	102.2	101.9	100.1	102.0	100.0	106.9	102.5	101.1
室内装饰品	100.1	100.0	100.0	103.5	100.0	100.0	98.5	100.0
床上用品	101.4	101.5	100.0	106.9	100.0	98.9	101.4	102.7
家庭日用杂品	102.4	100.4	100.9	105.7	103.7	100.0	111.9	101.2
家庭服务及加工维修服务	101.7	100.0	100.0	110.2	100.0	101.4	120.5	102.4
五、医疗保健和个人用品	**104.5**	**105.1**	**101.8**	**104.0**	**100.3**	**103.0**	**105.2**	**102.0**
医疗保健	103.5	103.9	100.8	105.2	100.0	103.4	105.0	100.6
医疗器具及用品	100.0	99.7	100.0	96.2	100.0	100.0	112.6	100.0
中药材及中成药	106.5	104.4	99.4	115.6	100.0	108.0	118.8	100.2
西药	100.7	100.5	103.0	101.3	100.0	103.2	100.0	101.6
保健器具及用品	101.3	102.5	102.8	100.0	100.0	110.3	97.6	99.5
医疗保健服务	105.2	110.4	99.2	100.0	100.0	100.0	101.0	100.1

12-37续表2　　　　（2008年，以上年为100）

项　　目	全　市	市　区	湖滨区	义马市	渑池县	陕　县	灵宝市	卢氏县
个人用品及服务	106.9	108.0	103.6	101.2	101.0	102.3	105.7	104.9
化妆美容用品	107.8	109.5	100.0	100.0	100.0	100.0	102.0	101.1
清洁化妆用品	107.1	107.5	106.8	100.0	102.5	101.0	110.0	105.6
个人饰品	104.9	104.3	101.1	100.7	101.8	100.5	109.4	101.9
个人服务	107.2	109.5	103.8	103.0	100.0	104.6	102.0	106.2
六、交通和通讯	**100.5**	**99.8**	**104.5**	**101.1**	**100.6**	**102.1**	**101.4**	**103.0**
交通	104.9	104.5	105.5	102.0	102.0	103.7	106.5	104.9
交通工具	101.3	101.0	102.7	100.0	99.9	103.3	100.8	99.9
车用燃料及零配件	114.5	115.6	113.5	113.2	112.0	111.4	112.7	114.5
车辆使用及维修费	106.6	112.1	99.3	99.3	100.3	99.0	100.0	100.0
市区公共交通费	100.6	100.0	101.9	101.6	104.5	109.0	100.0	100.0
城市间交通费	106.3	102.0	113.7	100.0	100.0	100.0	120.9	119.2
通信	97.7	97.7	100.6	99.7	99.0	100.0	95.8	98.3
通信工具	80.1	76.1	98.5	98.8	95.3	100.0	75.6	92.6
通信服务	100.6	100.4	101.3	100.0	100.0	100.0	101.8	100.2
七、娱乐教育文化用品及服务	**101.1**	**101.3**	**101.3**	**99.7**	**104.9**	**99.6**	**100.2**	**100.6**
文娱用耐用消费品及服务	99.4	99.9	98.9	98.5	100.0	95.4	96.4	100.0
教育	102.0	102.6	102.0	100.2	106.8	100.3	101.2	100.9
教材及参考书	99.9	99.1	102.6	100.5	101.2	100.4	100.1	105.2
学杂托幼费	102.2	103.0	101.9	100.2	107.3	100.2	101.2	100.7
文化娱乐	102.1	102.6	100.8	100.0	100.0	101.9	101.2	100.0
文化娱乐用品	100.4	100.1	101.2	100.0	100.0	101.5	102.1	100.0
书报杂志	100.2	100.0	100.0	100.0	100.0	104.1	100.0	100.0
文娱费	105.9	106.6	100.4	100.0	100.0	100.0	100.6	100.0
旅游	98.3	97.9	101.0	100.0	100.0	101.0	99.5	100.0
八、居住	**107.7**	**106.5**	**107.8**	**105.4**	**108.3**	**113.1**	**111.2**	**106.4**
建房及装修材料	107.0	105.2	103.3	104.2	106.5	110.5	110.6	102.8
租房	121.4	129.5	119.0	108.2	100.0	100.0	124.5	186.3
自有住房	105.9	106.7	112.7	100.4	100.4	106.9	100.2	100.5
水、电、燃料	109.2	105.8	118.9	107.3	114.6	118.1	114.2	114.1

12-38 分县市商品零售价格指数

（2008年，以上年为100）

项　　目	全　市	市　区	湖滨区	义马市	渑池县	陕　县	灵宝市	卢氏县
商品零售价格总指数	**108.3**	**108.3**	**106.8**	**105.2**	**108.6**	**108.4**	**108.6**	**107.2**
一、食品	**115.9**	**115.5**	**113.8**	**112.7**	**114.4**	**115.1**	**118.1**	**114.9**
粮食	107.0	107.1	103.7	107.8	107.1	104.4	107.7	106.8
淀粉	125.3	153.5	100.0	111.5	101.3	100.0	102.5	125.2
干豆类及豆制品	135.7	131.4	146.4	145.8	118.4	124.0	145.4	131.5
油脂	132.0	144.0	134.9	119.8	104.4	133.9	124.7	124.2
肉禽及其制品	125.3	125.9	123.6	109.7	129.5	122.7	127.5	120.7
食用畜肉及副产品	128.8	129.1	124.7	109.4	134.8	124.7	131.9	128.1
禽	112.7	111.8	110.7	114.2	110.6	104.6	117.1	116.1
肉禽加工制品	121.1	126.1	126.3	100.2	120.2	124.3	114.0	115.4
蛋	104.7	101.3	102.7	108.2	107.3	113.5	103.1	121.5
水产品	125.9	129.8	116.9	111.9	117.6	122.1	120.3	104.8
鱼	126.2	130.1	120.8	111.9	124.3	119.2	123.0	104.7
其它水产品	124.1	127.7	100.0	111.7	100.0	131.4	109.6	106.9
菜	112.2	108.2	105.0	109.7	113.3	112.3	117.6	120.3
调味品	106.4	108.5	100.0	106.2	100.0	103.0	106.5	107.0
糖	101.0	101.4	99.5	100.5	98.5	104.2	101.1	100.4
干鲜瓜果	108.3	108.2	107.8	102.1	117.1	111.0	110.7	115.9
糕点饼干面包	106.9	106.4	100.0	116.6	101.0	100.0	115.2	103.9
液体乳及乳制品	111.9	113.1	102.7	103.8	106.7	112.0	114.4	103.3
在外用膳食品	109.7	105.7	111.9	126.1	103.7	107.1	113.1	112.0
其它食品	108.6	108.7	100.0	115.6	103.7	104.6	116.4	108.9
二、饮料、烟酒	**101.9**	**102.1**	**100.8**	**100.4**	**100.5**	**101.0**	**104.5**	**101.1**
茶及饮料	103.0	103.6	103.0	102.5	100.0	101.0	105.4	100.7
茶　叶	101.1	103.6	100.0	100.0	100.0	100.1	96.9	100.0
饮　料	103.7	103.6	103.7	103.4	100.0	101.3	107.5	101.4
烟草	100.0	100.0	100.0	100.0	100.0	100.1	100.0	99.4
酒	104.0	103.6	100.5	100.0	101.2	102.2	108.4	103.6

12-38续表1　　（2008年，以上年为100）

项　　目	全　市	市　区	湖滨区	义马市	渑池县	陕　县	灵宝市	卢氏县
三、服装、鞋帽	98.3	95.9	100.2	96.9	100.8	103.7	101.4	100.2
服装	97.8	95.5	100.3	95.5	101.3	105.5	100.2	100.3
男式服装	97.4	96.1	100.7	93.4	100.4	103.7	98.0	100.9
女式服装	96.9	94.2	100.0	95.1	103.1	103.8	100.5	100.0
儿童服装	101.2	99.2	100.0	99.2	100.0	111.5	102.6	100.0
鞋袜帽	99.7	96.6	100.0	99.8	100.0	100.2	106.4	100.2
鞋	99.8	96.2	100.0	99.8	100.0	100.2	108.3	100.7
袜子	98.8	100.0	100.0	100.0	100.0	100.0	93.6	100.0
帽子	100.9	99.6	100.0	100.0	100.0	100.0	108.2	100.0
其它	96.8	100.0	100.0	100.0	100.0	100.0	84.5	100.0
四、纺织品	101.0	101.4	100.0	104.0	100.0	99.4	100.6	102.2
衣着材料	100.7	101.6	100.0	101.9	100.0	100.0	100.2	102.2
床上用品	101.3	101.4	100.0	106.8	100.0	98.9	101.5	102.1
五、家用电器及音像器材	100.5	100.7	100.1	100.0	100.0	101.1	100.4	100.0
家庭设备	102.0	101.9	100.1	102.0	100.0	106.4	102.4	100.0
文娱用耐用消费品	98.4	99.6	100.0	97.3	100.0	93.7	97.4	100.0
音像器材	97.6	96.7	100.0	100.0	100.0	100.0	100.0	100.0
六、文化办公用品	98.8	98.5	100.5	100.0	100.0	102.1	100.8	100.0
七、日用品	105.1	104.2	102.4	102.3	103.7	106.4	108.2	102.1
日用百货	106.6	107.6	102.5	100.0	102.3	109.7	108.6	101.6
日用杂品	102.2	100.3	100.0	108.8	100.0	100.0	107.9	100.0
洗涤用品	108.0	106.3	105.1	103.6	109.0	109.8	110.8	106.4
其它日用品	100.2	98.9	100.0	100.0	100.0	100.0	103.6	100.0
八、体育娱乐用品	99.7	99.1	100.0	100.0	100.0	100.0	100.1	100.0
体育用品	100.4	99.2	100.0	100.0	100.0	100.0	103.6	100.0
娱乐用品	98.9	99.1	100.0	100.0	100.0	100.0	94.7	100.0
九、交通、通信用品	94.4	93.8	98.8	99.4	97.8	100.0	88.9	98.6
交通运输机械	99.4	99.2	100.0	100.0	99.9	100.0	100.0	99.8
通信器材	83.3	79.8	98.1	99.0	96.1	100.0	80.8	97.4

12-38续表2 （2008年，以上年为100）

项　目	全　市	市　区	湖滨区	义马市	渑池县	陕　县	灵宝市	卢氏县
十、家具	103.3	109.2	100.0	101.3	100.0	107.0	100.1	100.0
十一、化妆品	105.2	107.2	100.0	100.0	100.0	100.0	104.0	101.1
十二、金银珠宝	121.8	121.1	115.9	100.4	113.5	102.1	126.6	130.7
十三、中西药品及医疗保健用品	103.2	101.5	101.1	105.8	100.0	105.0	105.1	100.6
医疗器具及用品	101.0	99.7	100.0	96.2	100.0	100.0	112.6	100.0
中药材及中成药	108.9	104.3	98.8	115.6	100.0	107.7	113.9	100.7
西药	100.5	100.3	102.4	101.3	100.0	102.8	99.4	102.2
保健器具及用品	100.6	101.5	103.1	100.0	100.0	110.8	98.0	99.4
十四、书报杂志及电子出版物	100.3	99.7	101.6	100.2	100.6	102.5	100.0	101.7
教材及参考书	100.2	98.9	102.8	100.5	101.2	100.9	100.3	105.1
书报杂志	100.3	100.0	100.0	100.0	100.0	104.6	100.0	100.0
电子音像制品	100.5	101.2	100.0	100.0	100.0	100.0	99.0	100.0
十五、燃料	130.6	132.1	128.6	105.9	158.4	125.4	123.2	134.0
煤炭及制品	164.8	193.3	144.8	102.1	211.2	137.7	132.1	150.9
石油及制品	116.1	116.9	115.1	109.0	116.3	117.2	116.0	117.2
十六、建筑材料及五金电料	109.3	108.4	104.3	107.3	108.2	108.1	110.0	106.0
建筑装璜材料	110.9	109.6	105.3	108.2	110.4	109.6	111.5	104.6
五金电料	104.1	105.2	100.0	103.7	100.0	99.4	103.6	107.3
农业生产资料价格指数	117.0		127.1	112.9	114.0	112.7	118.7	120.7
农用手工工具	106.6		100.0	102.4	107.8	109.6	107.0	103.7
饲料	116.1		106.2	115.1	115.2	108.3	118.3	121.3
产品畜	109.4		141.1	189.4	129.2	111.5	101.7	148.7
半机械化农具	103.8		102.4	101.0	100.0	103.9	105.6	100.0
机械化农具	105.2		106.3	100.5	105.1	102.7	106.6	100.0
化学肥料	132.1		149.3	113.6	121.4	126.4	134.5	136.8
农药及农药器械	111.1		110.4	106.3	105.3	102.9	114.4	112.9
化学农药	110.2		110.7	107.0	104.7	103.0	112.7	111.8
农药器械	119.6		108.1	100.0	110.4	101.9	129.5	116.3
农用机油	112.6		115.6	108.1	104.0	108.5	114.3	120.3
其他农业生产资料	104.1		112.7	100.5	103.1	100.5	105.1	104.1
农用种子	101.8		113.2	100.4	100.0	100.0	102.1	100.0
其它	109.5		111.5	100.7	108.5	101.4	111.8	110.6
农业生产服务	103.9		104.7	105.7	120.6	105.3	100.6	100.0

12-39 全市分城市、农村居民消费价格指数

（以上年为100）

项　　目	2007年			2008年		
	全　　市	城　　市	农　　村	全　　市	城　　市	农　　村
居民消费价格总指数	**106.2**	**106.2**	**105.9**	**106.5**	**105.9**	**107.4**
非食品价格指数	101.5	101.1	102.0	102.7	102.0	104.0
服务项目价格指数	102.6	102.9	101.5	103.1	103.4	102.3
扣除鲜菜鲜果总指数	106.3	106.4	105.9	106.4	105.9	107.2
消费品价格指数	107.2	107.2	107.1	107.5	106.7	108.7
一、食品	**116.6**	**117.4**	**116.2**	**114.4**	**113.9**	**115.5**
粮食	106.0	104.5	108.0	105.7	105.3	106.8
淀粉	101.5	100.0	104.4	140.6	153.5	106.5
干豆类及豆制品	105.0	104.8	105.4	132.8	132.3	134.9
油脂	129.1	130.2	129.2	136.1	146.5	124.0
肉禽及其制品	147.0	153.2	139.9	123.7	123.4	124.6
食用畜肉及副产品	157.7	165.0	151.3	125.0	123.6	128.2
禽	134.1	140.5	123.7	112.6	111.7	113.8
加工肉禽	127.0	132.1	115.6	123.3	125.9	116.1
蛋	117.2	113.4	121.1	104.4	101.2	107.8
水产品	109.6	110.5	105.0	122.4	124.4	113.6
鱼	110.5	111.7	105.3	127.1	130.4	114.8
其它水产品	107.9	108.4	103.5	113.4	114.0	109.2
菜	105.9	105.4	108.9	110.4	107.9	115.7
调味品	111.1	114.3	107.7	106.4	108.2	104.4
糖	96.0	94.0	98.1	101.3	101.3	101.4
茶及饮料	100.1	100.1	100.0	103.0	103.5	101.9
茶叶	102.9	104.6	99.0	102.0	103.6	98.9
饮料	99.2	98.8	100.5	103.3	103.4	103.2
干鲜瓜果	112.2	114.9	107.5	108.0	108.3	106.2
糕点饼干面包	102.5	102.4	102.2	107.5	107.3	108.3
液体乳及乳制品	104.8	105.5	100.9	112.4	112.8	109.9
在外用膳食品	108.1	109.1	107.4	107.9	106.1	113.5
其它食品	109.0	113.8	103.3	108.7	108.7	109.0

12-39续表1　　（以上年为100）

项　　目	2007年			2008年		
	全　市	城　市	农　村	全　市	城　市	农　村
二、烟酒及用品	**100.3**	**99.4**	**101.0**	**101.5**	**101.3**	**101.7**
烟草	99.3	98.3	100.2	100.1	100.0	100.0
酒	102.0	101.2	102.6	104.4	104.0	104.7
吸烟、饮酒用品	99.7	99.3	100.3	99.2	98.5	100.5
三、衣着	**97.3**	**94.9**	**100.9**	**97.3**	**95.7**	**101.0**
服装	96.6	94.1	100.2	96.7	95.1	100.7
男式服装	97.1	96.3	97.8	97.5	96.7	99.5
女式服装	95.3	92.6	99.9	95.1	93.3	100.4
儿童服装	100.1	92.9	104.3	101.0	99.2	103.1
衣着材料	101.0	98.8	101.4	100.9	101.6	100.7
鞋袜帽	98.6	96.6	103.7	98.1	96.3	102.4
鞋	98.2	96.3	103.8	97.9	96.1	103.0
袜子	101.1	100.0	101.6	98.9	100.0	97.7
帽子	106.1	104.2	107.1	101.1	99.4	102.7
衣着加工服务	101.9	103.7	100.6	108.5	118.7	101.5
四、家庭设备用品及维修服务	**102.8**	**103.6**	**102.1**	**102.6**	**102.8**	**103.1**
耐用消费品	102.1	103.1	101.6	103.3	104.7	101.9
家具	101.6	103.5	101.0	104.8	109.1	101.1
家庭设备	102.6	102.8	102.5	102.2	101.9	102.8
室内装饰品	95.8	91.4	102.1	100.1	100.0	100.0
床上用品	100.5	99.8	101.1	101.4	101.5	101.1
家庭日用杂品	100.9	99.8	102.6	102.4	100.4	105.6
家庭服务及加工维修服务	124.4	131.0	106.7	101.7	100.0	107.1
五、医疗保健和个人用品	**102.9**	**103.2**	**102.3**	**104.5**	**105.1**	**103.2**
医疗保健	103.0	103.6	101.8	103.5	103.9	102.8
医疗器具及用品	96.1	94.6	99.7	100.0	99.7	100.7
中药材及中成药	109.5	109.2	109.0	106.5	104.4	111.7
西药	100.4	100.3	100.7	100.7	100.5	101.3
保健器具及用品	113.3	117.5	101.8	101.3	102.5	100.9
医疗保健服务	99.9	100.3	99.7	105.2	110.4	100.2

12-39续表2　（以上年为100）

项　目	2007年			2008年		
	全　市	城　市	农　村	全　市	城　市	农　村
个人用品及服务	102.7	102.2	103.5	106.9	108.0	104.1
化妆美容用品	100.5	100.5	100.2	107.8	109.5	100.8
清洁化妆用品	100.8	100.6	101.3	107.1	107.5	105.4
个人饰品	101.5	99.1	103.2	104.9	104.3	105.7
个人服务	106.2	107.5	105.8	107.2	109.5	103.5
六、交通和通讯	**98.0**	**97.0**	**99.5**	**100.5**	**99.8**	**101.9**
交通	101.4	100.6	101.9	104.9	104.5	105.3
交通工具	98.7	97.6	99.3	101.3	101.0	101.2
车用燃料及零配件	102.5	101.9	103.2	114.5	115.6	113.0
车辆使用及维修	101.7	102.4	100.8	106.6	112.1	99.7
市区公共交通费	104.0	100.9	109.2	100.6	100.0	101.7
城市间交通费	102.6	101.7	103.4	106.3	102.0	113.2
通信	95.7	95.3	96.7	97.7	97.7	98.0
通信工具	79.0	73.5	84.2	80.1	76.1	86.5
通信服务	98.7	98.1	100.4	100.6	100.4	101.2
七、娱乐教育文化用品及服务	**100.2**	**100.3**	**99.7**	**101.1**	**101.3**	**100.7**
文娱用耐用消费品及服务	97.1	97.0	97.5	99.4	99.9	98.1
教育	100.7	101.1	100.2	102.0	102.6	101.3
教材及参考书	95.3	97.3	93.8	99.9	99.1	100.8
学杂托幼费	101.2	101.5	100.9	102.2	103.0	101.3
文化娱乐	101.6	101.9	100.7	102.1	102.6	101.0
文化娱乐用品	100.2	99.5	100.7	100.4	100.1	101.3
书报杂志	101.9	102.8	100.5	100.2	100.0	100.6
文娱费	103.5	104.0	101.3	105.9	106.6	100.6
旅游	100.8	100.6	98.1	98.3	97.9	100.0
八、居住	**105.9**	**106.6**	**105.3**	**107.7**	**106.5**	**109.9**
建房及装修材料	108.2	112.2	107.2	107.0	105.2	107.7
租房	105.4	104.1	107.8	121.4	129.5	114.2
自有住房	109.2	110.8	101.9	105.9	106.7	101.6
水、电、燃料	101.9	102.1	102.0	109.2	105.8	115.9

12-40 全市分城市、农村商品零售价格指数

（以上年为100）

项　　目	2007年			2008年		
	全　　市	城　　市	农　　村	全　　市	城　　市	农　　村
商品零售价格总指数	**104.7**	**104.3**	**105.4**	**108.3**	**108.3**	**108.4**
一、食品	**117.0**	**117.8**	**116.4**	**115.9**	**115.5**	**116.4**
粮食	106.2	105.3	107.0	107.0	107.1	107.0
淀粉	107.5	100.0	110.0	125.3	153.5	115.0
干豆类及豆制品	105.7	106.1	105.5	135.7	131.4	138.2
油脂	131.8	132.4	131.3	132.0	144.0	123.8
肉禽及其制品	144.5	148.6	142.0	125.3	125.9	124.8
食用畜肉及副产品	154.0	155.8	153.7	128.8	129.1	128.5
禽	131.9	139.7	124.2	112.7	111.8	113.9
肉禽加工制品	124.9	132.8	118.3	121.1	126.1	116.4
蛋	117.4	113.4	120.7	104.7	101.3	107.3
水产品	111.8	114.3	105.8	125.9	129.8	115.6
鱼	110.7	112.7	106.3	126.2	130.1	117.3
其它水产品	114.7	117.6	103.9	124.1	127.7	108.9
菜	107.9	107.6	108.0	112.2	108.2	115.2
调味品	110.8	114.8	107.6	106.4	108.5	104.7
糖	96.6	94.3	98.0	101.0	101.4	100.7
干鲜瓜果	111.5	114.4	107.2	108.3	108.2	108.6
糕点饼干面包	102.5	102.3	102.8	106.9	106.4	107.5
液体乳及乳制品	104.7	105.9	101.2	111.9	113.1	108.5
在外用膳食品	107.5	107.9	107.3	109.7	105.7	113.7
其它食品	105.6	113.8	103.1	108.6	108.7	108.5
二、饮料、烟酒	**100.4**	**99.6**	**101.0**	**101.9**	**102.1**	**101.8**
茶及饮料	100.2	100.2	100.2	103.0	103.6	102.5
茶　叶	101.5	104.6	99.4	101.1	103.6	99.2
饮　料	99.7	98.7	100.6	103.7	103.6	103.9
烟草	99.4	98.0	100.2	100.0	100.0	100.0
酒	102.0	101.0	102.8	104.0	103.6	104.2

（以上年为100）

项　目	2007年			2008年		
	全　市	城　市	农　村	全　市	城　市	农　村
三、服装、鞋帽	**98.3**	**95.4**	**101.5**	**98.3**	**95.9**	**100.8**
服装	97.5	94.8	100.5	97.8	95.5	100.2
男式服装	97.5	96.7	98.4	97.4	96.1	99.1
女式服装	96.8	93.7	100.6	96.9	94.2	100.0
儿童服装	99.9	92.6	103.6	101.2	99.2	102.1
鞋袜帽	100.3	97.1	104.1	99.7	96.6	103.0
鞋	100.2	96.7	104.6	99.8	96.2	103.8
袜子	100.8	100.0	101.6	98.8	100.0	97.9
帽子	102.7	102.8	102.6	100.9	99.6	101.3
其它	94.7	87.8	97.9	96.8	100.0	95.1
四、纺织品	**100.6**	**99.4**	**101.2**	**101.0**	**101.4**	**100.7**
衣着材料	101.0	98.6	101.5	100.7	101.6	100.5
床上用品	100.2	99.8	100.6	101.3	101.4	101.3
五、家用电器及音像器材	**100.5**	**100.2**	**100.8**	**100.5**	**100.7**	**100.1**
家庭设备	103.0	102.5	103.6	102.0	101.9	102.2
文娱用耐用消费品	97.0	97.3	96.6	98.4	99.6	97.0
音像器材	98.6	98.1	100.0	97.6	96.7	100.0
六、文化办公用品	**97.0**	**97.9**	**100.1**	**98.8**	**98.5**	**100.6**
七、日用品	**101.9**	**101.1**	**102.5**	**105.1**	**104.2**	**105.8**
日用百货	100.6	100.2	100.9	106.6	107.6	105.8
日用杂品	99.4	98.2	100.6	102.2	100.3	104.1
洗涤用品	105.6	105.8	105.6	108.0	106.3	109.5
其它日用品	100.5	98.1	102.3	100.2	98.9	101.5
八、体育娱乐用品	**98.9**	**96.9**	**100.2**	**99.7**	**99.1**	**100.3**
体育用品	98.9	95.5	100.4	100.4	99.2	101.2
娱乐用品	98.9	98.1	99.7	98.9	99.1	98.3
九、交通、通信用品	**92.9**	**92.4**	**93.9**	**94.4**	**93.8**	**95.4**
交通运输机械	98.4	98.1	99.1	99.4	99.2	100.0
通讯器材	80.9	77.8	85.6	83.3	79.8	87.8

12-40续表2　　（以上年为100）

项　　目	2007年			2008年		
	全　　市	城　　市	农　　村	全　　市	城　　市	农　　村
十、家具	101.6	103.0	101.4	103.3	109.2	100.9
十一、化妆品	99.9	99.4	100.3	105.2	107.2	101.7
十二、金银珠宝	108.5	107.9	109.1	121.8	121.1	119.8
十三、中西药品及医疗保健用品	103.5	103.0	104.1	103.2	101.5	104.9
医疗器具及用品	96.5	94.6	99.0	101.0	99.7	102.8
中药材及中成药	109.3	107.3	110.8	108.9	104.3	112.2
西药	100.1	99.9	100.3	100.5	100.3	100.6
保健器具及用品	108.6	115.4	101.0	100.6	101.5	100.3
十四、书报杂志及电子出版物	97.8	99.9	96.9	100.3	99.7	100.7
教材及参考书	94.5	96.7	93.9	100.2	98.9	100.8
书报杂志	101.4	102.7	100.5	100.3	100.0	100.6
电子音像制品	99.5	98.7	99.9	100.5	101.2	99.7
十五、燃料	103.2	103.3	103.2	130.6	132.1	128.3
煤炭及制品	102.6	102.9	103.0	164.8	193.3	145.3
石油及制品	103.4	103.6	103.1	116.1	116.9	114.5
十六、建筑材料及五金电料	108.2	107.7	106.3	109.3	108.4	110.1
建筑装璜材料	110.9	110.6	107.4	110.9	109.6	111.9
五金电料	100.7	100.5	102.0	104.1	105.2	102.7
农业生产资料价格指数	105.7		105.7	117.0		117.0
农用手工工具	105.1		105.1	106.6		106.6
饲料	106.9		106.9	116.1		116.1
产品畜	155.4		155.4	109.4		109.4
半机械化农具	103.5		103.5	103.8		103.8
机械化农具	102.0		102.0	105.2		105.2
化学肥料	103.3		103.3	132.1		132.1
农药及农药器械	100.8		100.8	111.1		111.1
化学农药	100.5		100.5	110.2		110.2
农药器械	103.4		103.4	119.6		119.6
农用机油	104.7		104.7	112.6		112.6
其他农业生产资料	101.7		101.7	104.1		104.1
农用种子	101.2		101.2	101.8		101.8
其它	102.9		102.9	109.5		109.5
农业生产服务	102.9		102.9	103.9		103.9

主要统计指标解释

城镇居民家庭人口　指居住在一起，经济上合在一起共同生活的家庭成员，即在同一家庭内共同生活、共同消费的成员。

城镇居民家庭常住人口　是指经常住在家庭中的人口数，包括家庭成员中(仅指直系亲属)在部队服役的战士(不包括干部)，户口在本市学校或工作单位住单身宿舍的学生或职工、入全托的儿童。对于职工家庭中已成家、经济自立，连用饭也不在一起的子女，虽因住房问题，现住在一户内，不计算为家庭人口，对于职工家庭中已婚，不在一起居住，而户口未迁出的子女，也不计算为该户的“家庭常住人口”。

城镇居民家庭就业人口　指城镇居民从事社会劳动并取得劳动报酬或经营收入的人口。就业人口包括通过国家统筹规划和指导由劳动部门介绍就业，自愿组织起来就业和自谋职业等方式，在国有单位、集体单位、中外合资、中外合作、外资在华独资的企事业单位和私营企业单位工作或从事个体劳动的有固定性职业或临时性职业的人口。被聘用和留用的离退休人员也计入就业人口。它是反映城镇居民的就业情况，计算就业面、负担系数的重要资料。

城镇居民家庭实际收入　指调查户的全部实际的现金收入，不包括借贷收入，如提取银行存款、向亲友借入款、收回借出款以及其它各种暂收款。

城镇居民家庭可支配收入　指居民家庭在支付个人所得税之后，所余下的实际收入。即实际收入减掉“个人所得税、家庭副业生产支出、再减记账补贴”。

城镇居民家庭消费性支出　指调查户用于日常生活的全部支出，包括食品、衣着、家庭设备及服务、医疗保健、交通和通讯、娱乐教育文化服务、居住、杂项商品和服务等八大类支出，均按用途划分归类。

城镇居民家庭非消费性支出　包括直接税、消费性贷款利息、经常性转移支出等支出。

农民家庭总收入　指农户年内从各种来源得到的全部实际收入(包括现金收入和实物收入)。由工资性收入、家庭经营收入、转移性收入和财产性收入四部分组成。

家庭经营纯收入　指农民家庭总收入扣除相应的各项费用性支出后，归农民所有的收入。它既可用于生产、非生产投资，改善物质和文化生活，又可以用于再分配支出及用于结余的收入，是观察农民家庭实际收入水平，以及农民扩大再生产和改善生活能力的主要指标。其计算公式为：纯收入=总收入-家庭经营费用支出-生产用固定资产折旧-税收-上交集体承包任务-集体提留和摊派-调查补贴

农民家庭生活消费支出　指农民家庭年内用于物质生活和精神生活方面的实际支出。它直接反映农民的生活水平，是研究农民消费结构变化的基本指标。它包括食品、衣着、居住、家庭设备、用品及服务、医疗保健、交通和通讯、文化教育娱乐用品及服务、其他商品和服务等八大类支出。

居民消费价格指数　居民消费价格是居民支付所购买生活消费品和获得的服务项目的价格。编制居民消费指数是根据各调查商品和服务项目的基期和报告期的平均价格采用加权算术平均公式计算。目前，编制居民消费价格指数的商品和服务

项目计 333 种。权数根据住户调查中居民的实际消费构成计算，每年调整一次。

商品零售价格指数 商品零售价格是工业、商业、餐饮业和其他零售企业向城乡居民、机关团体出售生活消费品和办公用品。编制商品零售价格指数是根据各调查商品的基期和报告期的平均价格采用加权算术平均公式计算。目前，编制商品零售价格指数的商品和服务项目计 314 种。权数资料根据典型调查、商品流转统计中商品销售构成及商品零售额计算，每三年调整一次。

城镇居民基本生活商品费用价格指数 基本生活费用价格，是指城镇居民支付用来维持基本生活所必须的商品和服务项目的价格。城镇基本生活商品费用价格指数，就是指反映一定时期内城镇居民基本生活商品费用价格变动趋势和变动程度的相对数。编制这一指数的目的，在于能够重点反映居民生活必须品价格变动对居民生活的影响，促使各级政府明确控制市场物价的重点，为制定城镇居民最低工资标准和最低生活保障线提供参考依据。

城镇基本生活商品费用价格指数的商品范围，主要是生存资料，包括少量的发展资料，不包括高档耐用消费品和各种享受资料。分为吃、穿、用、烧、居住、服务项目等类别，具体包括 42 种消费品和 5 种服务项目。

农业生产资料价格指数 农业生产资料价格是指工业、商业及其他单位和个人向农民出售农业生产资料的价格。农业生产资料价格指数编制同商品零售价格指数。权数资料每年计算一次。商品项目 47 种。

农产品收购价格指数 农产品收购价格是指各种经济类型的工、商企业及其他单位和个人直接从农村集体农业生产单位、农民个人和国有农业生产单位收购农产品的价格。编制农产品收购价格指数是根据各调查商品的平均价格和各类调查商品的报告期收购额采用加权调和平均公式计算。商品项目包括农林牧渔业 11 大类 159 种农产品。

餐饮业价格指数餐饮业价格 是餐饮企业向消费者出售其加工制作的各种餐饮食品的价格，它也是商品零售价格。餐饮业价格指数，就是指反映一定时期内餐饮业价格变动趋势和变动程度的相对数。编制这一指数的目的，在于反映餐饮业商品价格变动及其对居民生活的影响，及时掌握餐饮业经营中出现的新情况和新问题，为进行科学管理提供决策依据。餐饮业价格指数作为商品零售和居民消费价格指数的一个类别从 1994 年起开始编制。主要内容。餐饮业价格指数分为主食、炒菜和地方小吃三个类别，国家只规定计算价格指数的品种不得少于 16 种，但不具体规定品种名称，由各地根据当地实际消费情况自定。

农民购进工业品价格指数 根据农业生产资料价格和农村居民消费价格中的油脂、菜制品、调味品、糖类、烟草、酒、饮料、糕点、奶及奶制品、其他食品、衣着、家庭设备、医疗保健、交通运输、娱乐教育、建材、水电等商品价格的指数加权计算。

农贸市场农产品成交价格指数 系根据直接调查的农贸市场商品价格，以成交额为权数，按加权倒数平均公式计算的指数。计算农贸市场农产品成交价格指数农产品为 67 种。

工农业商品综合比价指数 采用农产品收购价格指数和农民购进工业品价格指数对比计算。

各乡（镇）主要经济指标

13

三门峡统计年鉴

2009

13-1 各乡(镇)主要经济指标(一)

（2008年）

乡、镇	耕地面积（公顷）	年末果园面积（公顷）	年末乡村人口（万人）	粮食总产量（吨）	夏粮	秋粮	人均粮食产量（公斤）
湖滨区							
交口乡	1305	444	1.92	5104	2429	2675	266
磁钟乡	881	533	0.91	2713	1408	1305	297
高庙乡	1697	101	1.24	6171	3931	2240	498
渑池县							
城关镇	1280	198	2.10	7367	4530	2837	351
英豪镇	4337	1046	3.00	23461	14838	8623	784
张村镇	2093	538	1.65	10379	5931	4448	629
洪阳镇	2570	468	2.12	7922	4956	2966	375
天池镇	8282	782	4.07	28898	10725	18173	710
仰韶乡	3566	1263	3.38	16755	9367	7388	498
仁村乡	1967	906	1.75	11130	4244	6886	638
果园乡	6035	1054	3.64	23422	11405	12017	643
陈村乡	4417	1021	2.85	20114	9884	10230	707
坡头乡	3041	57	1.53	12748	5396	7352	831
段村乡	2051	873	0.87	7311	3074	4237	838
南村乡	1944	272	0.56	5096	2208	2888	910
陕　县							
大营镇	1755	1813	3.94	12857	5368	7489	327
原店镇	281	550	0.78	1409	651	758	132
西张村镇	3026	2802	5.34	8991	4292	4699	139
观音堂镇	3440	46	2.31	14775	7095	7680	640

13-1表（一）续表1 （2008年）

乡、镇	耕地面积（公顷）	年末果园面积（公顷）	年末乡村人口（万人）	粮食总产量（吨）	夏粮	秋粮	人均粮食产量（公斤）
张汴乡	1139	1014	1.20	3470	1050	2420	288
张湾乡	1024	944	2.45	6498	2796	3702	267
菜园乡	3262	1847	3.64	9444	4666	4778	259
张茅乡	1538	194	2.00	9327	5117	4210	467
王家后乡	2616	302	1.74	7643	4212	3431	438
硖石乡	1189	42	1.09	4271	1948	2323	393
西李村乡	5091	44	2.31	15701	7284	8417	678
宫前乡	3108	145	1.41	10968	6662	4306	762
店子乡	772	6	0.39	1482	933	549	377
灵宝市							
城关镇	377	114	2.40	2724	1586	1138	114
尹庄镇	2698	1315	4.77	10768	5661	5107	227
朱阳镇	8120	2439	4.20	21680	7467	14213	515
阳平镇	4051	5898	6.99	21238	12848	8390	302
故县镇	3636	2550	3.63	16428	9910	6518	451
豫灵镇	3317	1866	5.56	25224	11003	14221	465
大王镇	3725	2516	6.22	20053	6824	13229	323
阳店镇	3369	4384	5.83	21423	10468	10955	367
函谷关镇	1508	965	2.44	6397	3188	3209	263
焦村镇	2247	4495	5.26	13078	6984	6094	249
川口乡	2445	1397	2.90	10334	5435	4899	358
寺河乡	430	2049	0.70	1452	670	782	207

13-1表（一）续表2 （2008年）

乡、镇	耕地面积（公顷）	年末果园面积（公顷）	年末乡村人口（万人）	粮食总产量（吨）	夏粮	秋粮	人均粮食产量（公斤）
苏村乡	4723	3800	2.82	12316	6580	5736	436
五亩乡	4238	3217	3.50	11902	5588	6314	337
西闫乡	5064	3047	5.15	14486	9521	4965	284
卢氏县							
城关镇	117	3	0.80	287	155	132	36
杜关镇	2387	12	1.74	9685	3985	5700	556
五里川镇	1384		1.86	3671	1835	1836	198
官道口镇	4134	489	2.02	11762	7313	4449	582
朱阳关镇	784	2	1.54	2107	890	1217	137
官坡镇	1938	7	2.60	3804	2921	883	146
范里镇	5819	24	3.43	11511	8021	3490	335
东明镇	3082	192	2.75	8009	4158	3851	292
文峪乡	2254	125	3.10	7733	3925	3808	258
横涧乡	2291	48	3.05	7290	3224	4066	237
磨沟口乡	1467	25	1.27	3779	2115	1664	297
双槐树乡	810		1.21	2670	1478	1192	221
汤河乡	482		1.02	1438	901	537	141
瓦窑沟乡	738		1.30	2611	1082	1529	201
狮子坪乡	564		1.04	3525	870	2655	338
沙河乡	3340	20	1.37	9388	4654	4734	575
徐家湾乡	1211		0.92	3285	1420	1865	358
潘河乡	1851	6	1.23	4814	2745	2069	391
木桐乡	759		0.78	2586	1125	1461	332

13-1 各乡(镇)主要经济指标(二)

(2008年)

乡、镇	棉花总产量(吨)	油料总产量(吨)	烟叶总产量(吨)	大牲畜存栏(万头)	生猪存栏(万头)	山绵羊存栏(万只)	肉类总产量(吨)	水果总产量(吨)
湖滨区								
交口乡	11	403		0.09	0.81	0.11	708	9211
磁钟乡	22	163		0.11	1.01	0.09	908	6700
高庙乡	29	416	146	0.42	0.57	0.31	515	2722
渑池县								
城关镇	17	519		0.22	0.70	0.25	843	4433
英豪镇	26	2781	434	0.97	2.66	0.56	2467	10750
张村镇	18	1488	40	0.80	1.65	0.37	1989	9782
洪阳镇	70	1910	260	0.62	2.05	0.96	2334	14150
天池镇	18	2157	2387	1.51	2.88	2.38	4203	12528
仰韶乡		1757	356	0.70	6.69	0.81	6528	20228
仁村乡	13	756	356	0.98	1.18	1.57	1427	4128
果园乡	2	2559	1676	1.89	1.78	1.51	2220	12733
陈村乡	36	2963	194	1.09	2.26	0.97	1945	16512
坡头乡		772	756	1.10	0.77	1.10	1072	6022
段村乡		1588	165	1.33	0.59	2.00	1873	31735
南村乡		1637	125	1.07	0.97	1.27	1067	8145
陕　县								
大营镇	92	95		0.28	1.02	0.39	1599	65540
原店镇				0.08	0.26	0.26	657	18882
西张村镇	4		158	0.80	2.00	0.86	1691	99000
观音堂镇	8	610	901	2.10	1.11	0.99	1575	950

13-1表（二）续表1　　（2008年）

乡、镇	棉　花 总产量 （吨）	油　料 总产量 （吨）	烟　叶 总产量 （吨）	大牲畜 存　栏 （万头）	生　猪 存　栏 （万头）	山绵羊 存　栏 （万只）	肉　类 总产量 （吨）	水　果 总产量 （吨）
张汴乡	17		64	0.20	0.44	0.29	500	49626
张湾乡	78	147		0.55	0.60	0.30	519	47040
菜园乡	40	165	725	1.17	1.42	1.11	1456	82626
张茅乡	5	199	109	0.87	0.65	0.53	680	2230
王家后乡	9	376	65	1.96	1.30	1.38	622	2109
硖石乡	5	500		0.34	0.44	0.30	654	1136
西李村乡	7	605	1280	1.77	0.77	0.70	698	920
宫前乡		430	1355	2.16	1.02	1.21	1507	632
店子乡		50	295	0.81	0.33	0.27	473	403
灵宝市								
城关镇				0.06	0.30	0.16	347	4020
尹庄镇	136	112		0.15	2.18	0.12	3163	32730
朱阳镇		25	4785	1.76	1.31	2.20	1218	46000
阳平镇	325	1304		0.74	1.61	0.93	884	115100
故县镇	105	1226	210	0.73	2.59	0.19	1068	49960
豫灵镇	111	837		0.28	0.64	0.38	621	45370
大王镇	293	1614		0.24	0.95	0.16	1041	70481
阳店镇	147	126		0.27	1.70	0.61	1185	92045
函谷关镇	17	257		0.06	0.43	0.12	352	38500
焦村镇	258	883		0.06	3.66	0.28	5211	112610
川口乡	45	162	286	0.08	0.71	0.09	663	46200
寺河乡				0.58	0.33	0.40	930	36078

13-1表（二）续表2　　（2008年）

乡、镇	棉　花 总产量 （吨）	油　料 总产量 （吨）	烟　叶 总产量 （吨）	大牲畜 存　栏 （万头）	生　猪 存　栏 （万头）	山绵羊 存　栏 （万只）	肉　类 总产量 （吨）	水　果 总产量 （吨）
苏村乡	20		1443	1.05	0.32	1.62	1141	57600
五亩乡	24	132	2100	0.88	0.52	1.10	522	48800
西闫乡	498	1296		0.11	0.74	0.59	859	78850
卢氏县								
城关镇				0.02	0.06	0.04	125	42
杜关镇		9	1094	0.69	0.13	0.37	870	5108
五里川镇			66	0.37	0.31	0.09	155	397
官道口镇		63	2140	1.41	0.33	0.12	452	6289
朱阳关镇			37	0.09	0.19	0.10	214	1188
官坡镇			1278	0.14	0.16	0.11	240	954
范里镇	4	8	2239	0.87	0.22	0.25	557	9141
东明镇	24	118	1515	0.85	0.28	0.38	685	4331
文峪乡	9	32	826	0.53	0.37	0.27	412	3456
横涧乡			678	1.07	0.47	0.49	697	1534
磨沟口乡		21	227	0.25	0.15	0.14	294	565
双槐树乡			441	0.06	0.11	0.03	129	1100
汤河乡				0.19	0.16	0.15	195	1735
瓦窑沟乡		45	80	0.07	0.12	0.03	155	719
狮子坪乡			120	0.07	0.14	0.08	148	777
沙河乡		26	2433	0.41	0.13	0.07	223	3505
徐家湾乡		2	162	0.11	0.14	0.06	302	392
潘河乡		27	492	0.56	0.12	0.37	346	865
木桐乡			304	0.48	0.10	0.11	303	306

13-1 各乡(镇)主要经济指标(三)

（2008年）

乡、镇	财政收入（万元）	#一般预算收入	农民人均纯收入（元）	农林牧渔业总产值（万元）	人均农林牧渔业总产值（元）	人均财政收入（元）
湖滨区						
交口乡	2295	2085	5093	8416	4384	1195
磁钟乡	1191	1031	3530	5373	5875	1302
高庙乡	1614	1449	3233	5314	4288	1302
渑池县						
城关镇	2915	2915	6321	6774	3231	1390
英豪镇	1747	1747	4790	21709	7251	584
张村镇	2285	2285	5190	14683	8897	1385
洪阳镇	1865	1865	5150	16058	7600	883
天池镇	2952	2952	5268	33910	8329	725
仰韶乡	3406	3406	5314	24664	7334	1013
仁村乡	2425	2425	5006	11221	6430	1390
果园乡	5000	5000	5277	26465	7270	1373
陈村乡	4523	4523	5042	21232	7467	1591
坡头乡	1831	1831	4970	17393	11344	1194
段村乡	1239	1239	4537	14496	16624	1421
南村乡	1150	1150	4668	7440	13281	2053
陕　县						
大营镇	1560	1438	5254	29464	7488	396
原店镇	1560	1539	5052	6604	8509	2010
西张村镇	917	411	4369	25523	4787	172
观音堂镇	1450	1422	4065	10497	4550	629

乡、镇	财政收入（万元）	#一般预算收入	农民人均纯收入（元）	农林牧渔业总产值（万元）	人均农林牧渔业总产值（元）	人均财政收入（元）
张汴乡	533	298	3966	10905	9043	442
张湾乡	616	423	3866	16732	6869	253
菜园乡	953	350	4235	21978	6036	262
张茅乡	725	555	4159	5698	2853	363
王家后乡	6537	6492	4311	5628	3224	3745
硖石乡	689	633	4000	3666	3377	635
西李村乡	496	330	3577	8676	3745	214
宫前乡	456	325	2970	13706	9525	317
店子乡	268	112	3281	4078	10366	681
灵宝市						
城关镇	2499	2426	6846	6738	2808	1042
尹庄镇	2502	2324	6106	17176	3615	527
朱阳镇	3915	2703	6171	37551	8919	930
阳平镇	4958	2911	5190	40944	5821	705
故县镇	2964	1971	6215	18418	5060	814
豫灵镇	5676	3679	6375	23647	4358	1046
大王镇	1005	460	5777	53555	8634	162
阳店镇	734	445	5282	29809	5101	126
函谷关镇	761	641	4743	11018	4523	312
焦村镇	942	578	5202	44938	8567	180
川口乡	643	481	4386	15738	5447	223
寺河乡	378	95	4740	10269	14660	540

（2008年）

乡、镇	财政收入（万元）	#一般预算收入	农民人均纯收入（元）	农林牧渔业总产值（万元）	人均农林牧渔业总产值（元）	人均财政收入（元）
苏村乡	927	729	4431	16138	5714	328
五亩乡	1012	827	4459	15485	4387	287
西闫乡	1052	538	4752	21365	4190	206
卢氏县						
城关镇	1583	1583	4307	1080	1347	1975
杜关镇	489	489	3244	7898	4536	281
五里川镇	258	258	3008	7562	4076	139
官道口镇	696	696	3431	8554	4232	344
朱阳关镇	126	126	2694	6021	3920	82
官坡镇	307	307	3025	8256	3178	118
范里镇	625	625	3260	13654	3977	182
东明镇	802	802	3795	12230	4453	292
文峪乡	352	352	3130	10231	3415	117
横涧乡	244	244	2967	10254	3335	79
磨沟口乡	726	726	2746	5625	4423	571
双槐树乡	222	222	2817	5893	4882	184
汤河乡	99	99	2668	4922	4822	97
瓦窑沟乡	128	128	2837	8247	6356	99
狮子坪乡	112	112	2815	9980	9569	107
沙河乡	657	657	3303	9870	7101	473
徐家湾乡	271	271	2697	5733	6240	295
潘河乡	669	669	2987	6124	4968	543
木桐乡	461	461	2730	4781	6137	592

全省及各省辖市主要经济指标

14

三门峡统计年鉴 2009

14-1 全省及各省辖市主要经济指标

（2008年）

市	总户数（万户）	总人口数（万人）	城镇化水平（%）	常住人口（万人）	人口密度（人/平方公里）
全　省	**2911**	**9918**	**36.0**	**9429**	**594**
郑州市	191	663	62.3	744	890
开封市	139	484	37.7	469	751
洛阳市	194	654	42.6	642	430
平顶山市	146	501	40.2	487	634
安阳市	160	542	37.3	521	732
鹤壁市	46	146	47.8	143	669
新乡市	161	561	39.2	551	686
焦作市	96	347	45.3	341	852
濮阳市	96	363	33.8	350	852
许昌市	132	456	37.5	431	914
漯河市	75	257	37.5	248	981
三门峡市	**70**	**223**	**43.9**	**222**	**212**
南阳市	348	1091	34.9	1004	410
商丘市	251	828	31.5	777	774
信阳市	252	803	32.6	669	411
周口市	313	1086	27.7	997	908
驻马店市	222	849	27.7	768	563
济源市	19	68	47.6	68	351
三门峡为全省%	**2.4**	**2.2**	**121.9**	**2.4**	**35.7**
三门峡居全省位次	**第16位**	**第16位**	**第5位**	**第16位**	**第18位**

注：分市数据由各市根据2008年人口与城镇化抽样调查汇总数据和公安年报及有关数据推算取得。

14-1续表1 （2008年）

市	生产总值（亿元）	第一产业	第二产业	#工业	第三产业	人均生产总值（元）
全　省	**18407.78**	**2658.80**	**10477.92**	**9546.08**	**5271.06**	**19593**
郑州市	3003.99	94.70	1659.49	1484.68	1249.80	40616
开封市	689.37	153.66	312.45	288.13	223.26	14713
洛阳市	1919.64	167.57	1172.60	1045.37	579.47	30084
平顶山市	1067.70	101.40	696.33	663.55	269.97	21998
安阳市	1036.05	143.00	647.39	590.85	245.66	19924
鹤壁市	342.35	42.54	225.30	214.72	74.51	24070
新乡市	949.49	130.77	521.20	455.45	297.52	17217
焦作市	1031.59	83.66	689.65	649.19	258.28	30356
濮阳市	657.28	90.85	437.17	400.15	129.26	18803
许昌市	1062.05	133.93	696.99	660.20	231.13	24706
漯河市	550.26	79.28	376.11	361.20	94.87	22237
三门峡市	**654.21**	**54.77**	**437.94**	**416.31**	**161.50**	**29515**
南阳市	1636.43	344.48	856.01	768.21	435.94	16367
商丘市	931.39	254.62	416.05	360.47	260.72	12092
信阳市	866.79	222.29	358.44	297.44	286.06	13015
周口市	984.13	298.22	420.92	375.56	264.99	9905
驻马店市	812.98	226.39	343.50	313.74	243.09	10610
济源市	288.35	14.80	212.36	202.82	61.19	42476
三门峡为全省%	**3.6**	**2.1**	**4.2**	**4.4**	**3.1**	**150.6**
三门峡居全省位次	**第15位**	**第16位**	**第9位**	**第9位**	**第14位**	**第5位**

14-1续表2　　（2008年）　　（上年=100）

市	生产总值指数（%）	第一产业	第二产业	#工业	第三产业	人均生产总值指数（%）
全　省	112.1	105.5	114.9	115.6	110.2	111.9
郑州市	112.2	105.6	114.8	115.6	109.2	110.7
开封市	113.1	105.6	114.3	115.0	117.5	113.1
洛阳市	114.4	105.8	115.7	116.6	113.9	113.9
平顶山市	113.6	105.6	115.1	115.6	113.0	113.2
安阳市	113.1	105.7	114.9	115.7	112.5	113.2
鹤壁市	113.5	104.0	117.1	117.5	108.2	114.1
新乡市	113.9	105.3	117.3	118.9	111.7	114.2
焦作市	112.6	105.2	115.2	115.8	108.1	112.4
濮阳市	113.0	105.6	115.3	116.4	109.8	113.6
许昌市	112.6	104.2	114.9	115.3	110.5	112.2
漯河市	113.4	106.6	116.9	117.4	105.1	113.8
三门峡市	115.1	106.7	116.7	117.1	113.7	116.0
南阳市	112.1	105.7	113.6	114.3	114.5	111.7
商丘市	111.4	105.7	114.6	115.8	112.2	110.6
信阳市	112.2	106.1	114.7	116.3	114.1	111.7
周口市	112.3	105.7	114.3	115.2	116.2	112.1
驻马店市	111.8	106.2	113.7	114.2	114.4	112.4
济源市	114.8	106.1	116.9	117.5	110.8	114.0
三门峡为全省%	102.7	101.1	101.6	101.3	103.2	103.7
三门峡居全省位次	第1位	第1位	第5位	第5位	第7位	第1位

（2008年）

市	在岗职工平均工资（元）	国有单位	城镇集体单位	其他单位
全　省	**24816**	**26536**	**17118**	**24189**
郑州市	26476	30663	20529	22551
开封市	17737	19101	15668	15936
洛阳市	22883	24973	19519	20315
平顶山市	25003	20930	17548	29848
安阳市	21496	22020	17710	21641
鹤壁市	18427	18283	13589	19167
新乡市	17271	19842	13475	14510
焦作市	21600	21939	19918	21628
濮阳市	22709	23447	12037	22612
许昌市	18581	20544	17167	16309
漯河市	16429	17698	11509	16286
三门峡市	**23788**	**22901**	**20334**	**25220**
南阳市	17847	20268	14348	14698
商丘市	18770	17481	18063	22887
信阳市	18409	19807	15688	15193
周口市	16723	17690	13952	14202
驻马店市	16968	19067	12821	13351
济源市	19778	22464	13944	17548
三门峡为全省%	95.9	86.3	118.8	104.3
三门峡居全省位次	第3位	第4位	第2位	第2位

14-1续表4　　　　　　　　　　　　（2008年）

市	粮食产量（万吨）	油料产量（万吨）	棉花产量（万吨）	烟叶产量（万吨）	蔬菜产量（万吨）
全　省	5365.48	505.3	65.1	26.73	6394.31
郑州市	165.22	17.8	0.5	0.20	273.64
开封市	248.48	39.8	7.7		562.08
洛阳市	230.80	11.7	0.4	5.61	204.43
平顶山市	194.22	13.8	0.4	2.78	228.29
安阳市	328.22	24.3	2.9		500.53
鹤壁市	109.56	7.0	0.1		50.14
新乡市	374.88	30.0	2.2		235.18
焦作市	196.41	9.2	0.5		199.88
濮阳市	244.76	15.8	1.2		209.16
许昌市	270.73	8.2	1.4	3.55	213.42
漯河市	166.02	4.2	1.9	0.86	194.07
三门峡市	61.49	3.4	0.3	3.51	93.36
南阳市	569.66	102.0	10.9	5.44	878.31
商丘市	585.71	36.9	12.8	1.47	853.35
信阳市	561.21	65.1	1.0	0.23	285.57
周口市	706.36	33.0	18.7	1.52	753.37
驻马店市	639.08	78.1	2.5	1.38	343.23
济源市	21.40	0.3		0.18	29.01
三门峡为全省%	1.1	0.7	0.5	13.1	1.5
三门峡居全省位次	第17位	第17位	第16位	第4位	第16位

14-1续表5　　（2008年）

市	大牲畜存栏（万头）	猪存栏（万头）	肉类产量（万吨）	奶类产量（万吨）	禽蛋产量（万吨）
全　省	**1097.55**	**4462.00**	**584.5**	**267.66**	**371.70**
郑州市	28.86	156.7	21.9	42.13	19.44
开封市	59.96	324	33.5	21.29	20.54
洛阳市	69.14	190.8	22.1	38.96	34.53
平顶山市	89.93	258.63	33.3	16.00	16.07
安阳市	31.74	173	18.8	6.51	6.59
鹤壁市	5.59	73	21.6	8.01	8.01
新乡市	53.48	245.5	31.5	23.48	22.90
焦作市	25.2	145	17.4	17.96	17.93
濮阳市	30.21	135.2	18.2	5.69	5.69
许昌市	55.61	250.04	34.2	5.54	5.55
漯河市	14.67	195.77	24.8	13.47	13.48
三门峡市	**41.47**	**64**	**7.2**	**2.91**	**4.46**
南阳市	167.21	528.1	63.9	26.58	23.36
商丘市	97.18	331.8	48.2	21.43	21.43
信阳市	70.3	291.5	51.8	0.50	1.09
周口市	93.93	470.6	60.8	9.12	9.18
驻马店市	159.28	635.3	72.1	5.57	10.39
济源市	3.79	40.87	3.8	2.52	2.57
三门峡为全省%	**3.8**	**1.4**	**1.2**	**1.1**	**1.2**
三门峡居全省位次	**第11位**	**第17位**	**第17位**	**第16位**	**第16位**

14-1续表6 （2008年） （上年=100）

市	全部工业		规模以上工业		规模以下工业企业及个体	
	增加值（亿元）	指数（%）	增加值（亿元）	指数（%）	增加值（亿元）	指数（%）
全　省	**9546.1**	**115.6**	**7305.39**	**119.8**	**2240.69**	**106.1**
郑州市	1484.7	115.6	1223.67	118.1	261.01	106.2
开封市	288.1	115.0	191.38	120.9	96.75	106.3
洛阳市	1045.4	116.6	783.25	120.7	262.12	106.1
平顶山市	663.6	115.6	501.80	119.8	161.75	105.9
安阳市	590.9	115.7	501.31	118.0	89.54	107.2
鹤壁市	214.7	117.5	189.52	121.8	25.20	103.0
新乡市	455.5	118.9	377.87	121.6	77.58	107.7
焦作市	649.2	115.8	539.55	118.5	109.64	105.6
濮阳市	400.1	116.4	346.03	117.8	54.12	108.4
许昌市	660.2	115.3	487.20	119.6	173.00	106.0
漯河市	361.2	117.4	297.16	119.9	64.04	108.0
三门峡市	**416.3**	**117.3**	**352.00**	**119.7**	**64.31**	**105.5**
南阳市	768.2	114.3	468.19	120.1	300.02	107.3
商丘市	360.5	115.8	258.80	120.0	101.67	107.4
信阳市	297.4	116.3	192.12	123.7	105.31	105.8
周口市	375.6	115.2	232.67	121.5	142.89	106.8
驻马店市	313.7	114.2	190.99	120.8	122.75	106.3
济源市	202.8	117.5	171.87	120.2	30.95	105.7
三门峡为全省%	**4.4**	**101.5**	**4.8**	**99.9**	**2.9**	**99.4**
三门峡居全省位次	**第9位**	**第5位**	**第9位**	**第13位**	**第14位**	**第17位**

（2008年）

市	全社会固定资产投资（亿元）	城镇	农村	社会消费品零售总额（亿元）	外商和港澳台直接投资（万美元）	海关出口总额（万美元）
全　省	**10490.65**	**8721.19**	**1769.46**	**5662.55**	**403266**	**1071890**
郑州市	1770.64	1521.05	249.59	1206.25	140078	296156
开封市	303.85	232.41	71.44	258.55	6511	13938
洛阳市	1100.61	974.31	126.30	577.08	89976	135342
平顶山市	421.21	349.57	71.64	245.80	12507	53049
安阳市	565.94	473.44	92.50	245.78	10177	122090
鹤壁市	206.58	181.70	24.88	67.47	10578	15194
新乡市	772.78	691.55	81.23	277.79	22537	79907
焦作市	636.14	546.98	89.16	221.78	5609	88635
濮阳市	334.60	273.27	61.33	166.16	1172	34206
许昌市	521.72	425.30	96.42	248.57	11700	68675
漯河市	246.55	213.62	32.93	157.12	20438	7617
三门峡市	**402.77**	**344.21**	**58.56**	**144.09**	**23411**	**13067**
南阳市	895.84	708.55	187.29	568.61	11635	69307
商丘市	533.82	428.60	105.22	287.85	6026	7999
信阳市	662.49	536.26	126.23	312.42	7841	5622
周口市	534.62	379.02	155.60	344.09	10577	12286
驻马店市	423.39	309.13	114.26	269.11	7238	11818
济源市	134.91	109.32	25.59	50.20	5255	38084
三门峡为全省%	**3.8**	**3.9**	**3.3**	**2.5**	**5.8**	**1.2**
三门峡居全省位次	**第13位**	**第12位**	**第15位**	**第16位**	**第3位**	**第13位**

14-1续表8 （2008年）

市	财政一般预算收入（亿元）	财政一般预算支出（亿元）	城乡居民储蓄存款余额（亿元）	城镇居民人均可支配收入（元）	农民人均纯收入（元）
全　省	1008.9	2281.61	9515 82	13231	4454
郑州市	260.39	289.50	2067 22	15732	7548
开封市	26.13	74.47	345.08	11342	4355
洛阳市	116.57	170.41	840.25	14672	4597
平顶山市	62.52	102.65	540.29	13531	4420
安阳市	50.06	95.18	526.51	13637	5190
鹤壁市	15.87	32.42	146.46	12491	5495
新乡市	48.77	99.23	543.99	13000	5038
焦作市	49.18	81.25	399.93	13199	6130
濮阳市	25.30	63.87	337.32	12731	4055
许昌市	41.61	76.60	388.35	12448	5840
漯河市	19.20	44.88	195.29	12364	5230
三门峡市	36.70	65.38	294.49	12392	4681
南阳市	51.29	163.25	687.44	12395	4570
商丘市	31.59	117.94	472.86	11752	3750
信阳市	24.99	119.94	571.31	11022	4272
周口市	25.49	128.83	564.87	10406	3605
驻马店市	25.61	108.65	513.56	11305	3900
济源市	18.08	24.34	80.60	13809	6176
三门峡为全省%	3.6	2.9	3.1	93.7	105.1
三门峡居全省位次	第9位	第14位	第15位	第12位	第9位

附录 统计工作大事记

2008年三门峡市统计大事记

1 月

3—4日　省统计局普查中心副主任赵杨一行4人到三门峡考核验收基本单位名录库基础工作规范化建设工作。

7日　市政府办公室印发《关于表彰2007年度全市政风行风建设先进单位的决定》（三政办〔2008〕2号），市统计局被评为先进单位。

9日　省统计局办公室印发《关于2007年度社会科技统计工作评比结果的通报》（豫统办文〔2008〕3号），市统计局社会科技统计工作综合评比为二等奖，创新调查工作被评为二等奖，文化产业工作被评为三等奖，妇儿监测工作被评为二等奖。

11日　省统计局办公室印发《关于洛阳市、三门峡市、安阳市、濮阳市基本单位名录库基础工作规范化考核验收结果的公告》（豫统办文〔2008〕6号），市统计局总得分965分，达到了示范单位的标准。

14—18日　市统计局抽调局领导两名、科长4名，参加全市政府系统2007年度责任目标完成情况考核。

15日　三门峡市委党史地方史志办公室印发通报《2007年三门峡大事月报采稿情况通报》，市统计局被评为撰稿先进单位，陈建民同志被评为撰稿先进个人。

16日　三门峡年鉴编纂委员会印发《关于表彰〈三门峡年鉴〉（2007）先进供稿单位和先进供稿员的决定》（三鉴编〔2008〕2号），市统计局被评为供稿先进单位。

17日　市政府目标考核综合检查组一行5人对市统计局2007年度各项责任目标完成情况进行考核。

18日　市委副秘书长杨治安一行10人组成的党政系统目标管理考核组，对我局2007年度共同性目标完成情况进行了考核。

▲　省统计局办公室印发《关于2007年度服务业统计工作评比结果的通报》（豫统办文〔2008〕13号），市统计局被评为先进单位。

▲　省统计局办公室印发《关于2007年度统计法制工作和统计普法工作先进单位评比结果的通报》（豫统办文〔2008〕14号），市统计局被评为统计法制工作先进单位。

24日　三门峡市党和国家机关工作人员年度考核委员会印发《关于确定李玉等伍拾捌位同志2007年度考核等次的批复》（三年核〔2008〕62号），市统计局科级以下人员中赵葡萄、李玉、杨永红、胡永智、张建立、柴素妍、白宝厅被确定为优秀等次，其余29人被确定为称职等次，未定等次1人，不参加考核1人；辖属事业单位人员中薛玉坤、段串仓、严前程、焦立群、王雪莲被确定为优秀等次，其余14人被确定为合格等次，不参加考核1人。

25日　市统计局局长常天朝出席全省节能减排工作会议。

26日　市统计局局长常天朝参加中国共产党三门峡市第五届委员会第四次全体（扩大）会议。

27日　三门峡市直机关工作委员会下发《关于表彰2007年度机关党建研究优秀论文的决定》（三

直文〔2008〕07号），赵葡萄同志撰写的《创建学习型机关，积极服务统计工作》一文获优秀论文奖，并收录《三门峡市直机关党建理论研讨论文汇编（四）》一书。

29日　市统计局纪检组长仇寿昌和5名科长到结对帮扶对象家中进行慰问，代表局党组给帮扶对象送去了困难补助金和米、面、油、盐等生活用品。

2　月

1日　市统计局印发《关于表彰2007年度先进单位、先进工作者的通报》（三统字〔2008〕4号），核算科、综合科、投资科被评为先进单位，赵葡萄等12名同志被评为先进工作者。

2日　市统计局党组成员到局老干部家中进行慰问。

13日　省统计局办公室印发《关于2007年度农业核算工作评比结果的通报》（豫统办文〔2008〕24号），市统计局被评为一等奖。

19日　市统计局在崤山宾馆召开成品油批发和零售工作暨业务培训会议，各县（市、区）统计局和全市成品油批发零售单位负责同志共70余人参加了会议，市统计局副局长张国存和市商务局副局长李永智同志出席会议并做重要讲话。

25日　市统计局、市交通局联合下发《关于建立公路、水路运输能源消费统计报表制度的通知》（三统字〔2008〕7号），对公路、水路运输能源消费统计调查工作进行部署。

▲　中共三门峡市委市直机关工作委员会下发《关于表彰2007年度群团工作先进单位、先进个人的决定》（三直文〔2008〕11号），市统计局机关工会被评为工会工作先进单位，张国存副局长被评为优秀工会工作者。

▲　中共三门峡市委、三门峡市人民政府下发《关于表彰2007年度人口和计划生育工作先进单位的决定》（三湖涧政（2008）16号），市统计局被评为先进单位。

▲　中共三门峡市委市直机关工作委员会下发《关于表彰2007年度党建目标先进单位的决定》（三直文〔2008〕09号），市统计局党支部被评为党建目标先进单位。

27日　市统计局抽调10名业务骨干，组成两个检查组，由副局长张国存、纪检组长仇寿昌带队分赴各县（市、区）开展劳动情况统计数字质量检查。

▲　市统计局召开全市乡（镇）基本情况年报会议，布置全市乡（镇）基本情况年报工作，各县（市、区）统计局负责年报工作的同志参加了会议。

28日　市统计局召开全市交通运输业能源消费调查工作会议，布置全市公路、水路运输能源消费统计调查工作，各县（市、区）统计局负责交通运输业统计工作主管领导及业务人员共28人参加了会议，张庆云副局长出席会议并讲话。

▲　市统计局召开全市乡(镇)统计数据直报系统培训会议，各县（市、区）统计局计算中心（站）技术人员和各乡（镇）负责统计数据处理的工作人员参加了会议，张庆云副局长出席会议并讲话。

27—28日　全国新农村建设投资统计试点工作总结研讨会在义马市举行，会议介绍了前一段社会主义新农村建设投资统计试点情况，交流了试点工作中的成功经验和好的做法，并对试点工作中发现的问题进行了研讨。国家统计局投资司司长汲凤翔、副巡视员赵培亚等一行4人出席会议，河南省统计局副局长安建军、河南调查总队纪检组长张克宁、河南省和江苏省统计局投资处的领导以及江苏省常州市统计局、三门峡市统计局领导参加了会议。市委常委、常务副市长苏新华以及义马市委、市政府主要领导出席了会议。

3　月

3 日　省统计局办公室印发《关于 2007 年度全省统计业务规范化建设情况的通报》（豫统办文〔2008〕33 号），市统计局在全省考核验收的 10 项规范化建设项目中全部达到示范单位标准，给予通报表彰，全省受表彰的单位共有 6 家，表扬的单位 4 家。

4 日　市统计局召开全市国民经济核算暨投入产出调查工作会议，传达 2007 年全省国民经济核算暨投入产出调查工作会议精神，总结 2007 年全市国民经济核算工作，部署 2008 年统计工作，研究部署 2007 年投入产出调查工作。各县（市、区）统计局负责国民经济核算工作的主管局长和科（股）长 20 多人参加了会议，张庆云副局长出席会议并讲话。

6 日　许昌市统计局在局长韩继周、副局长陈保民的带领下，一行 14 人到市统计局考察统计基础规范化建设工作。市统计局常天朝局长首先介绍了三门峡统计基础工作规范化的建设情况，而后各专业科室和许昌市统计局科室负责人按专业进行了“一对一”的交流。

▲　省统计局下发《2007 年度省辖市政风行风评议排名一览表》，市统计局在全省 18 个省辖市统计系统行风评议中位居第三。

▲　市统计局全体女职工参加市妇联组织的迎“三八”健步走活动。

10 日　市统计局局长常天朝列席市五届人大常委会第 7 次会议。常委会听取和审议了三门峡市人民政府关于《中华人民共和国统计法》执法检查整改情况的报告。

13—14 日　市统计局召开全市重点工业企业投入产出调查工作会议，各县（市、区）负责投入产出调查工作的业务骨干及抽中的重点工业企业主管会计和负责综合统计的同志计 80 余人参加了这次会议。市统计局张庆云副局长出席会议并讲话。

17 日　全市统计工作会议在金廉宾馆召开，会议的主要议题是贯彻全省统计工作会议精神，传达苏新华常务副市长的贺信，总结 2007 年全市统计工作，安排部署 2008 年全市统计工作任务。市统计局局长常天朝代表市统计局作了《全面贯彻落实科学发展观，狠抓统计数据质量促进统计事业发展迈上新台阶》的工作报告。各县（市、区）统计局局长和主管业务工作副局长以及市统计局全体职工 80 余人参加了会议。

21 日　《三门峡日报》全文刊登了《三门峡市统计局关于 2007 年国民经济和社会发展的统计公报》。

24 日　中共三门峡市委办公室下发文件《市委办公室、市政府办公室关于表彰 2007 年度市直包村扶贫先进单位和先进工作者的决定》（三办文〔2008〕13 号），市统计局被评为先进单位，李宏让被评为先进工作者。

26 日　市统计局召开全市外商和港澳台商投资企业统计工作会议，各县（市）区统计局贸易外经统计科和外商、港澳台商在豫直接投资企业统计人员共 40 余人参加了会议，市统计局张庆云副局长出席会议并讲话。

4　月

2 日　市统计局召开全市基本单位名录库管理工作会议，各县（市、区）统计局负责基本单位名录库管理的专业人员和局各科室相关人员共 20 余人参加了会议，市统计局张庆云副局长出席会议并讲话。

8—11 日　市统计局局长常天朝出席市五届人大三次会议。

8 日　市统计局印发《关于印发三门峡市统计局(系统)2008 年度精神文明建设工作要点的通知》(三统字〔2008〕17 号)，对全市统计系统精神文明建设工作进行部署。

9—11 日　省投入产出办公室郑保卫同志到我市进行投入产出巡查。在听取了我市投入产出调查进展情况的汇报以后，在张庆云副局长的陪同下，深入水工机械厂、中原黄金冶炼厂、渑池中迈铝电公司、卢氏水利电力总公司等 4 家企业，查看了投入产出调查报表的填写情况，并对企业提出的问题进行了解答。

18 日　市统计局召开全体职工大会，宣布了局党组对部分科室负责人进行调整的决定：马梅生同志到总统计师岗位工作并继续留任核算科科长，胡永智同志主持办公室全面工作，杨永红同志主持监察室全面工作并继续负责人事和财务工作，闫平安同志主持贸易科全面工作，孙应伟同志主持能源科全面工作，段串仓同志主持计算中心全面工作，王春玲同志主持农调队全面工作，局党组同时接受了陈建民同志辞去办公室主任职务的申请，以上人员的职务任免手续将按规定上报市委组织部门。

21—23 日　市统计局组织各专业人员，在张庆云副局长的带领下，按照省、市政府统计部门统计工作规范化方案要求，对湖滨区、灵宝市、渑池县和义马市统计局的 2007 年度统计基础规范化工作进行了考核验收。

23—24 日　漯河市统计局在李大伟副局长的带领下一行 4 人，到市统计局工业科考察学习基础工作规范化建设情况。

24 日　三门峡市人民政府办公室下发《关于 2007 年度行政执法责任制考核情况的通报》(三政〔2008〕19 号)，市统计局被评为优秀单位。

25 日　省统计局办公室下发《关于表彰 2007 年度全省统计教育培训先进单位和先进个人的通知》(豫统办文〔2008〕77 号)，市统计局办公室被评为先进单位。

28 日　市统计局印发《关于成立政务信息公开工作领导小组的通知》(三统字〔2008〕20 号)，市统计局局长常天朝任领导小组组长，工作机构由办公室、业务组、技术组组成。

30 日　三门峡市总工会下发《关于授予东方希望(三门峡)铝业有限公司等 40 个单位(班组)和李强等 89 名个人三门峡市“五一劳动奖状”、“五一劳动奖章”的决定》(三工总〔2008〕15 号)，赵葡萄同志被授予三门峡市“五一劳动奖章”获得者。

5　月

4 日　市统计局召开全体职工大会，部署党风廉政建设年活动，常天朝局长做了动员讲话。

5 日　政务信息公开信息加载工作在全局正式推开。

6—7 日　省统计局能源处调研员岳胜堂、副处长王学青等一行三人到三门峡调研能源统计工作，市统计局张庆云副局长介绍了我市能源统计和节能减排统计工作情况，并陪同调研组深入到开曼铝业、三门峡大唐发电有限公司和灵宝市鑫源果业、金源矿业有限公司进行了考察。

8 日　省统计局办公室下发《关于表彰全省统计部门 2007 年财会工作先进单位的通知》(豫统办文〔2008〕82 号)，市统计局被评为先进单位。

9—12 日　市统计局副局长柳里川一行四人深入灵宝市、渑池县、义马市抽样调查点，查看小麦长势，检查夏粮预产工作。

16日　中共三门峡市委办公室下发《关于表彰2007年度全市党委系统督查工作先进单位和先进个人的决定》（三办文〔2008〕25号），白宝厅同志被评为先进个人。

▲　中共三门峡市委办公室下发《关于表彰2007年度全市党委系统信息工作先进单位和先进工作者的决定》（三办文〔2008〕27号），市统计局办公室被评为先进单位，赵新峰同志被评为先进工作者。

▲　5月12日四川省汶川县发生8.0级强烈地震以后，灾区人民的安危牵动着市统计局干部职工的心，为表达爱心，全局干部职工、离退休人员共向灾区捐款5500元整。

19日　2点28分市统计局全体职工在市政府大楼前参加市政府举行的对汶川地震中死难的同胞进行悼念的默哀仪式。

21日　市统计局全体党员参加市政府举行的为灾区缴纳"特殊党费"活动，全局党员共缴纳"特殊党费"1万元整。

30日　市统计局组织职工20余人，由纪检组长仇寿昌的带队，在市体育场参加三门峡市举行的抗震救灾支援四川灾区重建工作出征仪式。

6　月

1日　中共三门峡市委三门峡市人民政府下发《关于表彰2007年度党风廉政建设责任制优秀单位和优秀个人的通报》（三文〔2008〕35号），市统计局被评为优秀单位，常天朝、张国存同志被评为优秀个人。

4—6日　省统计局农业处处长冯建中一行两人，到三门峡市检查夏粮和畜牧业生产情况。共检查了灵宝市苏村乡、尹庄镇、川口乡和陕县西张村镇4个调查点，市统计局柳里川副局长陪同。

5日　全省第二次经济普查电视电话会议召开，赵艳副市长、市委、市人大、市政协有关部门负责人出席了会议，市统计局局长常天朝、副局长张庆云、市直有关单位负责人和市统计局相关科室负责人以及湖滨区、经济开发区所属相关部门共90多人参加了会议。

13日　市统计局下发《三门峡市统计局关于成立"解放思想，科学发展，奋力实现新跨越"大讨论活动领导小组的通知》（三统字〔2008〕38号），标志着市统计局大讨论活动正式启动。随后领导小组成员召开了工作会议，并研究制定了大讨论活动实施方案。

16日　市政府下发《三门峡市人民政府关于表彰全市行政事业单位资产清查工作先进集体和先进工作者的决定》（三政〔2008〕24号），市统计局被评为先进集体，杨永红同志被评为先进工作者。

▲　市统计局召开全体职工会议，就全市开展的"解放思想、科学发展，奋力实现新跨越"大讨论活动学习动员、统一思想阶段进行了动员，会议传达了李文慧书记的讲话，并对我局的大讨论活动进行了安排和部署。

▲　国务院第二次全国农业普查领导小组办公室、国家统计局下发文件，对第二次全国农业普查先进集体和先进个人进行表彰，三门峡市统计局农业普查办公室被评为先进集体，柳里川、张书层、闫平安、严前程被评为先进个人。

17—18日　省统计局综合处副处长韩联伟一行三人，到三门峡就当前经济运行情况进行调研，共走访了开曼铝业、大唐发电和灵宝市金源矿业、阿姆斯乳业4家公司，市统计局副局长张庆云陪同。

18日　市统计局副局长柳里川一行三人，赴灵宝市豫灵、尹庄、城关和大王4个乡镇调研固定资产项目投资情况。

24—25日　省统计局局长刘永奇、办公室主任王贵斌、工业处副处长解建成一行三人，到三门峡调研电价上调以后对企业的影响和乡镇统计基础工作。市委书记李文慧、市长杨树平、常务副市长苏新华会见了刘局长一行，市政府副市长李琳、市统计局局长常天朝陪同调研。刘局长一行先后深入到大唐发电有限责任公司、天元铝业有限责任公司和湖滨区交口乡等企业单位进行了考察，听取了市统计局的工作汇报，与科级以上干部进行了座谈，并做了重要讲话。

25日　市统计局组织干部职工在"甘棠苑"廉政教育基地，参观预防职务犯罪警示教育展览。全体党员重温了入党誓词。

26日　市统计局副局长张庆云一行三人，赴义马市、渑池县对个体样本调查户的数据质量情况进行了检查。

27日　市统计局召开全体职工会议，进行"解放思想、科学发展，奋力实现新跨越"大讨论活动转段动员。从6月26日开始到7月15日为大讨论活动剖析问题、查找差距阶段。

7　月

2—8日　市统计局纪检组长仇寿昌、副局长柳里川带领4名业务骨干，分两组到卢氏县、灵宝市、渑池县、陕县有关乡镇就如何做好基层统计基础建设工作进行调研。

4日　市统计局召开县（市、区）统计局长会议，主要议题是部署全市统计数据质量控制工作、第二次经济普查工作和全市乡镇联网直报工作。市统计局领导班子成员、各县（市、区）统计局局长及助手、市统计局各科室负责同志参加了会议。

7日　市统计局召开"解放思想、科学发展，奋力实现新跨越"大讨论活动剖析问题、查找差距阶段专题剖析会议，各科室负责同志参加会议，常天朝局长到会并讲话。

▲　河南省统计局下发《关于表彰全省乡级统计建设和统计业务基础规范化建设先进的决定》（豫统文〔2008〕96号），市统计局被评为河南省统计业务基础规范化建设示范单位，市统计局固定资产投资统计、建筑业统计、房地产开发统计、贸易统计、科技统计、妇女儿童监测、基本单位名录库、信息化建设9个专业被评为示范专业。常天朝同志被评为河南省乡级统计建设先进个人。

8日　三门峡市人民政府下发《关于认真做好第二次全国经济普查工作的通知》（三政〔2008〕29号），对全市经济普查工作进行部署，市统计局局长常天朝任领导小组副组长，副局长张庆云任领导小组成员并兼办公室主任，经济普查办公室设在市统计局。

▲　市统计局下发《关于成立三门峡市统计局经济普查领导小组的通知》（三统字〔2008〕45号），标志着我局经济普查工作正式启动。

10日　市统计局印发《三门峡市统计系统2008年民主评议政风行风工作实施方案》的通知（三统字〔2008〕48号），就政风行风建设工作进行部署。

15日　市档案局一行四人到市统计局检查2007年度档案整理工作。

▲　中共三门峡市委、三门峡市人民政府下发《关于表彰对外开放工作先进单位和先进企业的决定》（三文〔2008〕51号），市统计局被评为对外开放工作先进单位。

18日　市统计局召开全局职工"解放思想、科学发展，奋力实现新跨越"大讨论活动整改提高、完善措施阶段转段动员会议，常天朝局长作动员讲话，市委大讨论活动第四督导组领导成员赵超元应邀出席会议并讲话。

20—22 日 市统计局和市建委联合召开全市建筑业企业统计基础规范化建设工作会议。各县(市、区)统计局、建设局及全市建筑业企业统计负责人共 90 余人参加了会议。市统计局副局长柳里川、市建委副主任王志超出席会议并讲话。

22 日 全市第二次经济普查综合试点动员大会在湖滨区召开。市经济普查办公室各工作组成员、湖滨区统计局普查办、涧河街道办事处有关人员 50 多人参加了会议。市统计局副局长张庆云、湖滨区常务副区长杨会通到会并分别作动员讲话。

23—25 日 市统计局投资科、工业科就重点项目建设情况和基层基础工作建设情况分别赴渑池县、灵宝市各乡镇、企业进行调研。

26—29 日 市统计局局长常天朝参加市四大班子领导带领的调研工作组，就全市在建重点项目建设情况进行督查考评。

29 日 全市上半年工业统计工作会议召开，各县（市、区）统计局主管工业副局长、工业科（股）的负责同志参加了会议。市统计局副局长张庆云出席会议并讲话。会议主要内容：传达全省上半年工业统计工作会议精神，布置名录库管理和大中型工业企业联网直报并轨工作。

30 日 全省经济普查基础工作整顿工作实施细则研讨会在三门峡市召开，省局工业处、社会科技处、贸易处、能源处、投资处、普查中心、地调队服务业调查处、统计监测处等领导以及郑州、洛阳、开封、平顶山、焦作、南阳、周口、三门峡 8 个地市经济普查办公室 50 余人参加了会议，省统计局副局长薛承旭出席会议并讲话。

▲ 省统计局副局长薛程旭、省地调队统计监测处副处长刘录林一行二人到三门峡市统计局督导政风行风建设工作。市统计局局长常天朝向薛局长一行作了工作汇报，局领导班子成员及监察室负责人参加了汇报会。

8 月

4 日 河南省第二次全国农业普查领导小组办公室、河南省统计局下发《关于表彰河南省第二次全国农业普查先进集体和先进个人的决定》（豫农普办字〔2008〕5 号），渑池县统计局、陕县统计局和 11 个乡镇被评为先进集体，市统计局张淑丽、袁建春、赵新峰、焦立群被评为先进个人。

8 日 市档案局印发《关于表彰市直 2007 年度依法管理档案先进集体、先进个人的通报》（三档〔2008〕36 号），市统计局被评为先进集体，李明静被评为先进个人。

11 日 市统计局召开全市统计系统人事工作会议，各县（市、区）统计局主管人事工作的副局长和负责同志参加了会议，市统计局副局长张国存出席会议并讲话。

12 日 三门峡市委市政府下发《关于表彰 2007 年度全市目标管理工作先进单位和先进个人的决定》（三文〔2008〕58 号），市统计局被评为先进单位，常天朝同志被评为先进个人。

▲ 市统计局副局长张庆云带领 3 名科级人员到义马市、渑池县督查经济普查“四落实”情况。

14 日 市委组织部干部考核组对市统计局县级领导干部 2007 年度工作进行考核。市统计局全体干部职工参加了民主测评，局机关干部职工参加了正县级和副县级后备干部的民主推荐工作。

14—18 日 市统计局纪检组长仇寿昌带领综合科和社会科业务人员深入灵宝市、卢氏县、陕县 9 个乡镇 27 个行政村，对城乡属性变化情况进行核实。

15日　焦作市统计局副局长毕明奇一行三人到三门峡考察统计信息化建设情况。市统计局副局长张庆云在介绍了信息化建设情况以后，就宏观数据库和理正OA办公系统进行了网上演示。

18日　市统计局印发《三门峡市统计局关于加强统计科学研究工作的意见》（三统字〔2008〕62号），就统计科学研究工作的课题管理，课题验收、评审和考核，课题表彰与奖励等作出规定。

19—20日　省地调队城镇住户与价格调查处处长田少勇、副处长王建国、调研员张乾林等一行四人到三门峡进行调研，田处长一行在听取了市城调队的情况汇报以后，召开了城调人员参加的座谈会，并深入灵宝市统计局进行调研。市统计局副局长张国存陪同。

20—21日　周口市统计局纪检组长李国臣一行9人，到三门峡考察统计基础工作规范化建设情况。考察组一行在市统计局观看了规范化建设情况的演示以后，又到湖滨区统计局进行了考察，并深入交口乡统计站了解了乡级统计基础工作规范化建设情况。市统计局副局长张庆云陪同。

27日　市统计局副局长张庆云一行2人到卢氏县督查经济普查工作“四落实”情况。

28—29日　市统计局召开规模以上工业企业联网直报工作暨程序培训会议，全市大中型工业企业、市直规模以上工业企业、各县（市、区）部分小型企业统计人员50余人参加了会议，张庆云副局长出席会议并讲话。

29日　洛阳市统计局纪检组长李冠达带领有关科室负责人一行8人到三门峡考察统计基础工作规范化网上建设和考核情况。市统计局张庆云副局长介绍了规范化建设情况并做了演示，有关专业进行了对口交流。

9　月

3—12日　三门峡市统计从业资格培训工作先后在渑池、市直、灵宝、卢氏举行，全市基层单位统计人员共有458人参加了培训。市统计局副局长张国存出席各培训点开班会议并讲话，任课老师由市统计局专业科室业务骨干担任。

11日　市统计局领导班子成员召开“新解放、新跨越、新崛起”大讨论活动专题民主生活会。

12日　全市经济普查和统计基础建设工作会议召开，各县(市、区)、开发区、工业园区统计局局长、经济普查办公室主任、副主任，三门峡市统计局各科室负责同志40余人参加了会议。常天朝局长、张庆云副局长出席会议并讲话。

▲　市统计局全局职工共捐款6千元，通过民政系统购置棉被60条，已捐赠给四川灾区群众。

18日　省统计局办公室副主任、财基处处长张俊芝，省地调队综合处处长季红梅、副处长赵功毅一行4人到三门峡市考察调查队购置办公用房情况。张俊芝一行认真了解了拟购房屋结构、面积、地理位置和三门峡市住房的价格以后，实地察看了房屋的建设情况，并与开发商就房屋购置问题进行了交流和协商。在三门峡市城调队，张俊芝一行查看了城调队的办公场所，了解了目前的办公条件，并与城调队人员进行了交流。三门峡市统计局局长常天朝、副局长张国存陪同考察。

19日　全市经济普查单位清查工作暨业务培训会议召开，各县（市、区）、开发区、工业园区经济普查办公室单位清查负责人，各乡、镇（街道）负责单位清查工作的业务骨干110余人参加了会议。市统计局副局长张庆云出席会议并讲话。

21日　全市统计从业资格考试工作顺利进行，

参加考试的基层统计人员共有460名，分市直、渑池、灵宝、卢氏4个考点进行，市统计局派出专人到各考点组织考试工作。省统计局培训中心副主任刘德民在卢氏、灵宝考点进行督导，市统计局局长常天朝、副局长张国存对市直考点进行了巡视。

25 日　全市第二次经济普查宣传工作会议召开,各县（市、区）委宣传部负责经济普查工作的领导及助手、经济普查办公室主任及宣传组负责人，市经济普查领导小组有关成员单位负责同志，市直各主要新闻单位负责同志及助手 60 多人参加了会议。市委宣传部副部长张占海、市统计局局长常天朝、副局长张庆云出席会议并讲话。

28 日　市统计局局长常天朝出席市政府常务会议。

10　月

9—11 日　市统计局召开2008年人口与城镇化抽样调查工作会议，各县（市、区）负责人口调查工作的业务骨干参加了会议，市统计局纪检组组长仇寿昌出席会议并讲话。

13 日　漯河市统计局副局长公小惠带领各专业科室业务负责同志一行 7 人，市统计局考察宏观数据库加载情况，张庆云副局长陪同考察。

20 日　中共三门峡市委员会下发《关于杨中标等 30 名同志职务任免的通知》(三文〔2008〕81 号)，张国存同志任三门峡市统计局调研员，不再担任三门峡市统计局副局长、党组成员职务。

20—23 日，省统计局政策法规处处长黄长林、省普查中心副主任王梦轩、政策法规处副处长李跃苏，到三门峡督查经济普查单位清查工作。检查组先后深入渑池县、灵宝市及有关乡镇进行了查看，市统计局副局长张庆云陪同检查。

22 日　三门峡市非公有制企事业(单位)人才资源状况抽样调查工作会议召开，各县（市、区）党委组织部主管副部长、人才办负责人，人事局主管副局长及计划科长，统计局人才资源统计工作分管副局长及业务负责人 50 余人参加了会议。市委组织部常务副部长沙庆家、市人事局副局长李民生、市统计局局长常天朝出席会议并讲话。

25—26 日　省统计局王健处长一行三人对三门峡市人口与城镇化抽样调查工作进行检查，先后深入渑池县城关镇西河南村、陕县观音堂镇七里村现场查看了摸底工作进展情况。市统计局纪检组长仇寿昌陪同检查。

26 日　国家统计局人口与就业司副司长李希如、专项处处长武洁和分析处吴珊等一行三人，莅临三门峡检查指导人口统计工作。

30 日　市统计局下发《关于马梅生等 7 位同志任职的通知》（三统字〔2008〕83 号），马梅生同志为市统计局总统计师，不再担任国民经济核算科科长职务；胡永智同志为市统计局办公室主任，不再担任贸易外经统计科科长职务；闫平安同志为市统计局贸易外经统计科科长，不再担任市统计计算中心主任职务；杨永红同志为市统计局纪检组副组长兼监察室主任，不再担任市统计局主任科员职务；陈建民同志为市统计局主任科员，不再担任市统计局办公室主任职务；郑洛景同志为市统计局主任科员，不再担任市统计局纪检组副组长兼监察室主任职务；柴素妍同志为市统计局国民经济核算科副科长，试用期一年。

11　月

1—4 日　市统计局纪检组长仇寿昌带领社会科人员到义马市、渑池县陕县、湖滨区检查人口与城镇化抽样调查工作。

6 日　常务副市长苏新华主持召开全市经济普查工作会议，各县（市、区）常务副县（市、区）长、统计局局长、经济普查办公室主任 20 余人参加了会议，常天朝局长做了《精心组织，统筹安排，切实做好经济普查各项工作》的讲话，苏新华副市长对经济普查工作提出了三点要求：一是要切实提高对经济普查工作重要性的认识；二是要加强领导，搞好协调；三是要切实帮助解决普查工作中的各种困难。

7 日　国家统计局政策法规司张琳、省统计局政策法规处黄长林处长、李跃苏副处长、《中国信息报》河南记者站站长靳占修一行四人到三门峡考察调研基础工作规范化建设情况，市统计局常天朝局长向调研组介绍了三门峡市统计工作规范化发展的历程，张庆云副局长作了网上演示。

10 日　市体育局和市统计局联合下发《关于开展全市体育相关产业专项调查的通知》（三体字〔2008〕63 号），从 2008 年 11 月起，在全市范围内开展体育及相关产业专项调查工作。

11 日　市统计局召开市直规模以上工业企业科技统计工作会议，布置经济普查规模以上工业企业科技统计工作电子台帐及资料整顿工作，对经济普查工作的科技报表进行业务培训。市直（含开发区）规模以上工业企业科技管理人员 30 余名人员参加了会议。

12 日　河南省统计局办公室下发《关于 2008 年度工业统计工作评比结果的通报》（豫统办文〔2008〕214 号），市统计局被评为 2008 年度全省工业统计工作先进单位。

13 日　河南省地方经济调查队副队长郑东涛一行二人，到三门峡调研如何理顺地方调查队的工作关系，地方调查队如何履行好职责、提高数据质量问题。市统计局常天朝局长、调研员张国存同志向郑东涛一行介绍了三门峡市统计局的工作情况，并就有关问题进行了座谈。郑东涛还深入到城调队、农调队与干部职工进行了交流。

12—15 日　省地调队城镇住户与价格调查处贺智虹一行三人到三门峡调研。调研组在听取工作情况汇报以后，深入渑池、卢氏县和各调查户进行了实地走访，并就城镇住户调查专业的基础工作开展情况，存在的问题及影响数据质量等情况进行了座谈。市统计局调研员张国存陪同。

16 日　省统计局办公室下发《关于 2008 年度建设领域统计工作综合评比结果的通报》（豫统办文〔2008〕223 号），市统计局被评为先进单位。

19 日　省统计局下发《关于 2008 年建设领域优秀分析报告评比结果的通报》（豫统固函〔2008〕21 号），市统计局任娟琴撰写的《三门峡市建设领域拖欠工程款现状及原因分析》获得二等奖。

21 日　全市农村统计调查年报工作会议召开，各县（市、区）统计局农调队长及各专业人员 30 多人参加了会议，市统计局副局长柳里川出席会议并讲话。会议传达贯彻了全省农村统计调查工作会议精神，布置了 2008 年农村统计调查年报和 2009 年定期报表。

26 日　省统计局人事处处长蒋守业、地调队综合处副处长赵功毅一行两人，来峡组织进行河南省三门峡市地方调查队队长人选民主推荐工作。蒋处长一行与三门峡市委组织部参照办主任卫光、干部一科副科长南满星一起举行了全局职工参加的民主推荐会，并召集科级以上人员进行了谈话推荐。

▲　省统计局办公室下发《关于 2008 年度交通运输邮电业统计暨交通能源消费统计调查工作综合评比结果的通报》（豫统办文〔2008〕238 号），市统计局被评为先进单位。

29 日　省统计局下发《关于赵葡萄同志任职的通知》（豫统文〔2008〕219 号），赵葡萄任河南省三门峡地方经济社会调查队队长（副处级），试用期一年。

12　月

2 日　省统计局办公室下发《关于表彰全省统计设计管理工作先进单位的通报》（豫统办文 243 号），市统计局被评为一等奖。

▲　省统计局下发《关于地方报表清查工作和制度方法改革优秀论文评比结果的通报》（豫统文〔2008〕187 号），市统计局被评为一等奖。

4 日　市委组织部干部推荐工作考察小组，在义马市委常委、组织部部长王卢生带领下一行 4 人，到市统计局举行拟任副县级领导职务干部推荐工作，局机关全体人员参加了会议，经过无记名投票推荐以后，王部长一行又召集科长以上人员进行了谈话推荐。

▲　全市住户调查年报工作会议召开，各县（市、区）城调队城镇住户调查专业负责人参加了会议，会议布置了 2008 年年报和 2009 年定期报表工作，并对城镇住户调查方案、制度、程序变化情况进行了讲解和培训。

▲　市统计局联合国家统计局三门峡调查队、湖滨区统计局三家单位，在湖滨广场举行统计法宣传活动。

5 日　《三门峡统计年鉴—2008》正式出版发行。

6 日　市统计局召开局长会议部署年报工作，各县（市、区）统计局局长及助手，局属各科室、各单位负责同志 40 多人参加了会议。会议传达了全省统计局长座谈会议精神，总结了 2008 年统计工作和经济普查工作，对 2008 年统计年报、2009 年定期报表和经济普查工作进行了部署。常天朝局长作年报定报和经济普查部署工作讲话，张庆云副局长对年报变化情况进行了说明。

8 日　全市消费价格调查统计 2008 年年报和 2009 年定期报表工作会议召开，各县（市、区）统计局负责消费价格业务人员参加了会议。

9 日　中共三门峡市委组织部下发《关于张根星等 91 名同志职务任免的通知》（三组干〔2008〕23 号），李玉同志任三门峡市统计局副调研员，试用期一年。

10—11 日　全市建筑领域年报会议召开，各县（市、区）建筑领域统计人员共 14 人参加了会议，会议布置了固定资产投资、建筑业、房地产业 2008 年年报及 2009 年定期统计工作，对建筑业、房地产业经济普查报表进行了培训。

11—12 日　全市工业、能源年报和经济普查业务培训会议召开，各县（市、区）统计局，各乡镇、街道负责工业、能源统计的相关人员 110 多人参加了会议。

12—13 日　全市贸易专业年报和经济普查培训会议召开，各县（市、区）统计局，各乡（镇、街道办事处）从事贸易统计有关人员 90 余名人员参加了会议，市统计局副局长张庆云出席会议并讲话。

12 日　省统计局下发《2008 年各省辖市统计局计算中心（站）经普数据处理准备工作评比结果》（豫统计函〔2008〕8 号），市统计局计算中心被评为优秀单位。

15 日　省统计局下发《2008 年各省辖市统计局计算中心（站）先进个人评比结果》（豫统计函〔2008〕11 号），段串仓同志被评为 2008 年度全省计算中心系统先进个人。

▲　省统计局办公室下发《关于 2008 年度综合统计工作评比结果的通报》（豫统办文〔2008〕

265 号），市统计局被评为先进单位。

▲　省统计局办公室下发《2008 年各省辖市统计局计算中心（站）工作评比结果》（豫统办文〔2008〕268 号），市统计局计算中心被评为 2008 年度全省统计局计算中心系统先进集体。

▲　省统计局办公室下发《关于表彰 2008 年度全省政务信息工作先进单位的通报》（豫统办文〔2008〕270 号），市统计局被评为先进单位。

16—17 日　全市服务业经济普查业务培训会议召开，各县（市、区）负责交通运输业统计、服务业统计专业人员 20 余人参加了会议。

16—18 日　省统计局纪检组长谢东星带领省局巡查组一行 6 人到三门峡进行统计工作巡查。巡查组在听取了全市主要统计指标数据质量、统计基础建设、经济普查、统计法制建设、统计政风行风建设等方面自查情况的汇报以后，召开了部分市直部门、企业和省、市人大代表座谈会，进行了问卷调查，检查了市统计局和卢氏县统计局核算、工业、贸易、法规等专业执行统计制度情况、统计业务基础工作情况和查处统计违法案件情况，抽查了市局 16 个专业统计业务规范化建设开展情况，深入到卢氏县 2 个乡镇和部分企业进行了实地检查。检查结束后，巡查组向三门峡市政府领导和统计局班子成员反馈了巡查情况。市政府常务副市长苏新华会见了省局巡查组成员，常天朝局长陪同巡查组进行检查。

19 日　省局经济普查办公室刘录林一行 3 人到三门峡市检查验收经济普查单位清查数据质量工作，在查看了全市单位清查材料以后，对抽中的湖滨区、卢氏县 3 个普查小区进行了实地检查和验收。市经济普查办公室主任、统计局副局长张庆云陪同检查。

25 日　市统计局召开劳动工资年报会议，市直各行政事业单位、服务业企业单位负责劳动工资统计的人员 270 余人参加了会议。

29 日　市统计局召开房地产企业年报及经济普查培训会议，市区房地产企业统计人员 50 多人参加了会议。

▲　省统计局办公室下发《关于对三门峡市统计执法检查等专业统计业务规范化建设考核监测结果的公告》（豫统办文〔2008〕283 号），三门峡市的统计执法检查、设计管理、统计年鉴编辑、综合统计分析、网络信息工作、人口与城镇化及劳动力调查和劳动工资 7 个专业的统计业务规范化抽查情况得分都在 950 分以上，达到了示范专业的标准。

30 日　市统计局召开建筑业企业年报及经济普查培训会议，市区建筑业企业统计人员 80 多人参加了会议。

▲　市统计局召开工业企业年报及经济普查培训会议，市直各工业企业负责综合、能源、劳动统计的人员 40 多人参加了会议。

▲　省局工业处处长朱启明一行 2 人到三门峡调研工业品价格下降以后对工业企业的影响情况，在与市区 20 多家工业企业统计负责人和主管部门座谈以后，深入陕县开镘铝业公司，灵宝市金源矿业、黄金股份和景源果业公司进行了实地查看调研。

▲　省统计局办公室下发《关于 2008 年度社会科技统计工作综合评比结果的通报》（豫统办文〔2008〕280 号），市统计局撰写的《2007 年〈三门峡市儿童发展规划〉进度监测报告》和《2007 年〈三门峡市妇女发展规划〉监测评估报告》被评为优秀分析报告二等奖。

31 日　全市经济普查宣传日活动在湖滨广场举行，市区 36 家成员单位参加，除悬挂宣传标语、发放宣传传单和摆放宣传板面以外，还发放了足量的宣传画和宣传袋，突出了经济普查目的和意义以及如何进行经济普查工作的宣传。市政府市长助理张建峰在现场查看了活动进行情况，市各新闻媒体进行了现场采访。

注：“▲”指与上条时间一致。

中国统计出版社最新图书简目

(仅供参考,以最后出书为准)

统计资料

中国统计年鉴-2009
中国统计摘要-2009
国际统计年鉴-2009
2009中国发展报告
中国第三产业统计年鉴-2009
中国区域经济统计年鉴-2009
长江和珠江三角洲及港澳特别行政区统计年鉴-2009
中国社会统计年鉴-2009
中国城市统计年鉴-2008
中国劳动统计年鉴-2009
中国人口和就业统计年鉴-2009
中国工业经济统计年鉴-2009
中国建筑业统计年鉴-2009
中国房地产统计年鉴-2009
中国能源统计年鉴-2009
中国商品交易市场统计年鉴-2009
中国贸易外经统计年鉴-2009
中国基本单位统计年鉴-2009
中国民政统计年鉴-2009
中国农村统计年鉴-2009
中国农产品价格调查年鉴-2009
中国建制镇统计资料-2009
中国教育经费统计年鉴-2008
中国农村贫困监测报告-2009
中国高技术产业统计年鉴-2009
中国科学技术协会统计年鉴-2009
工业企业科技活动资料-2009
全国农产品成本收益资料汇编-2009
中国棉花年鉴-2007/2008
中国城市(镇)生活与价格年鉴-2009
中国县(市)社会经济调查年鉴-2009
中国农村住户调查年鉴-2009(中、英文)
中国农村全面建设小康监测报告-2009
中国国内生产总值核算历史资料(1952-2004)
中国季度国内生产总值核算历史资料(1992-2005)
中国零售和餐饮业连锁企业统计年鉴-2009
大中型批发零售和住宿餐饮企业统计年鉴-2009
2005年中国1%人口抽样调查系列资料
第二次全国残疾人抽样调查资料系列

2009年省级综合统计年鉴系列

北京 天津 河北 山西 内蒙古
辽宁 吉林 黑龙江 上海 江苏
浙江 安徽 福建 江西 山东
河南 湖北 湖南 广东 广西
海南 重庆 四川 贵州 云南
西藏 陕西 甘肃 青海 宁夏
新疆 新疆生产建设兵团

2009年市(县)级综合统计年鉴系列

石家庄 唐山 邯郸 太原 大同
长治 阳泉 晋城 朔州 晋中
运城 忻州 临汾 呼和浩特
包头 沈阳 大连 长春 吉林市
四平 延吉 哈尔滨 齐齐哈尔
黑龙江垦区 上海浦东新区
苏州 无锡 常州 徐州 南通
盐城 镇江 江阴 丹阳 杭州
宁波 绍兴 台州 舟山 温州
金华 嘉兴 衢州 安庆 福州
福州经济技术开发区
厦门经济特区 南昌 上饶
济南 青岛 潍坊 东营 郑州
洛阳 三门峡 南阳 武汉 宜昌
十堰 荆州 黄冈 长沙 广州
东莞 惠州 深圳 桂林 南宁
柳州 来宾 河池 海口 成都
贵阳 昆明 西安 庆阳 银川
乌鲁木齐 吐鲁番

“十一五”规划教材

非参数统计　医学统计学
概率论与数理统计　统计学
现代金融投资统计分析
多元统计分析　经济计量学教程
应用时间序列分析
统计指数理论及应用
统计数据处理概论
质量管理统计方法　社会统计学
多元统计分析实验
企业经营管理统计
市场调查与预测
统计学原理(非统计专业使用)
统计学:从数据到结论
国民经济核算教程(国民经济统计学)
概率论与数理统计(经济、管理类专业使用)

重点图书

新中国六十年
挑大学选专业2010—高考志愿填报指南
挑大学选专业2010—考研择校指南

大唐三门峡风力发电有限公司

大唐三门峡风力发电有限公司于2007年9月成立。由中国大唐集团公司出资90%，三门峡市建设投资中心出资10%组建而成，负责风力发电、风力资源开发投资、风力设备检修与调试。

大唐三门峡风力发电有限公司清源风电场一期工程位于三门峡市区东北30公里的陕县王家后乡境内，风电场110KV升压站位于王家后乡附近巴山脚下，一期工程安装17台单机容量1500KW风力发电机组，总装机容量25.5MW。一期工程总投资27914万元，单位千瓦动态投资10808元；于2008年8月1日投入商业化运行。2008年8月又委托中国水电顾问集团华东勘测设计研究院开发清源风电场二期和鞍子山风电场勘察设计工作。通过现场踏勘及各专业系统分析比较，确定清源二期工程规模为30MW，共安装12台1000KW和12台1500KW的风力发电机组，预计该工程动态总投资33109.59万元，单位千瓦动态投资11037元；鞍子山工程：三门峡鞍子山风电场位于黄河南岸山地陕县和渑池境内，规模为45MW，共安装15台单机容量1000KW风机和20台单机容量1500KW风机，预计该工程动态总投资49507.66万元，单位千瓦动态投资11002元。

大唐三门峡风力发电公司这两个项目计划今明两年相继开工建设。当项目全部建成投入生产后，每年可向电网输送19395万KWh绿色电能，每年节煤5.87万吨，减少灰渣2.35万吨，节水56.3万吨；分别能减少二氧化碳、二氧化硫、二氧化氮等废气排放12.83万吨、1159万吨、465万吨，有着显著的环境效益和社会效益。本项目建成后不仅可改善河南省电源结构，缓解当地电力供需矛盾，促进当地经济发展，而且对我国的风电事业有着积极的推动作用。

总经理 李广印

地址：河南省三门峡市崤山路中段华阳大厦三层

邮 编：472000

清源风电场一期25.5MW工程

三门峡市湖滨区农村信用合作联社

三门峡市湖滨区农村信用合作联社下辖9社1部，21个营业机构，在岗员工236人。近年来，该联社始终坚持科学发展观，加快改革步伐，强化内部管理，各项业务快速发展。截止2009年6月底，湖滨联社总资产达到26.2亿元，各项存款余额达14.6亿元，各项贷款余额达10.7亿元，不良贷款率为4.23%，2008年实现利润8120万元，2009年前半年实现利润5418万元，上交税金266万元，各项指标均达到农村商业银行良好水平。该联社先后获得全国银行业协会文明规范服务示范单位、全国巾帼文明示范岗、省级文明单位、全省农村信用社先进单位等荣誉称号，已成为古老崤函大地上一颗璀璨夺目的银苑明珠。

地址：三门峡市崤山西路2号

电话：0398－2180880

领导班子合影

营业大厅

晨训

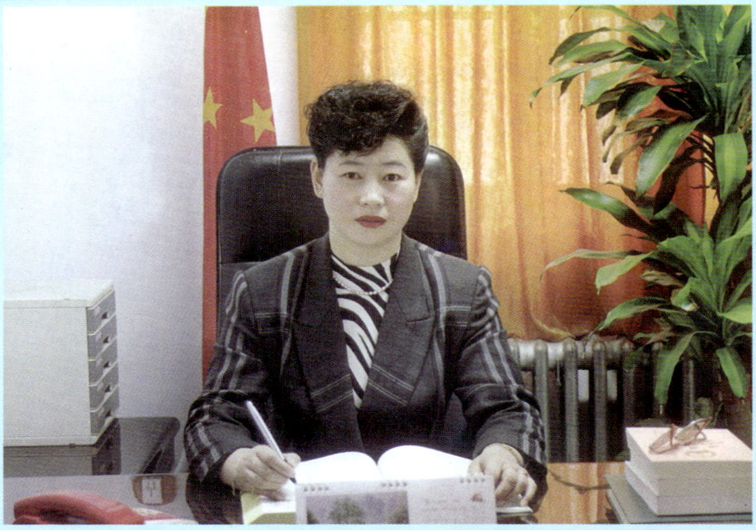

董事长　黄桃婷

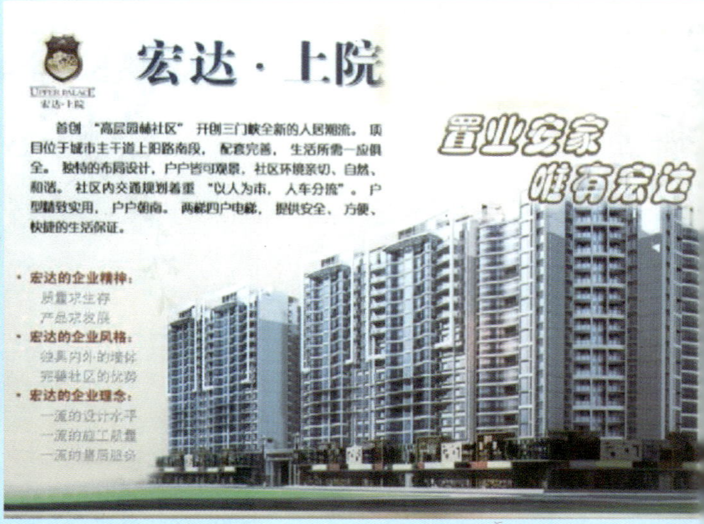

三门峡市宏达房地产开发有限公司始建于1992年，是三门峡地区房地产开发骨干企业之一。公司技术力量雄厚，现有各类管理人员30余人，其中工程技术人员18人。公司下设开发部、工程部、质量管理部、市场部等主要职能部门。公司主要从事房地产开发、房屋装饰等业务。公司在完善质量管理的同时，充分利用现代化科学技术，使所开发的建筑达到新的标准要求。

公司正在开发的宏达·上院高层住宅楼位于上阳路与五原路交叉口，占地面积23亩，建筑面积30000平方米，住房户型为电梯17层，框架结构。该小区位于城市核心地段，北临城市主干道上阳路，南临风光旖旎的涧河和上阳苑公园，周围坡地美景，野趣园林，交通便利，无论是学校、医院还是商圈都可以满足消费者的生活品质需求。宏达·上院将是您新家的选择，欢迎广大朋友莅临选购。

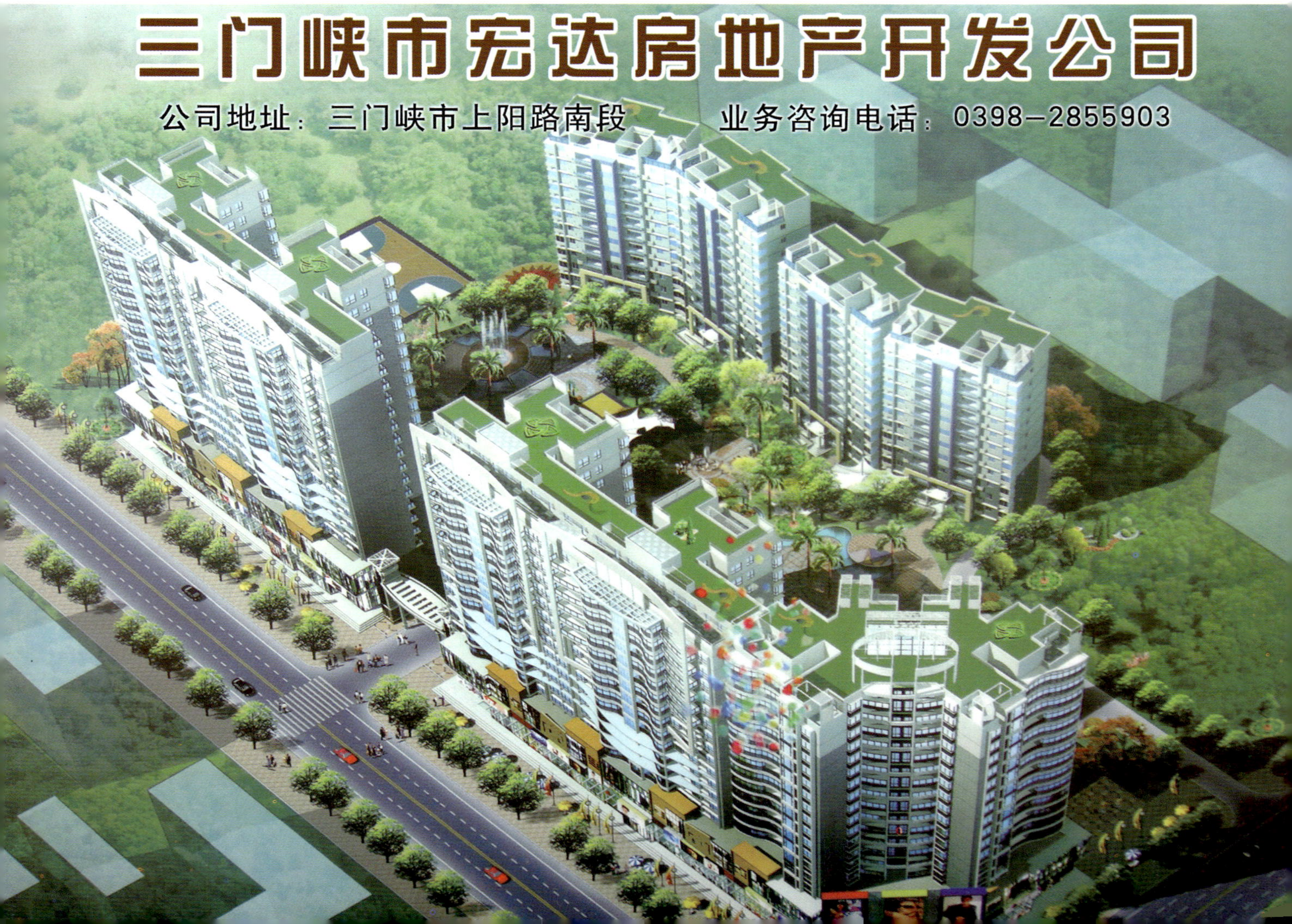

三门峡市湖滨区交口乡

交口乡党委书记　薛安星

交口乡政府乡长　王彦超

三门峡市湖滨区交口乡位于三门峡市区东郊6公里处，素有市区"东大门"之称。南依伏牛，北临黄河，青龙涧河穿流而过，山青水秀，人杰地灵；陇海铁路、310国道、郑西客运专线、三洛公路、连霍高速公路纵横交错，区位优越、交通便利；湖滨工业园区、高科技农业示范园在此落户，商机无限，前景广阔。全乡总面积40.28平方公里，辖12个行政村，28个自然村，87个村民组，总人口19213人，耕地19575亩。

乡领导到企业检查工作

近年来，乡党委、政府牢牢坚持"工业强乡，农业富民，三产增收"的经济发展总体思路，不断加大招商引资和项目建设力度、加快农业产业结构优化步伐、加强农村基础设施建设，保持了经济社会的持续、健康发展，实现了和谐社会和新农村建设的扎实、高效推进。2008年，全乡工农业总产值达到10.3亿元，财政收入达到2295万元，农民人均纯收入达到5093元，分别较上年增长5倍、43.4%和17.7%；先后荣获河南省民主法治示范村创建工作先进单位、河南省村务公开民主管理示范单位、三门峡市农村安全饮水工程管理先进单位、蔬菜产业先进工作单位、信访工作先进单位等诸多荣誉称号，自1994年以来，13次夺得农田基本建设"红旗渠"精神杯。全乡大局稳定，经济快速发展，人民安居乐业。

累累硕果筑辉煌

地址：交口乡交口街　电话：0398—2923600　2923653　传真：0398—2512086

邮编：472000　邮箱：SMXHBJK2008@163.com

渑池县段村乡

段村乡位于渑池县北部，距县城40公里。S247省道、南韩公路穿乡而过。国土总面积204平方公里，其中耕地面积1.5万亩。辖11个行政村，82个村民组，2450户，9500口人。

该乡旅游资源丰富，依托山水资源优势，以“打造旅游强乡”为目标，开发了仰韶大峡谷、石峰峪风景区和石门沟漂流等景点，现已成为旅游观光的好去处。

农业产业化特色明显。段村牛心柿被国家农业部命名为无公害产品，组建了牛心柿开发中心，注册了仰韶贡饼商标，采取“公司+基地+农户”的模式，建成了万亩牛心柿基地。植桑养蚕被确定为市级农业标准化示范项目，现有桑树面积3000亩，辐射带动农户1000户。植桑养蚕农业合作社受到上级充分肯定。

矿产资源合理开发。有重晶石、铁矿石、玄武岩、花岗岩等。现有重晶石、铁矿石开采企业5家。神龙实业集团是集重晶石开采、加工、销售为一体的私营企业，年产值达5000万元。

2008年，段村乡被三门峡市委、市政府授予人口和计划生育工作先进乡、林业生态建设先进乡，被渑池县委、县政府授予特别贡献奖、优化经济发展环境效能建设先进单位、科技兴渑先进乡等荣誉称号。